新质
生产力

中国高质量发展的新引擎

郭洪飞 主编

何海生 张锐 等 副主编

中国科学技术出版社
·北京·

图书在版编目（CIP）数据

新质生产力：中国高质量发展的新引擎 / 郭洪飞主编；何海生，张锐等副主编 . -- 北京：中国科学技术出版社，2024.10（2025.10 重印）.
ISBN 978-7-5236-0948-4

Ⅰ . F120.2

中国国家版本馆 CIP 数据核字第 2024F64W56 号

策划编辑	杜凡如　何英娇	责任编辑	杜凡如　高雪静
封面设计	马筱琨	版式设计	蚂蚁设计
责任校对	焦　宁	责任印制	李晓霖

出　　版	中国科学技术出版社
发　　行	中国科学技术出版社有限公司
地　　址	北京市海淀区中关村南大街 16 号
邮　　编	100081
发行电话	010-62173865
传　　真	010-62173081
网　　址	http://www.cspbooks.com.cn

开　　本	710mm×1000mm　1/16
字　　数	434 千字
印　　张	29
版　　次	2024 年 10 月第 1 版
印　　次	2025 年 10 月第 2 次印刷
印　　刷	北京盛通印刷股份有限公司
书　　号	ISBN 978-7-5236-0948-4 / F・1286
定　　价	99.00 元

（凡购买本社图书，如有缺页、倒页、脱页者，本社销售中心负责调换）

编委会

主　编

郭洪飞

副主编

何海生　张　锐　彭　佳　李荣彪　蔡金凤　于梦琦　赵　敏　付鹏宇
马　骏　李星雨　徐东昇

编　委

付俊淋　刘庆奥　武新春　李广义　李元涛　任亚平　李庚亮　王文星
李成帅　王洪亮　何智慧　王　燕　王永霞　刘婷婷　骆　静　邬佳芳
傅文杰　高荣琴　韩世林　王科唯　刘永团　王永生　陈相男　王娅妮
卜二军　连　溪　崔　莹　安改娣　高　波　杨立业　马鑫海　冯玉根
刘沛峰　屈楷博

本书赞誉

本书深刻剖析了新质生产力作为中国高质量发展的核心驱动力，精准把握了时代脉搏，为构建现代化经济体系提供了理论基础。为政策制定者、企业家及学者提供了宝贵的参考，其前瞻视野和具体策略值得广大读者深入研究和借鉴。

——欧阳明高，中国科学院院士

本书汇聚了众多专家学者的智慧和力量，对新质生产力的内涵、特点、理论及相关政策和产业体系进行了全面梳理和深入分析，并提出了"新质技术"这一概念，为我们提供了一个全面认识新质生产力的窗口，为推动其健康、快速发展提供了有益的参考。

——徐红星，中国科学院院士

本书系统阐述了新质生产力如何成为推动中国高质量发展的关键力量，深入分析了其技术革新与经济效应，为产业升级提供了科学依据。其研究成果对我国实现高质量发展目标具有重要指导意义，是工程科技领域的一项重要贡献。

——陈湘生，中国工程院院士

新质生产力
中国高质量发展的新引擎

　　本书不仅是对当前新质生产力发展成果的总结，更是对未来发展趋势的展望。它为全球指明了方向，提供了策略，使世界各界能够更为清晰、全面地认识新质生产力的内涵与价值。同时，构建了全面且系统的理论体系，具有前瞻性和指导性的实践价值。

——库斯塔列夫，俄罗斯工程院副院长、院士

Кусталев

　　本书精准捕捉了新质生产力对中国高质量发展的引领作用，通过深入剖析与广泛调研，构建了全面的理论框架与实践路径。具权威性、前瞻性和可操作性，为科技界、产业界提供了极具参阅价值的资料，对于促进中国创新发展、迈向高质量发展阶段具有深远意义。

——徐延豪，中国科协原党组副书记、中国科技新闻学会理事长

徐延豪

　　本书深刻揭示了新质生产力在促进自然资源高效利用、推动中国高质量发展中的关键作用，展现了其优化资源配置、促进绿色转型的潜力。其研究成果为自然资源管理提供了新思路，是中国向绿色、可持续发展迈进的重要理论支撑与实践指南。

——成升魁，中国自然资源学会理事长

成升魁

　　该书创新性地揭示了新质生产力对中国高质量发展的战略意义，构建了系统的理论体系与实践路径，为区域经济社会发展提供了新思路、新策略。其独特的见解和分析对于指导内蒙古乃至全国的高质量发展实践，具有深远的指导意义和重要的应用价值。

——乌恩奇，内蒙古自治区社会科学界联合会党组书记、主席

乌恩奇

本书精准定位新质生产力作为推动中国高质量发展的核心要素，深入剖析其内在机制与外在表现，为理解新时代经济变革提供了新视角。该书的出版不仅丰富了理论宝库，更为政策制定与实践探索提供了有力支撑。

——庄贵阳，中国社会科学院生态文明研究所副所长

本书深刻体现了"质"领未来的理念，呼吁我们提升产品和服务质量，助力经济社会高质量发展。该书不仅展现了我国在新质生产力领域的前瞻视野和战略布局，更彰显了我国推动经济社会持续健康发展的坚定信心与决心。这本书对于理解新质生产力的价值和作用具有重要意义。

——潘庆中，清华大学苏世民书院常务副院长

本书是对当前新质生产力发展成果的总结，也是对未来发展趋势的展望，为更好地发展新质生产力提供了有价值的参考。同时，该书构建的理论体系具有前瞻性和系统性，具有实践指导价值。

——姚建明，中国人民大学中国企业创新发展研究中心主任、中国年度经济人物

推荐序

科技创新是提高社会生产力和综合国力的战略支撑，必须摆在国家发展全局的核心位置。在 2014 年 6 月召开的中国科学院第十七次院士大会、中国工程院第十二次院士大会上，习近平总书记指出："实施创新驱动发展战略，最根本的是要增强自主创新能力，最紧迫的是要破除体制机制障碍，最大限度解放和激发科技作为第一生产力所蕴藏的巨大潜能。"这一论断深化了"科学技术是第一生产力"理论，体现了对新科学技术革命中生产力变革的新认识，为形成新质生产力提供了理论基石。高质量发展是建设中国式现代化的重大任务，强化创新驱动发展战略，聚焦加快培育中国新质生产力，打好高水平科技自立自强的主动之战，必将为经济社会发展提供新动能，为实现高质量发展打造新引擎。

一、认识新质生产力的创新意义和实践价值

人类历史上的每一次重大科技进步，都带来了经济社会发展的跃迁变化。进入 21 世纪以来，全球科技创新进入空前密集活跃的时期，科技对国家命运、经济社会发展和民生福祉的影响范围之大、程度之深前所未有。谁在科技创新上先行一步，谁就能拥有引领发展的主动权。新质生产力是在科技创新中起主导作用的生产力，是符合高质量发展要求的生产力。马克思曾提出"生产力中也包括科学"，"生产力是随着科学和技术的不断进步而不断发展的"。高质量发展是新时代的硬道理，需要用新的生产力理论来指导。

1988 年，邓小平在会见捷克斯洛伐克时任总统胡萨克时提出"科学技术是第一生产力"，指出："马克思说过，科学技术是生产力，事实证明这话讲得很对。依我看，科学技术是第一生产力。"

2023年9月，在新时代推动东北全面振兴座谈会上，习近平总书记首次提出了新质生产力，明确指出"要积极培育战略性新兴产业、未来产业，加快形成新质生产力，增强发展新动能"。2024年1月，习近平总书记在中共中央政治局第十一次集体学习时强调："发展新质生产力是推动高质量发展的内在要求和重要着力点。"并指出："新质生产力是创新起主导作用，摆脱传统经济增长方式、生产力发展路径，具有高科技、高效能、高质量特征，符合新发展理念的先进生产力质态。"同时强调："科技创新能够催生新产业、新模式、新动能，是发展新质生产力的核心要素。"这一重要论述，丰富发展了马克思主义生产力理论，深化了对生产力发展规律的认识，进一步丰富了习近平经济思想的内涵，为开辟发展新领域新赛道、塑造发展新动能新优势提供了科学指引。

2024年3月5日，习近平总书记在参加他所在的十四届全国人大二次会议江苏代表团审议时强调："要牢牢把握高质量发展这个首要任务，因地制宜发展新质生产力。"我国加快发展新质生产力，是新时代新征程解放和发展生产力的客观要求，是推动生产力迭代升级、实现现代化的必然选择。加快以科技创新引领现代化产业体系建设，增强了科技工作者投身科技兴国强国的责任感和使命感。与此同时，推进中国式现代化需要着眼高质量发展，需要结合各地实际和发展基础，自主创新、先立后破、务实开拓，汇聚起高质量发展的合力。

二、理解新质生产力的理论体系与科学内涵

新质生产力代表先进生产力的演进方向，是由技术革命性突破、生产要素创新性配置、产业深度转型升级而催生的先进生产力质态。新质生产力的"新"主要涉及四个维度，以新劳动者、新劳动对象、新劳动资料及其新型设施为基本要素，促进各要素优化组合，实现产业跃升发展，具有强大发展动能，能够引领创造新的社会生产时代。

高素质的劳动者是新质生产力的第一要素。新质生产力对劳动者的知识

和技能提出更高要求，参与新质生产力的劳动者是能够充分利用现代技术、适应高端先进设备、具有知识快速迭代能力的新型人才，特别是在前沿科学认识和技术创造方面做出重大突破的顶尖科技人才，在关键核心技术领域做出突出贡献的科技领军人才和青年科技人才，其中包括以卓越工程师为代表的工程技术人才和以大国工匠为代表的技术工人。新拓展的劳动对象是新质生产力的物质基础。随着科技创新的广度和深度不断延伸，劳动对象的种类和形态持续拓展，不仅包括物质形态的高端智能设备，还包括数据等新型生产要素。高技术的劳动资料是新质生产力的动力源泉。新一代信息技术、先进制造技术、新材料技术等融合应用，孕育出一大批更智能、更高效、更低碳的新型生产工具，人工智能、虚拟现实等极大拓展了生产空间，为形成新质生产力提供了物质条件。人类从自然界获取物质和能量的手段更加先进，利用和改造自然的范围扩展至深空、深海、深地。人们通过劳动不断创造新的物质资料，如数据作为新型生产要素成为重要劳动对象，既直接创造社会价值，又通过与其他生产要素的结合、融合进一步大幅提高了生产率，放大了价值创造效应。新型的科学基础设施是新质生产力的重要保障。适应科技创新范式变革、模式重构的新需求，统筹布局大科学和新工程装置，围绕促进战略性新兴产业和未来产业发展，优化升级传统基础设施，完善新型基础设施，可极大地推动生产力跃上新台阶。

三、把握新质生产力的培育动能和实现路径

科技是国之利器，国家赖之以强，企业赖之以赢，人民生活赖之以好。强化科技创新支撑力度，加快发展新质生产力，是推动高质量发展的关键路径。在这个过程中，需要打造与新质生产力发展相匹配的新型生产者队伍、新型生产工具，塑造适应新质生产力的生产关系。

新质生产力的本质是先进生产力。新质生产力的主要驱动力是新技术、新要素、新产业。新技术诸如：新质生命——硅基智人、新质网络——智能互联、新质资产——数字资产、新质安全——区块链、新质场景——元宇

宙、新质计算——量子计算、新质能源——绿色电力、新质学习——人工智能、新质材料——生物合成、新质生产——智能制造等；新要素涵盖国内生产总值生产函数：土地、劳动、资本、技术、数据等，创建新的"知识生产函数"，突破线性规律，将呈现非线性、外部性和累积性的特点。新产业包括但不限于上述技术产业在战略性新兴产业、未来产业、产业升级行业的应用，未来仍将不断涌现。

绿色发展是高质量发展的底色，新质生产力的重要特征是绿色生产力。支撑人类文明进入生态文明新阶段，必须加快发展新质生产力。习近平总书记作出"新质生产力本身就是绿色生产力"的重大论断，是对马克思主义生产力理论和生态观的重大理论创新，是习近平经济思想和习近平生态文明思想的丰富和发展，为经济社会发展全面绿色转型提供了思想指引和根本遵循。地球是人类的共同家园，面对全球性环境和气候危机，没有国家可以置身事外。发展新质生产力必须坚持绿色发展的根本导向，将绿色低碳要求贯穿于高质量发展的全过程和各方面。坚持全面转型、协同转型、创新转型、安全转型，以"双碳"战略为引领，协同推进降碳、减污、扩绿、增长，把绿色发展理念贯穿于经济社会发展全过程各方面，统筹处理好高质量发展和高水平保护的关系，构建绿色低碳循环经济体系，促进经济社会发展全面绿色转型。

新质生产力是科技创新发挥主导作用的生产力，新质生产力是创新引领的先进生产力，具有高科技、高效能、高质量的特征。发展新质生产力是推动高质量发展的内在要求和重要着力点。新质生产力已经在实践中形成并展现出对高质量发展的强劲推动力。其一，构建新质生产力要以创新为第一动力，形成高科技的生产力，科技创新深刻重塑生产力基本要素，催生新产业新业态，推动生产力向更高级、更先进的质态演进。以重大科技创新为引领，推动创新链产业链、资金链、人才链深度融合，加快科技创新成果向现实生产力转化。其二，培育新质生产力要以战略性新兴产业和未来产业为主要载体，形成高效能的生产力。作为引领产业升级和未来发展的新支柱、新赛道，战略性新兴产业和未来产业的效能更高，为新质生产力加速形成提供了巨大空间。其三，发展新质生产力不是忽视、放弃传统产业，而是要以数字化、智能化、绿色化为战略方向，推进人工智能、大数据、云计算等新一代数字技术在研发设计、生产制造、创新管理等全链条多元化应用，推动传统产业设备更新、工艺升级、数字赋能、管理创新，实现生产力水平的大幅提升。其四，新质生产力会促进以新供给与新需求为牵引的动态平衡，形成需求牵引供给、供给创造需求的新平衡，必将成为高质量发展新引擎。

四、厚植新质生产力发展的人才根基和创新沃土

为了实现高质量发展的目标，必须强化科技创新支撑力度，加快发展新质生产力。要加大对科研的投入，培育更多的高水平科研人才，提高自主创新能力。要加快发展新产业、新业态、新模式，推动传统产业向高端化、智能化、绿色化方向发展。要培育壮大战略性新兴产业，提高产业的核心竞争力。要推动数字经济与实体经济深度融合，促进实体经济的提质增效。发展新质生产力，需要营造良好的创新创业环境。要加大对科技创新的政策支持，完善科技创新服务体系，为创新主体提供更多的资金、技术和市场支持。

发展新质生产力，必须牢固树立"人才是第一资源"的理念，大力培养集聚一流科技人才，推动人才优势转变为创新主体优势、科技优势和产业优势。坚持尊重知识、尊重人才、尊重创造，树立人才是科技创新主体、人才是战略根基的意识，在科研一线树立人才至上、技术为王的导向，各种资源向基层一线倾斜、向技术研发领域倾斜、向青年技术人才倾斜，全力为创新创造提供条件。加强人才培养和引进工作，建立健全人才激励机制，激发人才的积极性和创造性。科技创新、科学普及作为创新发展的两翼，需放到同等重要的位置进行同步规划，更好地传递前沿科学知识和推广技术成果，全面提升公民科学素质。

坚持以制度机制保障贯穿科技创新全程，面向产业创新需求，创新组织模式，传播科技创新政策，把创新资源、创新活力集聚到科技创新主体，策

源创新、示范创新、协同创新，强化科技创新考核指标的科学性、针对性，加大科技创新奖励激励力度，充分调动科技人员的积极性，激发创新活力，厚植创新沃土。筑牢新质生产力根基，需要大力推进教育、科技、人才深度融合，坚持教育优先发展，着力造就拔尖创新人才，培养造就更多战略科学家、一流科技领军人才以及具有国际竞争力的青年科技人才后备军。科技工作者要肩负起历史赋予的重任，知责于心、担责于身、履责于行，增强科教兴国强国的抱负，潜心投入基础研究和应用基础研究，全力投身科研攻关和关键核心技术攻坚，勇当高水平科技自立自强排头兵，着力培育发展新质生产力的新动能。

内蒙古自治区科学技术协会主席　赵　吉

2024 年 7 月 5 日

前言

高质量发展是新时代的硬道理，需要新的生产力理论来指导。党的十八大以来，党中央高瞻远瞩，将经济结构的优化升级与转型升级视为国家发展的战略重点，全面贯彻新发展理念，不断深化对我国经济发展阶段性特征和规律的认识，将高质量发展置于国家发展的核心位置。党的十九大报告宣告"我国经济已由高速增长阶段转向高质量发展阶段"，党的二十大报告强调"高质量发展是全面建设社会主义现代化国家的首要任务"。新时代以来，党中央做出一系列重大决策部署，推动高质量发展成为全党全社会的共识和自觉行动，高质量发展成为时代主旋律。

在这一时代背景下，《国家创新驱动发展战略纲要》《碳达峰碳中和实施方案》等一系列重磅文件的相继出台，不仅为高质量发展提供了坚实的政策支撑与制度保障，更标志着我国正以前所未有的决心和力度，推动生产力理论的创新与发展。习近平总书记创造性地提出"发展新质生产力"，正是对这一时代需求的深刻回应。它不仅是对马克思主义生产力理论的创新发展，更是赋予习近平新时代中国特色社会主义思想新的内涵，具有重大的理论意义和实践意义。

新质生产力，是科技创新、产业变革与先进管理模式创新深度融合的结晶，它以知识、信息、数据等新型生产要素为核心驱动力，致力于实现高效率、高质量、高附加值的产出。在追求高质量发展、构建新发展格局的背景下，如何系统构建并有效运用新质生产力，已成为摆在我们面前的重要课题。

习近平总书记指出，发展新质生产力是推动高质量发展的内在要求和重要着力点。高质量发展需要新的生产力理论来指导，而新质生产力已经在实践中形成并展示出对高质量发展的强劲推动力和支撑力，需要我们从理论上进行总结、概括，用以指导新的发展实践。强调发展新质生产力，是高质量发展进程中的核心驱动力与关键环节，构成了推动中国式现代化道路的重要战略支撑，同时也是加速实现中国式现代化宏伟蓝图的重大战略部署，其深远影响将广泛而持久地作用于我国经济社会发展的各个方面。这一生产力的崛起，不仅为传统产业的转型升级提供了强大动力，更为新兴产业的培育壮大和未来产业的前瞻布局开辟了广阔空间，为经济社会发展注入了强劲的新动能。

党的二十届三中全会通过的《中共中央关于进一步全面深化改革，推进中国式现代化的决定》中提出："健全因地制宜发展新质生产力体制机制。推动技术革命性突破、生产要素创新性配置、产业深度转型升级，推动劳动者、劳动资料、劳动对象优化组合和更新跃升，催生新产业、新模式、新动能，发展以高技术、高效能、高质量为特征的生产力。"这一论述进一步明确了新质生产力的概念内涵及其发展路径和方向。

在这一大背景下，本书针对新质生产力的内涵、特征、发展路径及其对高质量发展的影响进行了深入剖析。通过梳理新质生产力的理论基础与历史逻辑，揭示了其作为先进生产力的本质属性，以及科技创新在其中的核心引领作用。同时，结合我国高质量发展的实际需求与国内外发展环境，本书详细阐述了新质生产力在产业变革、模式塑造、动能提升、资源整合、生态优化及风险防护等方面的功能与作用。

全书分为理论篇、政策篇、行业篇、地方篇和技术篇，通过丰富的案例研究、实证分析、政策解读和国际比较，解析了新质生产力的形成机制与发展路径，并梳理了新质生产力在各行业中的具体应用及其成效，建立新质生产力评价指标体系，完善了其发展策略和保障措施。我们结合多年来的研究和实践经验，从新质生产力的概念、内涵、特点入手，详细阐述了新质生产力的形成机理、发展路径和保障措施，并结合典型案例，分析了新质生产力的应用实践和未来发展趋势。本书旨在系统地介绍新质生产力的理论基础、形成路径、应用实践、评价指标体系和未来趋势等，以期为我国新质生产力的发展提供参考。

此外，在本书中，我们致力于从多维度、多视角深入剖析新质生产力的内涵与外延，不仅系统地梳理了其理论基础与发展脉络，更结合国内外实践案例，特别是内蒙古自治区在新质生产力发展方面的独特探索与成就，进行了深入剖析与总结。内蒙古自治区，以其丰富的资源禀赋、独特的地理位置和坚实的产业基础，在新质生产力的浪潮中展现出勃勃生机，企业生产要素的聚集与重新配置，更是推动了新兴产业的崛起与传统产业的转型升级，为区域经济发展注入了新的活力。

其中，作者因在新质生产力领域的研究成果，被推选为内蒙古新质生产力技术学会名誉会长。我们结合国内外新质生产力的发展趋势和内蒙古自治区的实际情况，为学会制定了科学合理的发展战略和规划，引领学会在新质生产力领域的研究和应用取得更多突破。积极组织和参与新质生产力领域的学术交流与合作活动，促进了国内外专家学者之间的沟通与互动，推动了新质生产力理论和实践的创新发展。

本书得到了各方专家学者的大力支持和深度参与贡献，是集体智慧的结晶，为此我们由衷表示感谢。希望通过本书，能够引导读者深入思考新质生产力的本质与规律，探索其未来发展的无限可能，共同为推动中国经济的高质量发展贡献智慧与力量。同时，我们也期待与广大读者共同探讨新质生产力的发展问题，在新质生产力的广阔天地中，共同开创更加美好的未来，向"新"而进，以"质"求变。

2024 年 9 月 10 日，于呼和浩特

目 录
CONTENTS

第一章 理论篇 CHAPTER 1

第一节 新质生产力的理论框架 —— 002
- 一、新质生产力的产生背景 —— 002
- 二、新质生产力的重要论断 —— 003
- 三、新质生产力的内涵、构成要素和特征 —— 010
- 四、新质生产力的核心要素 —— 013

第二节 新质生产力的理论基础和历史逻辑 —— 023
- 一、新质生产力的理论基础 —— 023
- 二、新质生产力的历史逻辑 —— 027
- 三、新质生产力的现实逻辑 —— 029

第三节 新质生产力的理论应用和理论发展 —— 032
- 一、新质生产力的理论应用 —— 032
- 二、新质生产力的理论发展 —— 035
- 三、新质生产力的生成路径 —— 044
- 四、新质生产力的时代意义 —— 051
- 参考文献 —— 055

第二章 政策篇 CHAPTER 2

第一节 科技创新政策 —— 058
- 一、强化国家战略科技力量 —— 058
- 二、增强企业创新主体地位 —— 062

　　　　三、完善绿色技术创新体系　　　　— 065
　　　　四、健全知识产权保护体制　　　　— 073
　　　　五、改革科技经费分配制度　　　　— 080

　　第二节　产业振兴政策 ——————————— 083
　　　　一、改造提升传统产业　　　　　　— 083
　　　　二、培育壮大新兴产业　　　　　　— 087
　　　　三、布局建设未来产业　　　　　　— 089
　　　　四、推动产业绿色转型　　　　　　— 092
　　　　五、加快数字化发展　　　　　　　— 100

　　第三节　人才发展政策 ——————————— 112
　　　　一、激活创新人才引擎　　　　　　— 112
　　　　二、完善人才工作机制　　　　　　— 114
　　　　三、赋能高等教育变革　　　　　　— 115
　　　　四、加强产教深度融合　　　　　　— 119
　　　　五、培养复合型紧缺人才　　　　　— 123
　　　　参考文献　　　　　　　　　　　　— 127

第三章　行业篇　CHAPTER 3

　　第一节　战略性新兴产业 ————————— 130
　　　　一、新一代信息技术产业　　　　　— 130
　　　　二、新能源产业　　　　　　　　　— 132
　　　　三、新材料产业　　　　　　　　　— 134
　　　　四、高端装备产业　　　　　　　　— 136
　　　　五、新能源汽车产业　　　　　　　— 137

六、节能环保产业　　　　　　　　　— 138

　　七、民用航空产业　　　　　　　　　— 139

　　八、船舶与海洋工程装备产业　　　　— 140

第二节　未来产业　　　　　　　　　　142

　　一、元宇宙产业　　　　　　　　　　— 143

　　二、脑机接口产业　　　　　　　　　— 146

　　三、量子信息产业　　　　　　　　　— 149

　　四、人形机器人产业　　　　　　　　— 152

　　五、生成式人工智能产业　　　　　　— 154

　　六、生物制造产业　　　　　　　　　— 155

　　七、未来显示产业　　　　　　　　　— 158

　　八、未来网络产业　　　　　　　　　— 161

　　九、新型储能产业　　　　　　　　　— 163

第三节　典型行业应用　　　　　　　　168

　　一、新质农牧　　　　　　　　　　　— 168

　　二、新质采矿　　　　　　　　　　　— 181

　　三、新质制造　　　　　　　　　　　— 185

　　四、新质交通　　　　　　　　　　　— 197

　　五、新质金融　　　　　　　　　　　— 203

　　六、新质教育　　　　　　　　　　　— 206

　　七、新质卫生　　　　　　　　　　　— 211

　　八、新质文旅　　　　　　　　　　　— 217

　　参考文献　　　　　　　　　　　　　— 225

第四章 地方篇
CHAPTER 4

第一节 完善科技创新体系 —— 234

一、华北地区 — 234
二、东北地区 — 246
三、华东地区 — 249
四、华中地区 — 257
五、华南地区 — 262
六、西南地区 — 269
七、西北地区 — 274

第二节 推动市场和政府有效结合 —— 279

一、华北地区 — 279
二、东北地区 — 283
三、华东地区 — 286
四、华中地区 — 292
五、华南地区 — 294
六、西南地区 — 296
七、西北地区 — 299

第三节 建设现代化产业体系 —— 303

一、华北地区 — 303
二、东北地区 — 309
三、华东地区 — 313
四、华中地区 — 319
五、华南地区 — 323
六、西南地区 — 333
七、西北地区 — 339

第四节　健全人才引进和培养政策 ———— 344

一、华北地区　　　　　　　　　　- 344

二、东北地区　　　　　　　　　　- 349

三、华东地区　　　　　　　　　　- 352

四、华中地区　　　　　　　　　　- 360

五、华南地区　　　　　　　　　　- 364

六、西南地区　　　　　　　　　　- 367

七、西北地区　　　　　　　　　　- 371

参考文献　　　　　　　　　　　　- 376

第五章 技术篇
CHAPTER 5

第一节　发展背景与概念内涵 ———— 380

一、发展背景　　　　　　　　　　- 380

二、内涵定义　　　　　　　　　　- 385

三、概念特征　　　　　　　　　　- 387

第二节　新质技术基础 ———— 393

一、新质技术图谱　　　　　　　　- 393

二、新质技术引擎　　　　　　　　- 395

三、新质技术体系架构　　　　　　- 398

四、新质技术数学模型与算法　　　- 407

五、新质技术基础设施　　　　　　- 415

第三节　新质技术面临的机遇和挑战 ———— 421

一、新质技术的发展机遇　　　　　- 421

二、新质技术面临的挑战　　　　　- 423

第四节　新质技术的未来发展趋势和发展建议——428

　　一、新质技术的未来发展趋势　　- 428
　　二、新质技术的发展建议　　- 431
　　参考文献　　- 436

第一章
理论篇
CHAPTER 1

第一节
新质生产力的理论框架

一、新质生产力的产生背景

（一）应对世界百年未有之大变局的根本要求

纵观当今，世界百年未有之大变局正在加快发展。在和平发展的时代背景下，世界面临的各种风险和威胁却呈几何级数增加。世纪疫情影响深远，逆全球化思潮抬头，单边主义、保护主义明显上升，世界经济复苏乏力，局部冲突和动荡频发，全球性问题加剧，世界进入新的动荡变革期。在这样的背景下，传统生产方式难以为继，生产力发展需要由粗放向高质量转型。而应对世界百年未有之大变局的根本要求，正是要加快形成新质生产力。新质生产力代表了先进生产力的演进方向，适应科技革命和产业变革的发展要求，以科技创新为核心驱动力，能够引领创造强大的发展动能。这种新型的生产力形式对劳动者、劳动资料、劳动对象都提出了新的更高要求，有助于推动经济增长方式的转变和经济结构的优化升级，提升国家的竞争力和可持续发展能力。

（二）洞察新一轮科技革命和产业变革的科学结论

在历史进程中，凭借肇始于 18 世纪和 19 世纪的两次工业革命，西方国家实现了生产力的大幅跃升。我国曾因封建王朝的闭关锁国政策，错过两次工业革命，生产力停滞不前，长期觊觎我国国土、财富、市场、自然资源、劳动力资源的列强趁机发动侵略，我国由此陷入长达一个世纪的动荡不安与国贫民穷。新一轮科技革命与产业变革以人工智能、物联网、区块链、生物技术等新兴技术为核心，技术革新速度明显加快，西方国家已在部分关键领域占据制高点。如果我国重蹈历史覆辙，错失由新一轮科技革命和产业变革提供的发展机会，将无法在众多受到西方国家"卡脖子"的关键领域取得突破，进而严重影响国家的安全与发展利益。面对新一轮科技革命和产业变革，我们不能做观望者和等待者，应顺势而进，以推进科技创新、布局战略性新兴产业和未来产业为支点，撬动生产力的发展，加快形成新质生产力。

（三）推动中国经济高质量发展的必然选择

从历史唯物主义的科学视野来看，社会要想保持长期的稳定和全面的发展，就必须要有扎实的物质基础，只有推动经济高质量地发展，向政治、国防、文化、民生、生态文明等方面的发展提供足够的物质支撑，才能保障社会主义现代化强国建设和实现中华民族伟大复兴。但现阶段我国在经济领域仍面临较为严峻的形势。从外部看，以美国为首的西方国家加速推进产业链的"去中国化"转移与重构，降低对中国出口的依赖；持续通过加息决议，以高利率差对中国发起收割。从内部看，内需市场随着收入增速的放缓遭遇瓶颈；人口老龄化程度加深，适龄劳动人口规模逐渐缩小，等等。诸多困境导致我国经济高质量发展受阻。推动国家经济发展最根本的动力就是生产力的发展，所以，只有通过科技创新来推动生产力的不断升级，以新质生产力赋能经济建设，我国才能从经济发展众多的困境中突围出来，实现经济高质量发展。

二、新质生产力的重要论断

生产力是指人类在生产实践中形成的改造和影响自然的能力。作为马克思主义政治经济学和历史唯物论的最基本范畴，生产力既是人类历史的物质基础，也是推动社会进步最活跃、最革命的要素，没有生产力的发展就没有社会的进步。新质生产力是由技术革命性突破、生产要素创新性配置、产业深度转型升级而催生的当代先进生产力（见图1-1）。

```
┌─────────────────┐  ┌─────────────────┐  ┌─────────────────┐
│ 国际经济政治形势的根本│  │ 新一轮科技革命与产业革命的│  │ 推动国内经济社会高质量发展│
│  要求——百年大变局  │  │  科学结论——历史机遇与挑战│  │ 必然选择——突围发展困难，│
│                 │  │                 │  │   实现高速增长   │
└─────────────────┘  └─────────────────┘  └─────────────────┘
```

产生的背景

特征：高科技、高效能、高质量

新质生产力

构成要素：高素质人才、新生产方式、新技术、新产业

核心——创新

核心标志——全要素生产率大幅提升

本质——先进生产力

加快发展新质生产力的政策措施

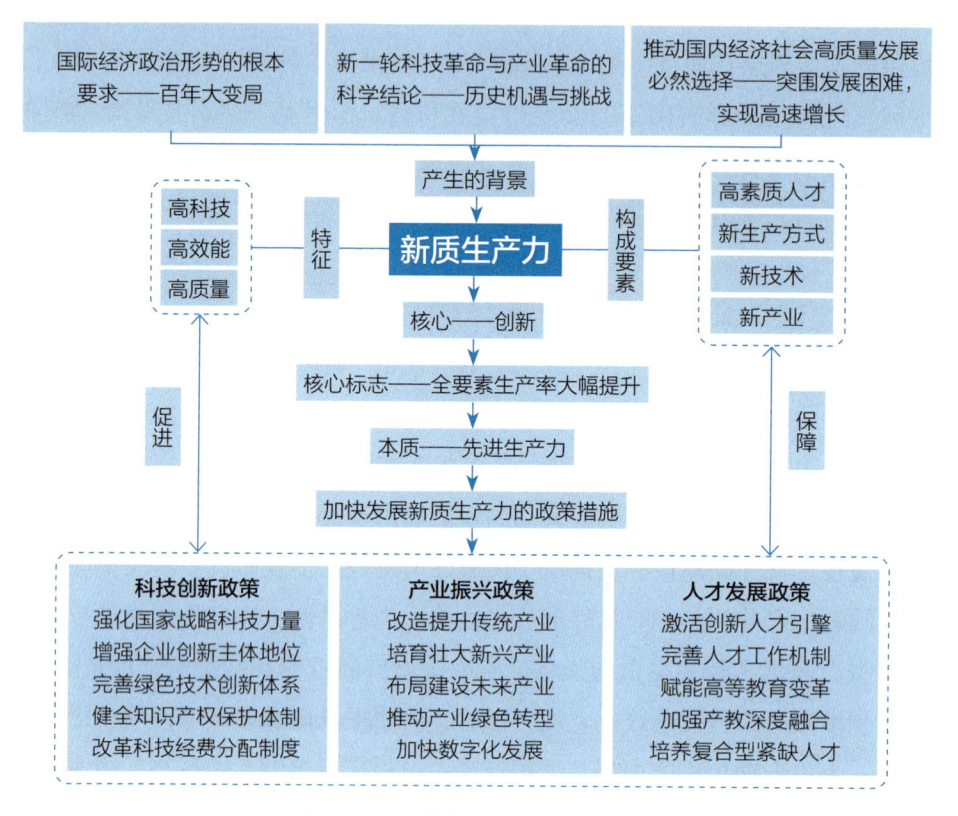

促进 / 保障

科技创新政策	产业振兴政策	人才发展政策
强化国家战略科技力量	改造提升传统产业	激活创新人才引擎
增强企业创新主体地位	培育壮大新兴产业	完善人才工作机制
完善绿色技术创新体系	布局建设未来产业	赋能高等教育变革
健全知识产权保护体制	推动产业绿色转型	加强产教深度融合
改革科技经费分配制度	加快数字化发展	培养复合型紧缺人才

图1-1　新质生产力理论框架图

2023年9月，习近平总书记在黑龙江考察期间首次提出"新质生产力"的概念，此后又在多个重要场合作了深入论述。这些重要论述是对马克思主义生产力理论的新发展，进一步丰富了习近平经济思想的内涵，为新时代全面把握新一轮科技革命和产业变革突破方向，推动生产力高质量发展，全面推进中国式现代化建设提供了根本遵循和行动指南。

2023年9月7日，习近平总书记在新时代推动东北全面振兴座谈会上强调，要积极培育新能源、新材料、先进制造、电子信息等战略性新兴产业，

积极培育未来产业，加快形成新质生产力，增强发展新动能。2023年9月8日，习近平总书记在听取黑龙江省委和省政府工作汇报时强调，整合科技创新资源，引领发展战略性新兴产业和未来产业，加快形成新质生产力。产业是生产力变革的具体表现形式，新质生产力是以新产业为主导的生产力，特点是创新，关键在质优，本质是先进生产力。战略性新兴产业与未来产业是形成新质生产力的主阵地，战略性新兴产业对新旧动能转换发挥着引领性作用，未来产业代表着科技创新和产业发展的新方向，二者都是向"新"而行、向"实"发力的先进生产力质态。我们要围绕发展新质生产力布局产业链，及时将科技创新成果应用到具体产业和产业链上，加快传统制造业数字化、网络化、智能化改造，培育壮大战略性新兴产业，布局建设未来产业，推动产业链向上下游延伸，形成完善的现代化产业体系，为高质量发展持续注入澎湃动能。

2023年12月11日至12日，习近平总书记在中央经济工作会议上强调深化供给侧结构性改革，要以科技创新推动产业创新，特别是以颠覆性技术和前沿技术催生新产业、新模式、新动能，发展新质生产力。新质生产力之"新"，核心在于以科技创新推动产业创新。发展新质生产力，就是将科学研究的最新发现和技术发明的先进成果应用到具体产业中，不断创造新价值。当前全球新一轮科技革命和产业变革孕育的技术成果已经到了应用转化的临界点，人工智能、生命科学、可控核聚变、量子科技等颠覆性技术和前沿技术进入加快向现实生产力转化的窗口期。培育和发展新质生产力，是把握新科技革命历史机遇、掌握未来发展主动权、塑造国际竞争新优势、推动经济高质量发展的关键之举。我们要牢牢把握这次新科技和产业变革机遇，整合科技创新资源，优化科技创新体系，强化国家战略科技力量，培育壮大科技领军企业，全面促进科技创新与产业创新协同发展。

2024年1月19日，习近平总书记在"国家工程师奖"首次评选表彰之际作出重要指示，希望全国广大工程技术人员坚定科技报国、为民造福理想，勇于突破关键核心技术，锻造精品工程，推动发展新质生产力，加快实现高水平科技自立自强，服务高质量发展，为以中国式现代化全面推进强国建设、民族复兴伟业作出更大贡献。

2024年1月31日，习近平总书记在中共中央政治局第十一次集体学习时强调，发展新质生产力是推动高质量发展的内在要求和重要着力点，必须继续做好创新这篇大文章，推动新质生产力加快发展。

2024年2月2日，习近平总书记视察天津并听取天津市委和市政府工作汇报，指出天津作为全国先进制造研发基地，要发挥科教资源丰富等优势，在发展新质生产力上勇争先、善作为。要坚持科技创新和产业创新一起抓，加强科创园区建设，加强与北京的科技创新协同和产业体系融合，合力建设世界级先进制造业集群。科技创新能够催生新产业、新模式、新动能，是发展新质生产力的核心要素。发展新质生产力，关键在于坚持科技创新和产业创新一起抓，厚植发展新动能、新优势。加快形成和发展新质生产力，要加强科技产业园区建设，充分发挥科技成果转化和产业集聚效应，实现科技创新与产业创新深度融合。通过将数字技术、人工智能等新一代信息技术融入传统产业来提高全要素生产率；通过数实融合促进制造业向高端化、高效能、高质量的集群化方向发展；通过建立科技创新联合攻关机制，加大研发力度，构建现代化科技创新体系，打造科技创新共同体和产业发展共同体。

2024年2月29日，习近平总书记在中共中央政治局第十二次集体学习时强调，要瞄准世界能源科技前沿，聚焦能源关键领域和重大需求，合理选择技术路线，发挥新型举国体制优势，加强关键核心技术联合攻关，强化科研成果转化运用，把能源技术及其关联产业培育成带动我国产业升级的新增长点，促进新质生产力发展。能源问题是关系国家经济社会发展的全局性、战略性问题，对国家繁荣发展、人民生活改善、社会长治久安至关重要。包括新能源产业在内的能源技术及其关联产业是新质生产力的重要组成部分，是推动能源绿色低碳转型的重要支撑，也是带动我国产业升级的新增长点。绿色发展是新质生产力的内在要求，也是高质量发展的底色，新质生产力本身就是绿色生产力。我们必须坚定地走能源绿色、低碳、可持续发展道路，加快绿色科技创新和先进绿色技术推广应用，壮大绿色能源产业，构建绿色低碳循环经济体系，为支撑和推动新质生产力发展提供可靠的能源基础。

第一章 理论篇

2024年3月5日，习近平总书记在参加十四届全国人大二次会议江苏代表团审议时强调，要牢牢把握高质量发展这个首要任务，因地制宜发展新质生产力。面对新一轮科技革命和产业变革，我们必须抢抓机遇，加大创新力度，培育壮大新兴产业，超前布局建设未来产业，完善现代化产业体系。高质量发展是全面建设社会主义现代化国家的首要任务，新质生产力是实现高质量发展的重要着力点。高质量发展需要新的生产力理论来指导，新质生产力代表一种生产力的跃迁，是科技创新发挥主导作用的生产力，是摆脱了传统增长路径、符合高质量发展要求的生产力。新质生产力已经在实践中形成并展示出对高质量发展的强劲推动力、支撑力。

2024年3月5日，习近平总书记在参加十四届全国人大二次会议江苏代表团审议时强调："发展新质生产力不是忽视、放弃传统产业，要防止一哄而上、泡沫化，也不要搞一种模式。各地要坚持从实际出发、先立后破、因地制宜、分类指导，根据本地的资源禀赋、产业基础、科研条件等，有选择地推动新产业、新模式、新动能发展，用新技术改造提升传统产业，积极促进产业高端化、智能化、绿色化。"新质生产力本身就是绿色生产力，必须加快发展方式绿色转型，助力碳达峰、碳中和。牢固树立和践行"绿水青山就是金山银山"的理念，坚定不移走生态优先、绿色发展之路。

2024年3月6日，习近平总书记在看望全国政协十四届二次会议的民革、科技界、环境资源界委员，并参加联组会时指出，科技界委员和广大科技工作者要进一步增强科教兴国强国的抱负，担当起科技创新的重任，加强基础研究和应用基础研究，打好关键核心技术攻坚战，培育发展新质生产力的新动能。科技是第一生产力，人才是第一资源，创新是第一动力。人才既是创新的发起者，也是技术应用的实践者，是形成新质生产力最活跃、最具决定意义的能动主体。发展新质生产力，必须不断提高劳动者素质，加快建设国家战略人才力量，努力培养造就更多大师、战略科学家、一流科技领军人才和创新团队、青年科技人才、卓越工程师、大国工匠、高技能人才。按照发展新质生产力要求，畅通教育、科技、人才的良性循环，完善人才培养、引进、使用、合理流动的工作机制，为发展新质生产力汇聚形成强大的人才支撑。

新质生产力理论发展的相关内容见表1-1。

表1-1 新质生产力理论发展

新质生产力理论发展	时间	政策/会议/事件	相关内容
习近平总书记首次提出"新质生产力"概念	2023年9月7日	习近平总书记参加新时代推动东北全面振兴座谈会	要以科技创新推动产业创新，加快构建具有东北特色优势的现代化产业体系。推动东北全面振兴，根基在实体经济，关键在科技创新，方向是产业升级……积极培育新能源、新材料、先进制造、电子信息等战略性新兴产业，积极培育未来产业，加快形成新质生产力，增强发展新动能。
	2023年9月8日	习近平总书记听取黑龙江省委和省政府工作汇报	要以科技创新引领产业全面振兴。要立足现有产业基础，扎实推进先进制造业高质量发展，加快推动传统制造业升级，发挥科技创新的增量器作用，全面提升三次产业，不断优化经济结构、调整产业结构。整合科技创新资源，引领发展战略性新兴产业和未来产业，加快形成新质生产力。
首次在经济工作中对新质生产力进行部署	2023年12月12日	中央经济工作会议	以科技创新引领现代化产业体系建设。要以科技创新推动产业创新，特别是以颠覆性技术和前沿技术催生新产业、新模式、新动能，发展新质生产力。
首次对于新质生产力给出较为完整的解释	2023年12月17日	中央经济工作会议精神解读	新质生产力是由技术革命性突破、生产要素创新性配置、产业深度转型升级而催生的当代先进生产力，它以劳动者、劳动资料、劳动对象及其优化组合的质变为基本内涵，以全要素生产率提升为核心标志。加快培育新质生产力要把握好三点。一是打造新型劳动者队伍，包括能够创造新质生产力的战略人才和能够熟练掌握新质生产资料的应用型人才。二是用好新型生产工具，特别是掌握关键核心技术，赋能发展新兴产业。技术层面要补短板、筑长板、重视通用技术。产业层面要巩固战略性新兴产业、提前布局未来产业、改造提升传统产业。三是塑造适应新质生产力的生产关系。通过改革开放着力打通束缚新质生产力发展的堵点卡点，让各类先进优质生产要素向发展新质生产力顺畅流动和高效配置。

第一章　理论篇

续表

新质生产力理论发展	时间	政策/会议/事件	相关内容
新质生产力与未来产业发展	2024年1月18日	《关于推动大力发展未来产业的实施意见》	未来产业代表着未来科技和产业发展方向，具有技术颠覆性强、产业关联度高、市场空间潜力大等特征，是大国产业竞争的战略焦点，也是塑造未来世界格局的重要力量。大力培育未来产业，已成为引领科技进步、带动产业升级、培育新质生产力的战略选择。
工程技术人才在推动发展新质生产力方面具有重要作用	2024年1月19日	习近平总书记在"国家工程师奖"首次评选表彰之际的重要发言	全国广大工程技术人员要坚定科技为国、为民造福理念，勇于突破关键核心技术，锻造精品工程，推动发展新质生产力，加快实现高水平科技自立自强，服务高质量发展，为以中国式现代化全面推进强国建设、民族复兴伟业作出更大贡献。
发展新质生产力是推动高质量发展的内在要求和重要着力点，必须继续做好创新这篇大文章，推动新质生产力加快发展	2024年1月31日	中共中央政治局第十一次集体学习	发展新质生产力是推动高质量发展的内在要求和重要着力点，必须继续做好创新这篇大文章，推动新质生产力加快发展。 科技创新能够催生新产业、新模式、新动能，是发展新质生产力的核心要素。 要围绕发展新质生产力布局产业链，提升产业链、供应链韧性和安全水平，保证产业体系自主可控、安全可靠。 绿色发展是高质量发展的底色，新质生产力本身就是绿色生产力。 发展新质生产力，必须进一步全面深化改革，形成与之相适应的新型生产关系。
"加快发展新质生产力"被置于2024年政府工作十大任务之首	2024年3月5日	十四届全国人大二次会议《政府工作报告》	在业界看来，"建设现代化产业体系、发展新质生产力"被列为2024年政府工作任务之首，可见中央对产业建设的重视程度进一步上升。 《政府工作报告》提出："大力推进现代化产业体系建设，加快发展新质生产力。充分发挥创新主导作用，以科技创新推动产业创新，加快推进新型工业化，提高全要素生产率，不断塑造发展新动能新优势，促进社会生产力实现新的跃升。"
要因地制宜地发展新质生产力	2024年3月5日	十四届全国人大二次会议江苏代表团审议	发展新质生产力是推动高质量发展的内在要求和重要着力点，要谋划进一步全面深化改革重大举措，打通束缚新质生产力发展的堵点卡点。 发展新质生产力不是忽视、放弃传统产业，要防止一哄而上、泡沫化，也不要搞一种模式，要坚持从实际出发，先立后破、因地制宜、分类指导。

三、新质生产力的内涵、构成要素和特征

（一）新质生产力的内涵

"新质生产力"的产生意味着生产方式和组织方式的变革、社会关系和劳动关系的变革，正如马克思指出的"随着新生产力的获得，人们改变自己的生产方式，随着生产方式即谋生方式的改变，人们也就会改变自己的一切社会关系"。人们依据物质建立的社会关系并创造与之相应的概念，但这些概念、观念并非永恒不变，而仅仅是阶段性的产物。因此，新质生产力的发展需要对其相关的管理方式进行变革，由之衍生一系列的"新质"，即新的数字管理模式、新的生产工具、新兴行业和新的就业岗位、新的学术理论等。

新质生产力同传统型产业的区别是领域新、技术高、创新性强，特点是数字化、网络化、绿色化。这种转变主要体现在一些新兴产业上，从人工智能到大数据再到新能源，都符合高质量发展的特点，即技术含量高、创新程度高、对环境友好，还促进了新质生产力的发展。以数字技术为主导的信息技术革命将推动新质生产力的形成和发展并推动新的产业发展，如量子信息、基因与生物技术、深空深地深海等前沿科技领域。为推动数字化、绿色化的新质生产力发展，不仅要突破低碳技术转换等技术壁垒，还要培养数字技术、新能源、低碳技术方面的高素质劳动力。

新质生产力的"新"体现在创新驱动、高质量发展和产业链条创新方面。进行新的技术创新突破、绿色发展、提高生产效率、打造新产品并满足新需求是新质生产力的具体内容。第一，新质生产力的关键在于创新驱动，通过创新推动高质量发展，实现"以新促质"。实现创新驱动需要资金政策支持、激发科研机构自主研发活力。第二，新质生产力作为高质量发展的动力和引擎，改变了高消耗和高投入式发展模式，成为绿色、科技含量高的新发展模式。第三，随着新技术带动新产业发展，市场新需求出现，产业链的环节分布与地理分布都呈现出新变化。新原料、新生产资料分布的分散性决定了产业链的分布更新，新产品的需求决定了产业链环节分布的差别。

（二）新质生产力的构成要素

新质生产力由高素质人才资源、新生产方式、新技术和新产业四个要素构成。新质生产力的发展需求激发了对高技术人才的需求。我国自改革开放以来逐步落实人才强国战略，培养了诸多高素质人才，随着我国步入高质量发展阶段，着重培养新产业领域的结构性人才成为重中之重。人才补贴、人才激励机制和相关政策完善都是培育人才的重要路径，特别是发挥城市人才和国际人才吸引作用，城市物质文明和精神文明的提升对人才引进起到积极作用。同时，国内新产业人才培养要与"一带一路"对接，培养对口科技人才。在教育体系层次上的学科设置方面，增设新产业领域学科、削减重复性低效用学科，为新产业领域培养对口人才，让学术理论和工作实践紧密对接，以便于人才取用。

新生产方式是指推动新型工业化条件下的产业发展，形成传统与新产业的融合。第一，数字经济成为融合传统与新产业融合的桥梁，是相关上下游企业协作的重要技术支撑，在高端装备制造、新能源等领域起到重要作用。第二，为推动新型产业发展，要构建人力资源和产业发展相协调的产业体系，完善相关配套设施和制度，推动国内与国际产业链的融合。科技是第一生产力，金融是现代经济的核心和血脉，人力是第一资源，将科技、金融、人力资源有机融合，发展新质生产力、推动国内国际产业链融合，符合国内现阶段经济发展目标，也是实现国际合作共赢的重要手段。

新技术是推动创新和发展新质生产力的核心要素。中国面临关键技术领域"卡脖子"问题，更要争取战略主动性，以维持中国的国际竞争力，特别是在人工智能、量子信息等高科技领域，坚持创新驱动、形成新质生产力。新质生产力在新制造技术、新能源应用、人工智能发展与应用、集成电路、区块链技术等领域需要拓宽发展路径、培育战略性新兴产业。习近平总书记强调，要"深化基础研究体制机制改革，建设基础研究高水平支持平台"，以促进创新生态的形成。因此，技术研究平台的提供也是促进创新的重要因素。

新产业主要集中于一些战略性新兴产业，如信息技术、新能源等。新产业发展体现在数字经济与实体经济融合发展方面，即通过数字产业化和产业数字化，带动经济发展。通过数据收集、整理和分析，实体产业可以更科学地发展，让资源分配更合理。在绿色经济转型过程中，数据收集和共享起到关键作用。习近平总书记指出，要完善数字经济治理体系，健全法律法规和政策制度。诸多主体如企业、政府等，在利用数据办公提升效率的同时，也要加强对数据安全的管理，实现对数据的安全合法应用。

（三）新质生产力的特征

随着新一代信息技术及生物、能源、材料等领域颠覆性技术创新不断涌现，数字技术发展呈现融合交叉、多点突破的态势，同时新一轮科技革命和产业变革又赋予生产力更多的时代特征、科技含量和创新内涵，使之呈现与传统生产力不同的特征。

一是突出的创新性。新质生产力是科技创新发挥主导作用的生产力。借助于新一代信息通信技术的赋能作用，传统生产要素在生产过程中转化成一种有可能突破规模报酬递减规律的新生产要素，从而大大增加整个生产过程的附加值。与传统生产力相比，新质生产力的创新性是科学技术持续突破的一种更高层次、更新质态的创新。

二是广泛的渗透性。生产力是在生产过程中形成的物质力量，贯穿于社会再生产过程的生产、分配、交换、消费各个环节。作为兼具信息和通信特点且具有通用智能和基础平台双重属性的数字技术，与各行业、各领域紧密相连，并在社会再生产各个环节发挥重要作用。这决定了在数字化赋能条件下，新质生产力将借助科技创新特别是数字技术创新的力量，对社会再生产的各个环节产生重要影响，由此体现了新质生产力在社会生产过程中的广泛渗透性。

三是高效的提质性。在数字经济时代，中、高技能劳动力拥有较高的科学文化素质和智力水平，具备以信息技术为主体的多维知识结构，并且熟练掌握各种新的生产工具，能够对传统劳动对象进行深度开发和加工，由此带来较强的增效提质作用。表现在中观和宏观层面，则有利于实现产业升级和经济高质量发展，并推动新质生产力的加速形成。

四是明显的动态性。从蒸汽时代、电气时代、信息时代，到如今正在经历的数字化时代，每一个时代的更替和前进都离不开科技创新驱动和新型生产力的牵引。当今时代，以大数据、物联网、云计算、区块链和生成式人工智能等为代表的新一代信息通信技术加速演进，科技创新密集涌现，突破性、颠覆性技术创新正在孕育发生，由此驱动劳动技能、劳动素质的显著提升和劳动工具、劳动对象的深刻变革，体现出新质生产力的明显动态性。

五是显著的融合性。新质生产力不是单一生产要素和生产资料连续追加的结果，而是在不同生产要素和生产资料有机融合的基础上形成的。一方面，在新一代信息通信技术的推动下，劳动者与劳动者之间、企业与企业之间的协作能力大大加强，彼此之间的信息沟通与生产合作更为密切；另一方面，数字化劳动力和新型生产工具的运用使产业链和供应链的联系更为紧密，对市场响应更为迅速，进而促进不同企业、不同行业和不同产业间建立更高效的生产网络。这种融合性不断推动生产方式和经济模式的革新，加速生产过程中资源的整合和优化配置，推动经济高质量发展。

四、新质生产力的核心要素

新质生产力理论架构是一个复杂且多维度的体系，它强调了科技创新在推动经济发展中的核心作用。这一理论架构的提出，旨在把握新科技革命的历史机遇，系统性地重构产业体系，从而掌握未来发展的主动权并塑造国际竞争的新优势。

新质生产力的核心在于创新。与传统生产力不同，新质生产力以科技创新为引擎，以新产业为主导，以产业升级为方向，以提升核心竞争力为目标。这种生产力融合了人工智能、大数据等数字技术，更强调内在的发展质量。在激发质量变革、效率变革、动力变革中，新质生产力能够走出一条生产要素投入少、资源配置效率高、资源环境成本低、经济社会效益好的新增长路径。新质生产力的形成依赖于劳动者和生产资料的高新科技化。数字化技术的发展推动了人的数字化发展，使劳动者具备了数字化思维和技术，形成了新的人工智能体系，从而极大地推动了人的自由全面发展。同时，劳动资料和劳动对象也实现了高新科技化，这包括传统产业的科技化改造，以及高新科技的产业化和生产治理的数字化、智能化等。

新质生产力理论架构还强调了整合科技创新资源的重要性。通过整合科技创新资源，可以引领发展战略性新兴产业和未来产业，从而加快形成新质生产力。这不仅有助于把握新科技革命的历史机遇，还能够推动产业创新，构筑竞争优势，实现经济的高质量发展。

（一）科技创新成为新质生产力核心要素的历史必然性

习近平总书记指出，新质生产力"由技术革命性突破、生产要素创新性配置、产业深度转型升级而催生"，"具有高科技、高效能、高质量特征"。科技创新能够成为新质生产力的核心要素，在于生产力的历史性、科技创新的引领性、高质量发展的时代性。这三个方面的特性，历史性地汇合在了新时代的中国，使生产力理论实现质的跃升，开辟了马克思主义中国化时代化的新境界。

1. 生产力的历史性

马克思主义并不是僵化的、教条的，作为马克思主义政治经济学核心理论之一的生产力理论，同样是开放的、与时俱进的，它具有历史性，因而会随着历史的发展而变化。马克思指出："各种经济时代的区别，不在于生产什么，而在于怎样生产，用什么劳动资料生产。"怎样生产、用什么劳动资料生产，也就铸就了不同的生产力，甚至是具有质的差别的生产力。在人类社会发展历程中，随着对人与自然关系认识的不断深化，人们对生产力的认识逐步加深。大体来说，人类社会经历了三种类型的生产力。一是传统生产力。这是第一次工业革命之前人类在改造自然过程中形成的物质生产能力，以解决温饱问题为目的，以体力劳动为支撑，以自给自足的自然经济为基础。在这个阶段，劳动者的劳动素质和技能总体较低，劳动对象和劳动资料相对简单，人类的生产力水平比较低下。二是新兴生产力。这是第一次工业革命和第二次工业革命中人类运用机械化、电气化等科学技术进行物质资料生产过程中形成的生产力。随着工业革命的开展，马克思认识到"生产力中也包括科学"，因为"资本是以生产力的一定的现有的历史发展为前提的"，所以18世纪的个人"是16世纪以来新兴生产力的产物"。在这里，马克思提到新兴生产力的概念。从时间点上看，它是16世纪以来产生的；从特征上看，它是资本主义生产方式的特有产物。因而，马克思所说的新兴生产力与第一次工业革命的时间点大体吻合，可视为生产力发展的第二个阶段。三是新质生产力。经过第三次和第四次工业革命的洗礼，目前的生产力以信息化、网络化、数智化、绿色化、集约化为主要特征，与以往的生产力相比具有新的"质"的飞跃，是新产业、新模式、新动能的缔造者，是高科技、高效能、高质量的赋予者，因而是一种先进生产力质态。由此可见，生产力具有历史性，它的基本内涵总是随着时代的前进不断演进，始终成为推动人类社会发展的决定性因素和生产方式中最活跃、最革命的因素，这为生产力发生质变提供了可能性。

2. 科技创新的引领性

人类社会的生产力从传统生产力演进为新兴生产力，再演进为新质生产力，有一个关键因素在引领，即科技创新。马克思"把科学首先看成是历史的有力的杠杆，看成是最高意义上的革命力量"。作为最高意义上的革命力量，科技创新自近代以来引领人类社会不断向前发展。恩格斯在描绘了第一次工业革命以来科学技术对生产力的推动后感叹道，"我们到处都会看出，使用机械法和普遍应用科学原理是进步的动力"。马克思、恩格斯在《共产党宣言》中还指出，资产阶级在它的不到一百年的阶级统治中所创造的生产力，比过去一切世代创造的全部生产力还要多，还要大。这都离不开科技创新的巨大威力。

科学技术的不断进步及其在物质生产中产生的巨大效能，使人们对生产力的内涵和构成有了新的认识。传统的生产力三要素，即劳动者、劳动资料、劳动对象，随着科学技术的发展也在不断发展。马克思、恩格斯在19

世纪中叶将科学技术纳入生产力的范畴，列宁在 20 世纪初期提出技术进步是"一切进步的动因，前进的动因"，都不同程度地阐明了科学技术在生产力中的地位和作用，使科技创新在物质生产中的引领性越来越凸显。科技创新之于劳动者来说，能够提升劳动者对自然规律的认识水平，使劳动者掌握先进的劳动技术和劳动工具，为生产力的突变奠定基础；科技创新之于劳动资料来说，人在劳动过程中主导地位的丧失与劳动资料成为劳动过程的主体，不仅释放了劳动资料发展的巨大空间，而且激发了人去适应这种变化的创造性，形成了人与劳动资料互动的加速进化过程，生产力因此进入了快速提升的通道；科技创新之于劳动对象来说，适应科学技术在各行业的发展和应用的需要，一些新的或者用于某种特定用途的劳动对象相继产生，使科学技术与社会生产更加紧密地联系在一起。马克思指出，"一般社会知识，已经在多么大的程度上变成了直接的生产力，从而社会生活过程的条件本身在多么大的程度上受到一般智力的控制并按照这种智力得到改造"，"科学这种既是观念的财富同时又是实际的财富的发展，只不过是人的生产力的发展即财富的发展所表现的一个方面，一种形式"。科技创新对劳动者、劳动资料、劳动对象及其优化组合的重要作用，引领着经济社会不断向前发展，为生产力发生质变提供了可能性。

3. 高质量发展的时代性

在强国建设、民族复兴的新征程上，高质量发展已然成为全党全社会的共识和自觉行动，成为经济社会发展的主旋律，是新时代的硬道理。习近平总书记多次强调："在强国建设、民族复兴的新征程，我们要坚定不移推动高质量发展。"实干兴邦，为者常成，行者常至。习近平总书记念兹在兹的，便是高质量发展。高质量发展是时代所需，是人民所愿，是历史所求，具有鲜明的时代性，已经走上了时代的前台。作为全面建设社会主义现代化国家的首要任务，高质量发展是全面贯彻新发展理念的发展，是更好统筹质的提升和量的增长的发展。在这种情况下，传统的"三高一低"增长模式难以为继，"高效能、高效率、高质量"的经济发展模式成为时代需要，这都离不开科技创新这个核心要素。

科技创新和高质量发展，犹如一对孪生兄弟，相辅相成、互促共生。习近平总书记指出："加快实现高水平科技自立自强，是推动高质量发展的必由之路。"要下好"先手棋"，练就"撒手锏"，跑稳"接力赛"，牵住"牛鼻子"，勇闯"无人区"，拆除"篱笆墙"，表达了实现高水平科技自立自强、进而实现高质量发展的急迫性。问题是时代的声音，伟大实践是理论创新的先导。科技创新作为时代发展的核心要素，作为高质量发展的重要理念，作为引领发展的第一动力，迫切需要在理论上有所突破。在这种情况下，作为马克思主义政治经济学核心理论之一的生产力理论，在要素构成、属性特质、功能结构、质量动力等方面都发生了质的变化，在实践和理论上具备了跃升的可能。

从历史角度看，从传统生产力到新兴生产力再到新质生产力，都离不开科技创新这个核心要素。蒸汽时代、电气时代抛弃了传统生产力，形成了新兴生产力，信息时代、智能时代势必也会形成新质生产力。中国特色社会主义进入新时代，习近平总书记多次强调"历史性交汇期"问题，强调这是"千载难逢的历史机遇"，也是"差距拉大的严峻挑战"，"有的历史性交汇期可能产生同频共振，有的历史性交汇期也可能擦肩而过"。在这个历史性交汇期内，生产力因科技创新而具有历史性，科技创新因其自身特质而具有引领性，高质量发展因科技创新而富有时代性，使劳动者、劳动资料、劳动对象及其优化组合实现了跃升，形成了新质生产力。科技创新作为生产力理论跃升的关键点，历史性地成为新质生产力的核心要素。

（二）科技创新在发展新质生产力中的独特功能

习近平总书记指出："必须加强科技创新特别是原创性、颠覆性科技创新，加快实现高水平科技自立自强，打好关键核心技术攻坚战，使原创性、颠覆性科技创新成果竞相涌现，培育发展新质生产力的新动能。"依靠科技创新，在发展新质生产力中催生新产业、新模式、新动能，进一步彰显了科技创新的独特功能。

1. 产业变革功能

产业深度转型升级是新质生产力形成的物质载体。在新一轮科技革命和产业变革突飞猛进的今天，科学技术和经济社会发展加速渗透融合，新旧产业的革故鼎新、交替更迭，归根结底是注入了科技创新这个生产力的基因。在产业发展中，科技创新的产业变革功能主要体现在以下几个方面。

一是创造一系列新兴产业。回顾第一次工业革命以来的历史，每次工业革命都会产生一系列新兴产业，这些新兴产业首先在实验室里被创造出来，具有科学的理论基础，拥有先进的生产工具，并且与人类经济社会发展密切相关。习近平总书记在提出新质生产力这个崭新概念的同时，要求积极培育新能源、新材料、先进制造、电子信息等战略性新兴产业，即凸显了科技创新的产业变革功能。

二是布局未来产业。人工智能、量子信息、通信技术、先进制造、生物技术、清洁能源等领域的原创性、颠覆性技术突破，将孕育未来产业，引领新一轮科技革命，并为全球经济格局变迁提供活跃力量。

三是改造提升传统产业。传统产业由于生产方式落后，具有耗能高、污染重等先天性缺陷，一直以来生产效率不高，但又因其在经济社会发展中的重要地位而不能淘汰，只能借助科技进行改造提升。例如，农业发展要运用生物技术提高产量、增加品种；钢铁产业要运用互联网技术对生产流程进行控制和优化；煤炭产业要运用绿色低碳节能技术实现绿色发展、低碳发展、循环发展。

四是淘汰落后产业。通过科技水平的提高，逐步摒弃粗放式的发展模式，淘汰高投入、高消耗、高排放的落后产业，才能为先进生产力的发展创造更大空间。比如，在炼油行业，对不符合国家产业政策的常减压装置要有序淘汰退出，对无法达到基准水平或污染物无法实现稳定达标排放的要加快退出。只有发挥科技创新的产业变革功能，才能改造提升传统产业，培育壮大新兴产业，布局建设未来产业，完善现代化产业体系。

2. 模式塑造功能

科技创新催生新模式，主要体现在为生产力发展指引方向，为经济发展开辟新增长区与新增长点，从而塑造经济增长新模式。当前，以云计算、物联网、虚拟现实、区块链等为代表的数字技术是新模式迭代升级的核心驱动力，不断促进新需求、新产业、新业态的涌现。从几次科技革命和产业革命的发展历史看，科技创新体现了"创造性"这一人类的根本性特征。在认识与改造世界的过程中，人类都不是简单地原封不动地"使用"和适应某一规律，而是创造性地把许多客观规律组合运用，并在反复检验、"试错"的过程中，逐步达到某一预期效果，使科技创新成果能够为人类生产生活服务。现代社会生活中的科技产品，无一不是人们应用科技构想和制造出来的，更不用说布局一些未来产业。在科技发展过程中，人类常常借鉴自然界的现象和事物，遵循自然界的运行规律，包括生物学运动模式，在创造人工系统时进行模仿和"改良"，但从根本上来看，这仍然属于科技的创造过程。一旦这种模仿和"改良"取得成功，就会产生一大批相关产业，形成新的经济增长模式。在现代化经济体系中，构建新一代信息技术、人工智能、生物技术等一批新的增长引擎，创新动能有效释放，持续开辟发展新领域、新赛道。科技通过模式塑造功能，为生产力的发展指引方向，为形成新模式奠定基础。

3. 动能提升功能

科技创新是引领发展的第一动力，在经济社会发展中提升发展新动能、塑造发展新优势。科技具有驱动生产力发展的作用，是生产力的"基因"和动因。这种作用主要在以下几种机制中得以体现：一是催生机制。科技的引领功能呈现生产力的新发展图景与更高阶段发展的未来，这激发着人们开发生产力的热情，从而推动生产力的规模和强度的扩展提升，促使其发展。生产中一旦有需要，科技创新领域必然会有所回应。通常，在建立先导性科技雏形的基础上，通过科技的组合、集成、实验，形成一个"科技模型"，然后利用科技手段、条件，将其塑造为具体的"经济实体"，原有的"科技性结构"也嵌入其中，成为其内部具有控制功能的"神经系统"。二是牵引机制。科技进步提升了社会生产和生活质量，为满足人们日常生活的各方面需求提供了新的方式和路径，在激发新需求的过程中，也推动了生产力的发展。当前科技发展的主要趋势之一，便是与社会发展深度融合。比如云计算、物联网等给人们的生活方式、交往方式带来巨大变化,生物技术的不断进步为人类的健康水平和生活质量带来了新变化。这些新变化,都促进了生产力的发展,推动着新产业、新业态、新模式的出现。三是拓宽机制。新科技成分的注入,使生产能力得到提升,生产力势能得到提高,进而推动生产力的发展。至此,科技便融合于生产力(经济)之中,变为生产流程、操作规程乃至从业者的素养,物化为设施或产品性能。在此基础上,可繁衍成基本相同的更多经济形体,以此来提升经济发展的动能。

4. 资源整合功能

科技一方面以信息的形式存在,是知识的重要组成部分,另一方面又表现为物质运动形态,成为一种工作系统。因而具有独特的资源整合功能,具体表现为以下几种形式:一是提供信息资源。生产的发展需要大量如天文学、气象学、地质学、材料性能参数等信息资源。尽管物质资本对经济增长的影响很大,但在经济增长的驱动力中无形因素如信息知识类要素,占比超过70%。这表明信息不仅是促进经济增长的重要因素,而且是推动生产力增长的核心力量。二是提高资源利用效率。例如,改进采矿技术,可以提高矿石的开采效率,降低开采过程中的浪费;改进农业技术,可以提高作物的产量和品质,减少化肥和农药的使用量。此外,采用智能化的生产设备和工艺,可以优化生产流程,降低能耗和物耗,提高资源利用效率。三是开发替代能源。例如,通过研发太阳能、风能等可再生能源技术,我们可以逐渐减少对化石燃料的依赖。此外,研发新的储能技术,如锂离子电池和超级电容器等,可以帮助我们更好地储存和利用能源。这些替代能源的开发和利用,有助于减少能源消耗和环境污染。

5. 生态优化功能

生态是人类和所有生物生存的根本条件,优化生态是人类的根本性需求,只有依靠科技,才能正确认识生态、保护和优化生态,取得更大的生态、经济、社会、健康等多重效益。新质生产力本质上是绿色生产力。绿色生产力是将生产力的生态化和生态化的生产力统一起来的可持续生产力,或者说是生态生产力。习近平总书记指出:"要正确处理好经济发展同生态环境保护的关系，牢固树立保护生态环境就是保护生产力、改善生态环境就是发展生产力的理念。"处理好生态环境保护与经济发展之间的关系，一方面要沟通生态环境与生产力之间的必然联系，另一方面要依靠科技创新突破瓶颈、解决深层次问题。生态的破坏是人类违背科技的总体要求所造成的，大气、水体、垃圾、土壤等多方面污染已成为人类的灾难，主要原因是人类过分掠夺自然。正如恩格斯所警告的："我们不要过分陶醉于我们人类对自然界的胜利。对于每一次这样的胜利，自然界都会对我们进行报复。"优化生态的重要途径之一是发展循环经济，走经济"绿色化"的必由之路。优化生态已成为当前和今后我国乃至全世界的巨大课题，对生态的保护、修复、治理、合理利用，都必然依靠科技创新。科技方面取得突破，就会带动绿色发展、循环发展、低碳发展。

6. 风险防护功能

在高质量发展阶段，虽然我国经济稳中向好的总趋势不会发生变化，但仍然要坚持底线思维，防范和化解其中存在的潜在风险。党的十九届五中全会首次把统筹发展和安全纳入"十四五"时期我国经济社会发展的指导思想，这是由我国发展所处的历史方位、国家安全所面临的形势任务决定的。科技创新具有风险防护功能，即"保安全"。在微观层面上，每个经济实体都面临安全和灾害问题，包括有害物质的不慎释放、农牧渔业遭受的灾害、设备操作失误或损坏等与物质性和生物性相关的不安全因素。比如，在金融科技探索发展过程中，出现过无序高杠杆、野蛮生长式的"金融创新"、"714高炮"和"套路贷"问题，滋生大量金融风险。在宏观层面上，世界范围内重大的突发性自然灾害包括旱灾、洪涝、台风、地震、火山、泥石流、森林火灾、宇宙辐射等。这些问题具有潜在性、可能性和突发性，通常会在意料之外甚至瞬间出现，并带来严重甚至毁灭性的灾难。如何保证安全、测灾防灾减灾，主要靠科技解决。风险的防护需要维护功能，即维修、保养、监测等。防护功能也可形成产业，如消防产业、防伪产业等。总的来说，科技创新由于其自身在经济社会发展中所具有的独特功能，已成为先进生产力最大的基因和人类生存的"保护神"。习近平总书记指出，"自古以来，科学技术就以一种不可逆转、不可抗拒的力量推动着人类社会向前发展","科技创新,就像撬动地球的杠杆,总能创造令人意想不到的奇迹"。在加快形成新质生产力时,要注重发掘科技创新的独特功能,将科技创新作为核心要素,进一步推动科技创新与经济社会深度融合,以新质生产力引领新时代经济发展。

第二节
新质生产力的理论基础和历史逻辑

一、新质生产力的理论基础

任何理论的产生和发展都有其理论渊源,"它必须首先从已有的思想材料出发"。英国古典经济学家威廉·配第提出了"土地为财富之母,而劳动则为财富之父和能动要素"的观点,首次提出生产力概念并初步阐明了生产力的要素及其关系。马克思吸取古典经济学理论,率先将生产力发展与科学技术联系起来,提出"劳动生产力是由多种情况决定的,其中包括:工人的平均熟练程度、科学的发展水平和它在工艺上应用的程度、生产过程的社会结合、生产资料的规模和效能,以及自然条件",明确"生产力中也包括科学",且"劳动生产力是随着科学和技术的不断进步而不断发展的"。根据对工业革命的深入考察,马克思进一步提出了"科学技术是生产力"的思想,认为"社会的劳动生产力,首先是科学力量",社会生产力不仅以物质形态存在,而且以知识形态存在,自然科学就是以知识形态为特征的"一般社会生产力",成为"直接的生产力"。恩格斯说,"在马克思看来,科学是一种在历史上起推动作用的、革命的力量",科学已成为生产过程的"独立因素"。

中华人民共和国成立以来,党和国家领导人以马克思主义作为自己的行动指南,既坚持了生产力理论的基本原理,又在中国社会主义建设和改革开放的进程中发展了生产力理论。党的十五大报告指出,"科学技术是第一生产力，科技进步是经济发展的决定性因素"，要"改造和提高传统产业，发展新兴产业和高技术产业，推动国民经济信息化"。随着我国经济进入新常态，发展动力从主要依靠资源和低成本劳动力等要素投入转向创新驱动。习近平总书记指出"把创新摆在第一位，是因为创新是引领发展的第一动力"，强调"科技创新是提高社会生产力和综合国力的战略支撑"，"在激烈的国际竞争中，我们要开辟发展新领域新赛道、塑造发展新动能新优势，从根本上说，还是要依靠科技创新"，要坚持"创新是第一动力、人才是第一资源"。随着科技创新的广度、深度和融合度使生产力的发展水平与先进程度不断提高，习近平总书记提出"新质生产力"这一概念，代表了生产力的跃迁和质变，可见这一概念的提出是在根植于马克思主义生产力理论的基础上，对马克思主义生产力理论的当代发展，丰富发展了马克思主义生产力理论的内涵。

马克思主义生产力理论是唯物史观形成和发展的基石，马克思正是在深入市民社会对社会历史奥秘探究的过程中实现了对生产力理论的科学构建。在马克思看来，生产力是人们在实践中利用和改造自然以使其满足人的需要的实际能力，生产力构成社会生产的物质内容，是社会发展的物质根源，人类历史归根结底是生产力发展的结果。

（一）生产力与生产关系的矛盾运动是推动社会历史发展的根本动力

在马克思看来，生产力对人类社会历史发展具有决定性意义，生产力的发展与满足人的需要密切相关，它与生产关系的矛盾运动构成了历史发展的原动力。在《德意志意识形态》中，马克思、恩格斯首先确定了社会历史发展的前提即"现实的个人"的存在。而"现实的个人"要生存必须首先解决吃、喝、住、穿等需要问题，因此物质资料生产活动就是第一个历史活动。随着基本生活需要的满足以及劳动工具的发展，人们还要进行满足新需要的再生产。人们通过物质生产和再生产活动不仅维持自己的生命，而且以生育的方式生产新的生命，在这两种生产中均产生一定的社会关系，这种关系是

"许多个人的共同活动","而这种共同活动方式本身就是'生产力'"。伴随着生产力持续进步,人类社会的分工不断扩大,社会中产生了所有制。分工是私有制的同义语,分工中包含着诸多矛盾,同时受分工制约的人们的共同活动中也蕴藏着"成倍增长的生产力"。随着生产力的发展,原本的所有制关系逐步成为生产力发展的桎梏,冲突便产生了。

实际上,"一切历史冲突都根源于生产力和交往形式之间的矛盾",这里的"交往形式"就是生产关系,生产力与生产关系的矛盾运动推动着人类社会历史发展。在《〈政治经济学批判〉序言》中,马克思对上述唯物史观的基本原理进行了更为清晰的阐释,即生产关系一定要与生产力的发展相适应,生产关系是生产力发展的形式,当生产关系不适应生产力的发展时,生产关系便成为生产力发展的桎梏并会被新的更高级的生产关系所取代。随着生产力的发展,任何原有的生产关系都会变得陈旧,随之而来的将是社会的新变革。唯物史观的这一基本原理一经形成便成为指导马克思研究政治经济学的科学武器。

(二)生产力的实质是人认识和改造自然的现实能力

马克思在《资本论》中进一步具化了生产力理论的探究。马克思从思维抽象向思维具体迈进,将宏观历史中具有历史推动作用的生产力置于资本主义特殊的经济关系之中加以考察,进一步指明了生产力的实质、构成要素和一系列具体的规定形式。在马克思看来,生产力就是人能动地认识和改造自然的现实能力。一方面,这种能力是人作为主体本身所具有的内在"自然力",即人的体力和智力的总和,人能够通过劳动将自身的本质力量对象化,从而实现"自然人化"或"人化自然"。另一方面,人在彰显自身本质力量的同时也在不断提升自身的创造能力,在这个过程中外部的自然力通过人与自然的物质变换同化为人的体力,自然中蕴藏的规律被人认识和掌握进而增强人的智力,人的能力被进一步锻造。正如马克思所说,人在劳动的过程中,"作用于他身外的自然并改变自然时,也就同时改变他自身的自然","他炼出新的品质,通过生产而发展和改造着自身,造成新的力量和新的观念,造成新的交往方式，新的需要和新的语言"。随着人的本质力量持续发展，生产力不断提升，"自在自然"越来越向"人化自然"转化。这里的生产力主要指劳动生产力，"生产力当然始终是有用的、具体的劳动的生产力"，劳动是生产力的实质内容。马克思在《资本论》第一卷第一章考察劳动生产力时，将其看作"劳动生产率"并认为劳动生产力"事实上只决定有目的的生产活动在一定时间内的效率"，决定于"工人的平均熟练程度，科学的发展水平和它在工艺上应用的程度，生产过程的社会结合，生产资料的规模和效能，以及自然条件"。当这些要素的性质和水平提升时，劳动生产力便随之提升，人们劳动生产的效能也就越高。从另一个角度来看，这也显示出生产力是一个多要素的集合整体。

（三）生产力是多要素组合构成的复杂系统

马克思在《资本论》中阐明生产力的构成时多以"劳动生产力"的概念为基准，并从劳动过程的角度考察生产活动，他指出："劳动过程的简单要素是有目的的活动或劳动本身、劳动对象和劳动资料。"劳动过程就是劳动者有目的地运用劳动资料作用于劳动对象创造出新事物的过程，其本质体现的是人的创造性能力。从这个维度来说，劳动过程的三个简单要素就是构成生产力的三要素。有目的的活动或劳动本身的执行主体是劳动者，劳动对象和劳动资料统称为生产资料。具体来看，劳动者就是具有一定劳动技能和劳动经验的人，这是生产力中最活跃的、具有能动性和创造性的要素。劳动资料是劳动者作用于劳动对象所使用的传导物或物的系统，在劳动资料中劳动工具具有关键作用。劳动对象则是劳动者运用劳动资料将劳动施加其上的物体。除了三要素外，"生产力中也包括科学"。马克思十分重视科技要素在生产力系统中的作用，他强调："生产过程成了科学的应用，而科学反过来成了生产过程的因素即所谓职能。"对马克思而言，科技要素对生产力的发展具有独特的推动作用。除此之外，生产力中还包括管理、教育、协作等要素，这些要素渗透进生产力三要素之中，提升劳动者技能、生产资料性能和整个要素系统组合运转的功能，形成现实的物质生产力。

（四）区分不同的"生产力"

马克思在《资本论》中除了经常使用劳动生产力这一概念外，还根据不同要素在生产力系统中发挥的特殊作用将生产力称为"资本的生产力""个人生产力"、"精神生产力"、"自然生产力"和"机器即死的生产力"等。在这些生产力的具体规定形式中，资本、劳动者的劳动、主体的精神、自然以及机器等分别发挥着突出的作用，使整个生产力系统呈现出鲜明的要素功能特征。马克思着重分析了"资本的生产力"，认为这种生产力就是归资本所有的生产力，资本既占有生产资料，也占有劳动力，因而无论是劳动的自然生产力还是劳动的社会生产力均归资本占有，即使它不费资本分文。资本运动的目的在于价值增殖[①]，而科学技术的进步及其在机器上的应用成为资本增殖的有效手段，资本增殖的内在动力驱动着资本有机构成不断提升，不断推动生产要素和组织结构革新，大力发展生产力。实际上，"资本支配雇佣劳动，主导着生产与分配，不仅劳动的生产力表现为资本的生产力，而且，对自然力的利用、分工协作、机器的使用、科学技术等推进的生产力也通常表现为资本的生产力"。"资本的生产力"对于促进科技发展、社会化大生产以及历史进步具有重要推动作用，因而具有一定的历史积极意义。但是由于资本主义生产关系本身的局限性，由资本所推动的社会生产力的大发展必将与其狭隘的生产关系发生冲突，这一矛盾运动将促使新的更高的生产关系出现以适应新的生产力的发展，推动社会历史进入新阶段。

二、新质生产力的历史逻辑

从历史逻辑来看，在人类社会的演化历程中，从石器的使用到铁器、青铜器的使用，从农业社会到工业社会，生产力总是保持着升级迭代的变化姿

[①] 价值增殖过程即剩余价值的生产过程，指超过劳动力价值这一定点而延长了的价值形成过程。在资本主义生产中，价值的形成过程就是价值的增殖过程。——编者注

态。"人类总得不断地总结经验，有所发现，有所发明，有所创造，有所前进"，"新质生产力"的提出正是"立足在经验基础之上的理论认识的发展过程"。从世界经济发展的历程来看，在不同的经济发展阶段，科学技术的创新一直都是生产力发展的巨大动力。18世纪60年代伊始，由力学和热力学发展所引发的以蒸汽机的发明及应用为标志的第一次技术革命，极大地推动了社会生产力的发展。技术革命直接推动了工业革命，资本主义的大机器生产取代了手工工具，使手工生产发展到机器生产，机器制造业以及相应的冶金、铸造、铁路、航运等行业得到了前所未有的快速发展，整个国家的生产方式、产业结构、经济结构都发生了巨大变化，科学技术已成为生产过程的重要因素。到19世纪，法拉第和麦克斯韦电磁理论问世，以电力技术的广泛应用为主要标志的第二次技术革命，引起了近代技术发展的又一次飞跃进步，电动机和机电控制装置的出现，促进了生产的初步自动化。与此同时，随着电力技术的发展，出现了一批新兴的技术，例如电解、电镀、电焊、电冶等，同时围绕电力技术的发展，又形成一批新兴的工业部门，与电力生产有关的部门如锅炉、汽轮机、水轮机、变压器、电线电缆、电器、电测设备、绝缘材料等的制造厂。以电力技术为主导的技术群开始成为社会生产的技术基础。

20世纪40年代以来，由于原子物理、空间科学和分子生物学等方面的突破，引发了以原子能、电子计算机、空间技术和遗传工程等为标志的第三次技术革命，从根本上改变了物质生产的面貌。控制论、信息技术使生产实现了自动化，原子物理、高分子化学帮助人类找到新能源、新材料，并形成了半导体、分子合成、生物工程等一大批新产业，为生产开辟了新途径。第二次世界大战之后，发达国家率先开展了一场以信息技术、航空航天技术、生物工程技术、新材料新能源技术为标志的新科技革命，科学技术对社会发展所起的推动作用显著增强，生产力无论要素、结构、性质、规模、方向都发生了革命性的变化，科学技术成为生产力要素中的最关键、最重要的因素。回首200多年的全球工业化进程，中国曾两次与之失之交臂并饱尝"落后就要挨打"的痛苦。改革开放以来，在"科技是第一生产力"的指引下，我们用几十年的时间走完发达国家上百年的发展历程。习近平总书记强调，"我们要后来居上，把'失去的二百年'找回来，决定了我国发展必然是一个'并联式'的过程，工业化、信息化、城镇化、农业现代化是叠加发展的"。把"失去的两百年"找回来，实现社会跨越式发展，必须使社会生产力实现新的跃迁。

可见，历史上的产业变革都是有新的科学理论作为基础的，依靠科学技术创新促进生产力的迅速发展是一条普遍规律。当今时代，全球科技创新进入密集活跃时期，新一代信息、生物、能源、材料等领域颠覆性技术不断涌现，呈现融合交叉、多点突破态势，科学技术越来越成为生产力中最活跃的因素和最主要的推动力量。新一轮科技革命和产业变革赋予生产力更多的时代特征，区别于传统生产力，更显创新性、更具融合性、更体现新内涵、更符合高质量发展要求，实现了跃迁和质变。

习近平总书记提出的"新质生产力"，作为当前先进生产力的具体表现形式，不仅是对人类发展历程中科学技术推动生产力发展的经验总结，还有赖于并将推动未来产业的诞生、成长和壮大。

三、新质生产力的现实逻辑

改革开放以来特别是新时代的十年来，我国经济发展、科技实力、生态质量等整体水平业已得到显著提升，逐步实现由"跟跑者"向"领跑者"转变。但我们同时也要清醒地看到，"人民日益增长的美好生活需要和不平衡不充分的发展之间的矛盾"并未改变，"三高一低"、不可持续的传统产业转型升级任务依然繁重，部分关键核心技术仍然受制于人，等等。因此，形成和发展新质生产力，一方面是源于进一步解放和发展社会生产力，完成新时代新征程使命任务的现实需要。中国特色社会主义进入新时代，我国经济社会发展面临着不断产生的新形势新任务，而不论是化解当前经济发展面临的复杂局面，还是扎实推进高质量发展，完成社会主义现代化强国目标，"最根本最紧迫的任务还是进一步解放和发展社会生产力"。另一方面是顺应新一轮科技革命和产业变革的新要求新趋势，在未来发展和国际竞争中赢得战略主动权的现实需要。伴随新一轮科技革命和产业变革的不断延展，新科技与新产业、新业态日益深度融合，要顺应这一时代发展新趋向，在实现中国式现代化进程中，唯有坚持科技创新并以此赋能新产业、新业态发展，才可能在未来发展和国际竞争中赢得战略主动权。

"历史经验一再表明，那些抓住科技革命机遇走向现代化的国家，都是科学基础雄厚的国家；那些抓住科技革命机遇成为世界强国的国家，都是在重要科技领域处于领先行列的国家。"以往数次科技革命，中国都与之擦肩而过，导致中国经济技术进步落后于世界发展步伐，尽管经过多年的努力，中国科技实力整体水平已经得到了大幅提升，但是中国还只是科技大国而不是科技强国，毕竟"与发达国家相比，我国科技创新的基础还不牢固，创新水平还存在明显差距，在一些领域差距非但没有缩小，反而有扩大趋势"。因此，面对新一轮科技革命和产业变革的到来，正在建设创新型国家和实现科技强国梦的中国绝对不能再次错过，"抓住这个机遇就可能实现'弯道超车'。失去这个机遇，南北鸿沟、发展失衡将进一步扩大"。

随着新一轮科技革命和产业变革加速演进，大国竞争日益激烈，一些国家试图利用先发掌握核心技术的垄断优势，对中国科技进步采取禁用、断供、打压等策略，以不公平的手段拖慢我国在新一轮科技革命和产业变革中的发展，用"卡脖子"的方式遏制中国科技的崛起。针对我国关键核心技术受制于人的局面，党的十八大提出把科技创新"摆在国家发展全局的核心位置"，"一方面，我们要跟踪全球科技发展方向，努力赶超，力争缩小关键领域差距，形成比较优势；另一方面，我们要坚持问题导向，通过创新突破我国发展的瓶颈制约"。然而"核心技术靠化缘是要不来的，必须靠自力更生"，"中国要发展，最终要靠自己"，党的十九届五中全会提出"把科技自立自强作为国家发展的战略支撑"。"努力突破关键核心技术难题，在重点领域、关键环节实现自主可控"，这是中国面对日益激烈的国际竞争、谋求更大程度技术独立的重要一步。

与此同时，我国也开始从高速增长阶段转向高质量发展阶段，正处于加快转变经济发展方式的关键期。由高投入、高消耗、高污染、低效益、不可持续的传统工业化向经济效益好、资源消耗低、环境污染少、人力资源优势得到充分发挥的新型工业化转型升级，必须依靠创新驱动。习近平总书记指出，"中国经济发展进入新常态，正经历新旧动能转化的阵痛"，而"在这个阶段，要突破自身发展瓶颈、解决深层次矛盾和问题，根本出路就在于创新，关键要靠科技力量"。因此，新一轮科技革命和产业变革加速演变、大国竞争加剧以及我国经济发展方式转型在当下形成的历史性交汇，是挑战更是机遇。习近平总书记此时提出"新质生产力"，是正确分析国内外科技发展形势之后作出的准确判断，是破解经济转型转轨时代命题的科学回答，为我们以科技创新推动产业创新，以产业升级构筑新竞争优势指明了方向。

真正的社会革命都是以新质生产力的发展为前提的，新质生产力与旧有生产关系的冲突，创造了社会革命矛盾运动的基础。经过社会主义现代化建设的长期实践，我们已进入中国特色社会主义新时代，社会生产力落后的矛盾得到有效缓解，而发展不平衡、不充分的矛盾进一步凸显出来，其中深蕴着生产力发展不平衡、不充分的因素。近年来，我国科学技术实力大幅提升，基础研究和原始创新取得新进展、战略高技术领域取得新跨越、高端产业取得新突破、国防科技创新取得重大成就。但总体上看，我国关键核心技术受制于人的局面尚未根本改变，创造新产业、引领未来发展的科技储备远远不够，产业还处于全球价值链低端，军事、安全领域高技术方面同发达国家仍有较大差距，"卡脖子"问题依然突出。同时，科研成果向现实成果的转化尚不充分，新兴产业、未来产业的体系化、集群化发展有待提升。作为我国支柱性产业的制造业，亟须向高端制造业优化升级，其中就离不开科技创新驱动新质生产力的发展。唯有以科技创新作为发展动力，引领新技术转化为新产业，实现生产力在量与质两方面的"扬弃"，才有助于实现社会根本性变革。

第三节
新质生产力的理论应用和理论发展

一、新质生产力的理论应用

习近平总书记指出，世界经济正处在动能转换的换挡期，传统增长引擎对经济的拉动作用减弱，新技术虽然不断涌现，但新的经济增长点尚未形成。新质生产力的内涵本身就是以实现国家发展战略、提升国际竞争优势、引领全球治理为目的，强调向新发展范式转变。从传统生产力向新质生产力的演化升级包含整个生产范式的转变，本文提出"新质生产力"的理论构建包括三个维度：一是微观载体打造世界一流企业，二是宏观治理提升国际竞争优势，三是宏观发展构建人类命运共同体。

（一）微观层面：打造世界一流企业

当今世界，新一轮科技革命和产业变革正在重构全球创新版图、重塑全球经济结构，谁能走好科技创新这步先手棋，谁就能占得先机、赢得主动。当前和今后一个时期，我国发展仍然处于重要战略机遇期，要重视激活高质量发展的动力活力，强化企业技术创新主体地位，完善成果转化和激励机制，提升自主创新能力。习近平总书记在参加十四届全国人大一次会议江苏代表团审议时强调，"在激烈的国际竞争中，我们要开辟发展新领域新赛道、塑造发展新动能新优势，从根本上说，还是要依靠科技创新"。

面对世界百年未有之大变局，我国企业面临着通过转型升级，提升在全球价值链中的地位以及通过技术创新更好地满足国内市场需求的任务。提升企业创新能力、促进新质生产力形成是高质量发展阶段的必然要求。增强企业自主创新能力是重塑我国国际合作和竞争新优势、建设世界科技强国的重要内容，也是我国经济社会实现高质量发展、全面建设社会主义现代化国家的必然要求。

如何处理政府与市场关系也是企业发展中面临的问题。习近平经济思想指出，要激发市场主体活力，推动企业发挥更大作用实现更大发展。习近平经济思想强调社会主义基本经济制度与治理现代化的良性互动。以习近平经济思想为引领建设高水平社会主义市场经济体制，既发挥市场经济的长处，又发挥了社会主义制度的优越性，让"无形之手"与"有形之手"形成合力，最大限度激发内生增长动力。在此意义下，企业层面新质生产力的形成应该从内部治理能力和提高资源配置效率两个方面入手，以提升企业的自主创新能力为抓手，形成高效低耗的新质生产力。从内部治理能力看，新质生产力以科技创新为核心，科学技术通过应用于生产过程、渗透在生产力诸多要素中而转化为实际生产能力，可以使得企业能够更好地管理资源和实践，实现更好的生产效率。新质生产力有助于企业提高赢利能力，降低资源消耗，促进可持续发展。从提高资源配置效率看，新一轮科技革命和产业变革、大国竞争加剧以及我国经济发展方式转型等重大挑战在当下形成历史性交汇，这也为我们创造了重要的战略机遇。必须充分利用各种有利条件，发挥市场效率，让"无形之手"充分施展，为企业发展营造良好的外部环境，助力打造世界一流企业。

（二）中观层面：提升国际竞争优势

新质生产力的形成是事关国家经济社会发展全局的顶层设计，根本是要立足不同发展阶段的生产力和生产关系。习近平总书记关于新质生产力重要论述的提出正是基于国外以及我国现阶段生产力和生产关系的新变化。

当前，中国产业升级进程已经触及西方发达资本主义国家的传统优势产业领域，并开始慢慢动摇相关国家在世界产业竞争格局中的垄断地位，国际力量对比深刻调整。现代化产业体系建设必须依靠国际市场、全球产业链布局以及分工合作，不断提高我国的核心竞争力。因此，我国现代化产业体系的发展需要服务高质量发展的大局，从产业布局和产业分工两方面入手，提升全球竞争力，重塑我国国际竞争优势。在产业布局方面，在科技革命和产业变革加快演进的背景下，全球主要国家纷纷在人工智能、量子科技、生命健康等领域加强布局。我国要着眼于提升我国产业全球竞争力，明确产业发展在现代化产业体系全领域和全链条上的角色定位，通过加强产业分工合作，主动服务和融入我国现代化产业体系建设，为我国抢抓全球产业结构和布局调整机遇，加快建设具有完整性、先进性、安全性的现代化产业体系。在产业间分工方面，应重点定位在战略性新兴产业和未来产业；在产业内分工方面，应该体现差异化发展，定位在高端产品、满足高端需求；在产品内分工方面，应聚焦产业链高端环节和"卡脖子"高技术中间产品，主动服务和融入新发展格局。

（三）宏观层面：构建人类命运共同体

运用马克思主义政治经济学的基本原理，深化中国经济发展规律的认识，以此来提升中国经济治理效能，是实现国家治理现代化的题中应有之义。习近平经济思想在深入把握经济社会发展全局的基础上，从复杂的经济现象中提炼出中国经济发展实践最本质的规律，并以此指导经济工作，不断适应新形势、解决新问题、应对新挑战，取得了新时代中国经济建设新的伟大成就。习近平总书记在党的二十大报告中指出，"中国共产党是为中国人民谋幸福、为中华民族谋复兴的党，也是为人类谋进步、为世界谋大同的党"。

面对全球新一轮科技革命和产业变革演进的大国竞争背景，习近平主席以大国领袖的全球视野和使命担当，提出了构建人类命运共同体的理念。这不仅体现了中国致力于为世界和平与发展作出更大贡献的崇高目标，也彰显了中国将自身发展与世界发展相统一的全球视野、世界胸怀和大国担当。在现实层面，人类命运共同体理念顺应了当今世界经济全球化、政治多极化和文化多样化的历史大趋势。构建人类命运共同体要充分认识到国际形势的复杂性，尤其西方霸权主义国家对构建"人类命运共同体"带来的威胁和挑战。习近平总书记指出："我们要坚持以经济发展为中心，集中力量办好自己的事情，不断增强我们在国际上说话办事的实力。我们要积极参与全球治理，主动承担国际责任，但也要尽力而为、量力而行。"这一主张不仅是指导我国参与全球治理的有效手段，也为形成并发展新质生产力，以更高的效率和姿态建设全球治理体系，提供了中国方案。在马克思主义政治经济学的理论指导下，从经济、政治、社会三个层面助力新质生产力的形成，为构建人类命运共同体提供中国力量。

二、新质生产力的理论发展

（一）为丰富拓展习近平经济思想充实了新内容

新质生产力与习近平经济思想的核心要义之间存在着紧密逻辑联系。具体表现在三个维度：从"新"的角度看，新质生产力与经济新常态、新发展阶段、新发展格局、新发展理念等具有高度的契合性。习近平经济思想基于中国特色社会主义新时代这个时空场域而展开，面对新问题、培养新理念、创造新办法是其首要特征，可以说"新"贯通了习近平经济思想的全部理论命题。按照马克思主义哲学的观点，新事物是相对于旧事物而言，是旧事物通过量变积累和质变飞跃而产生的代表事物发展前途方向的新生力量。新质生产力是代表未来生产力发展要求和前进方向的生产力形态，是适应经济新常态、立足新发展阶段、贯彻新发展理念、构建新发展格局的根本支撑。而且习近平经济思想提出的一系列新观点新方略都蕴含着创新这一解决现实经济问题的金钥匙和主基调。从"质"的角度看，自党的十八大以来，推动经济高质量发展成为引领中国特色社会主义经济建设的总依据，统领着经济建设的各个领域和各个层面，其核心要义是强调质量的转变和提升。新质生产力强调质量的提升、质量的跃迁、质量的升级，意味着生产力水平、层次和形态发生根本性的历史变化，是质性的升级迭代，这是经济高质量发展的必然要求。从"生产力"角度看，新质生产力是对新时代中国特色社会主义经济社会发展中涉及生产力的不同形式，如数字生产力、生态生产力、文化生产力等新型生产力的理性抽象和理论概括。生产力作为马克思主义政治经济学的重要理论范畴，是推动经济社会发展进步的根本因素。习近平经济思想牢牢抓住了这个"牛鼻子"，坚持系统思维和问题导向，从建设社会主义现代化强国、实现民族复兴历史伟业的战略高度，提出了一系列事关解放生产力、发展生产力和形成新型生产力的重要理论创新。

新质生产力拓展了习近平经济思想的理论视域。2023 年 9 月，习近平总书记在黑龙江考察期间首次提出了"新质生产力"的概念，指出要以科技创新引领产业全面振兴，整合科技创新资源，引领发展战略性新兴产业和未来产业，加快形成新质生产力。新质生产力是针对东北全面振兴、产业转型乃至新冠疫情之后全国经济发展转型出路作出前瞻性思考，具有鲜明的问题导向，拓展了习近平经济思想的理论视域。首先，拓展了生产力理论视域，深化了数字时代生产力的构成要素。比如，数字生产力作为新质生产力的典型代表，其构成要素分别为以算法为代表的数字技术是劳动资料、以连接为代表的数据要素是劳动对象、以分析师为代表的工作者是劳动者。其次，拓展了科技创新理论视域。科技创新理论在马克思主义政治经济学中占有重要地位，以往的科技创新理论主要聚焦于科学技术本身如何创新，没有突破工具理性的理论视域。新质生产力所要求的科技创新是技术创新、制度创新和管理创新的有机综合体，从人力资源、管理体制、保障机制、技术方向等多个维度展开整体性优化，发挥科技创新的联动效应。再次，拓展了宏观调控理论视域。发挥国家在经济发展中的宏观调控作用是凯恩斯主义的基本理论观点。我国社会主义市场经济更需要把有效市场和有为政府结合起来，市场在资源配置中的决定作用并不是盲目机械的，可以通过国家宏观调控予以政策引导。国家宏观调控的工具不只是财政、税收、金融，也表现为国家总体生产力的宏观布局。加快形成新质生产力的现实要求就是通过国家顶层设计与宏观调控，从国家层面实现生产力的合理布局。

（二）为实现经济高质量发展提供了新动力

新质生产力有助于蓄积发展新动能。发展动力是驱动经济发展的主导性力量，决定了发展速度效能和发展可持续性。现代经济社会发展动力主要有能源资源驱动、创新驱动、市场规模驱动、制度变革驱动、消费驱动等，并且经常存在不同动力之间的协同演进和叠加效应。新质生产力是有别于传统生产力的一种生产力跃升，是科技创新在其中发挥主导作用的生产力，实质是以创新驱动为发展动力。习近平总书记指出："加快实现高水平科技自立自强，是推动高质量发展的必由之路。"在新一轮科技革命和产业变革的大背景下，经济发展新动能和新优势的培育主要依靠自主科技创新。发展新质生产力的必然要求是通过科技创新实现产业升级和变革。通过科技创新促进要素的高效流动和资源的合理配置，推动产业链再造和价值链提升，实现产业更替和升级，满足有效需求和潜在需求；通过科技创新实现市场经济的供需动态平衡，创造大量新兴的经济业态、经济产业和经济模式，逐步提升市场主体的发展预期，进而提振实体经济发展的信心。

新质生产力有助于培育竞争新优势。新质生产力摆脱传统增长路径，是数字时代更具融合性、更体现新内涵的生产力。大数据、云计算、区块链以及人工智能等数字技术日益展现出生产力属性，数字技术与现代新兴产业深度融合能够突破生产的空间限制，提升产品的附加值，延伸价值链。新质生产力是建设现代市场经济体系的集中表现，不仅涉及劳动力、技术、资本、管理等各种生产要素重组，而且涉及改革生产关系、上层建筑，还涉及优化产业结构、提升产业形态，能够把解放生产力和发展生产力很好地统一起来，在实践中实现两者良性互动，并形成发展合力。

新质生产力要求发展战略性新兴产业和未来产业，突出表现为通过产业创新发展来打造新业态、开发新领域和开辟新赛道。中国特色社会主义市场经济经过几十年的发展，在资本、技术、人才、管理、制度等方面积累了许多宝贵经验，尤其是我国集中力量办大事的制度优势和超大规模优势，必将为发展新质生产力提供优势条件。

新质生产力有助于创造增长新路径。生产力发展与进步是量的积累与质的飞跃的辩证统一，新质生产力作为一种全新生产力形态，核心要义是通过技术变革创新推动生产力要素之间的优化组合，推进质量、效率、动力等全要素生产率的提高。新质生产力意味着生产力实践方向发生了根本性改变，体现在经济发展的各个层面。从投资方面看，传统产业、房地产投资相对饱和，新科技、新产品、新业态、新商业模式的投资机会大量涌现。从生产要素相对优势看，过去劳动力成本低是最大优势，现在更多要依靠高素质高技能的人才优势。从生产能力和产业组织方式看，产能过剩的条件下，产业结构必须优化升级。形成新质生产力根本在于实施创新驱动发展战略，加快发展新型产业、开发新产品、塑造新品牌、培育新业态，构建高技术、高层次、高质量的现代化产业体系。一言以蔽之，新质生产力的形成过程就是寻找经济增长新路径的过程。

（三）为当代全球治理贡献了新力量

新质生产力为全球经济治理开拓了增长空间。习近平总书记指出："把经济发展仅仅理解为数量增减、简单重复，是形而上学的发展观。"全球经济发展的历史经验表明，依靠资源驱动、人口增长和经济全球化推动经济增长的主要引擎进入换挡期，对世界经济拉动作用明显减弱。加之，世界主要经济体都面临人口老龄化和人口增长率下降的双重挑战，这为全球经济繁荣发展和全球经济治理带来了压力。全球经济治理关键在于开拓新的增长空间，新质生产力为此提供了契机。新质生产力要求打造全球新的产业链、供应链、价值链，推进结构性改革，扩大全球总需求，推动世界经济实现更高质量、更有韧性发展。人类进入数字时代以后，"自然"的概念已经从物理空间延展到数字空间，因而生产力的内涵也从经典政治经济学中改造物理世界的工具，变成了改造物理和数字两个世界的工具。因此，全球经济治理不仅要关注实体经济，也要重视数字经济，尤其是数字化生产关系的重塑。数字生产力需要数字化生产关系来匹配，当今世界的生产关系主要是适应工业经济的需要而建立起来的。可以说，新质生产力参与并开始主导这一轮全球数字经济和社会秩序的重构。

新质生产力为全球环境治理提供了新模式。现代社会基于工具理性和经济理性驱动下的全球生态危机日益严峻，而生态环境问题产生的根源在于"高投入、高消耗、高污染"的发展模式。新质生产力着眼于长期生产力的可持续发展，强调了创新、知识、技术对于生产力增长的重要贡献，主张把人类经济社会活动限定在生态所能承受的合理范围内。新质生产力中的劳动对象并非直接指向自然资源，而是主要面向信息资源、数字技术等新领域，降低了对于生态环境尤其是传统能源的依赖度。新质生产力强调经济社会发展要面向新技术、开辟新业态、形成新模式，这对于生态文明建设具有重要现实意义。譬如，新能源技术降低了能源消耗，低碳循环的新业态减少了环境污染。总之，新质生产力更具生态意蕴和社会效益，着眼于人与自然生命共同体，走绿色、低碳、循环、可持续发展道路是其内在要求。

新质生产力为全球安全治理提供了新技术。全球安全是事关人类社会永续健康发展的大事要事。目前，全球安全面临着传统安全和非传统安全的双重挑战。传统安全是以国际争端、地区冲突和局部战争为主要代表的军事安全，其治理手段主要是以和平对话的方式展开。非传统安全涉及的领域和范围更广阔，如重大传染病疫情、跨国金融犯罪、国际贩毒、全球极端气候、极地和海洋安全、重大安全生产事故等。治理非传统安全需要依靠新理念、新技术和新手段，理念层面要秉持共商、共建、共享的全球安全观，技术和手段层面与新质生产力的本质要求具有高度契合性。譬如，医药领域是新质生产力发展的重点方向，研发新的药物、医疗器械和疾病监测技术，能够提升全球公共卫生治理能力，有效应对重大传染病疫情。再譬如，新质生产力在防范和化解重大安全生产事故中也发挥着显著作用，通过大力发展应急产业、装备和技术，能够有效提升全球应对重大事故灾难的水平。此外，利用人工智能、大数据、物联网等数字技术可以有效侦查国际贩毒、跨国金融犯罪，能够提升数字治理水平。

（四）揭示生产力新质，丰富和发展了马克思主义生产力质量理论

任何事物都是质和量的统一，生产力是人们改造自然和征服自然的能力，也具有数量和质量的二重属性，是数量和质量的统一。对劳动者而言，"质"的方面体现为体力、智力等的发展程度，"量"的方面体现为劳动者数量和分工、协作的规模；对劳动资料而言，"质"的方面体现为生产工具的先进程度，"量"的方面体现为生产工具规模数量的投入大小；对劳动对象而言，"质"的方面体现为原材料的精细、品质等，"量"的方面体现为一定质的劳动对象的多少。马克思指出，成为统治阶级的无产阶级的任务是"把一切生产工具集中，并且尽可能快地增加生产力的总量"，这是生产力的总体规定性。单纯靠量的积累而缺乏质的突破，很难推动生产力的大发展，形成新兴生产力。在马克思看来，"任何新的生产力，只要它不是迄今已知的生产力单纯的量的扩大（例如开垦土地），都会引起分工的进一步发展"，这表明"新的生产力"不是简单的量的积累，要结合质的发展，才能带来表现为社会分工发展的生产力的发展。生产力的新质和增量相互作用，使得"资产阶级在它的不到一百年的阶级统治中所创造的生产力，比过去一切世代创造的全部生产力还要多，还要大"。

习近平总书记提出新质生产力的重要概念，丰富和发展了马克思主义生产力质量理论，尤其创新发展了马克思主义关于生产力"质"方面的理论。新质生产力是经济新常态出现的生产力新质态，是由"高素质"劳动者、"新质料"生产资料构成，以科技创新为内核、以高质量发展为旨归，为高品质生活服务的新型生产力。它在本质属性上已经区别于传统生产力，必然也会带来生产方式和生活方式的极大变化。首先是高素质。人是社会的主体，是生产力诸要素中的首要因素。新质生产力的发展，归根到底有赖于人才的发展，科学技术只有从知识形态转化为生产工具，劳动资料才能成为现实的物质生产力，这一转化过程要通过提高劳动者素质来实现。其次是新质料。物质生产力是全部社会生活的物质前提，当前信息化、智能化条件下，

新的物质生产力正在形成。新质生产力是依靠创新驱动形成的生产力，从生产工具到劳动对象，都由现代化科学技术先行创造或改造，在科技水平和含量的提升下具备了新的质态，与传统生产力已经有了本质性差异。再次是高质量。新质生产力是高效能、高效率的生产力，区别于依靠大量资源投入、高度消耗资源能源的生产力发展方式，是摆脱了传统增长路径、符合高质量发展要求的生产力，是数字时代更显创新性、更具融合性、更体现新内涵的生产力。加快形成新质生产力，将为中国经济高质量发展构建新竞争力和持久动力。最后是高品质。这是以高质量发展带来高品质生活的生产力。坚持生态保护优先、推动高质量发展、创造高品质生活的"一优两高"战略，用青山绿水的底色、高品质生活的主色、高质量发展的亮色，擘画一幅生产力能级跃升的新时代画卷。这些都是生产力"质"的提升。新质生产力的形成和发展，将会从生产方式上革新产业，进而从生活方式上革新样态。

（五）创新生产力要素，丰富和发展了马克思主义生产力要素理论

生产力是由多种要素构成的，同时其构成要素的内涵随着经济的演进过程而不断深入。马克思和恩格斯指出，"劳动过程所需要的一切因素：物的因素和人的因素，即生产资料和劳动力"，从而把生产力分为主体生产力和客体生产力。主体生产力是社会个人在生产过程中所实现的那些体力因素和精神因素，是生产力的人的因素，包括人及其知识、生产经验和劳动技能。随着社会的发展，社会对劳动者的知识、生产经验和劳动技能的要求更高，知识等在社会生产中的作用也越大；客体生产力则指物的因素，即劳动资料，是人借以影响和改变劳动对象的一切物质的东西。以机器为代表的劳动资料，提升了劳动生产率，马克思通过描述"蒸汽、电力、机器的巨大生产力"，将劳动资料的生产力属性具体化。随着社会的发展，社会对劳动资料中科技含量的要求越来越高。马克思在考察了这一事实后，将科学纳入生产力要素范畴，提出"科学是一般社会生产力"，并着重揭示了科学技术对生产力发展的巨大推动作用，"是历史的有力的杠杆"，"是最高意义上的革命

力量"。"随着劳动过程本身的协作性质的发展，生产劳动和它的承担者即生产工人的概念也就必然扩大"，这表明生产要素构成并非一成不变，而是一个不断发展的动态概念。习近平总书记在坚持马克思主义生产力理论的基础上，结合新的生产力条件，扩大了生产力的构成要素和劳动者内涵，丰富和发展了马克思主义的生产力要素理论。

第一，习近平总书记将创新作为新质生产力的主要驱动力，并将"知识""技术""数据"引入生产要素，深化和发展了马克思主义生产要素理论。习近平总书记指出"要促进创新的发展，让发展潜力充分释放"，把科技创新作为引领发展的第一动力，不仅继承了马克思"科学技术是生产力"的思想，还突出了科技创新对生产力发展的主导驱动作用，强调生产力的质态跃升离不开科学技术的跨越式、颠覆式发展。习近平总书记还指出，"数字技术、数字经济可以推动各类资源要素快捷流动""数据作为新型生产要素，对传统生产方式变革具有重大影响"。随着移动互联网、物联网、云计算等新一代信息技术发展与普及应用，知识总量、技术成果爆炸式增长，海量数据资源不断增长，技术、数据等新生产要素与各种传统生产要素在质量、数量、时空上结合，大大提高了劳动生产率，不断孕育和创造新的经济增长点。

第二，习近平总书记强调"人才是创新的根基，是创新的核心要素"，充分肯定了"创新人才"在新质生产力发展中的决定性作用，扩大了劳动者的内涵，深化和发展了马克思主义生产要素理论。习近平总书记提出"人才是第一资源"，不仅包括直接劳动的体力劳动者，还包括从事科技活动、对整体生产劳动发挥着直接和间接作用的脑力劳动者，而且后者的结构占比越来越大。培养造就与现代科技和社会生产力发展相适应的高素质人才队伍，加快科技创新成果的涌现，对培育和发展新质生产力十分必要。

第三，新质生产力的相关论述重新定义了人和科技在生产力的构成和发展中的地位和作用，"人才发挥主导作用"与"科技创新作为第一动力"二者并非此消彼长，而是相辅相成、辩证统一的关系：人才的主导作用主要通过科技创新作为第一动力的功能来发挥；而科技创新作为第一动力的巨大作用，又必须通过人才的主导作用来实现。两者互为前提，互相作用，合力推动生产力的发展。

（六）推进生产力跃升，丰富和发展了马克思主义生产力发展理论

马克思把社会生产力的发展置于大工业的出现、工业革命的基础上，指出大工业的发展"产生了空前大规模的资本和生产力，并且具备了能在短时期内无限提高这些生产力的手段"，"正是由于这种工业革命，人的劳动生产力才达到了相当高的水平"，大工业的发展极大提升了生产力发展的水平。"新的工业的建立已经成为一切文明民族的生命攸关的问题；这些工业所加工的，已经不是本地的原料，而是来自极其遥远的地区的原料"，在马克思看来，资本主义的工业已经相对摆脱了它本身所需原料的产地的地方局限性，换言之，摆脱了资本主义生产方式局限性的社会将创造新的生产力。此外，马克思还对劳动生产力的提升途径进行了论述，认为"增加劳动的生产力的首要办法是更细地分工，更全面地应用和经常地改进机器"。这是提升劳动生产力的基本方法，而根本方法还在于变革资本主义生产方式。马克思认为："摆脱了资本主义生产的局限性的社会可以更大踏步地前进。这个社会造就全面发展的一代生产者，他们懂得整个工业生产的科学基础，而且每一个人对生产部门的整个系列从头到尾都有实际体验，所以这样的社会将创造新的生产力。"

习近平总书记在继承马克思主义生产力发展理论的基础上，结合我国生产力发展实际，创造性提出了生产力水平"总体跃升""整体改善"的理论。党的十八大以来，习近平总书记站在全局和时代高度，把解放和发展生产力放在重要位置，在对中国经济新常态的阐释中形成了"努力提高创新驱动发展能力、提高产业竞争力、提高经济增长质量和效益，实现我国社会生产力水平总体跃升"的新见解。同时，他还强调："加快培育新的发展动能，改造提升传统比较优势，增强持续增长动力，推动我国社会生产力水平整体改善。"从生产力"总体跃升"到生产力"整体改善"，体现了党中央对我国经济发展的整体谋划，对新时代解放和发展生产力的科学部署。此外，习近平

总书记突破资本主义生产方式的局限性，构建社会主义的生产方式，创新发展了马克思主义生产力水平跃升的路径。其一，通过供给侧结构性改革促进生产力水平跃升，"扎扎实实推进供给侧结构性改革，我国产业结构层次才能出现一个大的跃升，社会生产力水平才能出现一个大的跃升"。其二，通过科技创新提升社会生产力水平，当今世界"科技创新链条更加灵巧，技术更新和成果转化更加快捷，产业更新换代不断加快，使社会生产和消费从工业化向自动化、智能化转变，社会生产力将再次大提高，劳动生产率将再次大飞跃"。其三，通过绿色发展转变经济发展方式。习近平总书记提出"生态就是资源，生态就是生产力"，生态生产力理论强调绿色发展对于生产力的引领作用，同样区别于依靠消耗资源能源的传统生产力发展模式，实现了生产力生态化跃迁发展。

三、新质生产力的生成路径

（一）创新驱动：实现新质生产力的全面跃升

第一，以技术创新为先导，开发高新技术产业群。"进入 21 世纪以来，全球科技创新进入空前密集活跃的时期，新一轮科技革命和产业变革正在重构全球创新版图、重塑全球经济结构。"新质生产力是我国经济内生动力的转变，核心在于科技创新，尤其是要在原创性、颠覆性技术层面实现重大突破，而科技创新的主要途径是发展和培育战略性新兴产业和未来产业。"瞄准人工智能、量子信息、集成电路、先进制造、生命健康、脑科学、生物育种、空天科技、深地深海等前沿领域，前瞻部署一批战略性、储备性技术研发项目，瞄准未来科技和产业发展的制高点。"培育一批投资主体多元化、管理制度现代化、运行机制市场化的新型研发机构，加快推进国家重点实验室体系建设，布局创建前沿领域、学科交叉融合重大创新平台，全面提升国家自主创新能力和核心竞争力。大力推进科技创业园区的建设，优化高新技术产业的整体布局，开发具有世界影响力和全球竞争力的高新技术产业群。

第二，以制度创新为保障，营造创新发展的良好环境。作为现代创新理论奠基人的熊彼特认为，创新驱动不仅包括改善技术和改进操作方法，也包括对生产要素的投入、需求条件的改善、产业结构的变革、企业战略的调整等因素。

现代社会，制度创新在促进生产力发展中发挥着重要作用，通过制度创新，可以实现资源的优化和配置，营造创新发展的良好环境。因此，要构建多元主体协同创新的制度格局，健全企业出题、协同攻关、政府补助的产学研合作机制，支持企业牵头组建创新联合体、产业技术创新联盟，从根本上解决我国长期存在的产学研协作不畅、产业基础薄弱、科技成果转化难等问题。要充分发挥市场在新质生产力要素资源和技术资源配置中的决定性作用，打通束缚新质生产力发展的堵点卡点，建设高标准的技术交易市场，合理有序引导市场主体参与到涉及新质生产力的新业态、新模式、新动能、新产业、新经济的技术创新当中。

第三，以管理创新为支撑，激发市场主体发展新质生产力的积极性、主动性和创造性。以企业为代表的市场主体是发展新质生产力的主力军，加快形成新质生产力必须激发市场主体的积极性、主动性和创造性。因此，要以管理创新为支撑，加速将科技成果转化为现实生产力，建立以现实生产力为目标导向的科技成果转化管理机制，着力提高科技创新的实际应用能力。企业作为创新的主要主体，通过宣传教育和政策引导，不断增强企业家的创新意识。政府在财政政策上向着创新方向倾斜，鼓励企业家大胆创新。针对不同的创新情形，政府要发挥差异性的作用，在技术路线非常明确的地方，更多地加强组织引领和对知识产权的保护，完善创新所需要软硬基础设施。对技术路线仍然具有较强不确定性的前沿技术领域，政府要更多地发挥倡导、鼓励、保护、支持的作用，动员更多市场主体参与技术创新的实践探索。

（二）改革赋能：变革不适应新质生产力发展要求的生产关系

历史唯物主义认为，形成和发展一种全新形态的生产力，其一般路径有两条：一条是从构成生产力的基本要素和支撑要素着手，进行优化、调整、组合，推动生产力的积累和质的提升；另一条是从生产关系着手，变革一切不适应甚至束缚生产力发展的管理体制、运行机制和操作制度，不断释放发展生产力的空间和活力。恩格斯指出："所谓'社会主义社会'不是一种一成不变的东西，而应当和其他社会制度一样，把它看成是经常变化和改革的社会。"社会主义改革是社会主义制度的自我完善、自我发展，是为了解放生产力、发展生产力。习近平总书记强调，发展新质生产力，必须进一步全面深化改革，形成与之相适应的新型生产关系。因此，对任何阻碍新质生产力发展的体制机制因素都应加以变革，使得一切有利于发展新质生产力的经济要素不断得到释放，全面激发经济发展活力。

首先，形成发展新质生产力全国"一盘棋"格局。我国地区发展存在明显的时空差异，以粤港澳大湾区、长江三角洲和京津冀地区为主的城市发展水平高于其他地区，这些城市群是"十四五"时期经济优势地区，其产业链条、产业发展阶段、技术水平、产业要素集聚水平都具有显著优势，这些优势地区要在发展新质生产力上发挥示范引领作用。2024年2月1日至2日，习近平总书记在天津看望慰问基层干部群众时指出，天津作为全国先进制造研发基地，要发挥科教资源丰富等优势，在发展新质生产力上勇争先、善作为。因此，一方面，要激发优势地区的主动权作用，引导不同区域从区域间竞争向参与国际高端竞争转变，依托市场机制发挥区域比较优势，通过更大范围和更深层次地整合国内外创新资源，掌握国际供应链主导权。另一方面，要促进优势地区与其他地区联动发展，通过要素关联、产业关联深化拓展优势地区与其他地区的经济一体化程度，中西部、东北地区要探索形成符合中长期发展需求的差异化动力源，构建统一地区的区域协同发展体系，探索形成有效的优势转化机制。建设全国统一大市场，统筹规划和合理调配新质生产力的产业布局。

其次，出台新质生产力一揽子配套政策。加强政策资金的支持力度，设立新质生产力发展支持和培育基金，针对新产业、新技术、新业态进行政策资金扶持。从税收、融资等政策上扶持新产业和新业态的发展，构建金融有效支持新质生产力发展的机制，提升金融服务科技创新水平。优化民营经济发展新质生产力的营商环境，支持和鼓励民营企业投资新能源、新材料、信息技术、生物技术、人工智能等战略性新兴产业投资，推进能源、铁路、电信等行业竞争性环节市场化改革。政府对于新产业新业态实行包容审慎监管，坚持放管结合，优化服务改革，持续优化市场化、法治化的国际营商环境。建设高标准市场体系，推进土地、资本、技术、数据等要素市场化改革，完善要素交易规则和服务体系，健全要素市场运行机制。

最后，构建科技创新领域的新型体制机制。构建社会主义市场经济条件下的关键核心技术攻关的新型举国体制。

新型举国体制需聚焦国家重大战略需求和国家重大科技项目，着眼生产力发展面临的核心技术瓶颈障碍，发挥政府的战略导向作用，从中央层面加大对科技创新活动的顶层设计。优化和强化技术创新体系的顶层设计，明确企业、高校、科研院所等创新主体在创新链不同环节的功能定位，激发各类主体创新激情和活力。加大科技成果转化力度，制定奖励机制，实施成果研发的过程奖励和成果转化的持续奖励。构建毗邻地区之间科技创新的协同机制，打造科技创新的全新格局。正如习近平总书记指出的那样，天津要加强与北京的科技创新协同和产业体系融合，合力建设世界级先进制造业集群。加强知识产权的保护，通过法治思维和法治方式保护市场主体的合法知识产权，大幅提高科技成果转移成效。

（三）理念引导：五大发展理念指引新质生产力前进的正确方向

一要崇尚创新，推动新质生产力提质增效。创新发展强调提高自主创新能力，加快科技创新构建产业新体系，实现我国科技水平由跟跑、并跑到领跑转变。新质生产力是代表新技术、创造新价值、适应新产业、重塑新动能的新型生产力。全面加强创新资源协同整合，统筹推进原始创新和集成创新，原始创新实现0到1的突破，集成创新实现1到N的突破，从技术、工艺、设备等方面进行有效组合。壮大创新主体规模、提升成果转化成效、优化创新创业生态。

二要注重协同，实现新质生产力均衡发展。协同发展强调资源配置均衡，解决发展中的不平衡、不协调、不持续问题，增强发展的协同性、平衡性和整体性。邓小平曾指出："现代化建设的任务是多方面的，各个方面需要综合平衡，不能单打一。"新质生产力的发展关键要注重统筹协调、整体谋划，以构建国内国际双循环新发展格局为指引，注重国内大循环市场建设，推进产业区域合理布局，提升重大生产力布局质量，实现不同区域协调发展。促进地区之间的分工深化，支持东部沿海地区在关键高新技术领域优先布局、合理分工，培育区域在全国创新链不同节点的错位协同。

三要倡导绿色，加快新质生产力绿色转型。绿色发展强调正确处理经济发展与生态保护之间的关系，形成绿色的发展方式和生活方式，提高经济发展的绿色水平。新质生产力具备绿色可持续发展的内在特征，强调维持生态平衡，促进人与自然和谐发展。全面提升绿色发展水平，引导企业加快低碳、零碳、负碳技术创新，推动碳达峰、碳中和，加快节能减碳先进技术的研发和推广应用。持续加强绿色制造体系建设，新增国家绿色工厂、绿色工业园区，推动能源转型，建立清洁能源中心。

四要厚植开放，促进新质生产力场域拓展。马克思曾指出："一个国家应该而且可以向其他国家学习。"开放发展强调要顺应经济全球化潮流，坚持引进来和走出去并重，形成具有全球竞争力的开放竞争生态，提升我国的开放型经济发展水平。新质生产力发展需要构建全方位、全领域的开放新格局，倡导国际创新合作，超越疆域局限和人为藩篱。强化全球资源配置功能，加快提升对全球高端要素资源的吸附能力、新型要素资源的整合能力，更好地统筹国内国际两个市场两种资源。继续扩大开放、加强合作，坚定不移奉行互利共赢的开放战略，大胆吸收世界其他民族和国家的先进科学技术成果和先进管理办法。

五要推进共享，彰显新质生产力社会主义价值追求，"共享理念实质就是坚持以人民为中心的发展思想，体现的是逐步实现共同富裕的要求"。新质生产力最终是以满足人民对美好生活需要为价值旨归，坚守人民立场是其根本立场。新质生产力的形成和发展离不开人民群众的探索创造和努力奋斗，新质生产力产生的物质成果和精神成果也应当由全体人民共享。发展新质生产力要求东西部地区共享关于新质生产力发展的政策资源，市场主体之间共享国内外高新领域前沿发展动态讯息，全体人民共享新质生产力带来的产品和服务。

（四）教育推动：为新质生产力提供人才支撑

马克思曾深刻指出：生产力的历史，也是个人本身力量发展的历史。可见，生产力不是超历史的实体，它是存在于人的活动之中，是在人的劳动中形成的，是人们以往活动的产物和实践能力的结果。教育是发展生产力的基础，形成新质生产力，需要做好科教兴国这项事关千秋的宏大事业。一要根据发展新质生产力的需要，聚焦前沿重大科学技术问题，调整优化高校专业设置和学科权，支持高校开展探索性、原创性研究。二要推进更高水平教育对外开放，有效利用世界一流教育资源和创新要素。聚焦世界科技前沿动态和国家科技发展战略，开展高水平中外合作办学，加强国际联合实验室、重大科学装置建设。从引聚国际教育高端要素、提升全球教育资源配置能力等方面综合施策。三要推动产业链、创新链、人才链深度融合，把教育优势、人才优势、科研优势转化为发展优势。充分发挥战略科学家、高水平科研领军人才的科技领航作用，聚焦带动形成一批多层次、多领域融合的高水平创新团队，不断壮大科研创新人才队伍。加大青年人才培养和支持力度，完善青年科研人才培养机制，面向基础科学、交叉前沿战略性新兴产业等领域，稳步推进培养青年科学家的计划项目。

（五）产业支撑：建设以新兴产业和未来产业为核心的现代产业体系

党的二十大报告指出："推动战略性新兴产业融合集群发展，构建新一代信息技术、人工智能、生物技术、新能源、新材料、高端装备、绿色环保等一批新的增长引擎。"新质生产力的形成与发展根本支撑在于发展一批具有技术含量高、国际竞争力强、发展空间大的新型产业。

一要大力发展与数字经济有关的人工智能、未来网络、数字化运用等新兴产业。数字经济是全球未来的发展方向，做大、做强、做优数字经济已经成为我国经济社会发展的战略布局。打造具有全球影响力的机器人产业创新高地，在品牌、应用场景和产业规模方面实现突破。促进数字经济和实体经济深度融合，推进数字产业化和产业数字化，打造具有国际竞争力的数字产业集群，赋能传统产业转型升级，催生产业新业态、新模式。

二要大力发展与生态经济有关的新能源、清洁生产、绿色环保等产业。新质生产力具有绿色可持续发展的内在特质，要强调绿色为底色，发展以氢能、核能、太阳能、风能为代表的绿色新能源，建设绿色工厂、绿色工业园区，大力发展新能源汽车、光伏、锂电池等环保产业，打造生态产业集群。

三要大力发展与文化经济有关的文旅产业、文创产业。文化产业为朝阳产业，能够满足人民群众日益增长的精神文化需求。目前，我国已经基本形成了由出版、影视、传媒、娱乐、演出、音像、网络文化产业以及艺术品市场等组成的文化产业群。构建现代文化产业体系，以结构调整为主线，以深化改革促进结构调整和市场整合，以转变经营模式、促进产业优化升级和效益增长，实现壮大实力、增强活力、提高竞争力的目标。释放文化产业集聚效应，发挥文化产业园区作用，依托于经济与文化高度发达的城市，以聚集形态形成文化产业园区。

四要大力发展与工业经济有关的高端装备制造、钢铁冶金、新材料等产业。工业是现代经济的压舱石。推动航空航天、深海开发、轨道交通、智能装备、芯片等高端制造业的加速转型升级。要以龙头企业为牵引，推动产业链向上下游延伸，形成较为完善的产业链和产业群，吸引更多经营主体进入工业经济领域的产业形态，尤其是要推动制造业高端化、智能化、绿色化发展。

五要大力发展与健康经济有关的生物制药、中医药、医疗器械、健康管理等产业。历史唯物主义视域下，生产力尺度不仅表现为创造物质财富，而且表现为实现人的自主活动乃至人的解放。新质生产力的发展会以全新的方式渗透人的物质生产和精神生产的全部领域，从而实现人的全面自由发展。

以实现人的全面自由发展为目标，坚持健康中国战略，加强技术研发和科技创新，大力推动一系列康养产业的发展。

四、新质生产力的时代意义

（一）切实丰富发展了马克思主义的生产力理论

新质生产力的提出是习近平新时代中国特色社会主义思想在经济社会领域的又一极具前瞻性的创新成果，是对马克思主义生产力理论的丰富和发展。生产力是马克思政治经济学的核心概念之一，他在《资本论》《1857—1858年经济学手稿》等经典文献中深入阐释了生产力及其与生产关系之辩证逻辑，认为生产力主要是人类适应自然、利用自然和改造自然的能力，是"人以自身的活动引起、调整和控制人和自然之间的物质变换的过程"，而恩格斯在《反杜林论》中则将生产力视为"一切社会变迁和政治变革的终极原因"。可以说，在创立唯物史观、揭示社会发展基本规律过程中，马克思、恩格斯等经典思想家始终紧紧把握生产力所发挥的决定性作用，并强调要以生产力系统内部各要素的协调发展促进生产力效能的整体性发挥。

百余年来，中国共产党人自觉将马克思主义生产力理论同我国具体实际相结合，坚持把解放和发展社会生产力作为社会主义的根本任务，坚持以科学技术创新推动生产力发展跃升。进入新时代以来，习近平总书记立足当前国内外经济社会发展新形势，敏锐洞察到了全球科技和生产发展的新趋势，科学运用马克思主义的立场、观点和方法，创造性地提出了形成和发展新质生产力这一重要论断。

作为一种崭新的物质生产力，习近平总书记所强调的新质生产力是在数字化、信息化、智能化等时代背景下生成的，是以新科技、新产业、新要素为核心动力的新型生产力。从这个意义上来说，其与马克思、恩格斯的生产力理论，尤其他们关于"生产力中也包含科学"的思想观点是有着逻辑契合和内在相通之处的。与此同时，新质生产力因其突出强调实体性要素和非实体性要素、经济发展和科技创新等各要素的互动结合，表征着生产力从旧质向新质、低质向高质的跃升之理，从而又实现了对马克思、恩格斯生产力理论的丰富与发展，亦代表我们中国共产党人开辟了马克思主义生产力理论的中国化时代化新境界。

（二）深刻揭示了科技赋能生产力跃升的时代命题

正处于"两个大局"历史交汇点的我国，由于经济社会发展和国内外环境发生的急剧而深刻变化，各类结构性矛盾和深层次问题不断显现，若不能加快形成适应社会高质量发展要求、契合人民高品质生活需要的新的生产方式，我们可能会错过抢占发展制高点、赢得未来发展主动权的历史机遇。因此，抓住新一轮科技革命和产业变革的时代机遇，加快形成和发展新质生产力是化解新时代我国"主要矛盾"、完成新征程我国"中心任务"的必然选择。

习近平总书记以"智者见于未萌"的远见卓识，站在扎实推动经济高质量发展、全面建设社会主义现代化强国的战略高度，阐发了一系列加快形成和发展新质生产力的新论断。正如他在党的二十大报告中强调的，"高质量发展是全面建设社会主义现代化国家的首要任务""没有坚实的物质技术基础，就不可能全面建成社会主义现代化强国"。而依靠科技发展，助力产业创新，尤其是以关键性颠覆性技术突破催生新产业、新模式、新动能而形成的生产力，能够为实现高质量发展提供强大动力和坚实支撑，由此在新时代进一步解放和发展生产力的语境下，生动诠释了科技是第一生产力的时代意蕴，深刻揭示了科技创新何以转化为实际效能的时代命题。

进一步言之，其一，习近平总书记关于新质生产力的重要论述蕴含的"人才引领""科技驱动""产业赋能""高质量发展"的新生产力观，旨在中国式现代化建设进程中充分挖掘"数字化""智能化""绿色化"等助力生产力跃升的复合效能，不断强化科技创新发展成果运用的同时，提升产业经济的持续整体能力。其二，习近平总书记关于新质生产力的重要论述从问题导向、系统观念、守正创新等维度推进生产力的先进程度和发展水平不断跃升，旨在彻底摆脱依靠传统生产要素大量投入和扩张的增长路径，转向依托构筑数字化、智能化、绿色化的增长新引擎，这是以适应我国经济高质量发展新常态，推动以科技创新为支撑，提升经济价值创造能力、社会价值创造能力的科学性回答。其三，习近平总书记关于新质生产力的重要论述是在直面新时代、新征程我们党的使命任务及国家经济社会发展现实要求基础上，通过开辟发展新赛道、拓展发展新动能、优化发展新要素，最终让广大人民群众过上高品质美好生活。如此，新质生产力也必将在中国式现代化建设征程上更好增强全社会的认同感、责任感，形成共建共享的磅礴力量。

（三）有效夯实了人类文明新形态构建的实践动力

"文明是实践的事情，是社会的素质。"马克思、恩格斯通过对文明发展史的系统性考察，揭示了生产力和生产关系矛盾运动的文明意蕴。中国共产党人将马克思主义基本原理同中国具体实际相结合、同中华优秀传统文化相结合，带领广大人民群众探索出了一条中国式现代化新道路，推动了社会主义生产方式创新性发展，创造了人类文明新形态。

习近平总书记在与世界政党高层对话时强调："中国式现代化作为人类文明新形态，与全球其他文明相互借鉴，必将极大丰富世界文明百花园。"创造人类文明新形态是在中国特色社会主义、中国式现代化实践进程中为人类文明进步作出的探索性、示范性、历史性贡献，展现出了中国共产党人以文明互鉴的理念、博采众长的态度对待和丰富人类文明成果的卓越智慧。习近平总书记关于新质生产力的重要论述并非局限于推动我国经济高质量发展、满足我国人民高品质生活，还驻足世界百年未有科技之变、产业之变、经济之变、生态环境之变、人类社会之变，着眼于集绿色智慧于一体的生产力，促进人类文明新形态的不断发展。这不禁令人想起马克思的话："凡是民族作为民族所做的事情，都是他们为人类社会而做的事情。"

党的二十大报告指出，在基本实现现代化的基础上，从 2035 年到 21 世纪中叶把我国建成富强民主文明和谐美丽的社会主义现代化强国。实现强国目标，从生产力发展这一人类永恒性的课题来说，必然要求转变发展方式、转换增长动力，形成现代化、高级化的生产力。而习近平总书记所强调的新质生产力，显然不仅体现了一般意义上生产力三要素数智化、生产方式社会化的新趋向，还是对过往社会经济形态的新突破，促进了生产关系及社会经济形态的向前迈进。

世界好，中国才会好；中国好，世界会更好。从人类文明发展的历史演替来看，新质生产力作为一种生态文明生产力，必将在不断解放和发展生产力中，在不断调适和变革生产关系中进一步推动世界各国更好地合作交流，真正实现互利共赢，助力人类文明新形态的构建与发展。

参考文献

[1] 张辛欣，严赋憬. 习近平总书记首次提到"新质生产力"[J]. 党的生活（黑龙江），2023(9)：38–39.

[2] 韩永军. 新质生产力本质是高新科技驱动的生产力[N]. 人民邮电，2023-09-13(001).

[3] 杨承训，承谕. 论畅通社会主义现代经济"六环节"运行链[J]. 毛泽东邓小平理论研究，2019(9)：61–67，109.

[4] 刘同舫. "资本来到世间"的真实写照与资本蕴含的辩证法[J]. 江苏社会科学，2023(1)：15–21，241–242.

[5] 李后卿. 邓小平"科学技术是第一生产力"思想的实践价值[J]. 中共云南省委党校学报，2006(5)：25–27.

[6] 杨承训，张新宁. 科学技术创新开拓政治经济学新境域——兼论高质量发展的关键因素[J]. 广西财经学院学报，2022，35(1)：1–16.

[7] 宫敬才. 论马克思的政治经济学研究与世界观形成的关系[J]. 马克思主义与现实，2015(1)：14–21.

[8] 杨建飞. 现代生产力的系统性、运行机制及宏观调控[J]. 宝鸡文理学院学报（社会科学版），2022，42(3)：59–67.

[9] 张玉卓. 推进以科技创新为核心的全面创新[N]. 学习时报，2021-10-29(001).

[10] 周中胜，李卓，周胡迪. "双循环"新发展格局下制造业企业转型升级的理论逻辑、战略方向与实现路径[J]. 苏州大学学报（哲学社会科学版），2022，43(1)：38–48.

[11] 王娜. 习近平关于构建新发展格局重要论述的思想意蕴与理论贡献[J]. 科学社会主义，2023(1)：32–40.

[12] 袁冬梅，李恒辉，金京. 产业升级的逻辑内涵、现实困境与出路——基于马克思

分工理论的分析[J]. 湖南师范大学社会科学学报，2023，52(4)：76-85.

[13] 申珅，祁苑玲. 习近平关于现代化产业体系重要论述的内在逻辑及重要价值[J]. 理论视野，2023(5)：34-40.

[14] 陈志. 全球未来产业变革趋势及政策跃迁[J]. 人民论坛，2023(16)：8-12.

[15] 王世泰. 刍议马克思主义政治经济学中国化发展意蕴[J]. 边疆经济与文化，2022(12)：76-78.

[16] 蒋永穆，亢勇杰. 习近平经济思想对马克思主义政治经济学的坚持和发展[J]. 社会科学战线，2022(9)：1-12.

[17] 吴庆军，王振中. 习近平总书记关于人类命运共同体重要论述的最新研究动态与展望[J]. 毛泽东邓小平理论研究，2019(10)：93-97，109.

[18] 徐照林，白伟扬. 新冠疫情对中国民营经济的影响分析及建议[J]. 财政监督，2020(10)：18-23.

[19] 关锋. 经典文本、历史反思和创新践行：把握解放生产力和发展生产力辩证关系的三个基本维度[J]. 南京师大学报(社会科学版)，2021(4)：80-89.

[20] 李梦欣，任保平. 新中国70年生产力理论与实践的演进[J]. 政治经济学评论，2019，10(5)：62-77.

[21] 刘凯. 创新驱动发展的理论逻辑与国际经验[J]. 领导科学，2020(24)：109-112.

[22] 吴小勇，洪功翔. 科技创新与经济发展的耦合研究及影响因素分析——基于中国2008—2017年省际面板数据[J]. 东莞理工学院学报，2021，28(2)：79-88.

第二章
政策篇

CHAPTER 2

第一节
科技创新政策

2024年是向"新"而行的一年，2023年年底召开的中央经济工作会议强调，要以科技创新推动产业创新，特别是以颠覆性技术和前沿技术催生新产业、新模式、新动能，发展新质生产力。眼下，政府工作报告中"新"字频现，绘制出加快培育新质生产力的"路线图"。

一、强化国家战略科技力量

制定科技强国行动纲要是实现国家科技强国战略的重要举措之一。在健全社会主义市场经济条件下的新型举国体制下，需要整合政府、企业、科研机构等各方资源，形成协同作战的合力，以应对关键核心技术攻坚所面临的挑战。这一行动纲要应当聚焦于提高创新链的整体效能，通过优化科技创新体系，加强基础研究和应用研究的衔接，促进科技成果转化和产业化。同时，需要推动战略科技力量的发展，培育一批具有国际竞争力的战略科技企业和领军人才，引导科技创新成果向战略性新兴产业和未来产业转化，为新质生产力提供技术支持和创新动力。

（一）整合优化科技资源配置

加快科技创新的步伐，提高国家的科技竞争力。通过以国家战略性需求为引导，迅速搭建以国家实验室为核心的战略科技力量，可以有效整合各方资源，集中力量攻克关键核心技术。重点聚焦于量子信息、光子与微纳电子、网络通信、人工智能、生物医药、现代能源系统等关键领域，有助于在这些领域取得重大突破，推动相关产业的快速发展。建立一批国家级实验室，并对现有国家重点实验室进行重新组织，确保实验室体系结构合理，运行高效，提高科研成果的转化率和应用效益。同时，优化提升国家工程研究中心、国家技术创新中心等创新基地的功能和作用，增强这些机构在关键领域的科技创新能力和影响力。推进科研院所、高等院校和企业科研力量的优化配置和资源共享，支持发展新型研究型大学、新型研发机构等新型创新主体，促进科技人才的流动和交流，推动科技创新成果的快速转化和应用。

（二）加强原创性引领性科技攻关

针对关系国家安全和发展全局的核心领域，制定并实施战略性科学计划和科学工程（见表 2-1）。开展具有前瞻性和战略性的国家重大科技项目，能够为国家提供重要的科技支撑和保障。这些项目的推进将根据国家的急迫需要和长远需求，集中优势资源，攻克关键核心技术，从而应对新发突发传染病和生物安全风险防控、医药和医疗设备、关键元器件零部件和基础材料、油气勘探开发等领域的挑战。通过这些项目的实施，能够提升国家在关键领域的科技实力，保障国家的安全和发展利益。此外，这种前瞻性的科技项目还能够带动相关产业的发展，促进经济的增长和社会的进步，为国家的长远发展打下坚实的科技基础。

（三）持之以恒加强基础研究

基础研究是科技发展的根基，对于国家长远的科技创新和发展至关重要。通过加强应用研究的带动作用，鼓励自由探索，制订并实施为期十年的基础研究行动方案，有效地促进基础研究领域的发展。着重布局一批基础学科研究中心，加大对基础研究的财政投入力度，并优化支出结构，集中优势资源，推动基础研究的深入开展。同时，对企业投入基础研究实行税收优惠

表 2-1　科技前沿领域攻关

领域	研究内容
新一代人工智能	在前沿基础理论方面，将致力于突破关键技术，并推动专用芯片的研发。同时，建设开源算法平台，涵盖深度学习框架等，以促进学习推理与决策、图像图形、语音视频、自然语言识别处理等领域的创新。
量子信息	城域、城际和自由空间量子通信技术的研发，以及通用量子计算原型机和实用化量子模拟机的研制，同时突破量子精密测量技术。
集成电路	集成电路设计工具、关键材料研发，以及集成电路先进工艺和特色工艺的突破，包括绝缘栅双极型晶体管（IGBT）、微机电系统（MEMS），并升级先进存储技术，推动碳化硅、氮化镓等宽禁带半导体的发展。
脑科学与类脑研究	探索脑认知原理，绘制脑介观神经联接图谱，研究脑重大疾病机理与干预，推进儿童青少年脑智发育研究，同时进行类脑计算与脑机融合技术的研发。
基因与生物技术	基因组学研究应用，包括遗传细胞和遗传育种、合成生物、生物药等技术创新，以及研发创新疫苗、体外诊断、抗体药物等，同时进行农作物、畜禽水产、农业微生物等重大新品种的创制和生物安全关键技术研究。
临床医学与健康	开展癌症、心脑血管疾病、呼吸系统疾病、代谢性疾病等发病机制基础研究，开发主动健康干预技术，推进再生医学、微生物组、新型治疗等前沿技术研发，同时研究重大传染病和重大慢性非传染性疾病的防治关键技术。
深空深地深海和极地探测	进行宇宙起源与演化、透视地球等基础科学研究，开展火星环绕、小行星巡视等星际探测，研发新一代重型运载火箭和重复使用航天运输系统，以及地球深部探测装备、深海运维保障和装备试验船、极地立体观监测平台和重型破冰船等装备，同时推进探月工程四期、蛟龙探海二期、雪龙探极二期的建设。

政策，鼓励社会通过捐赠和建立基金等多种方式进行投入，有效地增加基础研究的资金来源，建立起持续稳定的资金投入机制。将基础研究经费投入在研发经费中的占比提高至 8% 以上，确保将足够的资源用于基础研究的开展，进一步推动科技创新和发展。同时，建立健全符合科学规律的评价体系和激励机制，对基础研究的探索实行长周期评价，激发科研人员的创新热情，营造有利于基础研究发展的良好科研生态。这样的举措有助于提升国家的科技实力和竞争力，推动国家走向科技强国。

（四）建设重大科技创新平台

支持北京、上海、粤港澳大湾区发展成为国际科技创新中心，以及建设综合性国家科学中心，充分发挥各地的优势资源，促进科技创新的集聚和融合。同时，支持有条件的地区建设区域科技创新中心，推动科技创新资源向更广泛的地区扩散，促进地区间的协同发展。

强化国家自主创新示范区、高新技术产业开发区和经济技术开发区等创新功能，营造良好的创新环境和生态，吸引更多的科技人才和企业参与创新活动，推动科技成果向产业转化。

适度超前布局国家重大科技基础设施，提高共享水平和使用效率，有效地支撑重大科技项目和基础研究的开展，推动科技创新成果的落地和应用。集中建设自然科技资源库、国家野外科学观测研究站（网）和科学大数据中心，整合和共享科技资源，提升科研效率和水平。国家重大科技基础设施，包括战略导向型、应用支撑型、前瞻引领型和民生改善型四种类型（见表2-2）。

加强高端科研仪器设备的研发和制造，并构建国家科研论文和科技信息高端交流平台，提升科研人员的研究条件和水平，促进科技成果的传播和交流，推动科技创新的不断发展和进步。

表 2-2　国家重大科技基础设施

类型	建设项目
战略导向型	建设空间环境地基监测网、高精度地基授时系统、大型低速风洞、海底科学观测网、空间环境地面模拟装置、聚变堆主机关键系统综合研究设施等。
应用支撑型	建设高能同步辐射光源、高效低碳燃气轮机试验装置、超重力离心模拟与试验装置、加速器驱动嬗变研究装置、未来网络试验设施等。
前瞻引领型	建设硬X射线自由电子激光装置、高海拔宇宙线观测站、综合极端条件实验装置、极深地下极低辐射本底前沿物理实验设施、精密重力测量研究设施、强流重离子加速器装置等。
民生改善型	建设转化医学研究设施、多模态跨尺度生物医学成像设施、模式动物表型与遗传研究设施、地震科学实验场、地球系统数值模拟器等。

二、增强企业创新主体地位

技术创新是推动新质生产力发展的关键，而建立市场导向的技术创新体系是实现这一目标的有效途径之一。强化企业作为创新主体的地位，通过激励企业增加技术研发和创新投入，可以促使它们更加积极地参与技术创新活动，并将创新成果转化为生产力。促进各类创新要素向企业聚集，包括人才、资金、技术等方面的支持。政府可以通过各种政策手段，如税收优惠、科技创新基金等，鼓励各方面的创新要素向企业集聚，为其提供全方位的支持。建立以企业为主体、市场为导向、产学研用深度融合的技术创新体系。这意味着企业在技术创新中发挥主导作用，市场需求成为创新的主要驱动力，产学研用各方面深度合作，实现技术研发与市场需求的紧密对接。

（一）激励企业加大研发投入

加大研发费用的税前加计扣除力度，推出税收优惠政策，特别是针对高新技术企业，可以降低企业的研发成本，增强其进行技术创新的动力和能力。优化首台（套）重大技术装备保险补偿和激励政策，发挥重大工程的引领示范作用，促进重大技术装备的研发和应用，推动相关产业的发展。利用政府采购政策来支持创新产品和服务的发展，为创新型企业提供更多的市场机会和订单，促进其技术创新成果的转化和应用。完善标准、质量和竞争规制等举措，可以增强企业的创新动力，提高其技术创新的积极性和效率。建立健全鼓励国有企业加大研发投入的考核制度，并设立独立核算、免于增值保值考核、容错纠错的研发准备金制度，有助于激励国有企业增加研发投入，提升其技术创新水平。完善激励科技型中小企业创新的税收优惠政策，可以为中小企业提供更多的支持和激励，促进其技术创新和发展。促进技术创新和企业研发投入，推动新质生产力的提升，进而促进经济的持续健康发展。

（二）支持产业共性基础技术研发

提升关键共性技术平台，支持行业领军企业与高等院校、科研机构、上下游企业共建国家产业创新中心，共同应对国家重大科技挑战，有助于整合资源、集中攻关，推动相关产业的升级和发展。同时，鼓励符合条件的企业与科研机构联合设立行业研究院，为产业提供共性技术服务，促进产学研合作，加速科技成果的转化和应用。建设新型共性技术平台，解决跨行业、跨领域的关键技术问题，促进不同行业间的技术交流与合作，推动技术创新的跨越性发展。利用大型企业的引领作用，支持创新型中小微企业成长为创新的主要力量，推动产业链上下游、大中小企业的创新合作，促进产业生态的健康发展，提升整个产业链的竞争力。同时，鼓励地方政府依托产业集群设立混合所有制产业技术研究院，为区域关键共性技术研发提供支持，推动地方经济的转型升级，提高地方产业的竞争力和创新能力。

除了建立国家产业创新中心和行业研究院外，还可以加强对创新型企业的支持与激励措施，例如提供税收优惠、创业孵化基地建设等。此外，建设新型共性技术平台也需要加强国际合作，吸引国际顶尖科技人才，促进技术创新的国际交流与合作。同时，地方政府在支持产业技术研究院的同时，也可以加强对人才培养和科技人才引进的支持，以提升地方产业的创新能力和竞争力。

（三）强化央企创新主体地位

2024年《政府工作报告》提出，要让企业在科技创新中扮演更重要的角色，鼓励它们增加投入，与学术界和研究机构合作，帮助有能力的企业领导重大科技项目。中央企业作为国家科技实力的主要组成部分，应该加大投入，与其他机构合作，承担更多的科技任务，促进科技成果的应用。

1. 整合央企科技力量，助力打造科技强国，实现高水平科技自立自强

一是强化央企创新主体地位，建立健全科技领军企业主导、国家战略科技力量牵引的新型国家创新体系。健全完善科技创新机制，加强原创性引领性科技攻关，集中力量实施一批重大技术攻关项目，坚决打赢关键核心技术攻坚战。打造新型举国体制下的创新体系，推进国家战略科技力量整合式创新，提高国家创新体系整体效能，助力打造科技强国。

二是强化中央统筹，推进区域科技创新中心体系化协同。坚持"全国一

盘棋"，以中央统筹、部门和地方政府响应协同方式推进，统筹整合经营业务范围类似的央企科研力量，建设能够支撑高能级创新联合体运行的国际科技创新中心、综合性国家科学中心和区域科技创新中心，将分散在单个央企内的人才和资源整合起来，形成创新合力，协同集智创新，共享创新成果。

三是强化人才引领，大力弘扬企业家精神，强化战略科学家和战略企业家双核引领。设立专项计划或基金，用于选拔和资助具有潜力的科学家和企业家，提供长期的资金和支持，使其能够专注于科技创新和技术研发。鼓励战略科学家和企业家之间的交流与合作，促进不同领域之间的跨界融合，推动科技创新的跨越性发展。建立科学家和企业家绩效评价体系，充分考量其在关键技术领域的贡献和影响，激励其持续投入重大科技项目和创新实践中。拓展国际合作渠道，吸引国际顶尖科学家和企业家参与到我国的关键技术研究和创新项目中，促进全球科技资源的共享和合作。

当前，中央企业在市场需求、集成创新、组织平台方面具有显著优势，有基础、有能力、有信心为国家创新体系建设作出更大贡献。

2. 支持中央企业进一步强化科技创新主体地位

一方面，要加强央企的创新能力，建立健全新型的国家创新体系，使其成为科技领域的主导力量，并引领国家战略科技发展。此外，还需完善科技创新机制，注重开展具有原创性和引领性的科技攻关，集中力量攻克一系列重大技术难题，特别是关键核心技术。建立起新型的国家创新体系，加强整合国家战略科技力量，提高国家创新体系的整体效能，助力推动我国成为科技强国。

另一方面，要加强中央企业的统筹协调，推动区域科技创新中心体系化协同发展。坚持中央统筹，各部门和地方政府配合协同推进，整合央企内具有类似业务范围的科研力量，打造能够支撑高水平创新联合体运行的国际科技创新中心、综合性国家科学中心和区域科技创新中心。通过整合分散在各个央企内的人才和资源，形成创新合力，实现协同集智创新，共享创新成果。

（四）完善企业创新服务体系

1. 开放科研平台和数据资源

将国家科研平台、科技报告和科研数据向企业进一步开放，使企业可以更便捷地获取科技信息和资源。

2. 创新科技成果转化机制

通过改革科技成果转化机制，鼓励并简化科技成果向企业转移的流程，提供更多支持和便利，促进科技成果的商业化和产业化。

3. 支持中小企业利用科技成果

鼓励将由财政资金支持形成的科技成果许可给中小企业使用，以促进中小企业的技术创新和发展。

4. 改革创新创业机构

建设专业化、市场化的技术转移机构和技术经理人队伍，提供更专业、高效的技术转移服务，加速科技成果的转化和应用。

5. 完善金融支持体系

鼓励金融机构开发知识产权质押融资、科技保险等科技金融产品，为科技型企业提供更多融资渠道和服务，降低其融资成本。

6. 畅通企业上市渠道

为科技型企业提供更多上市融资渠道，如加强科创板的硬科技特色，加大创业板对成长型创新创业企业的支持力度，鼓励更多的天使投资和创业投资，促进科技创新企业的健康发展。

三、完善绿色技术创新体系

习近平总书记指出，绿色发展是高质量发展的底色，新质生产力本身就是绿色生产力。为深入贯彻党的二十大精神，进一步完善市场导向的绿色技术创新体系，加速节能降碳先进技术的研发和推广应用，充分发挥绿色技术在推动绿色低碳发展中的关键支撑作用。根据《国务院关于加快建立健全绿色低碳循环发展经济体系的指导意见》和《科技支撑碳达峰碳中和实施方案（2022—2030年）》，已制定了《关于进一步完善市场导向的绿色技术创新体系实施方案（2023—2025年）》，以加速绿色技术的研发和应用，推动经济高质量发展，助力实现碳达峰和碳中和目标。

（一）强化绿色技术创新引领

1. 明确绿色技术创新方向

定期征集技术需求是了解行业实际情况的有效途径，而采用创新的机制如"揭榜挂帅""赛马"等可以激发各方参与绿色技术创新的积极性。竞赛和评选等形式可以激发科技创新活力，促进技术成果转化。提供资金支持和政策扶持是推动绿色技术创新项目的重要手段，可以鼓励更多的企业和科研机构参与创新。同时，促进技术交流与合作也是推动绿色技术创新的关键，建立行业联盟和技术创新联盟有助于加强各方之间的沟通与合作，共同攻克绿色技术创新中的难题。这些措施的有机结合可以进一步推动绿色技术创新，为实现绿色低碳发展目标作出积极贡献。

2. 强化关键绿色技术攻关

积极组织并实施一系列重点专项技术攻关项目，包括但不限于以下方面：

（1）碳达峰、碳中和关键技术研究与示范。通过开展碳达峰、碳中和关键技术研究与示范项目，推动我国碳减排工作。聚焦于关键领域，如清洁能源利用、碳捕集与封存、碳排放监测与管理等，鼓励各方积极参与，研发符合国际先进水平的绿色技术。

（2）大气、土壤、地下水污染综合治理。针对大气、土壤、地下水等不同环境污染问题，开展综合治理技术攻关项目。探索有效的治理技术和装备，提高环境治理效率和水平，保障人民群众健康和生态环境安全。

（3）循环经济关键技术与装备。致力于推动循环经济发展，重点研究循环经济关键技术与装备，包括资源回收利用、废物处理处置等方面。通过技术创新，实现资源的高效利用和循环利用，促进经济可持续发展。

（4）重点流域水资源与水环境综合治理。针对长江、黄河等重点流域水资源与水环境问题，开展综合治理项目。结合实际情况，探索适合各流域的治理方案和技术路线，保障水资源和水环境的安全。

通过这些专项技术攻关项目，鼓励绿色技术创新主体积极参与，推动绿色技术创新，为我国环境保护和可持续发展贡献力量。

（二）壮大绿色技术创新主体

1. 培育绿色技术创新企业

积极培育绿色技术创新领军企业，为其提供全方位的支持和服务，包括技术指导、市场拓展、资金扶持等，以帮助它们在绿色技术领域取得更大突破。通过国家科技计划的支持，引导这些企业参与重大绿色技术攻关项目，推动技术创新和成果转化。同时，借助国家政策和金融支持，为这些企业提供更加便利的创新环境，降低其创新成本，加速绿色技术在市场上的应用和推广。在培育绿色技术创新企业的过程中，还应注重建立产学研用结合的合作机制，促进科研成果的转化和产业化，实现科技创新与经济效益的双赢。通过这些措施的实施，有望进一步激发企业的创新活力，推动绿色技术的快速发展，为构建美丽中国、实现可持续发展目标贡献力量。

2. 加强创新平台基地建设

为更好地满足市场需求，需要深化绿色技术创新体系建设，以市场需求为导向，优化和布局全国范围内的绿色技术创新平台基地。这些基地包括全国重点实验室、国家工程技术研究中心、国家技术创新中心以及国家能源研发创新平台等，在推动绿色技术创新和产业化方面起着关键作用。

提高这些创新平台基地的创新水平和市场适应能力，加大对其建设的培育和支持力度。这包括增加投入、提供更加优惠的政策支持，以及为其提供专业的技术指导和市场拓展服务。通过这些举措，我们可以有效地提升这些基地的技术研发能力，加快绿色技术成果的转化和应用。同时，持续优化和整合国家科技资源共享服务平台，进一步完善绿色技术资源共享服务体系。这将有助于更好地整合和利用科技资源，提升绿色技术创新的整体效率和水平。加强与绿色技术创新平台基地的衔接，促进科技资源的高效流动和共享，推动技术成果的快速转化和应用。

3. 激发科研单位创新活力

为进一步促进绿色技术创新和产业化，要完善事业单位工作人员的考核管理机制，并特别加大对绿色技术创新成果在考核评优中的权重。这意味着将更加重视科研人员在绿色技术领域的成果和贡献，以激励他们更积极地投入相关工作。除了考核机制的完善，还将支持高校、科研院所等事业单位的科研人员积极参与企业的绿色技术创新、成果转化、技术咨询和服务等工作。这不仅有助于将科研成果更快地转化为实际应用，还可以促进产学研合作，推动绿色技术的市场应用和产业化进程。

继续实施相关激励政策，进一步激励科研人员的创新活力和积极性。其中包括绿色技术创新成果的发明人或团队持有股权、成果转化净收入占比等政策。此外，我们还将实行成果转化奖励收入不受本单位绩效工资总量限制且不纳入绩效工资总量核定基数等政策，以确保科研人员在绿色技术创新和转化方面的收益和激励。进一步激发科研人员的创新热情，推动绿色技术的转化应用和产业化进程。加快我国绿色经济的发展步伐，推动经济转型升级，实现可持续发展目标。

（三）促进绿色技术创新协同

1. 推进创新主体协作融合

积极引导各类主体包括绿色技术创新企业、高校、职业院校、科研院所等与中介机构、金融资本等形成合作共赢的"产学研金介"合作机制，促进绿色技术创新的全面发展。这一机制旨在通过优势互补、利益共享、风险共担的合作模式，推动共性技术研发和成果转化应用。同时，大力支持建立一批专注于绿色技术创新的企业孵化器、众创空间等公共服务平台。这些平台将为绿色技术创新提供更加便捷的创新环境和资源支持，为创新者提供必要的孵化、培育和资金支持，助力他们更好地实现技术突破和商业化转化。

激发各方创新活力，推动绿色技术产业化和可持续发展。通过合作共赢的机制，加快绿色技术创新的步伐，促进其在经济社会各领域的广泛应用，为构建绿色、低碳、可持续的未来社会贡献力量。

2. 更好发挥协同机构作用

充分发挥绿色技术融资合作中心在促进金融资源与绿色技术创新融合方面的协同作用，重点推进绿色技术融资合作中心的建设，特别是在有条件的地区进一步完善和推进其建设。我们将致力于完善绿色技术融资合作中心的运行管理机制，强化其在绿色技术信息发布、转移转化平台、金融服务等方面的功能，以更好地满足各方的需求。同时，鼓励绿色技术创新联盟积极推动相关产业的绿色升级改造，发挥其在绿色技术推广应用中的重要作用。为了确保效果，我们将建立健全的动态调整机制，及时对现有绿色技术创新联盟进行评估，以不断提升其服务水平和影响力。

加强绿色技术创新与金融资源的对接，推动绿色经济发展。通过促进绿色技术与金融领域的合作与交流，推动更多的绿色技术创新项目得到资金支持，并加速这些技术的商业化进程，从而推动整个绿色经济的发展。

（四）加快绿色技术转化应用

1. 推进绿色技术交易市场建设

针对各地区绿色技术发展的特点和需求，规划和建设国家级绿色技术交易平台是一个重要举措。为确保这些平台有效运作，健全绿色技术交易平台的管理制度，以提升其服务水平和效率。首先，完善基础甄别机制，确保平台上的技术项目具有可行性和可持续性。其次，建立健全的技术评价体系，为技术项目提供客观、全面的评估，帮助投资者和合作伙伴作出明智的决策。同时，加强供需匹配机制，促进技术需求方和提供方之间的合作。

在交易佣金方面，建立合理的收费机制，既保障平台的运作资金，又不给用户增加过多负担。此外，提供知识产权服务和保护机制，确保交易过程中知识产权的合法权益得到保护，激励更多的创新者和技术提供方参与到绿色技术交易中来。

2. 健全绿色技术推广机制

针对节能降碳、清洁能源、资源节约集约循环利用、环境保护、生态保护修复等领域，发布绿色技术推广目录，明确技术使用范围、核心技术工艺、主要技术参数和综合效益，以规范绿色技术的遴选条件和程序，为各地区绿色技术交易平台提供参考。加强跟踪管理和动态调整机制，对目录内绿色技术进行跟踪管理，及时收集、分析技术应用情况和效果，建立动态调整机制，确保技术的及时更新和优化，以适应市场需求和技术进步。推送信息和开展绿色技术交流，通过向国家绿色技术交易平台和产业知识产权运营中心推送信息，组织开展绿色技术交流活动，促进技术需求方和提供方之间的合作与交流，加速绿色技术的应用与推广。建立奖励机制，对取得突出成效的绿色技术项目给予一定的奖励和资金支持，激励更多的创新者和技术提供方参与到绿色技术的研发和推广中来。

3. 鼓励绿色技术产品应用

不断完善首台（套）重大技术装备保险补偿机制，建立健全相关政策法规和操作机制，并逐步推广至更多行业和领域，以降低企业在技术装备研发和应用过程中的风险，促进绿色技术装备的推广和应用。加大对绿色技术创新的政策支持力度，包括加大科研经费投入、优化税收政策、提供贷款担保等方式，鼓励企业开展绿色技术创新，加快绿色技术的研发和应用。鼓励企业构建绿色供应链，推动绿色技术在整个产业链的应用，包括原材料采购、生产制造、产品销售等环节，促进整个产业向绿色、低碳、循环发展。

（五）完善绿色技术评价体系

1. 建立健全绿色技术标准

在国家标准制修订计划中，对绿色技术标准的支持力度应当得到加强，特别是在能源、工业、建筑、生态系统固碳增汇、非二氧化碳温室气体排放控制、污染治理和资源节约集约循环利用、河湖生态环境复苏等重点领域。这些领域的共性绿色技术标准制修订需要紧密结合实际需求，及时吸收并融入先进适用的绿色技术创新成果，以确保标准的科学性、先进性和可操作性。

因此，在制订年度国家标准制修订计划时，应当特别关注绿色技术标准的制订和改进，并结合实际需要，采取相应的措施，加强绿色技术创新与标准化工作的联动，推动绿色技术的推广应用和产业化发展。

2. 推进绿色技术评价

推进企事业单位、行业协会加速制定发布绿色技术评价方法是提升评价水平至关重要的一环。确立统一的评价方法不仅能规范评价流程，更能提高评价结果的准确性和可信度。此举有望在绿色技术领域树立更高的标准和规范，为技术的创新和转化打下坚实基础。

而对于领军企业、高校、科研院所、检验检测机构、认证机构等主体，建立绿色技术验证服务平台，提供专业的验证服务，为绿色技术的研发、验证、推广提供支持，可进一步促进技术的实用化和市场化。

除此之外，建立产业技术基础公共服务平台，不仅可提供定制化的试制服务，还能为绿色技术的检验检测、认证评价等提供全方位的支持，从而推动绿色技术在各个行业的应用和推广。这些举措的联动将为绿色技术的发展提供有力保障，助力经济转型升级和可持续发展。

（六）加大绿色技术财税金融支持

1. 加大金融支持力度

加强对绿色技术创新的股权支持是推动绿色技术发展的重要举措之一。通过实施"科技产业金融一体化"专项，引导各类投资渠道，包括天使投资、创业投资、私募股权投资等，来支持绿色技术创新和成果转化。国家可以进一步扩大绿色技术领域创业投资子基金的覆盖范围，吸引更多的资金投入绿色技术领域，促进创新项目的孵化和发展。同时，充分利用国家科技成果转化引导基金，积极扶持绿色技术创新成果的转化应用项目，为这些项目提供必要的财务支持和政策保障。

除此之外，综合运用绿色信贷、绿色债券、绿色基金、绿色保险等金融工具，是支持绿色技术创新的重要途径之一。通过这些金融工具，为绿色技术创新提供多元化的资金支持和风险管理服务。鼓励信用评级机构为绿色技术创新企业提供主体评级和债项评级服务，提升这些企业在金融市场的信用度和融资能力。同时，地方政府性融资担保机构可以为从事绿色技术创新的中小微企业提供融资增信支持，降低它们的融资成本和融资风险，促进其在绿色技术领域的创新和发展。

此外，鼓励保险机构结合绿色技术应用场景，开发并推广针对绿色技术创新的保险产品，如首台（套）保险等，为绿色技术创新提供重要的风险保障，从而吸引更多投资者的兴趣和信心。这些保险产品可以覆盖绿色技术创新项目在研发、试验、商业化等不同阶段的风险，为投资者提供保障和安全感，降低其参与绿色技术创新的风险，促进资金的流入和投入。同时，保险机构也可以通过这些产品为企业提供定制化的风险管理解决方案，帮助其应对技术创新过程中的各种风险和挑战。通过保险产品的开发和推广，有效地弥补金融市场对于绿色技术创新项目的风险识别和管理不足，为绿色技术创新提供更加全面和有效的风险保障，推动其在市场中的广泛应用和推广。

2. 强化财税政策保障

各级财政应当对符合条件的绿色技术攻关项目予以积极支持，通过设立专项资金、提供税收优惠等方式，为绿色技术创新提供资金保障和政策支持。同时，鼓励有条件的地区在推广应用阶段加大支持力度，为绿色技术创新成果的商业化和产业化提供有力支持。

为进一步激励绿色技术创新，可以落实环境保护、节能节水、资源综合利用等方面的企业所得税优惠政策，鼓励企业增加在绿色技术研发和应用方面的投入。同时，针对从事绿色技术创新成果转化的科技人员，可以制定个人所得税优惠政策，激励他们积极参与绿色技术创新并促进成果的转化应用。

此外，还可以加强对绿色技术、装备和产品研发应用的监督和评估机制，确保资源的有效利用和成果的可持续发展。

（七）深化绿色技术国际交流合作

推动绿色技术的国际"引进来"和"走出去"是当今全球环保和可持续发展的重要议题之一。为了有效实现这一目标，双多边国际合作机制的作用至关重要。在引进境外先进技术、管理理念和商业模式方面，应积极借鉴国际经验，吸引外资投入绿色技术高端装备制造领域，从而推动我国绿色技术水平的快速提升。同时，为了促进绿色技术的国际化，要鼓励绿色技术"走出去"。这意味着通过推进绿色投资、绿色产业、绿色能源、绿色基建、绿色交通、绿色贸易等领域的国际合作，积极开拓先进绿色技术和装备的国际市场，拓展绿色技术创新成果的应用场景。通过与其他国家和地区的合作，共同解决全球资源环境问题，推动绿色低碳发展。这样的国际合作不仅有利于提高我国绿色技术水平，也有助于我国在全球绿色产业链中的地位提升。通过与国际合作伙伴共同努力，可以为全球可持续发展事业作出更大的贡献。

四、健全知识产权保护体制

随着我国经济进入新的发展阶段，高质量发展已经成为维持经济持续健康增长的必然要求。在这一新形势下，创新不仅是引领发展的主要动力，而且知识产权的作用更加凸显，成为国家发展战略性资源和国际竞争力的核心要素。为了有效应对新技术、新经济、新形势对知识产权制度带来的挑战，我们必须实施知识产权强国战略，加快推进知识产权改革和发展。实施知识产权强国战略需要协调好政府与市场、国内与国际之间的关系，以及知识产权数量与质量、需求与供给之间的联动关系。这意味着要通过全面提升我国知识产权综合实力，大力激发全社会的创新活力，建设中国特色、世界水平的知识产权强国。这样的举措不仅可以提升国家的核心竞争力，还可以扩大高水平对外开放，实现更高质量、更有效率、更公平、更可持续、更安全的发展。此外，建设知识产权强国也能够更好地满足人民日益增长的美好生活需求，具有非常重要的意义。因此，我们需要加大对知识产权保护和创新的支持力度，促进知识产权制度的不断完善，为我国经济社会发展提供坚实的制度保障和动力支持。

2024年年初，全国公安厅局长会议提出了新的部署，重点聚焦于支持新产业、新模式、新动能的发展，以保障知识产权和加强安全监管为重点，推动相关产业的健康发展，助力培育新质生产力。

（一）强化绿色技术产权服务保护

1. 提高知识产权服务水平

提升绿色技术创新领域的专利和商标审查业务的精细化管理水平是当前应关注的重要任务之一。通过加强智能化技术的运用，提高审查效率，缩短审查周期，进而更好地支持绿色技术产业的发展。同时，加强知识产权保护中心的建设，并进一步强化快速预审、快速确权、快速维权的"一站式"知识产权综合保护服务，将为绿色技术产业提供坚实的知识产权保障。

为了促进绿色技术的知识产权运营，需加大对产业知识产权运营中心的指导和支持力度。这将有助于推动绿色技术知识产权的高质量创造、高水平布局和高效益运用。同时，着眼于绿色技术创新成果的聚焦，建立绿色技术与国际专利分类参考关系表，并开展国内外及分区域的绿色专利统计监测分析，为政策制定和战略规划提供数据支持。

在绿色低碳发展的重点领域，建设知识产权专题数据库，提升绿色技术企业对知识产权信息的检索、分析和利用能力。这样的举措不仅可以促进绿色技术的创新发展，还可以为企业提供更有效的知识产权保护和运营支持，推动绿色产业的健康发展。

2. 加强绿色技术知识产权保护

为了保护绿色技术创新的成果，加强对专利申请和商标注册行为的监管，并严厉打击以非正当手段获取专利和商标注册的行为。通过组织并实施专项行动，加大对侵犯绿色技术知识产权的打击力度，确保知识产权制度的公平和有效运行。这一方面包括加强对专利和商标申请过程的监管，确保申请行为的合法性和真实性；另一方面，则需要建立有效的举报机制，鼓励各界人士积极揭发侵权行为，同时加强对侵权行为的调查和打击力度。通过加强监管和打击，有效防止侵犯绿色技术知识产权的行为，保护创新成果，促进绿色技术产业的健康发展。

（二）构建知识产权与科技创新协同发展体系

1. 梳理盘活高校和科研机构存量专利并实现转化

（1）组织高校和科研机构对存量专利进行全面盘点和梳理，以建立典型案例为目标，促进专利产业化进程。同时，着力加快专利增量，建立以产业需求为导向的专利创造和运用机制。

（2）依托国家知识产权运营高校服务平台、高校知识产权信息服务中心、产业知识产权运营中心等资源，基于大数据分析，开展专利分级分类管理和存量专利价值评估工作。筛选出具有市场潜在价值的专利，统一登记入库，加强信息共享和公开透明度。

（3）梳理各类主体的专利技术需求，集聚高校和科研机构的专利技术资源，建立可转化的专利资源库。利用大数据分析技术，将企业技术领域和产品信息与高校、科研机构的专利信息进行匹配，推动专利技术的供需对接活动，优化专利技术供需对接模式，促进专利技术的有效转化和利用。

2. 实施知识产权强链助企专项行动

（1）针对新能源、新材料、生物医药等重点产业，发布一批专利导航项目，着力推动专利与产业标准的融合。重点培育标准必要专利，促进产业向价值链中高端迈进，推动技术创新与产业发展的紧密结合。

（2）充分发挥知识产权在强链、补链、延链方面的作用，支持专业机构为高新技术企业、"专精特新"企业、知识产权优势示范企业提供服务。通过支持，帮助这些科技型企业提升专利产业化水平，加速技术转化和市场应用。

（3）组织开展创新管理知识产权国际标准的实施试点，确保对重点国家知识产权优势示范企业和专精特新"小巨人"企业的创新管理国际标准实施试点全面覆盖。通过国际标准试点实施，提升企业的创新管理水平，增强企业在国际市场竞争中的话语权和影响力。

3. 开展专利密集型产品培育与备案

（1）为培育专利密集型产业，可以考虑创建专利密集型产业园区，以及依托国家专利密集型产品备案认定平台，推动专利产品备案工作。在各个产业领域集中认定一批经济效益高、专利价值突出的产品，为产业发展提供支撑。

（2）建立健全专利密集型产业增加值核算与发布机制是促进专利密集型产业健康发展的重要举措之一。这一机制可以帮助公众全面了解专利密集型产业在国民经济中的地位和作用，为政府制定产业政策和战略提供重要参考依据。首先，建立完善的数据采集和统计体系，确保专利密集型产业增加值数据的准确性和全面性。其次，制定统一的核算标准和方法，以确保不同地区和部门的数据可比性。同时，还应该加强对专利密集型产业的监测评价，及时了解其发展态势和存在的问题，为政府决策提供科学依据。

通过这一机制，及时了解专利密集型产业对经济增长的贡献情况，推动相关产业的健康发展。同时，也可以帮助政府发现和解决产业发展中存在的问题，促进产业结构优化和经济转型升级。

4. 建立健全高校、科研机构专利转化激励机制

（1）在那些科技成果转化效果显著的高校，可以开展专利转化创新试点工作，着重在专利成果产权制度改革、运营管理，以及专利成果转化合规保障等方面展开尝试。试点单位可以通过建立专业高效的专利成果运营机制、设立专利成果转化人员激励制度、为科研人员提供创业企业发展通道，以及规范科技成果转化尽职免责等制度，探索专利成果转化的新模式。

（2）强化对产学研合作协议知识产权条款的审查，确保知识产权的合理归属和收益分配，从而促进产学研合作的健康发展。在审查过程中，应当重点关注协议中关于知识产权归属、使用权和收益分配等方面的条款，确保双方权益得到充分保护，同时促进技术转移和创新成果的商业化。

为了支持高校和科研机构开展知识产权管理和运营，可以通过多种途径筹资设立知识产权管理资金和运营基金。将这些资金用于支持知识产权的申请、维护和运营管理，提升知识产权的价值和效益。同时，还可以用于支持产学研合作项目的推进和成果转化，促进科技创新和经济发展的紧密结合。

5. 强化专利质量、促进专利产业化政策导向

（1）在各类涉及专利指标项目评审、机构评估、企业认定、人才评价、

职称评定等工作中，将专利转化效益作为重要参考因素是十分合理和必要的。专利转化效益是评价专利实际运用价值的重要指标之一，能够直接反映出专利在经济和社会领域的贡献程度。

在科学技术进步奖、专利奖等评审中，应该注重专利技术的先进性、专利运用的实际效益以及对经济社会发展的贡献等指标的设定。这些指标可以包括专利的技术水平、市场应用情况、经济效益、社会效益等方面的考量，以全面评价专利的质量和影响力。

通过将专利转化效益纳入评审指标体系，可以激励创新主体更加注重专利的实际运用和价值创造，推动科技成果向市场转化和产业化。同时，也可以提高专利评价的科学性和客观性，更好地促进科技创新和经济发展的良性循环。

（2）建立财政资助科研项目形成专利的声明制度，确保制度的有效性和公平性。首先，制定明确的申报和审核流程，确保申请专利的科研项目符合相关标准和要求。其次，建立专门的评审机构或专利管理机构，负责对申报的专利进行审核和评估，确保专利的真实性和有效性。此外，还应当建立完善的跟踪监测和评价反馈机制，及时了解财政资助科研项目形成专利的运用情况和效果。通过定期的评价和反馈，可以及时发现问题并加以解决，提高专利的运用效率和社会效益。

对于授权超过一定时限但未实施的专利，应采取多种方式来推动其实施。除了提出的无偿实施或许可他人有偿实施或无偿实施等方式外，还可以考虑采取激励措施，如给予实施者一定的奖励或优惠政策，鼓励其积极利用专利。同时，也可以加强宣传和培训，提高科研人员和企业对专利运用的意识和能力，促进专利的有效实施。

6. 建立和完善专利转化运用服务链条

（1）完善专利权转让登记机制，实现科技数据与其互联互通，同时建立知识产权交易相关的基础数据统计发布机制。通过专利权转让登记机制为技术成果的登记与转让提供法律保障，确保在转让过程中的合法权益得到充分保护。

（2）充分发挥创新驱动平台和知识产权公共服务平台的作用，建立统一的成果登记共享平台，促成专利权转让登记和技术成果登记数据共享，实现专利实施、转让、许可、质押、进出口等各类数据的集成和监测机制。

（3）积极探索并推进知识产权公共服务体系的体制化、市场化协同发展，鼓励高校、科研机构和行业组织等社会力量参与公共服务，以形成知识产权公共服务的叠加效应。

（4）创建"一站式"知识产权公共服务窗口，整合现有知识产权公共服务资源，与国家数据资源对接，优化服务事项，构建集信息查询、维权援助、专利转化、专利导航、托管服务等多种服务于一体的公共服务体系。

（5）建设知识产权服务业集聚区，重点服务于国家科技重大项目、区域重大战略和重点产业领域，深入开展专利转化运用服务的精准对接活动。

（6）集聚国内知名专家，组建专利转化运用智库，为创新主体提供全链条服务，包括创造、运用、转化等。编制高校和科研机构转化运用工作指南，为专利转化运用工作提供智力支持。

7. 实施高价值专利培育专项行动

为实现专利量质齐升目标，聚焦于重点产业的关键核心技术攻关，致力于培育和打造高价值专利。在低碳能源、前沿材料、第三代半导体、生物育种等战略性领域，我们将开展专利导航和预警分析。通过充分发挥高校重点学科和企业的有机结合，将实现产业链龙头企业和重点企业在高价值专利研发方面的储备。为此，将加速培育一批具有原创性和基础性的高价值专利或专利组合，并建设高价值专利培育中心，以提升我国在关键领域的知识产权竞争力。同时，将完善知识产权在海外的布局，以进一步拓展我国企业的国际影响力和竞争优势。这一系列举措旨在促进我国产业创新能力的提升，加快科技成果向现实生产力转化的步伐，为构建创新驱动的发展模式和推动经济高质量发展提供坚实支撑。

8. 推进多元化知识产权金融支持

（1）深化政银合作，共同成立知识产权金融服务创新发展联盟，汇集政府、银行、企业等多方资源，共同推动知识产权金融服务的发展。同时，设立知识产权质押融资风险补偿资金，为银行和其他金融机构提供一定程度的风险保障，降低其在知识产权质押融资中的风险厌恶程度。鼓励社会资本设立专业化知识产权运营机构，提供更加专业化、高效率的知识产权质押融资服务，促进资金与创新资源的有效对接。

（2）建立完善的知识产权质押融资评估评价体系，包括专利价值评估、风险评估等方面，确保融资活动的合理性和风险可控性。同时，探索金融服务产品与产学研相结合的知识产权质押融资模式，通过与科研院所、高校等科研机构合作，充分挖掘和利用科技成果，为企业提供更具有竞争力的知识产权质押融资产品。支持银行对专利权等无形资产研发提供贷款，并扩大内部评估试点，进一步激发银行对知识产权质押融资的信心和积极性。

通过以上措施，将不断拓展知识产权金融服务的广度和深度，为创新型企业提供更加便捷、灵活的融资支持，推动知识产权在经济社会发展中的更广泛应用和价值释放。

9. 促进知识产权区域协同发展

（1）加强与京津冀、长三角、粤港澳大湾区及周边省份的知识产权交流合作。紧密围绕一体化和高质量发展的要求，统筹规划和优化东中西部地区的知识产权发展布局，推动区域内知识产权的协调发展。通过加强交流合作，促进各地区知识产权管理经验、技术成果等方面的共享与互惠，推动知识产权在区域经济发展中更加均衡和有序的应用。

（2）深化同俄罗斯、蒙古国等"一带一路"共建国家的知识产权交流合作。支持知识产权运营机构开展国际专利运营，为企业提供专利风险排查等服务，帮助企业更好地应对国际市场的挑战与竞争。加强与国际知识产权组织、研究机构以及国外著名大学的交流合作，提升我国在国际知识产权领域的话语权和影响力，增强知识产权国际规则运用能力。

通过以上措施，将促进我国与各地区、各国家在知识产权领域的深度合作与交流，推动知识产权国际化进程，为我国经济社会发展提供更加坚实的国际支撑和保障。

10. 加强组织保障

（1）加强组织领导方面，确实需要建立起统一领导、部门协调、上下联动的工作机制。通过厅际联席会议等形式，确保各相关部门在专利转化工作中的协调配合，及时研究解决问题，强化工作落实。

（2）加强支持保障则是确保专利转化工作有足够的资源和政策支持。财政投入是其中关键的一环，需要将专利转化工作经费纳入财政预算，并根据需要适时增加资金投入。此外，多元化、多渠道的资金投入体系也很重要，可以更好地满足专利转化工作的需求。

（3）加强考核评估是保障专利转化工作质量和效率的重要手段。将其纳入绩效考核和营商环境评价体系，可以促使各级政府和部门更加重视专利转化工作，加强监督和督促检查工作任务的落实情况。

五、改革科技经费分配制度

在 2024 年，财政部门的政策取向着重于加强企业创新主体地位、促进需求牵引、提升产业链和供应链的韧性与安全水平，并激发科研人员的创造活力。同时，它们也致力于深化财政科技经费的分配和使用机制改革，以此为支撑，全力推动新质生产力的发展。这些举措旨在应对当前复杂的经济形势，通过政策引导和经费支持，促进科技创新与产业发展的深度融合，从而提升我国经济的整体质量和竞争力。

"实施创新驱动发展战略，实现高水平科技自立自强，需要健全新型举国体制，优化配置创新资源，强化国家战略科技力量，推动创新链、产业链、资金链、人才链深度融合。近年来，国家财政将科技作为财政支出的重点领域优先予以保障。"财政部副部长王东伟说。

我国创新动能的快速聚集，得益于税收优惠政策的不断完善，这些政策针对高新技术企业、科技型中小企业和研发机构等创新主体，激励它们增加研发投入，并有效引导创新资源向企业聚集。这一举措不仅为实体经济的高质量发展提供了重要支撑，也为产业升级转型和新动能的培育发展贡献了税收力量。同时，财政科技投入的增加也为创新驱动发展战略提供了必要的财政保障，特别是支持了新型产业和新兴业态的发展，推动了产业升级和创新驱动。

在当前复杂的经济形势下，财政部门应继续加大对科技创新的投入力度，以支持新质生产力的发展。通过多层面、多角度的支持举措，财政部门致力于推动重点科技领域和重大应用领域的创新突破。具体来说，2024年财政部门将采取更加有力有效的举措，以科技创新引领现代化产业体系建设。这包括加大对创新型企业和科技型中小企业的财政支持力度，提供更多的科研项目资金和创业创新扶持政策。同时，财政部门还将加强与科研机构和高校的合作，优化科研经费使用机制，确保资金的有效利用。通过这些举措，财政部门将为新质生产力的发展提供有力支持，推动我国产业结构优化升级，提升经济发展的质量和效益。

在政策导向上，有四个关键方面需要特别重视。首先，要重视强化企业在创新中的主体地位。这包括全面贯彻落实结构性减税降费政策，特别是针对科技创新和制造业的支持。财政资金要发挥"四两拨千斤"的作用，促进金融资源和社会资本更多地投入科技创新领域，以推动各类创新资源向企业聚集。其次，要注重发挥需求引导作用。利用国内庞大的市场优势，加大力度推动创新成果的应用和迭代。实施完善首台（套）重大技术装备、新材料首批次应用的保险补偿政策，以市场化方式解决初期应用的难题。再次，要注重提升产业链和供应链的韧性和安全水平。整合优化相关财政专项资金，重点支持关键产业链的发展，促进攻关突破一批技术短板和弱项。同时，要有效实施专精特新中小企业财政支持政策，鼓励更多企业专注于细分市场，走向专精特新的道路。最后，要注重激发科研人员的活力。支持推进高校和科研院所的薪酬制度改革试点，加快推进职务科技成果所有权或长期使用权改革试点，以充分调动科研人员的积极性和创造力。

在经费使用方面，需要深化财政科技经费的分配和使用机制改革，实现以下四个方面的强化。首先，要着力加强基础。增加对基础研究、应用基础研究和前沿研究的投入，支持提升原始创新能力。其次，要强调攻关。大力支持攻克关键核心技术的工作，支持布局一系列国家科技重大项目，加速抢占科技制高点。再次，要强化力量。重点支持国家实验室、国家科研机构、高水平研究型大学和科技领军企业，以增强国家战略科技实力。最后，要提高效能。加强对项目、资金、人才和基地创新资源的统筹管理，全面强化绩效评估，努力提升科技资金使用的效果。

第二节
产业振兴政策

在习近平新时代中国特色社会主义思想的引领下，深入践行党的十九大精神，立足新发展阶段，全面贯彻新发展理念，加速构建新发展格局，以实现碳达峰和碳中和目标为主导，积极推进产业转型升级。重点在于改造升级传统产业，巩固提升优势产业，并加快新兴产业向绿色高起点发展。未来，我们应聚焦于绿色低碳领域，培育新业态的绿色化、数字化和服务化融合发展。同时，建立健全支持制造业绿色发展的体系，推动产业向高端化转型，实现能源消费、资源利用和生产过程的低碳、循环和清洁转型，促进数字化制造流程和绿色产品供给，全面推动制造业的绿色转型。打造绿色增长的新引擎，形成绿色竞争的新优势，塑造生态友好型的新型工业化格局。

一、改造提升传统产业

坚持自主可控和安全高效原则，是推进产业基础的高级化和产业链的现代化的重要指导方针。积极推动制造业保持在国民经济中的占比基本稳定，并进一步增强其竞争优势，以助推制造业向高质量发展迈进。在这一过程中，将重点加强技术创新，提升生产效率和质量，加强产业链的内部协调与外部合作，推动产业升级和优化结构。通过不断完善政策支持和促进机制，确保制造业在国民经济中发挥更加重要的作用，为实现经济的高质量发展作出更大的贡献。

（一）加强产业基础能力建设

推进产业基础再造工程是实现制造业高质量发展的必然要求。依托行业领军企业，强化攻关力度，加速解决基础零部件及元器件、基础软件、基础材料、基础工艺和产业技术基础等方面的短板问题。通过实施重大技术装备攻关计划，并健全激励和风险补偿机制，推动首台（套）装备、首批次材料、首版次软件的示范应用，以加速重要产品和关键核心技术的突破与产业化。

在构建健全的产业基础支撑体系方面，将重点在关键领域设立国家制造业创新中心，完善国家质量基础设施，建设生产应用示范平台以及标准计量、认证认可、检验检测、试验验证等产业技术基础公共服务平台。同时，也将着力完善相关技术、工艺等工业基础数据库，为产业发展提供更加全面和可靠的技术支持和数据支撑。

（二）提升产业链、供应链现代化水平

秉持经济效益与安全性相统一的原则，重点解决产业链短板，打造核心竞争优势。针对不同行业制定相应的供应链战略，采取精准措施，促进创新提升附加值，确保产业链安全可靠。推动制造业链条补强，加强资源、技术和装备支持，加强国际产业安全合作，促进产业链、供应链的多样化。发挥产业规模、配套优势及领域先发优势，巩固提升高铁、电力装备、新能源、船舶等领域整个产业链竞争力，满足未来产业变革需求，从整机产品出发，打造具有战略性全局意义的产业链。优化区域产业链布局，引导关键环节留在国内，加强中西部和东北地区产业转移能力建设。实施应急产品生产能力储备工程，建设区域性应急物资生产保障基地。开展领航企业培育工程，培育一批具有生态主导力和核心竞争力的龙头企业。推动中小企业提升专业化优势，培育专精特新的"小巨人"企业和制造业单项冠军企业。加强技术经济安全评估，实施产业竞争力调查和评价工程。

（三）推动制造业优化升级

在智能制造和绿色制造工程的指导下，深入推进制造业的转型升级。积极探索并推广服务型制造新模式，将制造业从单一的产品生产向提供全方位的服务转变，为客户提供更全面的、个性化的解决方案。重点培育先进制造业集群，包括但不限于集成电路、航空航天、船舶与海洋工程装备、机器人、先进轨道交通装备等领域，推动技术创新和产业升级。同时，通过改造提升传统产业的竞争力，优化布局和调整结构，推动石化、钢铁、有色金属、建材等行业向绿色、智能方向发展，提高资源利用效率和环境友好性。此外，加大对智能制造的支持力度，建设智能制造示范工厂，并推动智能制造标准化进程，以提高制造业的生产效率和产品质量。全面实施质量提升行动，促进制造业产品"增品种、提品质、创品牌"，提升我国制造业在全球市场的竞争力。

（四）实施制造业降本减负行动

加强要素保障和提供高效服务，进一步巩固并扩大减税降费政策的成果，以降低企业生产经营成本，从而提升制造业的根植性和竞争力。在制造业核心竞争力提升方面，推动工业用地容量提升和效益提高，并积极推广新型产业用地模式，以确保制造业发展有足够的发展空间和资源支持。同时，扩大制造业的中长期贷款和信用贷款规模，特别是增加技术改造贷款，以促进企业技术升级和创新发展。鼓励股权投资、债券融资等多元化资金向制造业倾斜，为企业提供多样化的融资渠道。为了降低企业运营成本，我们可以考虑让制造业企业参与电力市场化交易，并规范和降低港口、航运、公路、铁路等物流收费。同时，全面清理和规范涉企收费，减轻企业负担。为了提供更好的服务，建立制造业重大项目全周期服务机制，并建立企业家参与涉企政策制定的机制，以确保政策更加贴近实际需求。最后，支持建设中小企业信息、技术、进出口和数字化转型综合性服务平台，为中小企业提供更全面、便捷的服务支持。

表 2-3 为制造业核心竞争力提升领域。这些计划看起来很宏大而且充满活力，涵盖了许多不同领域的技术和行业。推动高端材料、先进制造装备、智能控制系统以及新兴产业的发展，对于中国未来的经济增长和科技实力提升都是至关重要的。在材料科学领域，突破高端稀土功能材料、高品质特殊钢材等将为制造业提供更多高性能材料选择，提高产品质量和竞争力。同时，加强纤维材料和复合材料的研发应用，以及生物医用材料的开发，将推动医疗、航空航天等领域的创新。在制造装备方面，推动高速列车、大型客机、船舶等领域的研发和应用，将提升中国在交通运输领域的技术水平，并推动相关产业链的发展。同时，重点研发工业控制装备和智能机器人技术，将进一步提高制造业的自动化水平和生产效率。在航空航天领域，推进航空发动机技术研发和民用飞机产品的发展，将有助于中国航空工业的跨越式发展，提升国际竞争力。另外，加强新能源汽车、智能交通系统、医疗设备等领域的研发，将推动中国经济结构的转型升级，提升科技创新能力，促进经济可持续发展。总的来说，这些计划体现了中国对于科技创新和产业升级的重视，有助于推动中国经济实现高质量发展。

表 2-3　制造业核心竞争力提升领域

领域	核心竞争力提升策略
高端新材料	推动高端稀土功能材料、高品质特殊钢材、高性能合金、高温合金、高纯稀有金属材料、高性能陶瓷、电子玻璃等先进金属和无机非金属材料取得突破，加强碳纤维、芳纶等高性能纤维及其复合材料、生物基和生物医用材料的研发应用，加快茂金属聚乙烯等高性能树脂和集成电路用光刻胶等电子高纯材料的关键技术突破。
重大技术装备	推进 CR450 高速度等级中国标准动车组、谱系化中国标准地铁列车、高端机床装备、先进工程机械、核电机组关键部件、邮轮、大型 LNG 船舶和深海油气生产平台等研发应用，推动 C919 大型客机示范运营和 ARJ21 支线客机的系列化发展。
智能制造与机器人技术	重点研制分散式控制系统、可编程逻辑控制器、数据采集和视频监控系统等工业控制装备，突破先进控制器、高精度伺服驱动系统、高性能减速器等智能机器人关键技术。
航空发动机及燃气轮机	加快先进航空发动机关键材料等技术的研发验证，推进民用大涵道比涡扇发动机 CJ1000 的产品研制，突破宽体客机发动机关键技术，实现先进民用涡轴发动机产业化。建设上海重型燃气轮机试验电站。

续表

领域	核心竞争力提升策略
北斗产业化应用	突破通信导航一体化融合等技术，建设北斗应用产业创新平台，在通信、金融、能源、民航等行业开展典型示范，推动北斗在车载导航、智能手机、穿戴设备等消费领域的市场化、规模化应用。
新能源汽车和智能（网联）汽车	突破新能源汽车高安全动力电池、高效驱动电机、高性能动力系统等关键技术，加快研发智能（网联）汽车基础技术平台及软硬件系统、线控底盘和智能终端等关键部件。
高端医疗装备和创新药	突破腔镜手术机器人、体外膜肺氧合机等核心技术，研制高端影像、放射治疗等大型医疗设备及关键零部件。发展脑起搏器、全降解血管支架等植入介入产品，推动康复辅助器具提质升级。研发重大传染性疾病所需疫苗，开发治疗恶性肿瘤、心脑血管等疾病的特效药。加强中医药关键技术装备研发。
农业机械装备	开发智能型大马力拖拉机、精量（免耕）播种机、喷杆喷雾机、开沟施肥机、高效联合收割机、果蔬采收机、甘蔗收获机、采棉机等先进适用农业机械，发展适于丘陵山区农业生产的高效专用农机。推动先进粮油加工装备研发和产业化。研发绿色智能养殖饲喂、环控、采集、粪污利用等装备。研发造林种草等机械装备。

⚙ 二、培育壮大新兴产业

发展战略性新兴产业是推动国民经济产业体系更新迭代的重要手段，也是把握新一轮科技革命机遇的必然选择。这些新兴产业不仅能够为经济社会发展注入新的活力，还能够引领产业结构的调整和优化，推动经济实现高质量发展。随着科技的进步和创新能力的提升，新兴产业涵盖了许多领域，包括人工智能、大数据、云计算、生物技术、新能源等。这些产业的发展不仅改变着传统产业的生产方式和商业模式，还为新的经济增长点和就业机会提供了广阔空间。同时，发展战略性新兴产业也对经济社会发展的全局和大局产生着重要的积极影响。它们能够促进产业结构的优化和升级，推动科技创新和技术进步，提高产业竞争力和核心竞争力，推动经济由高速增长向高质量发展转变，促进经济结构的升级和转型。因此，加强对战略性新兴产业的发展，培育壮大相关产业集群，加快新技术、新产业、新业态的孵化和成长，都是当前中国经济发展的重要任务之一。这不仅有利于提升中国经济的整体竞争力，也有助于推动中国经济朝着更加创新、绿色、可持续的方向发展。

（一）为产业发展提供充足高效的要素资源

战略性新兴产业的项目通常需要大量资本投入，具有较高的风险和较长的投资回报期。为了构建持续发力战略性新兴产业的经营机制，我们需要在充分尊重市场规律的前提下，创新资金支持方式，强化对这些产业重大工程项目的投资牵引作用。一方面，可以鼓励国有企业、地方政府设立专项资金计划，以支持战略性新兴产业的发展。这些资金计划可以针对不同的产业集群，促进区域发展与产业发展的相互促进，发挥产业集群的规模优势。另一方面，可以鼓励创业投资、私募基金等金融机构参与投资战略性新兴产业。为此，可以制定战略性新兴产业上市公司分类指引，优化发行上市制度，为这些产业提供更多上市融资的便利。总的来说，需要加大金融对战略性新兴产业的支持力度，促进资本、人才、技术等产业发展要素的更好统筹，以推动这些产业持续健康发展，为经济转型升级和可持续发展注入新的动力。

（二）构建符合战略性新兴产业发展要求的科技支持政策体系

支持战略性新兴产业发展的核心政策，鼓励科技研发，以推动"科技—产业—金融"良性循环。科技支持政策应当注重产品创新，缩短技术突破到产品转化的链条，持续推动产品的迭代演进。一旦技术市场化前景初显潜力，政府应通过适宜的政策供给，支持以赢利为目的的独立商业企业。为了促进科技研发与产业发展的协同，应该建立合作机制，引导企业主导建立创新联合体。这些联合体能够集中力量突破关键核心技术，整合科研机构、高校等多种创新主体，形成面向市场需求的创新生态体系。这种合作模式可以加速技术成果的转化和商业化，提高科技创新的效率和成果转化的成功率，为战略性新兴产业的发展提供强有力的支持。

（三）充分认识战略性新兴产业发展规律，合理有序把握支持政策进退时机

为了预防过度竞争对战略性新兴产业的不利影响，应当有序规范其发展，并加强风险提示，同时鼓励企业进行兼并重组。在制定和实施支持政策时，需要统筹协调，以避免政策重叠，浪费政府和社会资源。为了维护市场公平竞争，应加大反垄断力度，防止资本无序扩张。同时，需要完善法律法规，包括平台企业垄断认定、数据管理、消费者权益保护等方面，以确保市场秩序的健康。在监测战略性新兴产业发展过程中，应完善统计监测工作，并充分利用大数据、区块链、人工智能等现代技术手段，提高市场分析和形势研判能力，为政策决策提供支持。当战略性新兴产业发展到成熟期时，应及时推出直接性支持政策，推动形成良性有序的产业健康发展机制，以确保产业的可持续发展。

三、布局建设未来产业

未来产业的发展受到前沿技术的推动，在孕育萌发或初期产业化阶段具有显著的战略、引领、颠覆和不确定性特征。积极发展未来产业是引领科技进步、推动产业升级、培育新的生产力的战略选择。为贯彻落实党的二十大精神和《中华人民共和国国民经济和社会发展第十四个五年规划和2035年远景目标纲要》，把握新一轮科技革命和产业变革机遇，围绕制造业主战场，加快发展未来产业，支撑推进新型工业化，工业和信息化部等七部门共同发布了《关于推动未来产业创新发展的实施意见》。

在习近平新时代中国特色社会主义思想的指导下，全面贯彻党的二十大精神，全面贯彻新发展理念，加快构建新发展格局，统筹发展和安全。以传统产业的升级和前沿技术的产业化为主线，以创新为动力，以企业为主体，以场景为引领，以标志性产品为推动，遵循科技创新和产业发展规律，加强前瞻性规划和政策引导，积极培育未来产业，加快形成新的生产力，为国家

的强大建设提供有力支撑。

（一）全面布局未来产业

加强前瞻性规划和部署至关重要。紧密关注全球科技创新和产业发展趋势，重点推动未来制造、未来信息、未来材料、未来能源、未来空间和未来健康六大方向的产业发展是一个明智的策略（见表2-4）。建立未来产业瞭望站，利用人工智能、先进计算等技术，精准地识别和培育具有高潜力的未来产业，引领产业发展方向，提升国家竞争力。帮助企业更好地把握未来发展趋势，调整产业结构，提高产业链的附加值，从而推动经济持续健康发展。同时，发挥新型举国体制的优势，引导地方根据各自的产业基础和资源优势，科学规划、精准培育和错位发展未来产业。充分发挥前沿技术的增量作用，聚焦于高端、智能和绿色等方向，加速传统产业的转型升级，为建设现代化产业体系提供新的动力。

表 2-4　前瞻部署新赛道

产业	策　略
未来制造	发展智能制造、生物制造、纳米制造、激光制造、循环制造，突破智能控制、智能传感、模拟仿真等关键核心技术，推广柔性制造、共享制造等模式，推动工业互联网、工业元宇宙等发展。
未来信息	推动下一代移动通信、卫星互联网、量子信息等技术的产业化应用，加快量子、光子等计算技术创新突破，加速类脑智能、群体智能、大模型等深度赋能，加速培育智能产业。
未来材料	推动有色金属、化工、无机非金属等先进基础材料升级，发展高性能碳纤维、先进半导体等关键战略材料，加快超导材料等前沿新材料的创新应用。
未来能源	聚焦核能、核聚变、氢能、生物质能等重点领域，打造"采集—存储—运输—应用"全链条的未来能源装备体系。研发新型晶硅太阳能电池、薄膜太阳能电池等高效太阳能电池及相关电子专用设备，加快发展新型储能，推动能源电子产业融合升级。
未来空间	聚焦空天、深海、深地等领域，研制载人航天、探月探火、卫星导航、临空无人系统、先进高效航空器等高端装备，加快深海潜水器、深海作业装备、深海搜救探测设备、深海智能无人平台等研制及创新应用，推动深地资源探采、城市地下空间开发利用、极地探测与作业等领域的装备研制。

续表

产业	策　略
未来健康	加快细胞和基因技术、合成生物、生物育种等前沿技术产业化，推动5G/6G、元宇宙、人工智能等技术赋能新型医疗服务，研发融合数字孪生、脑机交互等先进技术的高端医疗装备和健康用品。

（二）加快技术创新和产业化

1. 提升创新能力

为了推动未来产业发展，我国应加快实施国家科技重大项目和重大科技攻关工程，集中力量加速突破关键核心技术。同时，发挥国家实验室、全国重点实验室等创新载体的作用，加强基础共性技术的供给。鼓励龙头企业牵头组建创新联合体，整合产学研用资源，系统推进重点领域技术攻关。同时，促进跨领域技术交叉融合创新，加速颠覆性技术的突破，打造原创技术的策源地。此外，我们还将举办未来产业创新创业大赛，激发各界的创新动能，营造良好的创新创业氛围。

2. 促进成果转化

为促进前沿技术的广泛应用和推广，我国将发布前沿技术应用推广目录，并建设未来产业成果的"线上发布大厅"，旨在为科技成果的展示和交流提供平台。同时，将打造产品交易平台，以及举办成果对接展会，以推动供需的精准对接。构建科技服务和技术市场的新模式，通过遴选科技成果评价和转移转化专业机构，开拓应用场景和商业模式，以加速前沿技术的落地和应用。为了激励创新，落实首台（套）重大技术装备和首批次材料的激励政策，加快新技术和新产品的应用推广，促进产业升级和经济发展。

（三）打造标志性产品

1. 突破下一代智能终端

为适应通用智能趋势，我国将致力于发展工业终端产品，以支持工业生产的提质增效，实现新型工业化的赋能。同时，推动消费级终端产品的发展，以量大面广、智能便捷、沉浸体验为特点，满足数字生活、数字文化和公共服务等新需求。在医疗健康领域，打造智能适老的医疗健康终端，提升人民群众的生命健康质量，为老年人和特殊群体提供更好的医疗服务和健康管理。为了抢占未来产业竞争的制高点，应突破高级别智能网联汽车、元宇宙入口等具有爆发潜能的超级终端领域，构筑产业竞争的新优势，引领技术创新和产业发展的潮流。

2. 做优信息服务产品

为构建安全可靠的数字底座，我国应着力发展下一代操作系统，以确保数字化基础设施的安全性和可靠性。同时，将积极推广开源技术，建设开源社区，构建开源生态体系，促进技术共享和合作，推动数字化领域的发展。

在互联网创新应用方面，应探索以区块链为核心技术、以数据为关键要素，构建下一代互联网应用和数字化生态。通过区块链技术的应用，将提升数据的安全性和可信度，推动数字化经济的发展。

针对新一代移动信息网络和类脑智能等领域，将加快软件产品的研发，鼓励新产品的示范应用，激发信息服务的潜能，助力数字化产业的升级和转型。通过不断创新和应用前沿技术，将构建更加智能、安全、高效的数字化基础设施，推动数字经济的健康发展。

四、推动产业绿色转型

（一）加快传统产业绿色低碳转型升级

1. 推进传统产业绿色低碳优化重构

加快传统产业产品结构、用能结构、原料结构优化调整和工艺流程再造，提升在全球分工中的地位和竞争力。实施"增品种、提品质、创品牌"行动，推动产品向高端、智能、绿色、融合方向升级换代，推动形成品种更加丰富、品质更加稳定、品牌更具影响力的供给体系。

构建清洁、高效、低碳的工业能源消费结构，实施煤炭分质分级清洁高效利用行动，有序推进重点用能行业煤炭减量替代；鼓励具备条件的企业、园区建设工业绿色微电网，推进多能高效互补利用，就近大规模高比例利用可再生能源；加快推进终端用能电气化，拓宽电能替代领域，提升绿色电力消纳比例。

推进绿氢、低（无）挥发性有机物、再生资源、工业固废等原料替代，增强天然气、乙烷、丙烷等原料供应能力，提高绿色低碳原料比重。推广钢铁、石化化工、有色金属、纺织、机械等行业短流程工艺技术。

健全市场化法治化，化解过剩产能长效机制，依法依规推动落后产能退出。预计到2030年，主要再生资源循环利用量将达到5.1亿吨，大宗工业固废综合利用率将达到62%，电解铝使用可再生能源比例将达到30%以上，短流程炼钢比例将达到20%以上，合成气一步法制烯烃、乙醇等短流程合成技术实现规模化应用。

2. 加快传统产业绿色低碳技术改造

定期发布制造业绿色低碳技术导向目录可以为企业提供方向和指引，遴选推广成熟度高、经济性好、绿色成效显著的关键共性技术是非常明智的做法。通过支持大型企业全生命周期绿色低碳转型需求，以及发挥"链主"企业带动作用，可以有效地推动产业链上下游中小企业的转型。此外，鼓励工业园区、产业集聚区对标绿色工业园区建设要求，并开展整体改造升级，有助于提升整个产业的绿色化水平。支持行业协会制订改造升级计划，以及地方开展环保绩效创A行动，也是推动行业环保治理水平提升的重要举措。

3. 引导区域绿色低碳优化布局

坚持全国一盘棋的战略思维，综合考虑了区域产业基础、资源禀赋、环境承载力等多重因素，推动传统产业形成集群化、差异化的绿色低碳转型新格局。在落实京津冀协同发展、长江经济带发展、粤港澳大湾区建设、长三角一体化发展、黄河流域生态保护和高质量发展等重大战略定位的同时，结合绿色发展和产业转型，加强跨区域产业分工合作、科技协同创新、要素优化配置。

通过发挥地区特色和优势，综合平衡生产力、能源、资源、市场需求等要素，支持中西部和东北地区有序承接产业转移，避免低水平重复建设。在严格落实生态环境分区管控要求的基础上，稳妥有序推动高载能行业向西部具有清洁能源优势地区转移，并严格控制项目准入，遏制高耗能、高排放、低水平项目的盲目上马。

此外，推动区域产业绿色协同提升，重点发展钢化联产、炼化一体化、林浆纸一体化、以化固碳等产业的耦合模式，以及冶金和建材等行业协同处置生活垃圾、向城镇居民供热等产城融合模式，鼓励有条件的地区加强资源耦合和循环利用，加快建设"无废企业""无废园区""无废城市"。这些举措将有助于促进区域产业协同发展，推动经济转型升级，实现可持续发展目标。

（二）培育制造业绿色融合新业态

1. 推动数字化和绿色化深度融合

利用数字技术的赋能作用，加速生产方式的数字化、绿色化、协同转型，对提高资源效率、环境效益和管理效能具有重要意义。

（1）深化产品研发设计环节的数字化绿色化协同应用，建立行业基础数据库，收集整理行业内各类产品的绿色指标、环保技术、材料资源等信息，构建全面的行业基础数据库，为企业绿色设计提供数据支撑。基于建立的行业基础数据库，开发全生命周期评价工具，包括环境影响评估、碳排放评价、资源利用评估等，帮助企业全面了解产品生命周期内的环境影响，指导绿色设计和管理。利用数字技术建立产品的数字孪生系统，实现对产品从设计到退役的全过程数字化仿真和监控，实时监测产品运行状态和环境影响，提供数据支持和决策参考，优化产品设计和生命周期管理。

（2）在重点行业领域推广"新一代信息技术＋绿色低碳"典型应用场景。引入人工智能、大数据、物联网等新一代信息技术，实现生产过程的智能化监控和管理。通过实时数据采集和分析，优化生产计划、调整生产工艺，提高资源利用效率，降低能耗和排放。建立数字化的绿色供应链管理系统，整合供应链各环节的数据信息，实现对原材料采购、生产过程、产品物流等全流程的监控和管理。通过优化供应链结构、提高物流效率，降低碳排放和环境风险。应用新一代信息技术，实现对能源的智能监控和管理，包括能源消耗数据的实时监测、能源利用效率的分析和优化，以及智能节能设备的应用。通过降低能源消耗，减少碳排放，提高生产效率。利用虚拟现实、数字孪生技术等手段，进行产品设计、工艺规划和生产仿真，实现产品生命周期内的数字化管理和优化。通过提前模拟和评估，减少生产过程中的资源浪费和环境污染。建立面向重点行业的绿色智能制造平台，整合各类绿色低碳技术和解决方案，为企业提供定制化的数字化绿色化解决方案和服务。促进行业内企业共享资源、共建共享绿色生态系统，提高全要素生产率。

（3）利用区块链、大数据、云计算等技术优势建立回收利用环节的溯源系统，推动"工业互联网+再生资源回收利用"新模式的实施。利用区块链技术建立回收利用产品的溯源系统，记录产品从生产、使用到回收再利用的全过程信息，包括生产工艺、材料来源、使用情况、回收路径等数据，确保信息的可追溯性和不可篡改性。利用大数据和云计算技术对回收利用环节的数据进行实时采集、存储和分析，包括回收物品的种类、数量、质量、回收渠道等信息，为决策提供数据支持和参考。建立智能化的回收系统，包括智能回收箱、智能分类设备等，通过物联网技术实现对回收物品的自动识别、分类和定位，提高回收效率和精准度。建立工业互联网平台，实现各环节的信息共享和协同，包括生产端、使用端和回收端的企业、政府和社会组织等，促进资源循环利用和产业链的闭环发展。建立完善的监管机制和激励政策，加强对回收利用企业的监管和评价，对符合环保标准、推动资源循环利用的企业给予政策支持和奖励，提高资源利用效率。

（4）加快建立数字化碳管理体系，推动企业、园区协同采集、监控、分析和管理能源数据与碳排放数据，实现碳排放的精细管理。引入物联网技术，实现能源设备和排放监测设备的智能化联网，实时采集能源使用数据和碳排放数据。通过传感器、智能计量设备等实时监测能源消耗情况和碳排放情况。建立统一的数据平台，整合各类能源数据和碳排放数据，采用大数据分析技术对数据进行处理和分析，便于发现能源利用效率低、碳排放较高的问题，为决策提供科学依据。建立碳排放核算标准和管理制度，对企业和园区的碳排放进行准确核算，并制定碳排放减排目标和措施。通过实时监测和数据分析，及时发现碳排放异常，采取相应措施进行调整和优化。推动碳排放权交易市场建设，鼓励企业通过节能减排、清洁能源替代等方式降低碳排放，实现碳排放权的交易和流通。建立碳排放激励机制，对减排效果显著的企业给予政策支持和奖励。加强碳管理技术研发和应用推广，推动数字化碳管理技术不断创新和进步。通过示范项目和技术推广，带动更多企业和园区采用数字化碳管理技术，提升整体碳管理水平。

（5）推进绿色低碳技术软件化封装，支持开发绿色低碳领域的专用软件、大数据模型、工业 APP 等工具，为企业提供更便捷、高效的绿色化技术支持。建立绿色低碳技术软件化封装平台，提供软件开发工具、开发框架和应用接口，支持开发者将绿色低碳技术进行软件化封装，实现技术的标准化、通用化和易用化。针对绿色低碳领域的特定需求，开发专用软件和工具，包括节能减排评估软件、碳排放计算软件、清洁生产工具等，为企业提供精准、高效的绿色化技术支持。建立绿色低碳大数据模型库，整合和开发与节能减排、环境保护相关的大数据模型和算法，为企业提供数据分析和决策支持，帮助其优化生产过程、降低能耗和碳排放。开发适用于工业生产场景的 APP 应用，包括能源管理 APP、环境监测 APP 等，通过智能手机、平板电脑等移动设备实现对生产过程的实时监控和管理，提高生产效率和绿色化水平。提供绿色低碳技术培训和咨询服务，帮助企业了解和掌握绿色低碳技术的应用方法和操作技巧，提供技术支持和解决方案定制服务，帮助企业实现绿色转型和可持续发展。

2. 推动绿色制造业和现代服务业深度融合

紧跟现代服务业与制造业深度融合的变革趋势，推动绿色低碳领域的服务型制造发展，构建优质高效的绿色制造服务体系。

（1）引导大型企业发挥在产品绿色设计、绿色供应链管理等方面的经验优势，向上下游企业提供绿色提升服务，推动整个产业链的绿色转型。基于自身经验，大型企业可以参与制定绿色设计和绿色供应链管理的标准和认证体系，并向上下游企业推广应用，提高整个产业链的绿色化水平。大型企业可以与上下游企业建立长期合作关系，共同推动绿色转型，共建绿色供应链生态圈，实现资源共享、风险共担、利益共享的合作共赢局面。大型企业还可以与上下游企业开展创新合作，共同研发绿色技术和解决方案，实现技术共享和成果共享，促进整个产业链的绿色创新和升级。政府可以通过制定政策引导，向大型企业提供相应的激励措施，鼓励其在绿色转型方面发挥示范和引领作用，带动整个产业链向绿色化方向发展。

（2）鼓励绿色低碳装备制造企业从提供"产品"向提供"产品+服务"转变，加强对客户的售后服务和技术支持，提升产品附加值和客户满意度。提供从产品设计、制造、安装到售后服务的全生命周期服务，包括定制化设计、快速交付、安装调试、维护保养等环节，满足客户的个性化需求。利用物联网技术和大数据分析，实现对设备运行状态的远程监控和预测性维护，提前发现和解决问题，降低客户的停机损失。为客户提供相关的技术培训和知识传授，提高客户对产品的使用和维护能力，增强客户对企业的信任度和忠诚度。定期对客户的设备进行检修和升级改造，保持设备性能的优良状态，延长设备的使用寿命，提高产品的附加值和市场竞争力。建立健全的售后服务体系，包括24小时热线服务、远程技术支持、快速响应和问题解决机制等，及时满足客户的需求，提升客户满意度和口碑。探索并实践基于产品的服务型商业模式，如设备租赁、设备运营管理等，以提供更全面的解决方案和增值服务，提升客户体验和企业赢利能力。

（3）积极培育专业化绿色低碳公共服务平台和服务机构，开发推广绿色制造解决方案，提供绿色诊断、计量测试、研发设计、集成应用、运营管理、检验检测、评价认证、人才培训等"一揽子"服务，为企业提供全方位的绿色转型支持。建设统一的绿色低碳公共服务平台，整合政府、企业、科研院所、行业协会等资源，为企业提供综合性服务和支持。针对不同行业和企业的需求，开发绿色制造解决方案，包括节能减排、资源循环利用、环境友好等方面的技术和管理方案，并推广应用于实践中。提供绿色诊断、计量测试、研发设计、集成应用、运营管理、检验检测、评价认证、人才培训等"一揽子"服务，覆盖整个绿色转型的各个环节。为企业提供绿色技术支持和咨询服务，包括技术选型、工艺流程优化、节能减排技术应用等方面的指导和支持。参与制定绿色制造的相关标准和认证体系，为企业提供认证评价服务，提高企业的绿色化水平和市场竞争力。

（4）深化绿色金融服务创新，引导金融机构在供应链场景下规范开展供应链金融服务，为产业链上下游企业提供绿色低碳转型融资服务，降低转型成本，促进可持续发展。设计和推出符合绿色低碳转型需求的金融产品，如绿色贷款、绿色债券、绿色基金等，为企业提供融资支持。利用供应链金融模式，通过账期管理、订单融资、库存融资等方式，为产业链上下游企业提供融资支持，帮助其实现绿色低碳转型。加强对绿色项目的风险管理与评估，确保金融机构在为企业提供融资服务时，能够合理评估绿色项目的可行性和风险，降低金融机构的风险承担。根据企业的实际情况和需求，为企业量身定制绿色低碳转型融资方案，提供个性化的金融服务，降低企业的融资成本，促进转型升级。建立金融机构、企业和政府之间的信息共享与合作机制，促进信息流通和资源共享，提高金融服务的效率和质量。

3. 推动绿色消费需求和绿色产品供给深度融合

紧扣能源、交通、建设等领域的绿色消费需求，加大绿色产品供应力度，培育供需融合模式，以支持经济社会的绿色转型。全面实施工业产品绿色设计，强调无害、集约、减量、低碳、循环等绿色理念，构建从原材料到终端产品的全链条绿色供应体系。加速建立行业绿色标准、认证体系，探讨加大政府绿色采购力度，推广应用光伏、新能源车船、绿色建材等产品。激励大型零售企业和电商平台创新绿色消费场景，优化购买环境，建立购销激励机制。这些举措将推动绿色产品供应结构性改革，促进绿色消费观念的普及，引导企业加快技术创新和产品升级，为经济社会的可持续发展提供新动力。

（三）提升制造业绿色发展基础能力

1. 构建绿色低碳技术创新体系

以市场需求为导向，统筹部署绿色低碳技术攻关、应用转化和主体培育，引导各类创新要素聚焦绿色低碳领域，将创新成果转化为产业竞争优势。依托产业基础重塑和重大技术装备攻关，有序推进与绿色低碳转型相关的关键基础材料、零部件、颠覆性技术攻关，加速突破绿色电力装备、轨道交通、工程机械等重大装备领域。强化企业科技创新主体地位，培育绿色低碳领域科技领军企业和专精特新企业。加快推进绿色低碳重点领域创新联合体和原创技术策源地建设。在钢铁、石化化工、家电等行业建设国家产业计量测试中心，开展绿色低碳关键计量技术和设备研发。布局建设绿色低碳领域制造业创新中心、试验验证平台和中试平台，加速推进科技成果的工程化和产业化。健全技术应用推广机制，制定供需对接指南，开展技术交流活动。

2. 完善绿色化发展政策体系

通过现有的财政资金渠道，着重支持绿色低碳重大技术装备攻关、绿色低碳产业基础设施建设等领域，以促进制造业绿色化发展。国家产融合作平台发挥关键作用，依托并扩大制造业中长期贷款投放专项工作机制，建立稳定的金融资源支持制造业绿色低碳转型的机制。此外，建立绿色低碳技术改造项目库和标杆企业库，加大绿色金融和转型金融支持力度，同时充分利用碳减排支持工具等货币政策工具。鼓励政府投资基金以市场化方式培育和孵化绿色低碳领域新产业、新业态、新模式。税收优惠政策也起到了正向激励作用，对绿色技术推广应用、资源节约循环利用等方面给予税收优惠，确保符合条件的市场主体享有优惠政策。完善工业节能管理制度，健全相关政策法规，促使企业加强合规建设，合理使用能源。同时，综合考虑能耗和环保绩效水平，完善阶梯电价制度和水价政策。在碳排放权交易市场方面，建立配套制度，有序扩大行业覆盖范围，推动碳排放权交易、用能权交易和绿电[1]、绿证[2]交易等市场建设。

---

[1] 绿电指的是在生产电力的过程中，它的二氧化碳排放量为零或趋近于零，因而相较于其他方式（如火力发电）所生产的电力，对环境的冲击影响较低。——编者注

[2] 绿证是指信息中心按照国家相关管理规定，依据可再生能源上网电量，通过国家能源局可再生能源发电项目信息管理平台，向符合资格的可再生能源发电企业颁发的具有唯一代码标识的电子凭证。——编者注

3. 健全绿色低碳标准体系

加强标准顶层设计和规范性管理，推动各级各类标准衔接配套，加强标准贯彻实施和应用评估。发挥各有关标准化技术组织的作用，按照需求导向、先进适用、急用先行的原则，加快制定碳排放基础通用、核算与报告、低碳技术与装备等国家标准、行业标准和团体标准。到 2030 年，力争完成 500 项以上碳达峰急需标准的制定和修订。持续完善节能、节水、资源综合利用、环保装备标准，稳步升级绿色工厂、绿色产品、绿色工业园区、绿色供应链标准，协同推进数字赋能绿色低碳领域标准。加强国际标准研究和对比分析，推动先进国际标准在我国的转化应用，积极参与国际标准规则的制定，推动我国绿色低碳标准向国际标准的转化。

4. 优化绿色低碳标杆培育体系

发挥绿色低碳标杆的引领带动作用，构建绿色制造"综合标杆"和细分领域"单项标杆"相衔接的标杆培育体系，打造制造业绿色化发展领军力量。制定绿色工厂梯度培育及管理办法，发挥绿色工厂在制造业绿色低碳转型中的基础性和导向性作用。纵向形成国家、省、市三级联动的绿色工厂培育机制，横向通过绿色工业园区、绿色供应链管理企业带动园区内、供应链上下游企业创建绿色工厂。到 2030 年，各级绿色工厂的产值在制造业总产值中的占比预计将超过 40%。

鼓励绿色工厂进一步深挖节能降碳潜力，创建"零碳"工厂。深入开展工业产品绿色设计示范企业培育，不断探索绿色低碳路径和解决方案。持续遴选发布"能效领跑者"、"水效领跑者"、再生资源规范条件企业、环保装备规范条件企业、工业废水循环利用试点企业园区等，从工业全过程深挖能源资源节约潜力。

五、加快数字化发展

推进网络强国建设，加速建设数字经济、数字社会、数字政府，是适应数字化转型的必然选择。数字化转型不仅能够整体驱动生产方式、生活方式和治理方式的变革，还能够提升国家整体竞争力和社会发展水平。通过充分利用数据和信息技术，可以实现经济结构优化升级，推动创新驱动发展，提高生产力水平；同时也能够提升政府服务效率，改善民生福祉，促进社会治理现代化。因此，加快数字化转型是当前和未来的重要任务之一。

（一）打造数字经济新优势

充分发挥海量数据和丰富应用场景的优势，促进数字技术与实体经济的深度融合，是推动经济转型升级的关键之举。这种融合能够为传统产业转型升级注入新的活力，同时也能够催生出新的产业、业态和商业模式，从而壮大经济发展的新引擎。通过数据驱动的智能化应用，优化生产流程，提高生产效率，实现智能制造和智慧物流，从而降低生产成本，提高产品质量，增强企业竞争力。此外，借助大数据分析，精准洞察市场需求和消费趋势，为产品研发、营销推广提供有力支持，帮助企业更好地适应市场变化，提升市场反应速度，保持竞争优势。

数字经济的推动将带来传统产业的全面升级，从生产到销售都将实现数字化、网络化和智能化转型，这将产生深远的影响。随着数字技术的广泛应用，传统产业将实现生产方式、商业模式和管理模式的革新，从而提高效率、降低成本、增强竞争力。同时，数字经济的发展也将催生一系列新兴产业和新的商业模式。物联网、人工智能、区块链等新技术将成为新的增长点，为经济注入新的活力。这些新产业、新业态不仅会带来新的商机和就业机会，还将推动经济结构优化和产业升级，促进整个经济向着高质量发展的方向迈进。特别是共享经济、平台经济等新的商业模式的兴起，将进一步改变人们的生产生活方式，推动经济的创新和发展。

1. 加强关键数字技术创新应用

加快推进高端芯片、操作系统、人工智能关键算法、传感器等关键领域的研发突破与应用迭代，是推动数字经济发展的重要举措。通过加强基础理论和算法研究，以及装备材料等方面的创新，可以提升我国在数字技术领域的核心竞争力。

在通用处理器、云计算系统和软件核心技术方面的一体化研发，能够有效支撑数字经济基础设施的建设和运行，为各行业提供更加高效、安全的数字化服务。

布局量子计算、量子通信、神经芯片、DNA（脱氧核糖核酸）存储等前沿技术，是未来数字经济发展的重要支撑。这些技术的研发将推动信息科学、生命科学、材料科学等领域的交叉创新，为数字经济的不断升级提供源源不断的科技动力。

支持数字技术开源社区等创新联合体发展，完善开源知识产权和法律体系，鼓励企业开放软件源代码、硬件设计和应用服务，有助于加快技术的传播和应用，促进数字经济生态系统的健康发展。

2. 加快推动数字产业化

培育壮大人工智能、大数据、区块链、云计算、网络安全等新兴数字产业，是实现数字经济高质量发展的重要举措。通过提升通信设备、核心电子元器件、关键软件等产业水平，支撑数字经济基础设施的建设和运行，为各行业数字化转型提供强有力的支持。

构建基于5G的应用场景和产业生态，是推动数字经济发展的重要路径之一。在智慧交通、智慧物流、智慧能源、智慧医疗等重点领域开展试点示范，充分发挥5G技术的优势，推动相关行业的智能化升级，提升经济社会效率和服务水平。

鼓励企业开放搜索、电商、社交等数据，发展第三方大数据服务产业，有助于激发数据资源的价值，促进数据共享和流通，推动数字经济的创新发展。

促进共享经济、平台经济健康发展，可以推动资源优化配置，促进经济发展模式的转型升级，同时也能够满足人们多样化的需求，促进社会资源的共享和再利用。

3. 推动产业数字化转型

实施"上云用数赋智"行动，是促进数字经济发展、推动产业链协同转型的重要举措。在重点行业和区域建设国际水准的工业互联网平台和数字化转型促进中心，可以整合各方资源，推动数字化应用在研发设计、生产制造、经营管理、市场服务等环节的深度应用，加速产业数字化转型。数字经济重点产业，包括云计算、大数据、物联网、工业互联网、区块链、人工智能、虚拟现实和增强现实（见表2-5）。

培育发展个性定制、柔性制造等新模式，有助于满足市场多样化需求，提升产业链的灵活性和竞争力。同时，加快产业园区数字化改造，能够提升园区管理效率，促进产业集聚和创新发展。在服务业方面，深入推进数字化转型，培育众包设计、智慧物流、新零售等新增长点，有助于推动服务业的升级转型，提升服务水平和效率。另外，加快发展智慧农业，推进农业生产经营和管理服务的数字化改造，可以提升农业生产效率和质量，促进农村经济的发展，实现农业现代化和数字化的有机结合。

表 2-5　数字经济重点产业

云计算	加快云操作系统的迭代升级，推动超大规模分布式存储、弹性计算、数据虚拟隔离等技术创新，提高云安全水平。以混合云为重点，培育行业解决方案、系统集成、运维管理等云服务产业。
大数据	推动大数据采集、清洗、存储、挖掘、分析、可视化算法等技术创新，培育数据采集、标注、存储、传输、管理、应用等全生命周期产业体系，完善大数据标准体系。
物联网	推动传感器、网络切片、高精度定位等技术创新，协同发展云服务与边缘计算服务，培育车联网、医疗物联网、家居物联网产业。
工业互联网	打造自主可控的标识解析体系、标准体系、安全管理体系，加强工业软件研发应用，培育形成具有国际影响力的工业互联网平台，推进"工业互联网+智能制造"产业生态建设。
区块链	推动智能合约、共识算法、加密算法、分布式系统等区块链技术创新，以联盟链为重点，发展区块链服务平台和金融科技、供应链管理、政务服务等领域的应用方案，完善监管机制。
人工智能	建设重点行业人工智能数据集，发展算法推理训练场景，推进智能医疗装备、智能运载工具、智能识别系统等智能产品设计与制造，推动通用化和行业性人工智能开放平台的建设。
虚拟现实和增强现实	推动三维图形生成、动态环境建模、实时动作捕捉、快速渲染处理等技术创新，发展虚拟现实整机、感知交互、内容采集制作等设备和开发工具软件、行业解决方案。

（二）加快数字社会建设步伐

随着数字技术的不断发展和普及，社会交往和日常生活已经逐步融入数字化的轨迹。为了适应这一新趋势，需要促进公共服务和社会运行方式的创新，构筑全民畅享的数字生活。

1. 提供智慧便捷的公共服务

推动数字化服务在教育、医疗、养老、抚幼、就业、文体、助残等领域的普惠应用，是提升群众获得感和公共服务水平的重要举措。在教育领域，推进在线课堂、远程教育等数字化教学模式，为学生提供更加灵活、多样化的学习途径。同时，加强对教育资源的数字化管理和共享，促进教育资源的均衡配置。在医疗领域，推动互联网医院、远程医疗等数字化医疗服务，提高医疗资源的利用效率，解决医疗资源不均衡的问题。同时，加强健康档案和医疗数据的数字化管理，提升医疗服务的质量和效率。在养老、抚幼领域，推动智慧养老院、智慧托幼机构等数字化服务，提高养老和抚幼服务的质量和便捷程度，满足老年人和幼儿家庭的需求。在就业领域，推动线上招聘、职业培训等数字化就业服务，提高就业信息的透明度和匹配度，帮助求职者更好地就业。在文体、助残领域，推动智慧图书馆、残障人士辅助设施等数字化服务，提高文化和体育资源的利用效率，促进残障人士的融入和参与。

通过加强智慧法院建设，鼓励社会力量参与"互联网＋公共服务"，可以提高司法服务的效率和公正性，保障公民的合法权益。同时，创新提供服务模式和产品，可以更好地满足群众多样化的需求，提升公共服务的水平和便捷度。

2. 建设智慧城市和数字乡村

以数字化助推城乡发展和治理模式创新，全面提高运行效率和宜居度。针对城市发展，分级分类推进新型智慧城市建设，统一规划建设物联网感知设施、通信系统等公共基础设施，推进市政公用设施、建筑等物联网应用和智能化改造。通过完善城市信息模型平台和运行管理服务平台，构建城市数据资源体系，推进城市数据大脑建设，实现城市数据的有效管理和运用。同时，探索建设数字孪生城市，利用数字技术构建城市虚拟仿真模型，为城市规划、建设和管理提供科学依据。对于乡村发展，加快推进数字乡村建设，构建面向农业农村的综合信息服务体系，建立涉农信息普惠服务机制，推动乡村管理服务数字化。通过数字技术，提升农村信息化水平，优化农村资源配置，促进农业生产和农村经济发展。同时，加强乡村基础设施建设，推动数字技术在农村教育、医疗、文化等领域的应用，提高乡村居民的生活质量和幸福感。总体而言，政府、企业和社会各界共同努力，充分发挥数字技术在城乡治理和服务中的作用，实现城乡一体化发展和共同繁荣。

3. 构筑美好数字生活新图景

推动各类场景的数字化，促进智慧共享、和睦共治的新型数字生活的建设，为人们提供更加便捷、舒适、安全、高效的生活方式。在购物消费、居家生活、旅游休闲和交通出行等方面，可以借助数字技术提供更便捷、高效的服务，例如通过智能化的购物平台和支付系统实现便捷购物消费，利用智能家居系统提升居家生活的舒适度和便利性，通过数字化旅游平台提供个性化、定制化的旅游服务，以及利用智能交通系统提升交通出行的安全性和效率。

智慧社区建设是数字生活的重要组成部分，依托数字化平台和线下社区服务机构，建设便民惠民的智慧服务圈，为居民提供线上线下融合的社区生活服务、社区治理及公共服务、智能小区等服务。通过丰富数字生活体验，例如发展数字家庭，为居民提供智能化的家居设备和服务，提升居家生活的品质和便利性。

为了推动数字生活的普及，需加强全民数字技能教育和培训，提升公民的数字素养，使其能够更好地适应数字化生活的需求。同时，也需要加快信息无障碍建设，确保老年人、残疾人等群体能够顺利地共享数字生活的便利和乐趣。

（三）提高数字政府建设水平

将数字技术广泛应用于政府管理服务，推动政府治理流程再造和模式优化，提高政府决策的科学性和服务的效率，促进政府与社会的良性互动和共建共享。

1. 加强公共数据开放共享

建立健全国家公共数据资源体系是推动数字化治理和服务创新的重要举措之一。建立数据资源目录和责任清单制度，将各部门、各级政府的数据资源进行清单化管理，并建立相应的责任清单，明确数据管理、开放和利用的责任主体和程序，以确保数据资源的规范管理和安全使用。提升数据共享交换平台功能，加强国家级数据共享交换平台的建设，完善数据标准和接口规范，提升数据共享和交换的效率和便捷性，促进跨部门、跨层级、跨地区数据的汇聚融合和共享利用。深化基础信息资源共享利用，加强国家人口、法人、空间地理等基础信息资源的共享利用，推动数据的互联互通，为政府决策和社会服务提供更加精准和有效的支持。扩大基础公共信息数据开放，按照安全有序原则，扩大基础公共信息数据的开放范围，将高价值的数据集纳入开放范围，例如企业登记监管、卫生、交通、气象等领域的数据，为社会提供更多样化的数据资源支持。构建统一的国家公共数据开放平台，建设统一的国家公共数据开放平台和开发利用端口，为社会各界提供便捷的数据获取和利用途径，促进公共数据资源的开放与共享。推动政府部门开展数据授权运营试点，探索第三方机构对公共数据的挖掘和利用，促进公共数据资源的多元化利用和增值服务的发展。

2. 推动政务信息化共建共用

加大政务信息化建设统筹力度，提升政府治理效能和服务水平。健全政务信息化项目清单，建立政务信息化项目清单，明确各级各部门的信息化建设重点和优先领域，统筹规划和管理政务信息化项目，确保资源的合理配置和利用。深化政务信息系统整合，持续推进政务信息系统的整合和共享，打破各部门的信息孤岛，实现信息流通和共享，提升政府决策和服务的效率和精准度。布局重大信息系统建设，加大对执政能力、依法治国、经济治理、市场监管、公共安全、生态环境等重大领域信息系统建设的投入和布局，提升政府跨部门协同治理能力，推动治理体系和治理能力现代化。完善国家电子政务网络，加强国家电子政务网络的建设，提升网络安全防护能力，保障政务信息的安全和稳定运行。集约建设政务云平台和数据中心体系，加快政务云平台和数据中心的建设，实现政务信息系统的云迁移，提升数据存储和处理能力，降低信息化建设成本，提高资源利用效率。强化政务信息化建设的快速迭代和部署能力，采用敏捷开发等方法，加快项目实施进度，及时响应和适应政府管理和服务需求的变化。

3. 提高数字化政务服务效能

全面推进政府运行方式、业务流程和服务模式数字化、智能化是适应数字化时代发展的必然要求。推动政府服务模式和运行方式的现代化转型，提升政府决策水平和应急处置能力，更好地满足人民群众对优质高效政府服务的需求，促进社会经济的可持续发展。深化"互联网＋政务服务"，进一步整合政务服务资源，构建全流程一体化的在线服务平台，提升服务的便捷性和效率，实现政务服务的线上化、无纸化和智能化。构建数字技术辅助政府决策机制，借助人工智能、大数据分析等技术手段，建立基于高频大数据的政府决策辅助系统，实现对经济社会运行状况的精准监测、动态预测和预警，提高决策的科学性和精准性。强化数字技术在突发公共事件中的应用，建立健全公共卫生、自然灾害、事故灾难、社会安全等领域的数字化应急管理系统，利用大数据、人工智能等技术手段，实现对突发事件的及时监测、快速预警和有效处置，提升应急响应能力和公共安全保障水平。加强数字化能力建设，加大对政府机构和公务员的数字化能力建设投入，培训政府工作人员掌握数字技术和信息化管理能力，推动政府服务智能化、数字化转型。

（四）营造良好数字生态

坚持放管并重，促进发展与规范管理相统一，构建数字规则体系，营造开放、健康、安全的数字生态。

1. 建立健全数据要素市场规则

推进数据开发利用、隐私保护和公共安全的统筹考量是数字化时代信息管理的重要任务。建立数据资源产权和交易制度，加快建立数据资源的产权认定机制，明确数据的权利归属，促进数据的合法流通和有效利用。建立健全数据交易平台和市场机制，规范数据交易行为，推动数据资源的有序交易。加强数据保护和安全管理，制定完善的数据保护法律法规，加强对涉及国家利益、商业秘密、个人隐私等重要数据的保护。强化数据资源全生命周期的安全管理，包括数据采集、存储、处理、传输等环节，确保数据安全和隐私保护。培育规范的数据交易市场，建立健全数据交易市场的自律机制，加强对数据交易主体的监管和管理，规范数据交易行为，保障数据交易的公平、公正和透明。推进数据跨境安全流动，完善数据跨境传输和安全管理机制，制定相关政策和标准，加强对数据跨境流动的监管和控制，确保数据在跨境传输过程中的安全和合规性。加强数据安全评估和监测，建立数据安全评估体系，对重要数据资源和关键信息基础设施进行安全评估，及时发现和解决安全风险，保障数据安全和公共安全。

2. 营造规范有序的政策环境

构建与数字经济发展相适应的政策法规体系，推动经济转型和创新发展。健全共享经济、平台经济和新个体经济管理规范，制定并完善与共享经济、平台经济和新个体经济相适应的管理规范和政策措施，包括税收政策、劳动保障政策、竞争政策等，为这些新型经济形态提供良好的发展环境。清理不合理的行政许可、资质资格事项，对于影响数字经济发展的不合理行政许可和资质资格事项进行清理和整合，简化审批程序，降低市场准入门槛，促进创新创业，推动数字经济的健康发展。加强互联网平台的经济监管，明确平台企业的定位和监管规则，建立健全的监管机制和评估指标，加强对数据安全、隐私保护等方面的监管。完善垄断认定法律规范，完善相关法律法规，明确垄断行为的认定标准和处罚规定，加强对垄断和不正当竞争行为的打击，维护市场公平竞争秩序。探索建立新兴领域监管框架，针对无人驾驶、在线医疗、金融科技、智能配送等新兴领域，探索建立相应的监管框架，完善相关法律法规和伦理审查规则，促进新技术的安全可控应用。健全数字经济统计监测体系，加强对数字经济的统计监测，建立健全的数据采集和统计体系，及时了解数字经济的发展动态和结构变化，为政策制定和决策提供科学依据。

3. 加强网络安全保护

加强国家网络安全工作需要从法律法规建设、技术手段应用、人才培养等多方面入手，形成系统、科学、全面的网络安全保障体系，确保网络空间安全稳定。健全法律法规和制度标准，制定和完善国家网络安全相关的法律法规和制度标准，明确网络安全的责任主体和权责义务，为网络安全工作提供法律依据和制度保障。加强对重要领域数据资源和重要网络系统的安全保障，采取技术手段和管理措施，确保关键信息不被泄露、篡改或破坏。建立健全关键信息基础设施保护体系，包括通信网络、能源系统、金融系统等，提升其安全防护水平，保障国家政治安全和经济运行稳定。加强对网络安全风险的评估和审查工作，及时发现和解决存在的安全隐患，防范网络安全风险的发生。加强网络安全基础设施的建设，包括安全设备、安全技术、安全服务等，提升网络安全的整体水平。加强跨部门、跨领域的网络安全信息共享和工作协同，形成网络安全工作合力，提升网络安全防范和应对能力。加强网络安全关键技术的研发和创新，包括网络安全防护技术、攻击溯源技术、网络安全监测技术等，提升网络安全的技术支撑能力。加快人工智能在网络安全领域的应用和创新，利用人工智能技术提升网络安全的智能化水平，提高网络安全的自动化和智能化程度。加强网络安全宣传教育，增强公众网络安全意识，培养专业的网络安全人才，为保障网络安全提供人才支撑和社会基础。

4. 推动构建网络空间命运共同体

推进全球数字和网络空间的开放、共享、合作和发展，推动全球数字治理进程朝着更加民主、公平、包容的方向发展。推进国际规则制定，通过联合国等国际机构，以联合国宪章为基本原则，制定数字和网络空间的国际规则，为全球数字经济和网络空间的发展提供规范和指导，增强国际社会对数字治理的认同和合作。建立多边、民主、透明的全球互联网治理体系，促进全球网络基础设施和资源的公平合理利用，维护各国在网络空间的权益和利益平衡。参与国际规则制定，积极参与国际数据安全、数字货币、数字税等领域的规则和标准制定，为全球数字经济和网络空间的发展提供中国声音和中国方案，推动国际规则的多样化和包容性。构建网络安全合作机制，推动全球网络安全保障合作机制的建设，加强国际合作，共同应对网络安全威胁和挑战，构建保护数据、处置网络安全事件、打击网络犯罪的国际协调合作机制，维护全球网络空间的安全和稳定。向欠发达国家提供技术、设备、服务等数字援助，帮助这些国家提升数字基础设施建设和网络安全防护能力，使各国共享数字时代的发展成果，促进全球数字化包容和可持续发展。积极推进网络文化交流互鉴，促进各国之间的文化交流和理解，加强网络文化软实力建设，为构建人类命运共同体提供思想文化支撑。数字化应用场景包括智慧交通、智慧能源、智能制造、智慧农业及水利、智慧教育、智慧医疗、智慧文旅、智慧社区、智慧家居和智慧政务（见表2-6）。

表 2-6 数字化应用场景

场景	具体应用
智慧交通	发展自动驾驶和车路协同的出行服务。推广公路智能管理、交通信号联动、公交优先通行控制。建设智能铁路、智慧民航、智慧港口、数字航道、智慧停车场。
智慧能源	推动煤矿、油气田、电厂等智能化升级，开展用能信息广泛采集、能效在线分析，实现源网荷储互动、多能协同互补、用能需求智能调控。
智能制造	促进设备联网、生产环节数字化连接和供应链协同响应，推进生产数据贯通化、制造柔性化、产品个性化、管理智能化。
智慧农业及水利	推广大田作物精准播种、精准施肥施药、精准收获，推动设施园艺、畜禽水产养殖智能化应用。构建智慧水利体系，以流域为单元提升水情测报和智能调度能力。
智慧教育	推动社会化高质量在线课程资源纳入公共教学体系，推进优质教育资源在线辐射农村和边远地区薄弱学校，发展场景式、体验式学习和智能化教育管理评价。
智慧医疗	完善电子健康档案和病历、电子处方等数据库，加快医疗卫生机构数据共享。推广远程医疗，推进医学影像辅助判读、临床辅助诊断等应用。运用大数据提升对医疗机构和医疗行为的监管能力。
智慧文旅	推动景区、博物馆等发展线上数字化体验产品，建设景区监测设施和大数据平台，发展沉浸式体验、虚拟展厅、高清直播等新型文旅服务。
智慧社区	推动政务服务平台、社区感知设施和家庭终端联通，发展智能预警、应急救援救护和智慧养老等社区惠民服务，建立无人物流配送体系。

续表

场景	具体应用
智慧家居	应用感应控制、语音控制、远程控制等技术手段，发展智能家电、智能照明、智能安防监控、智能音箱、新型穿戴设备、服务机器人等。
智慧政务	推进政务服务一网通办，推广应用电子证照、电子合同、电子签章、电子发票、电子档案，健全政务服务"好差评"评价体系。

第三节
人才发展政策

2024年《政府工作报告》将新质生产力确立为政府工作的首要任务,强调"大力推进现代化产业体系建设,加速培育新质生产力"。科技被视为第一生产力,人才是第一资源,而创新则是推动力量。经济的发展依赖于科技,而科技的发展则需要人才的支持,而人才的培养又依赖于教育。因此,教育、科技、人才之间形成了一个良性循环,为新质生产力的培育与发展奠定了基础。为推动教育、科技、人才的有效联通和融合发展,激发人才引擎,助力新质生产力的快速发展,将是我们的目标。

一、激活创新人才引擎

(一)培养造就高水平人才队伍

按照人才成长和科研活动的规律,重点培养并造就更多国际一流的战略科技人才、科技领军人才以及创新团队,同时培养具备国际竞争力的青年科技人才后备军。依托重大科技任务和重大创新基地,注重发现人才的培养,并支持设立博士后创新岗位。此外,加强创新型、应用型和技能型人才的培养,实施知识更新工程和技能提升行动,以壮大高水平工程师和高技能人才队伍。在基础学科方面,加强拔尖学生的培养,建设数学、物理、化学、生物等基础学科基地和前沿科学中心。

为了构建一个集聚国内外优秀人才的科研创新高地,需实行更加开放的人才政策。这包括完善外籍高端人才和专业人才来华工作、科研和交流的停居留政策，以及完善外国人在华永久居留制度，同时探索建立技术移民制度。我们还将健全薪酬福利、子女教育、社会保障、税收优惠等制度，为外国科学家在华工作提供具有国际竞争力和吸引力的环境。

（二）激励人才更好发挥作用

完善人才评价和激励机制，健全以创新能力、质量、实效和贡献为导向的科技人才评价体系，确保科研人员的价值得到充分体现。在此基础上，构建收益分配机制，充分体现知识、技术等创新要素的价值。

选好用好领军人才和拔尖人才，赋予他们更大的技术路线决定权和经费使用权。同时，全方位为科研人员松绑，拓展科研管理的"绿色通道"。

实行以增加知识价值为导向的分配政策，完善科研人员职务发明成果权益的分享机制。同时，探索赋予科研人员职务科技成果的所有权或长期使用权，提高科研人员的收益分享比例。在此基础上，深化院士制度改革，以更好地激发科研人员的创新潜力。

（三）优化创新创业创造生态

强化科研诚信建设和健全科技伦理体系是保障科技发展的重要基础。大力弘扬新时代科学家精神，倡导科研人员恪守诚信，遵守科研伦理规范，促进科技成果的真实性、可靠性和合法性。在保护企业家的财产权和创新收益方面，依法保护企业家的合法权益，营造良好的创新创业环境。同时，发挥企业家在把握创新方向、凝聚人才、筹措资金等方面的重要作用，推动创新、创业、创造向纵深发展。

优化双创示范基地建设布局，倡导敬业、精益、专注、宽容的创新创业文化，完善试错、容错、纠错机制，鼓励创新者在探索过程中不断尝试，勇于面对失败，并从中吸取教训。同时，弘扬科学精神和工匠精神，广泛开展科学普及活动，加强青少年科学兴趣引导和培养，形成热爱科学、崇尚创新的社会氛围，提高全民科学素质，推动科技事业不断向前发展。

二、完善人才工作机制

习近平总书记在中共中央政治局第十一次集体学习中强调了按照发展新质生产力要求，畅通教育、科技、人才的良性循环，完善人才培养、引进、使用、合理流动的工作机制。这一重要部署凸显了人才在发展新质生产力中的关键作用，为服务和支撑新质生产力发展指明了方向，提供了根本遵循。

当前，推动高质量发展已成为全党全社会的共识和自觉行动，是我国经济社会发展的主旋律。然而，制约高质量发展的因素依然存在，需要新的生产力理论指导。习近平总书记站在党和国家事业发展战略全局高度，作出了发展新质生产力的重大决策，为实现高质量发展提供了重要方向。新质生产力是创新起主导作用的先进生产力质态，发展新质生产力是推动高质量发展的内在要求和重要着力点。人才是创新的基础，创新驱动本质上是人才驱动。在新时代新征程上，加快发展新质生产力，需要坚定不移地深入实施新时代人才强国战略，广泛吸纳人才，努力营造良好的人才发展环境，将源源不断的高素质人才优势转化为持续高质量发展的动力。

（一）完善人才工作机制，形成发展新质生产力的倍增效应

教育、科技、人才被视为全面建设社会主义现代化国家的基础性、战略性支撑。习近平总书记的战略判断将教育、科技、人才一体部署，是统筹国内国际"两个大局"的重大举措，为建设教育强国、科技强国、人才强国指明了路径。在加速发展新质生产力的过程中，将教育、科技、人才有机结合起来，一体统筹推进，畅通其良性循环，完善人才培养、引进、使用、合理流动的工作机制是十分必要的，可以强化人才的支撑作用。

（二）优化人才培养模式，为发展新质生产力、推动高质量发展培养急需人才

人才确实是核心竞争力，尤其是顶尖人才，其具有不可替代性。当前，世界各国的人才竞争在很大程度上取决于人才的培养。因此，必须坚定地走

好人才自主培养之路。这意味着要根据科技发展的新趋势，优化高等学校的学科设置和人才培养模式，努力创造有利于培养创新人才的教育环境，并不断提高自主培养人才的能力。

强调人才自主培养并不意味着自我隔绝。相反，应该扩大人才对外开放，吸引国际一流的科技领军人才和创新团队来华发展。在这个过程中，需要围绕未来科技攻关任务和解决关键核心技术方面的挑战，大力引进国际人才，让他们在中国有更好的发展机会，从而让更多的全球智慧资源和创新要素为我国所用，促进我国科技创新水平的提升。

（三）健全要素参与收入分配机制，激发发展新质生产力的动力活力

恩格斯认为，最能促进生产的是能使一切社会成员尽可能全面地发展、保持和施展自己能力的那种分配方式。恩格斯的这一观点强调了分配对于生产的影响，并强调了全面发展和施展个体能力的重要性。要促进生产，需要建立健全的要素参与收入分配机制，激发各种生产要素的活力，包括劳动、知识、技术、管理、资本和数据等。这意味着要更好地反映知识、技术和人才的市场价值，使人才能够通过事业获得激励，并通过个人的成就来推动事业的发展。同时，为了营造鼓励创新、容忍失败的氛围，需要完善人才评价体系，激励各类优秀人才在发展新质生产力方面承担更多责任、展现更多作为。因为在功业的成就上，人才起着至关重要的作用。

对一个国家来说，人才是其发展的根本支撑。中国作为人力资源和智力资源大国，应当重视人才成长，为其提供良好的发展环境。只有这样，才能够充分利用人才的潜力，推动新质生产力的发展，实现高质量的经济发展和民族的复兴。

三、赋能高等教育变革

培育壮大新质生产力是一项长期任务和系统工程，教育是其中的关键

因素。高校作为重要创新策源地、创新人才集聚地和科技创新成果汇聚地之一，必须心怀"国之大者"的理念，深刻认识中国式现代化对高等教育的定位、布局和要求，为加快发展新质生产力提供人才和智力支撑，深度服务经济社会高质量发展。那么如何为发展新质生产力贡献高校力量呢？

（一）坚持育好时代新人，着力培养拔尖创新人才

1. 动态优化调整学科专业方向

随着经济结构的不断调整和科技进步的推动，不同学科的需求也在发生变化。因此，学校和教育机构需要灵活地调整学科专业方向，以适应国家和区域经济社会发展的需要。这意味着要不断审视当前专业设置是否符合产业发展趋势，及时新增、调整或深化相关专业，以培养适应未来发展需求的人才。

2. 人工智能赋能教育变革转型

人工智能技术在教育领域的应用可以提高教育的适切性和个性化，从而更好地满足学生的学习需求。通过智能化的教学辅助系统，实现个性化的学习路径和内容推荐，帮助学生更高效地获取知识和技能。

3. 深化科教融汇、产教融合

科教融汇和产教融合是加强科技创新和人才培养的重要途径。通过科教融汇，将科研成果直接应用到教育中，培养出基础学科领域的拔尖创新人才。而产教融合则将产业需求和实际问题引入教育教学过程，培养出具有解决实际问题能力的应用型人才。这样的双管齐下可以更好地促进原始创新能力的提升，同时提高人才培养的质量和适应性。

（二）坚持"四个面向"，打造重要人才中心和创新高地

1. 加强有组织科研攻关

在关键核心技术领域进行有组织、有计划的科研攻关，集中力量解决重大科学问题。通过投入资金、人力和物力资源，组建研究团队，推动前沿科学技术的突破，持续产生具有创新意义的成果。

2. 统筹协调基础与应用研究

统筹协调前沿导向的基础研究和需求导向的应用研究，确保科研成果能够快速转化为生产力。这需要加强产学研合作，将基础研究成果转化为实际应用，推动科技成果的产业化和商业化。

3. 释放创新活力

为教育、科技和人才的良性循环创造良好环境。通过激励机制、政策扶持和创新创业平台，鼓励广大科研人员和创新者进行探索和实践，释放创新活力。

4. 充分发挥高校作用

高校在教育、科技和人才培养方面具有重要地位和作用。充分发挥高校在"三位一体"中的战略支点作用，弘扬科学家和教育家精神，全方位培养、引进和用好人才，推动高层次人才引育使用、关键核心技术攻关和科技成果转化应用。

5. 多链融合推动创新发展

推动人才链、产业链和创新链等多链融合发展，实现协同创新和资源共享。这需要加强各方之间的合作与交流，形成产学研用一体化的创新生态系统，为加快发展新质生产力贡献高校智慧与力量。

（三）坚持教育、科技、人才"三位一体"，深化内涵、特色、融合发展

1. 坚持内涵发展，培育发展新质生产力的原动力

高校在科技创新和人才培养方面扮演着至关重要的角色。通过内涵发展，高校可以不断提升自身的综合实力和创新能力，在基础研究和人才培养方面取得更为显著的成绩。同时，高校也应该不断加强与产业、政府等各方的合作，将科研成果转化为实际生产力，为新质生产力的发展提供更有力的支持。通过这样的努力，高校将能够更好地发挥其在科技创新和人才培养中的重要作用，为国家经济社会的可持续发展作出更大的贡献。

（1）加强高水平基础研究平台建设，打造国家战略科技实力。重点聚焦科学前沿领域，着力构建综合性大型设施群，建设全国重点实验室，构建跨

学科、跨专业的交叉研究平台，推动重大基础研究设施建设与科学发现密切结合，促进多领域要素融合，提高创新效率。

（2）加强面向应用的基础研究，增强原始创新能力。根据国家急需和重大战略，提前规划面向应用的基础研究领域，集聚科研资源，推动原创性、引领性、颠覆性科技创新，提升高校在基础研究领域的原始创新水平，解决关键核心科学问题和瓶颈问题，巩固高水平科技自主创新基础。

（3）加强高水平人才队伍建设，培育一流拔尖创新人才。通过改进人才引育机制，充分发挥高校特别是研究型大学在人才培养中的重要作用，加强高水平人才队伍建设，构建有利于激发创新活力、形成人才集群合力的科教平台与生态环境。同时，加强教育在人才培养中的基础性作用，全面提高人才培养质量，探索创新人才培养模式，推动本硕博一体化培养，强化人才培养的家国情怀和创新能力，加强科教协同和产教融合，打造政产学研用贯通的人才培养高地。

2. 坚持特色发展，明晰发展新质生产力的靶向性

高校积极响应国家现代产业体系建设的战略，根据自身定位和特色，加强对产业智能化、绿色化、融合化升级改造的支持。为了满足新质生产力的需求，高校应当着重优化学科体系布局，以更好地服务产业发展。

加强前瞻性学科发展，开辟新的赛道和领域。在国家推动新型工业化和数字经济发展的大背景下，高校应当重点培育生物制造、商业航天、低空经济等战略性新兴产业，并积极探索量子、生命科学等未来产业的发展方向。通过广泛应用数智技术和绿色技术，高校可以带领传统产业向"双碳"领域和智能领域转型升级，从而提升学科的前沿性和适应性。

加强科研组织模式创新，以更好地服务国家需求。在特色学科的带领下，高校可以组织有针对性的科研项目和成果转化工作。通过建立项目、平台、团队的一体化机制，高校可以更好地开展前沿探索、基础研究和集中攻关工作，形成科技、工程、产业全链条的科研发展格局，为新质生产力的形成发展提供有力支撑。

3. 坚持融合发展，把握发展新质生产力的着力点

习近平总书记强调了科技成果与国家、人民、市场需求相结合的重要

性，这对于高校在创新全链条中发挥独特优势具有重要指导意义。高校应积极促进知识、技术、资金、人才、政策等创新要素的集聚，推动多体系多主体的互通互融，从而更有效地推动新质生产力的发展。

在体制机制创新方面，高校可以打造驻区、驻企、驻园等创新平台，建立协同攻关、深度融合的管理模式。通过将优秀学科、团队和实验室下沉到产业一线，加强与企业的合作，搭建起创新生态系统，推动科技成果的落地和应用。同时，高校可依托自身科技园、产业园区，为创新人才提供交流与孵化平台，促进初创企业的成长。

在创新生态涵育方面，高校应构建多元融合协同育人体系和创新研究高地。通过高校、科研机构、企业、科技服务机构等创新主体的相互作用，激发人才活力，促进区域创新发展。同时，高校可以找准教育切入点，以点带面，形成战略性新兴产业和未来产业的发展高地，从而推动新质生产力的不断涌现。

在产学研深度融合方面，高校应加强企业主导的合作，提高科技成果转化和产业化水平。建立供需侧技术清单制度，完善企业与高校合作模式，培养科技企业家和技术经理人，推动科技创新成果向市场转化。同时，打通科技成果转化的堵点，推动技术、创新、产业和人才的协同发展，实现技术链、创新链、产业链和人才链的有效衔接。

总之，高校在加强与区域经济社会发展和行业需求对接、深化校地企协同融合发展、优化政产学研用贯通机制等方面，将不断拓展新质生产力的着力点，推动科技创新与产业发展的深度融合，为实现创新驱动发展作出更大贡献。

四、加强产教深度融合

形成新质生产力，要依托科技，依托创新。习近平总书记曾多次强调"发展是第一要务，人才是第一资源，创新是第一动力""教育、科技、人才是全面建设社会主义现代化国家的基础性、战略性支撑"。产教融合的两端是产业体系与教育体系，是创新链、产业链、资金链、人才链深度融合的交汇点，是形成新质生产力的关键环节。早在 2015 年，国务院印发的《统筹推进世界一流大学和一流学科建设总体方案》就提到"深化产教融合，将一流大学和一流学科建设与推动经济社会发展紧密结合"，对着力推进成果转化具有重要作用。2016 年，《关于深化人才发展体制机制改革的意见》中指出要"建立产教融合、校企合作的技术技能人才培养模式"。2017 年，国务院印发的《关于深化产教融合的若干意见》是我国深化产教融合的首个专项文件。新质生产力要求技术人才培养与行业产业向深层次融合，未来高精尖创新中心不只在高校里面，更应该在产业一线；行业领军人才不只在实验室，更在行业前线；学生导师不仅是高校教师，更是研究型教师和行业实务导师共同组成的导师团队。新质生产力和产教融合对如何双向赋能，如何依托产业平台集聚人才、培养人才，为产业链、创新链等多链融合起到智力支撑作用。

（一）以未来产业为先导，科教融汇推动区域经济创新性发展

1. 以未来产业为产教融合的先导

新质生产力的形成需要依托科技创新，特别是源头型技术的储备和未来产业的培育。产教深度融合是实现这一目标的重要途径之一，通过将高校的科研力量与产业需求有机结合，可以更好地培养适应未来产业发展需要的高素质人才，推动科技成果向产业转化，促进产业结构的升级和优化，从而实现经济的高质量发展。

2. 以推动区域经济发展为科教融汇的目标

产教融合不应局限于传统的人才培养目标，而是应该更加注重服务于经济社会的发展需求。这需要教育和产业双方共同努力，从人才培养的全链条出发，以区域或国家发展规划为指导，调整课程设置、专业培养方向等，使之更加贴合行业发展的实际需求。这样的转变可以更好地促进产教融合的深度和广度，为新质生产力的形成和经济社会的高质量发展提供更有力的支撑。

3. 激发企业提高生产力的驱动力

政府在促进产教融合发展中扮演着重要角色，通过制定相关政策和提供

激励措施来引导和支持企业的积极参与。完善税收政策等补偿手段，降低企业参与产教融合的成本，激发其投入的积极性。此外，政府还可以通过各种方式鼓励企业发起深度融合平台的建设，并参与人才培养方案的制定，以确保教育培养的人才更符合市场需求。通过政府与企业的合作，实现产教融合的深度发展，为经济社会的可持续发展提供更加坚实的基础。

（二）以新兴战略产业需求为向导，强化产教融合平台建设，促进成果转化

在新兴战略产业的发展中，需要以需求为导向，充分激发创新活力，提高科技成果的转化率，以培育和发展未来产业集群。尤其在面对新领域、新赛道、新产业的发展时，技术创新面临着较大的风险和不确定性，因此建立产教融合平台是至关重要的。这样的平台可以将教育、基础研究、产业开发、成果转化和应用集成在一起，形成一个稳定的产业链。通过产教融合，学校可以更好地理解产业的需求，调整课程设置和研究方向；企业可以获取与其发展方向契合的人才和技术支持；政府可以提供政策支持和资源保障。这样的合作平台有助于降低技术创新的风险，加速科技成果的转化和应用，推动未来产业的发展和壮大。

1. 深入构建产教深度融合平台

将平台建设与新兴产业需求紧密结合，以催生未来产业为目标，是非常明智的做法。这样的综合平台将人才培养、科学研究、技术成果转化和社会服务有机地结合在一起，为促进区域经济发展和科技创新提供了强大的支撑。

平台建设需要着眼于基础研究、应用型研究和人才培养的全面发展，政府在这一过程中发挥着至关重要的作用，需要提供稳定的投入，以产生积累性效应。同时，整合各主体的现有资源，引进产业企业参与课程开发和教材设计，有助于减少高校与企业间的障碍，实现产教融合的深度发展。

拓展集合型的产教融合大平台，增强主体协同的溢出效应，将为区域经济的创新发展带来新的动力和机遇。这样的平台建设不仅有助于培育未来产业，也有助于推动科技创新和人才培养的深度融合，为社会经济的可持续发

展作出积极贡献。

2. 促进科技成果转化

习近平总书记强调"把企业作为科技成果转化核心载体，提高科技成果落地转化率"。新质生产力强调整合科技资源进行科技创新，提高科技成果转化效率。只有新兴产业相关的基础研究成果得以转化，才能使科技创新转化为产业创新，使产业升级转型。为此，应该利用产教深度融合平台，为战略性基础研究、新兴交叉学科研究成果对接应用行业和产业，在融合平台中培养具备研究和使用的新技术能力的高素质创新人才。

（三）以高质量创新人才培养为主导，深化数字化协同

1. 需要深入产教数字化协同

支撑新兴产业和未来产业的技术往往具有数字化和智能化的特点，因此培养适应这种趋势的创新人才至关重要。培养创新人才需要重视其数字化素养和思维能力。这包括对数字技术的熟练运用以及在创新实践中的灵活运用能力。建立与数字战略发展相匹配的学习和技能培训体系，能够更好地满足产业发展的需求，并培养出具有适应未来产业发展要求的人才。

将数字技术和智能技术融入人才培养的各个环节中。这意味着课程设置、实践模式规划等方面都需要考虑到数字化和智能化技术的应用。通过这样的方式，可以确保人才在各个领域都具备与时俱进的技术能力，从而更好地推动基础研究领域的拓展和发展。

总的来说，培养适应数字化和智能化发展趋势的创新人才是支撑新兴产业和未来产业发展的关键。通过建立相应的培养体系，并将数字技术和智能技术融入其中，可以更好地满足产业发展的需求，推动科技创新和产业升级。

2. 建立健全高等教育分类办学体系

建立健全的分类办学和分类评价体系，推动高等教育和职业教育与产业结构协同发展。通过分类办学和评价，更好地满足不同产业、不同层次的人才需求，促进教育资源的优化配置和高效利用。在这个过程中，创新型科技教育的发展至关重要，它需要与产业需求紧密结合，培养具备创新精神和实践能力的

高素质人才。同时，优质高等教育机构应当与新兴产业领域的企业建立校企合作关系，共享成果资源，促进产学研相互交流、合作，有针对性地开展研发和技术攻关，为国家重大战略需求提供有力支撑。建立健全的分类办学和评价体系不仅有利于高等教育和职业教育与产业结构协同发展，也能够推动教育体系的持续优化和提升，为培养适应未来产业发展需要的人才打下坚实基础。

3. 构建高质量人才培养体系

高等教育领域的双一流高校和高水平大学在深化立德树人根本任务、服务国家重大战略方面扮演着至关重要的角色。它们致力于创新产教融合的人才培养模式和组织机制，持续培育卓越工程师和创新领军人才。通过与产业深度合作，这些高校将学术研究与实践结合，培养具备全面素养和实践能力的人才，为国家重大战略提供智力支持和人才保障。

与此同时，职业教育领域也在积极构建由职业教育向高层次专业硕士、专业博士教育贯通的人才培养体系。这种体系旨在培养行业急需的高端技术技能型领跑者和创新人才，为新质生产力的形成提供有力支持。通过不断优化课程设置、加强实践教学和产学研合作，职业教育机构致力于培养适应市场需求、具备创新精神和实践能力的人才，为战略性新兴产业的高质量发展赋能。这一系列举措将有助于高等教育和职业教育之间的有效衔接，促进人才培养体系的全面升级和优化，为国家经济社会发展提供强有力的人才支持。

五、培养复合型紧缺人才

为加快形成新质生产力，教育领域需增强前瞻性和敏锐性，积极培养适应未来发展需要的高素质人才。这包括加速培养在科技创新前沿领域、自贸区等国际化平台以及科技服务等关键领域所需的高素质复合型紧缺人才。通过强化课程设置、提升实践能力、拓展国际交流等措施，教育机构将为这些人才提供全方位的培养和支持，以赋能新质生产力的快速发展。这种紧密结合产业需求的人才培养模式将有助于推动科技创新、优化产业结构、提升国家竞争力，为经济社会发展注入新的活力和动力。

（一）主动对接服务

教育领域需要主动顺应新质生产力发展的内在要求，以促进人才培养与产业发展的协同发展。前瞻性规划人才培养，教育机构应当与产业密切合作，提前洞察高端产业和产业高端的发展趋势，制定相应的人才培养规划，重点培养适应未来发展需要的复合型人才。优化教育组织形式，通过改革教学内容和方法，优化教育组织形式，注重实践能力和创新意识的培养，使教育更贴近实际需求。深化教育评价改革，推动教育评价体系向多元化、综合化发展，更加注重学生的综合素质和实践能力，以适应新质生产力的培养需求。紧密结合产业发展需求，建立现代产业集群发展需求的紧缺人才供给体系，针对新技术、新标准、新工艺等方面，有针对性地培养人才，以满足产业发展的需要。政府部门应加强对紧缺人才的调查评价工作，动态更新紧缺人才需求目录清单，制定具有针对性的政策措施，以促进人才培养与产业发展的有机结合。

（二）突出需求牵引

引导高等教育与职业教育单位根据紧缺人才需求目录清单，及时调整、优化、提升人才培养的专业方向、培养目标和培养规格，以培养与需求精准适配的人才。针对人工智能等未来产业发展瓶颈，培养既懂得基础理论又能开展核心技术攻关、关键原材料研发的创新型人才的建议，能够满足人工智能领域对高水平人才的需求，推动人工智能产业的快速发展。针对先进制造业等新场景应用课题，培养具有实践能力与开拓精神、能够解决实际问题、优化产品成本性价比的技术技能人才的建议，则能够促进制造业转型升级，提升产品竞争力。对于科技服务提质升级目标，培养能够自主应对宽泛工作范畴、深度挖掘数据等新型生产要素、具备多样化差异化高品质服务能力的跨界型科技服务专门人才的建议，则有助于推动科技服务行业向高端化、智能化发展。最后，针对自贸区新片区、跨境电商等国际化平台的多元拓展目标，培养具有世界眼光、通晓国际经贸规则、能够提供跨国法律服务、保险和资产管理解决方案、善于将制度创新与贸易和金融监管、风险防控、有效治理有机结合的全能型管理服务人才的建议，则有助于提升国际化经济合作水平，推动自贸区和跨境电商平台的发展。

（三）加强政策引导

通过地方激励长效机制的出台，有效激发各方的积极性，引导企业、高校和科研机构加强合作，共同培养和吸引紧缺人才。明晰产教融合培育路径，明确责任和机制，使紧缺人才培养工作更加有序高效。同时，突出企业主体作用，调动社会各方面的积极性和创造性，对于推动人才培养工作具有重要意义。通过整合教育、科技和人才资源，实现"三位一体"的统筹发展，更好地满足产业发展对人才的需求，推动经济社会的持续健康发展。教育扮演着具有基础性、先导性、全局性的重要角色，发挥着不可替代的作用。

（四）厚植创新底色

通过提升教育普及化水平与能级，使更多的人受益于教育资源，促进社会的整体进步和发展。构建职业教育与普通教育的贯通体系，打破传统教育的壁垒，使学生在不同阶段都能够获得全面的教育。同时，开发系统化的职业体验课程和研学项目，为学生提供更多实践机会和创新空间，培养学生的综合素养和创新意识。通过助力企业攻关、竞赛竞技活动等方式，将学生的学习与实践紧密结合，培养他们的科学思维和创业精神。培育创新型人才，促进城市的创新发展。

（五）构建雁阵载体

整合高等教育、职业教育和继续教育资源的举措是非常重要的，特别是在面对战略性新兴产业和未来产业发展的挑战时。通过充分发挥院校的"引才"和"育才"作用，可以更好地满足不同行业对人才的需求。重塑学科专业布局与结构，适应新质生产力的发展，是确保教育体系与产业需求相匹配的关键一步。这包括打破传统的培养模式，强化学科交叉融合，不断优化专业课程体系，以培养更具创新精神和实践能力的人才。打造"全链条"人才培养体系，包括战略科学家、科技领军人才、研发工程师、现场工程师和技术技能人才，可以更好地满足产业链上不同岗位的需求，提升产业的整体竞争力。最终，这些举措将为产业集群的发展提供持续动力与支撑，促进产业强链、补链、延链，推动经济的稳健增长和社会的可持续发展。

参考文献

[1] 新华社. 中华人民共和国国民经济和社会发展第十四个五年规划和2035年远景目标纲要[EB/OL].(2021-03-13)[2024-04-01].https://www.gov.cn/xinwen/2021-03/13/content_5592681.htm.

[2] 发展改革委，科技部. 关于进一步完善市场导向的绿色技术创新体系实施方案(2023—2025年)[EB/OL].(2022-12-13)[2024-04-01].https://www.gov.cn/zhengce/zhengceku/2022-12/28/content_5733971.htm.

[3] 国家发展改革委，北京市人民政府. 北京城市副中心建设国家绿色发展示范区实施方案[EB/OL].(2024-02-28)[2024-04-01].https://www.gov.cn/zhengce/zhengceku/202403/content_6939703.htm.

[4] 国务院公报. 知识产权强国建设纲要(2021-2035年)[EB/OL].(2021-09-23)[2024-04-01].https://www.cnipa.gov.cn/art/2021/9/23/art_2742_170305.html.

[5] 国务院办公厅. 关于加快推进专利转化运用助力科技突围工程的若干措施[EB/OL].(2023-10-17)[2024-04-01].https://www.gov.cn/zhengce/content/202310/content_6910281.htm.

[6] 高技术司. 关于扩大战略性新兴产业投资 培育壮大新增长点增长极的指导意见[EB/OL].(2020-09-25)[2024-04-01].https://www.ndrc.gov.cn/xxgk/zcfb/tz/202009/t20200925_1239582.html.

[7] 工业和信息化部网站. 关于推动未来产业创新发展的实施意见[EB/OL].(2024-01-18)[2024-04-01].https://www.gov.cn/zhengce/zhengceku/202401/content_6929021.htm.

[8] 国务院办公厅. 扎实推进高水平对外开放更大力度吸引和利用外资行动方案[EB/OL].(2023-10-17)[2024-04-01].https://www.gov.cn/zhengce/content/202403/content_6940154.htm.

[9] 国务院办公厅. 关于深化产教融合的若干意见[EB/OL].(2023-10-17)[2024-04-01].

https://www.gov.cn/zhengce/content/2017-12/19/content_5248564.htm.

[10] 新华社. 促进国家级新区高质量建设行动计划[EB/OL].(2023-10-17)[2024-04-01]. https://www.gov.cn/lianbo/bumen/202403/content_6939718.htm.

第三章
行业篇
CHAPTER 3

第一节
战略性新兴产业

战略性新兴产业是指以重大技术突破和重大发展需求为基础，对经济社会全局和长远发展具有重大引领带动作用，成长潜力巨大的产业，是新兴科技和新兴产业的深度融合，既代表着科技创新的方向，也代表着产业发展的方向，具有科技含量高、市场潜力大、带动能力强、综合效益好等特征。

一、新一代信息技术产业

新一代信息技术是国务院确定的战略性新兴产业之一，国务院要求加大财税金融等扶持政策力度。新一代信息技术主要包括电子信息制造业以及软件和信息技术服务业。不只是指信息领域的一些分支技术，如集成电路、计算机、无线通信等的纵向升级，更主要的是指信息技术的整体平台和产业的代际变迁，以及更高端更先进的信息技术产业。其与信息技术产业相比，知识密集程度、人才密集程度和资本密集程度更为严格，相应的经济回报率也更高。新一代信息技术分为六个方面，分别是下一代通信网络、物联网、三网融合、新型平板显示、高性能集成电路和以云计算为代表的高端软件。

《国务院关于加快培育和发展战略性新兴产业的决定》中关于发展"新一代信息技术产业"的主要内容是"加快建设宽带、泛在、融合、安全的信息网络基础设施，推动新一代移动通信、下一代互联网核心设备和智能终端的研发及产业化，加快推进三网融合，促进物联网、云计算的研发和示范应用。着力发展集成电路、新型显示、高端软件、高端服务器等核心基础产业。提升软件服务、网络增值服务等信息服务能力，加快重要基础设施智能化改造。大力发展数字虚拟等技术，促进文化创意产业发展"。其中与通信业有关的是宽带网络、新一代移动通信、下一代互联网核心设备和智能终端、三网融合、物联网等。新一代信息技术产业链的构成如图 3-1 所示。

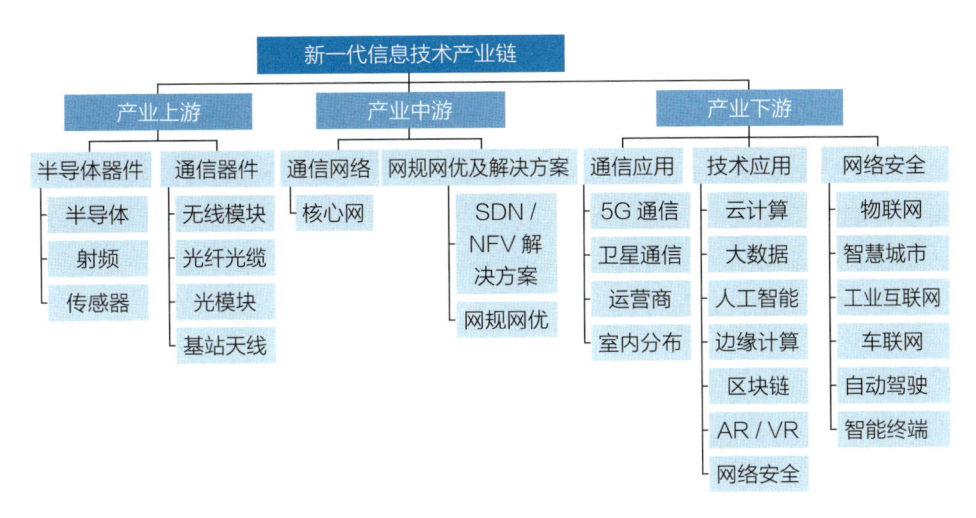

```
新一代信息技术产业链
├── 产业上游
│   ├── 半导体器件
│   │   ├── 半导体
│   │   ├── 射频
│   │   └── 传感器
│   └── 通信器件
│       ├── 无线模块
│       ├── 光纤光缆
│       ├── 光模块
│       └── 基站天线
├── 产业中游
│   ├── 通信网络
│   │   └── 核心网
│   └── 网规网优及解决方案
│       ├── SDN/NFV 解决方案
│       └── 网规网优
└── 产业下游
    ├── 通信应用
    │   ├── 5G 通信
    │   ├── 卫星通信
    │   ├── 运营商
    │   └── 室内分布
    ├── 技术应用
    │   ├── 云计算
    │   ├── 大数据
    │   ├── 人工智能
    │   ├── 边缘计算
    │   ├── 区块链
    │   ├── AR/VR
    │   └── 网络安全
    └── 网络安全
        ├── 物联网
        ├── 智慧城市
        ├── 工业互联网
        ├── 车联网
        ├── 自动驾驶
        └── 智能终端
```

图 3-1　新一代信息技术产业链

物联网是指通过信息传感设备，按约定的协议将任何物品与互联网相连接，进行信息交换和通信，以实现智能化识别、定位、跟踪、监控和管理等功能的网络。物联网主要解决物品与物品、人与物品、人与人之间的信息交互。通常情况下，是通过感应器或终端设备进行数据采集，以支撑物联网实现信息感应，再利用控制器传输所采集的数据信息，并通过多种途径将数据传输至终端，最后由平台集中分析与处理相关数据。因物联网所具备的私有化特征，对数据采集和传输过程的安全性、可靠性提出了更高要求，其中信息通信技术应用与发展，有利于加强信息数据控制效果，对物联网应用范围的扩大以及创新发展均能起到积极的推动作用。

云计算是基于互联网相关服务的增加、使用和交付模式，通常涉及通过互联网来提供动态易扩展且经常是虚拟化的资源。云计算应用在不同的领域，其应用范围非常广泛。在企业应用方面，云计算为企业提供了高效、灵活的业务操作方式。企业可以利用云服务提供商的基础设施和平台快速部署和扩展应用程序，推动业务创新和发展。常见的企业应用场景包括企业资源计划（ERP）、人力资源管理（HRM）和客户关系管理（CRM）等，这些应用得到了云计算技术的有效支持，为企业的经营和管理提供强劲的后盾。

软件是新一代信息技术的灵魂。2022 年，我国软件业务收入跃上 100 000 亿元台阶，达到 108 126 亿元。其中，软件产品收入 26 583 亿元，占全行业收入比重为 24.6%；信息技术服务收入 70 128 亿元，占全行业收入比重为 64.9%；云服务、大数据服务共实现收入 10 427 亿元，同比增长 8.7%，占信息技术服务收入的 14.9%。试点方面，2022 年工信部发布的新一代信息技术与制造业融合发展试点由 2021 年的 194 个增加到 215 个，首次设立"数字领航"企业方向，全力打造制造业数字化转型标杆；在市场规模方面，2022 年产业销售收入规模约为 334 000 亿元；在区域格局方面，我国新一代信息技术产业集中分布在沿海、沿江和中西部一些产业基础比较好的地区，区域化特征十分明显，已形成珠三角、长三角、环渤海和中西部四大产业集聚区。

新一代信息技术产业是国民经济的战略性、基础性和先导性产业。党中央、国务院高度重视新一代信息技术产业发展。党的十八大以来，在我国新一代信息技术产业规模效益稳步增长，创新能力持续增强，企业实力不断提升，行业应用持续深入，为经济社会发展提供了重要保障。

二、新能源产业

新能源产业主要是源于新能源的发现和应用，如太阳能、地热能、风能、海洋能、生物质能和核聚变能等。新能源产业是衡量一个国家和地区高新技术发展水平的重要依据，也是新一轮国际竞争的战略制高点，世界发达国家和地区都把发展新能源作为顺应科技潮流、推进产业结构调整的重要举措。我国提出区域专业化、产业集聚化的方针，并大力规划、发展新能源产业，相继出台一系列扶持政策，使新能源产业园区如雨后春笋般涌现。

新能源产业园区快速发展的同时，一些问题也随之显现出来。如新能源产业园区地区间分布不均衡；产业发展门类齐全、产业规模参差不齐；专门的新能源产业园区不足，综合性的国家级或省级园区占主导；围绕新能源产业研发、制造及新型材料的发展相对成熟，新能源产业的应用相对较弱等。

纵观当今，世界百年未有之大变局正在加快发展。在和平发展的时代背景下，世界面临的各种风险和威胁却呈几何级数增加。世纪疫情影响深远，逆全球化思潮抬头，单边主义、保护主义明显上升，世界经济复苏乏力，局部冲突和动荡频发，全球性问题加剧，世界进入新的动荡变革期。在这样的背景下，传统生产方式难以为继，生产力发展需要由粗犷向高质量转型。而应对世界百年未有之大变局的根本要求，正是要加快形成新质生产力。新质生产力代表了先进生产力的演进方向，适应科技革命和产业变革的发展要求，以科技创新为核心驱动力，能够引领创造强大的发展动能。这种新型的生产力形式对劳动者、劳动资料、劳动对象都提出了新的更高要求，有助于推动经济增长方式的转变和经济结构的优化升级，提升国家的竞争力和可持续发展能力。

新能源产业对能源格局有重大影响，主要表现在以下几个方面，其一是促进国家的能源独立；其二是使未来能量来源多样化；其三是使能源利用更方便，这几个方面的影响相互联系但又各自有着独特的重点。

2022年，全国风电、光伏发电新增装机突破1.2亿千瓦，达到1.25亿千瓦，连续三年突破1亿千瓦，再创历史新高；风电、光伏发电量突破10 000亿千瓦，达到11 900亿千瓦，较2021年增加了2073亿千瓦，同比增长21%，占全社会用电量的13.8%，同比提高2个百分点，接近全国城乡居民的生活用电量。

以沙漠、戈壁、荒漠地区为重点的大型风电光伏基地建设进展顺利，第一批9705万千瓦基地项目已全面开工、部分已建成投产，第二批基地部分项目陆续开工，第三批基地已形成项目清单。陆上6兆瓦级、海上10兆瓦级风机已成为主流，量产单晶硅电池的平均转换效率已达到23.1%。

光伏治沙、"农业＋光伏"、可再生能源制氢等新模式、新业态不断涌现，分布式成为风电光伏发展的主要方式。2022年，分布式光伏新增装机5111

万千瓦，占当年光伏新增装机 58% 以上。全球新能源产业重心进一步向中国转移，我国生产的光伏组件、风力发电机、齿轮箱等关键零部件占全球市场份额的 70%。新能源行业产业链如图 3-2 所示。

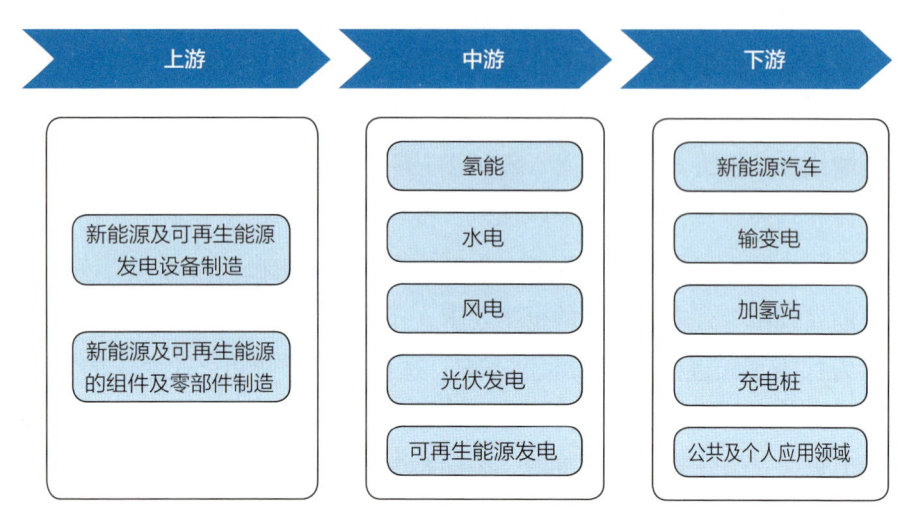

```
上游                          中游                    下游

新能源及可再生能源           氢能                    新能源汽车
发电设备制造
                            水电                    输变电

新能源及可再生能源           风电                    加氢站
的组件及零部件制造
                            光伏发电                 充电桩

                            可再生能源发电           公共及个人应用领域
```

图 3-2　新能源行业产业链

三、新材料产业

新材料产业包括新材料及其相关产品和技术装备。具体涵盖：新材料本身形成的产业、新材料技术及其装备制造业、传统材料技术提升的产业等。与传统材料相比，新材料产业具有技术高度密集、研究与开发投入高、产品的附加值高、生产与市场的国际性强以及应用范围广、发展前景好等特点，其研发水平及产业化规模已成为衡量一个国家经济社会发展、科技进步和国防实力的重要标志，世界各国特别是发达国家都十分重视新材料产业的发展。

新材料产业是关系国家安全和发展大局的战略性、基础性、先导性产业。目前，我国已形成全球门类最齐全、体系较为完整、规模第一的材料产业体系，先进储能材料、光伏材料、超硬材料等新材料产能居世界前列。

2022年，我国新材料产业总产值约68 000亿元，较2012年增长近6倍，成为稳定经济增长的重要支撑。2023年以来，我国新材料产业规模不断扩大，产业创新能力持续提升，新材料产业进入蓬勃发展的加速期。我国新材料的发展将由原材料、基础化工材料逐步过渡至新兴材料、半导体材料、新能源材料、节能（轻量化）材料。

我国新材料领域建立了6个国家制造业创新中心，布局建设生产应用示范、测试评价、资源共享三类32个国家新材料重点平台。一批重大关键材料取得突破性进展，涌现了一批原创性前沿技术，例如，铝合金薄板等应用于C919大飞机；第二代高温超导材料，支撑了世界首条35千伏千米级高温超导电缆示范工程上网通电运行。拥有"专精特新小巨人"企业1972家、制造业单项冠军企业248家，培育形成了一批碳纤维及其复合材料、超导材料等重点领域龙头企业，大中小企业融通发展生态加速形成，优势企业集聚发展形成7个新材料类国家先进制造业集群，成为区域经济增长的"加速器"。我国新材料产业链如图3-3所示。

上游：原材料	中游：材料制造	下游：应用领域
金属单质	3D打印材料	汽车行业
金属合金	生物医用材料	电子行业
化学纤维	超导材料	化工行业
陶瓷	智能、仿生材料	医疗行业
石墨	纳米材料	航天航空行业
生物基	液态金属材料	金属冶炼行业
碳素、硅素		机械制造行业
其他助剂		

图3-3　新材料产业链

四、高端装备产业

高端装备制造业又称先进制造业，是指生产制造高技术、高附加值的先进工业设施设备的行业，主要包括传统产业转型升级和战略性新兴产业发展所需的高技术、高附加值装备，涵盖了航空产业、卫星及应用产业、轨道交通装备、海洋工程装备以及智能制造装备五个细分领域。

从具体产品来看，高端装备制造包括了发动机、数控机床、传感器、控制器、太阳能发电装备、伺服电机及驱动器、工业机器人、智能仪器仪表、工程机械成套设备、纺机高端成套设备、环境保护成套设备、工程机械成套设备等。

高端装备制造产业指装备制造业的高端领域，"高端"主要表现在四个方面：一是技术含量高。表现为知识、技术密集，体现多学科和多领域高精尖技术的继承。二是附加值高。处于价值链高端，具有高附加值的特征。三是产业链地位高。在产业链占据核心部位，其发展水平决定产业链的整体竞争力。四是产业协同度高。高端装备制造业的产业链长且复杂，集制造业之大成，集中反映一个国家科技和工业的发展水平，涉及材料、研发、生产、销售、行业应用与服务等诸多环节，在生产制造过程要求具有高精密度、高安全性和高稳定度，涉及的支持配套性产业和企业较多，需要具备极高的产业协同度。

高端装备制造业决定着整个产业的综合竞争力。2022 年，我国高端装备制造行业产值规模达到 213 000 亿元；高端装备制造行业央企的上市公司总利润为 1267 亿元，营业收入为 19 500 亿元，同比分别增长 5.8% 和 2.2%；机器人行业营业收入超过 1700 亿元，继续保持两位数增长，工业机器人销量占全球的一半以上，连续 10 年居世界首位；工程机械出口额达 443 亿美元，同比增长 30.2%，创下历史新高。当前，我国高端装备制造业已形成环渤海、长三角、珠三角和中西部等多个产业集聚区。

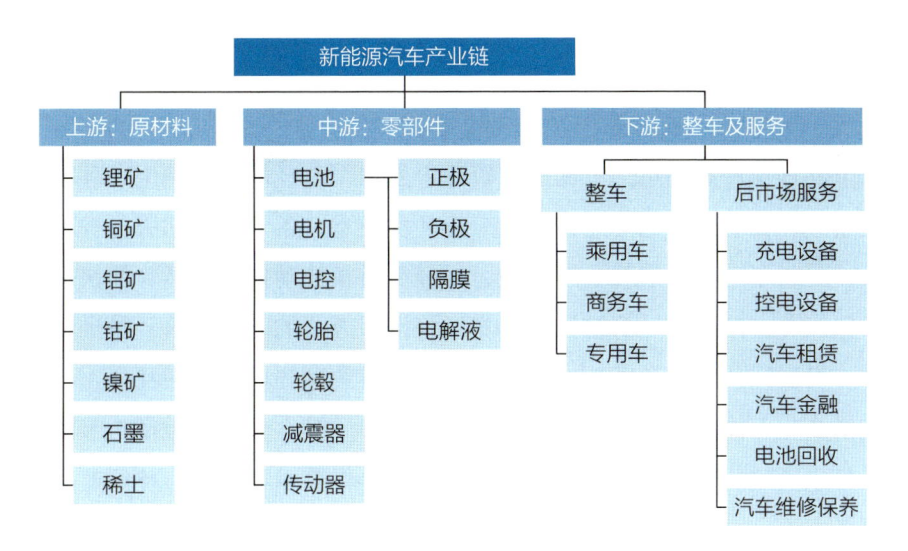

五、新能源汽车产业

新能源汽车产业，是从事新能源汽车生产与应用的行业。新能源汽车是指除汽油、柴油发动机之外所有其他能源的汽车，被认为能减少空气污染和缓解能源短缺。在当今提倡全球环保的前提下，新能源汽车产业必将成为未来汽车产业发展的导向与目标。

新能源汽车是指采用非常规的车用燃料作为动力来源（或使用常规的车用燃料、采用新型车载动力装置），综合车辆的动力控制和驱动方面的先进技术，形成的技术原理先进、具有新技术、新结构的汽车。新能源汽车包括混合动力汽车（HEV）、纯电动汽车（BEV，包括太阳能汽车）、燃料电池电动汽车（FCEV）、氢发动机汽车、其他新能源（如高效储能器、二甲醚）汽车等各类别产品。新能源汽车产业链如图3-4所示。

```
                    新能源汽车产业链
        ┌───────────────┼───────────────┐
    上游：原材料      中游：零部件      下游：整车及服务
        │               │               ┌───────┴───────┐
       锂矿           电池─┬─正极        整车          后市场服务
       铜矿           电机 ├─负极         │              ├─充电设备
       铝矿           电控 ├─隔膜        乘用车         ├─控电设备
       钴矿           轮胎 └─电解液      商务车         ├─汽车租赁
       镍矿           轮毂               专用车         ├─汽车金融
       石墨           减震器                            ├─电池回收
       稀土           传动器                            └─汽车维修保养
```

图3-4 新能源汽车产业链

2022年，我国新能源汽车产销分别完成705.8万辆和688.7万辆，同比分别增长96.9%和93.4%，连续8年保持全球第一。其中，新能源汽车市场占有率提升至25.6%，高于上年12.1个百分点，全球销量占比超过60%。新能源汽车配套环境也日益优化，截至2022年年底，全国累计建成充电桩521万个、换电站1973座。其中，2022年新增充电桩259.3万个、换电站675座，充换电基础设施建设速度明显加快，累计建立动力电池回收服务网点超过1万个，基本实现就近回收。当前，我国新能源汽车产业主要集聚在珠三角、长三角、京津冀等地区。

珠三角地区已形成广州、深圳、佛山等新能源汽车核心集聚区，以及东莞、惠州、肇庆等为代表的关键零部件及新材料配套项目集中区。长三角地区已然形成以上海为总部，在苏浙皖设立制造基地的联动模式。京津冀地区中，北京新能源汽车产业重点布局在北京经济技术开发区、顺义、昌平、大兴等地；天津新能源汽车产业重点布局在滨海新区、天津经济技术开发区、东丽区、西青区、宁河区等地；河北新能源汽车产业重点布局在保定、沧州等地。

六、节能环保产业

节能环保产业是指为节约能源资源、发展循环经济、保护生态环境提供物质基础和技术保障的产业，涉及节能环保技术装备、产品和服务等，产业链长，关联度大，吸纳就业能力强，对经济增长拉动作用明显。加快发展节能环保产业，是调整经济结构、转变经济发展方式的内在要求，是推动节能减排、发展绿色经济和循环经济、建设资源节约型环境友好型社会、积极应对气候变化、抢占未来竞争制高点的战略选择。其六大领域包括：节能技术和装备、高效能产品、节能服务产业、先进环保技术和装备、环保产品与环保服务。

我国已形成全链条的环保产业体系，涵盖污染治理和生态修复技术研发、装备制造、设计施工、运行维护等环节。2022年，全国环保产业营业收入达到22 200亿元，成为绿色经济的重要力量。

环保领域上市公司数量增长迅速。据统计，A股上市环保公司数量由2012年的86家增长到2022年的190家，特别是，注册制改革启动以来，新增 A 股上市环保公司超 60 家。

我国环保技术工艺和装备水平不断提升，电除尘、袋式除尘、脱硫脱硝等烟气治理技术已达到国际先进水平；城镇污水和常规工业废水处理，已形成多种成熟稳定的成套工艺技术和装备；污水深度处理、挥发性有机物（Volatile Organic Compounds，VOCs）治理、固废处理和资源化以及土壤修复领域技术装备水平快速提升；环境监测技术在自动化、成套化、智能化、立体化和支撑管理部门精准监管方面进步显著。

七、民用航空产业

立足我国航空工业发展新阶段，当前至 2035 年是航空工业民用航空产业实现高质量发展的战略机遇期和攻坚关键期。面对新形势、新部署、新要求，面向国民经济发展的主战场，加快推动航空工业民用航空产业高质量发展是深入学习贯彻党的二十大精神，构建民用航空产业发展新格局、打造世界一流航空企业、推动航空强国建设是支撑中国式现代化的必然要求。民用航空产业发展呈现了自主化、系列化、市场化、体系化的发展态势，为民用航空产业高质量发展打下了坚实基础。

新一轮科技革命为民用航空产业发展注入了新动能。当前，新一轮科技革命和产业变革突飞猛进，学科交叉融合不断发展，科学技术和经济社会发展加速渗透融合，将引发未来世界经济、政治、军事格局的深刻调整。目前我国民用航空产业正处于重点突破的关键阶段，要抓住新一轮科技革命和产业变革的历史机遇，站高看远、想深谋实，加快推动民用航空产业数字化、智能化、绿色化的转型。面向基础领域，加强原创技术的孵化和发展，提升共性技术支撑能力。面向市场应用，加快关键核心技术攻关，有效破解产业风险。面向前沿发展，聚焦新能源、无人机等战略性新兴领域，协同社会各方力量加快创新突破，加快实现科技自立自强。

近年来，民航大力推动机场网、航线网建设，在京津冀、长三角、粤港澳大湾区和成渝等地区布局建设四大世界级机场群及各枢纽机场建设不断推进的同时，通过政策、资金等多方面支持中西部和支线机场建设，使机场体系结构更加均衡。

2022 年，历时八年建设的京广大通道实现全线贯通，形成了纵贯南北 2000 多千米的空中大动脉，京津冀和粤港澳大湾区之间航路通行能力提升 35%。

截至 2023 年 3 月，我国民航拥有运输飞机 4165 架、通用航空器 3177 架、跑道 282 条、航站楼 1800.6 万平方米、机位 7328 个、航油储备能力 341 万立方米，航信系统服务保障率 99.99%，机场总容量达 15 亿人次。

八、船舶与海洋工程装备产业

船舶与海洋工程装备产业是海洋强国、制造强国、交通强国等国家战略实施的基础和重要支撑，是技术先导性强、产业关联度大的现代综合性产业。推动船舶和海洋工程装备产业发展，是促进我国船舶工业结构调整转型升级、加快我国世界造船强国建设步伐的必然要求，对维护国家海洋权益、加快海洋开发、保障战略运输安全、促进国民经济持续增长、增加劳动力就业具有重要意义。

经过 21 世纪以来的快速发展，我国已经成为世界最主要的造船大国，具备了较强国际竞争力。船舶工业是为水上交通、海洋资源开发及国防建设提供技术装备的现代综合性和战略性产业，是国家发展高端装备制造业的重要组成部分，是国家实施海洋强国战略的基础和重要支撑。为此，《中国制造 2025》把海洋工程装备和高技术船舶作为十大重点发展领域之一加快推进，明确了今后 10 年的发展重点和目标，为我国海洋工程装备和高技术船舶发展指明了方向。在当前阶段，我国在船舶与海洋工程装备领域重点关注：海洋资源开发装备、海洋空间资源开发装备、综合试验检测平台和核心配套装备等。

海洋工程装备和高技术船舶是海洋装备产业链的核心环节。2022 年，我国造船完工量、新接订单量和手持订单量以载重吨计分别占全球总量的 47.3%、55.2% 和 49.0%，以修正总吨计分别占 43.5%、49.8% 和 42.8%，各项指标国际市场份额均保持世界第一；分别有 6 家造船企业进入全球造船完工量、新接订单量和手持订单量前 10 强；第二艘国产大型邮轮开工建造；自主设计建造的亚洲第一深水导管架平台"海基一号"平台主体工程海上安装完工；全球首艘 10 万吨级智慧渔业大型养殖工船"国信 1 号"命名交付；我国首艘、全球最大 24 000TEU（标箱）超大型集装箱船交付；我国首艘、全球最大液化天然气（LNG）运输加注船"海洋石油 301"号完工交付。

当前，我国初步形成长三角、环渤海、珠三角等三大造船基地的空间布局，涌现出一批具有较强国际竞争力的大型企业和专业化配套企业。

第二节
未来产业

未来产业是指代表未来科技和产业发展方向，当前处于萌芽或产业化初期的前瞻性新兴产业，是引领重大变革的颠覆性技术及其新产品、新业态所形成的产业。未来产业是未来 5~10 年战略性新兴产业发展的中坚力量，它具有高成长性、显著战略性、引领性、颠覆性和不确定性等特点。未来产业包括图 3-5 中的 9 类产业。

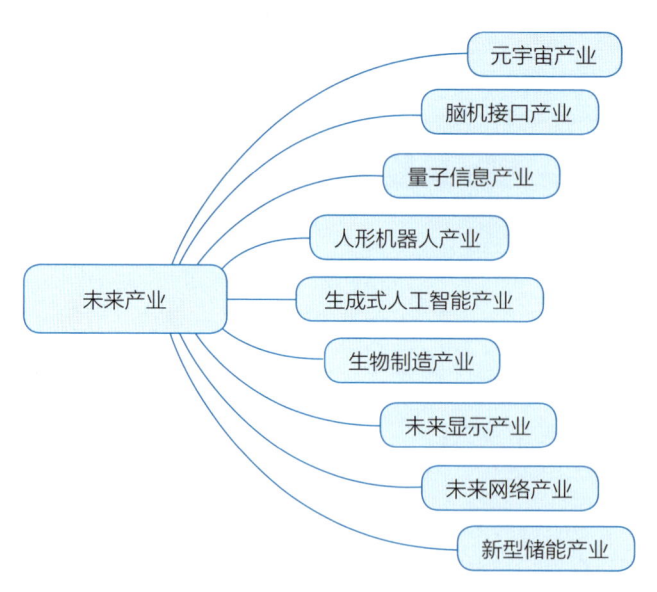

图 3-5 未来产业

一、元宇宙产业

（一）概述

元宇宙是数字与物理世界融通作用产出的沉浸式互联空间。元宇宙产业是新一代信息技术集成创新和应用的未来产业，是数字经济与实体经济融合的高级形态，是推进新型工业化、发展数字经济重要的新动能之一。元宇宙产业的发展对于加速制造业的高端化、智能化、绿色化进程，支撑建设现代化产业体系，推动数字经济发展具有十分重要的意义。推动元宇宙产业高质量发展，是新科技革命时代基础设施建设的重要内容，也是发展新质生产力的重要举措。

党的二十大报告指出，推动战略性新兴产业融合集群发展，构建一批新的增长引擎。元宇宙是人工智能、区块链、5G、物联网、虚拟现实等新一代信息技术的集大成应用，是具有广阔空间和巨大潜力的未来产业。发展元宇宙产业将极大开辟数字经济的新场景、新应用、新生态，培育经济新动能。特别是发展虚实融合互促的工业元宇宙，将进一步加速制造业高端化、智能化、绿色化升级，是新型工业化建设的重要发力点之一。当前，新一轮科技革命和产业变革正在向纵深演进，全球元宇宙产业加速发展，各国持续加强政策支持和资源投入。虽然我国制造业体系全、场景多、市场大，数字经济蓬勃发展，具备发展元宇宙产业的坚实基础，但在关键技术、产业生态、领军企业、标准治理等方面仍存在短板。

2023年由工业和信息化部办公厅、教育部办公厅、文化和旅游部办公厅、国务院国资委办公厅、国家广播电视总局办公厅联合印发了《元宇宙产业创新发展三年行动计划（2023—2025年）》(以下简称《行动计划》)。《行动计划》按照长远布局和分步落地思路，从近期和远期两个层面做了系统谋划和战略部署，到2025年综合实力达到世界先进水平。具体衡量标准上，包括元宇宙技术、产业、应用和治理等全面取得突破，培育3~5家有全球影响力的生态型企业，打造3~5个产业发展聚集区，工业元宇宙发展初见成效，打造一批典型应用，形成一批标杆产线、工厂、园区，元宇宙典型软硬件产品实现规模应用，并在生活消费、公共服务等领域出现一批新业务、新模式和新业态。远景上，也从技术能力水平、产业体系、元宇宙新空间方面提出了发展目标，即核心技术实现重大突破，形成全球领先的元宇宙产业生态体系，打造成熟的工业元宇宙，营造健康可持续的产业发展环境，建成泛在、通用、无感的元宇宙空间，推动实现人类生产生活方式的整体跃升。

（二）应用领域

未来元宇宙主要涉猎六大应用场景：社交、游戏、文旅、教育、医疗、工业。

1. 元宇宙社交

2021年起，多家互联网企业进入了元宇宙社交的赛道，百度于百度AI开发者大会上发布了其首个元宇宙产品"希壤"，打造了一个跨越虚拟与现实、永久存续的多人互动空间。第九代小冰年度发布会上，微软旗下的小冰公司宣布小冰岛预览版APP上线。在该社交网络平台APP中，人类用户可以创造各种人工智能个体，并形成一个共同生活的社交网络。天下秀公司开发的虹宇宙，打造了一款基于区块链技术的3D虚拟社交产品。基于大众熟知的"QQ秀"，腾讯打造出了"超级QQ秀"，在原有的社交形象上，从2D转化为3D。元宇宙社交突破了目前线下社交所存在的时间、空间等局限性，且赋予了社交双方沉浸式的体验感，因此多个互联网企业纷纷开发相关社交软件以期在元宇宙领域中获得一席之地。

2. 元宇宙游戏

开放式、自由度高、去中心化是元宇宙游戏的几大特点。不同于普通游戏，其道具、内容、规则都是由游戏开发商已经设计好的。元宇宙游戏中，游戏用户自己可以创建角色、创建地盘，甚至可以开发属于自己的子游戏。目前著名的元宇宙游戏有Roblox、Axie Infinity、The Sandbox、Sandbox等。元宇宙游戏更为强调用户生成内容（User Generated Content，UGC）属性和金融交易属性，整合P2E金融（Person-to-Entity Industry）玩法，利用区块链技术提高游戏的金融属性，从而拓展游戏的赢利空间，增加用户的黏性。

3. 元宇宙文旅

元宇宙文旅的本质是以数字化技术打造文旅新业态，通过满足当下人们对于感官体验的享受，实现增加游客数量、提高游客消费额度和加强游客黏性等目标，从而提高景区的赢利能力。元宇宙可通过赋能景区、主题乐园、历史古城等主体，让用户获得更多沉浸感、科技感、补偿感体验。

4. 元宇宙教育

元宇宙教育即教师、学生、管理者等教育活动参与者创建数字身份，在虚拟世界中开拓正式和非正式教学场所，在虚拟教学场所进行互动。元宇宙教育将促进教学观念与模式的变革。一方面，是学习过程的仿真化、互动化、游戏化变革；另一方面，是教学方式的智能化、个性化、动态化变革。未来"元宇宙"将为教育行业带来无限的创新与可能。

5. 元宇宙医疗

在临床医学中，虚拟现实（Virtual Reality，VR）、增强现实（Augmented Reality，AR）、人工智能等技术的应用已经成为一种趋势。虚拟现实技术让医生可以开展模拟手术，能够在元宇宙初级阶段在虚拟手术室进行手术预演，医学培训通过 VR 让学生身临其境地学习。人工智能也将发挥更大的作用，如智能导诊、辅助/自动诊断，甚至可以完成一些基础的治疗。

6. 元宇宙工业

工业元宇宙是以扩展现实（extended-range，XR）、数字孪生为代表的新型信息通信技术与实体工业经济深度融合的新型工业生态。通过 XR、人工智能、物联网、云计算、数字孪生等技术，打通人、机、物、系统等领域的无缝连接，实现数字技术与现实工业结合，促进实体工业高效发展。

（三）市场前景

据预测，在 Web3.0 和 AR/VR 技术的推动下，元宇宙经济将成为下一个前沿领域，预计 2024 年其市场规模将达到 1289.8 亿美元，相较于 2022 年的 684.9 亿美元，将实现大幅增长。预计到 2030 年元宇宙经济对全球经济的贡献将高达 15 000 亿美元。虚拟现实可能对亚洲经济产生"变革性影响"。到 2035 年，元宇宙产业对亚洲 GDP 的贡献可能在每年 8000 亿美元至 14 000 亿美元。随着企业和用户不断深入探索和挖掘元宇宙产业的潜力，这一领域的增长前景非常广阔，有望实现指数级增长。

二、脑机接口产业

（一）概述

脑机接口技术（BCI-Brain-Machine Interface，BCI）是指在人或动物大脑与外部设备之间创建的直接以连接实现脑与设备的信息交换。其工作流程包括脑电信号的采集和获取、信号处理、信号的输出和执行，最终再将信号反馈给大脑，又称为脑机融合感知技术，是以计算机、电极、芯片等外部装置设备代替神经、肌肉等常规中介来实现大脑与外界信息交互的新型通信控制技术，是一种颠覆传统人机交互的新型技术。脑机接口技术融合了脑科学、神经科学、信息科学、材料科学、生物科学、系统科学、医学工程等多学科知识，将生物学意义上的大脑与人造的智能设备系统融为一体，以实时感知和翻译意识，实现机器与人类零距离的信息交换。

脑机接口技术信息采集层面可分为侵入式、部分侵入式和非侵入式。侵入式脑机接口技术通过将电极和传感器直接插入大脑捕捉神经活动，非侵入式则通过将电极和传感器置于头皮表面获取信号。前者的优势在于信号质量，后者则在于微乎其微的实验及临床风险，而部分侵入式则介于二者之间，近年得到了广泛应用。

作为新质生产力的典型代表，脑机接口技术充分体现了"新质生产力，起点是'新'，关键在'质'，落脚于'生产力'"这一特点。

首先，脑机接口技术的起点是"新"。这是一种新兴的技术，涉及领域新、技术含量高，依靠创新驱动是关键。它能够在大脑与外部设备之间建立直接的信息通路，实现大脑状态监测及"意念"控制，是生物智能与机器智能融合的关键性技术。

其次,脑机接口技术的关键在"质"。脑机接口技术代表一种生产力的跃迁,它是科技创新在其中发挥主导作用的生产力,充分体现了这种新型生产力的新类型、新结构、高技术水平、高质量、高效率、可持续性,通过不断地创新和改进,脑机接口技术可以实现更加精准和高效的信息传输和控制,为人们的生活和工作带来更多的便利和效益。区别于依靠大量资源投入、高度消耗资源能源的发展方式,该技术是摆脱了传统增长路径、符合高质量发展要求的生产力,是数字时代更具融合性、更体现新内涵的生产力。

最后,脑机接口技术落脚于"生产力"。这是因为它可以广泛应用于各个领域,为社会的发展和进步做出重要贡献。同时,脑机接口技术的发展也可以促进相关产业的繁荣,创造更多的就业机会和经济效益。

(二)应用领域

在过去几十年里,脑机接口技术不断获得突破,相关研究成果向外界展示了极高的应用价值。脑机接口技术不仅在医学领域应用潜力很大,在教育、娱乐、军事国防、金融、智能家居等非医学领域也具有不错的应用前景。脑机接口行业产业链如图3-6所示。

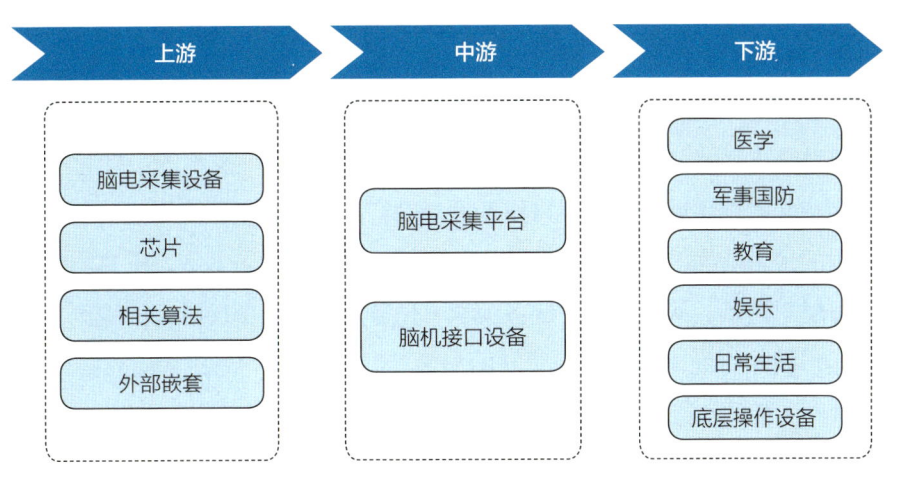

图 3-6 脑机接口行业产业链

1. 医学领域

脑机接口技术可以直接实现大脑与外部设备的交互，开辟了非常规的大脑信息输出通路。在为运动障碍和交流障碍患者提供可选的与外部世界交流的渠道方面，脑机接口已形成初步的系统用于实验室测试，在可预见的未来，将会在临床上有更广泛的应用。随着现代医学对大脑结构和功能的不断探索，人类对于视觉、听觉、运动、语言等大脑功能区有了更加深入的研究。通过脑机接口设备获取这些大脑功能区的信息并进行分析，在神经、精神系统疾病的诊断、筛查、监护、治疗与康复领域拥有广泛的应用空间。当前医学健康领域是脑机接口技术最大的市场应用领域。

2. 军事国防领域

脑机接口技术在军事国防领域属于前瞻性研究和尝试应用，如战士可以通过佩戴脑信号采集帽对相应武器发出作战指令，达到降低人员伤亡、加强作战能力的目的；还可以监测作战人员的生理和心理状态，利用监测到的数据及时分析战士情绪、注意力、记忆力等生理心理指标，从而增强相关作战人员的军事技能表现。2020 年 8 月，美国智库兰德公司发布了《脑机接口在美国军事应用中作用的初步评估》研究报告，认为脑机接口技术很可能在未来的战场上具有实际用途，如提高通信速度、增强环境态势感知能力，并允许操作员同时控制多个技术平台。

3. 教育领域

在教育方面，脑机接口技术可以实时监测学员的大脑状态，通过分析和评估大脑状态与学业表现之间的关系，建立基于脑机接口技术的个性化教学环境。在特殊教育领域，脑机接口技术可帮助特殊教育的学习者增强甚至重建身体缺损的感官功能，并通过操控肢体的辅助设备提高学习效率，重建与畅通整个学习反思链条，从而顺利完成各项学习任务。在教育资源匮乏的地区，应用脑机接口技术有助于缓解师资紧缺的局面。脑机接口等数字技术的适当介入，可以使学生的认知能力得到延伸，增强学习体验感，激发其深入学习的兴趣。

4. 娱乐领域

在娱乐方面，可以将脑机接口技术与虚拟现实技术相结合，通过佩戴在玩家头皮上的传感器采集脑信号，然后将信号传输至计算机，并由解码算法将信号转化为游戏中需要执行的指令，就可以实现用"意念"玩游戏，这不仅可以提升游戏的娱乐性，而且对于一些存在肢体障碍的玩家，也在很大程度上提升了游戏的友好度。

5. 日常生活领域

在日常生活方面，以智能家居为例，脑机接口技术既能通过测量和提取人脑中枢神经系统信号，实现对外部家居设备的操控，也能通过外部设备对神经系统的刺激和神经反馈，实现对中枢神经系统的调控，使得人脑与外部设备之间形成具有神经反馈调控的闭环系统，实现人机或脑机的智能融合。

（三）市场前景

2023 年，全球脑机接口技术市场规模达 19.8 亿美元，预计到 2027 年其市场规模达 33 亿美元，4 年间年复合增长率约为 14%，行业市场规模大，增速快，脑机接口行业未来具有很大发展空间。目前脑机接口主要以非侵入式为主，用于诊疗康复领域，其中医疗保健领域占比 62%，剩余为疾病治疗领域。脑机接口技术的发展将撬动医疗健康、教育、游戏，甚至智能家居行业，预计未来 10 年到 20 年，全球脑机接口产业生产经济规模达 700 亿美元至 2000 亿美元。

中国脑机接口纯设备市场在与实际应用场景的结合下，展现出巨大的增长潜力。据预测，到 2040 年，中国脑机接口纯设备市场规模有望达到 560 亿元，年均复合增长率高达 21%，其中，科研级市场规模将达到 15 亿元，而消费级市场规模则有望达到 545 亿元。未来，中国脑机接口纯设备市场规模甚至可能突破千亿元大关。

三、量子信息产业

（一）概述

量子信息是指以量子力学基本原理为基础，通过量子系统的各种相干特性（如量子并行、量子纠缠和量子不可克隆等），进行计算、编码和信息传输的全新信息方式。量子信息主要包括量子计算、量子通信和量子测量三大领域，在提升计算困难问题运算处理能力、加强信息安全保护能力、提高传感测量精度等方面，具备超越经典信息技术的潜力。

量子信息产业是进行重大颠覆性创新的潜在领域，已成为新一轮科技革命与产业变革的国际前沿焦点。以量子计算技术为代表的量子科技，在面向"十四五"乃至更长远的未来，有望成为中国在全球科技产业中开辟新领域、制胜新赛道的重要核心技术，将催生一批新质生产力。

（二）应用领域

随着量子信息技术的发展，量子通信网络及其应用也在不断演进。目前，量子保密通信的应用主要集中在利用量子密钥分发（quantum key distribution，QKD）链路加密的数据中心防护、量子随机数发生器，并延伸到政务、国防等特殊领域的安全应用。未来，随着量子密钥分发组网技术成熟，终端设备趋于小型化、移动化，量子密钥分发还将扩展到电信网、企业网、个人与家庭、云存储等应用领域。长远来看，随着量子卫星、量子中继、量子计算、量子传感等技术取得突破，通过量子通信网络将分布式的量子计算机和量子传感器连接，还将产生量子云计算、量子传感网等一系列全新的应用。

量子信息技术已成为未来国家科技发展的重要领域之一，量子计算、量子测量和量子通信三大技术分别在不同领域应用广泛。

1. 量子计算

量子计算基于量子力学的全新计算模式，具有原理上远超经典计算的强大并行计算能力，为人工智能、密码分析、气象预报、资源勘探、药物设计等所需的大规模计算难题提供了解决方案。

2. 量子测量

传统测量技术在分辨率和灵敏度上有一定的局限性，量子测量技术可以精细到纳米、亚纳米量级。将量子精密测量用于生命科学领域，能精确分析血液中极微量物质的含量；用于超导材料的研发，能实现纳米级别的表面磁性分布成像；用于石油行业则可以实现对地下油气存储分布的勘探。量子测量在心脑疾病诊断、癌细胞检测、细胞显微成像等生命科学研究领域将起到重要推动作用，在微弱电磁信号检测、对重力与重力梯度测量以及软硬目标探测识别等领域的发展，将为国防、工业、地质、环保等众多行业应用赋能。

3. 量子通信

量子通信在信息安全领域探索有效融合应用场景。当前，量子信息是我国抢占未来产业制高点的战略领域之一，或将引领新一轮科技革命和产业变革方向。我国科技企业高度重视量子科技的研究与发展，量子科研成果不断增加。其中，量子通信领域的创新活力竞相奔涌，国内目前已发布高速量子密钥分发设备、量子卫星小型化地面接收站、单光子探测器等核心产品。中国作为率先部署大规模量子保密通信网络的国家，为了推动量子保密通信网络的进一步发展和产业链成熟，正在尝试建立完整的网络运营模式，由专业的量子保密通信网络运营商，构建广域量子保密通信网络基础设施，为各行业的客户提供稳定、可靠、标准化的量子安全服务。此外，华为、腾讯、阿里等企业提前布局量子计算，从现阶段来看，量子计算机正处于从研发开始向工程化、商业化方向前进。

（三）市场前景

经过 40 余年的发展，量子信息领域逐步从基础研究走向基础与应用研究并重，开始进入科技攻关、工程研发应用探索和产业培育一体化推进的发展阶段。至 2023 年 10 月，全球 29 个国家和地区制定和发布了量子信息领域的发展战略规划或法案。据公开信息不完全统计，各国对量子信息产业规划投资总额超过 280 亿美元。近年来，全球量子技术的投资多达三分之二都集中于量子计算领域，其中包括量子计算硬件、软件或全栈公司，而来自量子安全、量子传感和量子通信等领域的公司获得投资相对较少。2022 年，在全球范围内量子领域的融资公司多数来自欧美，目前北美地区拥有量子信息领域近 40% 的公司和超过 60% 的创业资金，北欧国家量子公司投融资市场也较活跃。

> **新质生产力**
> **中国高质量发展的新引擎**

四、人形机器人产业

（一）概述

人形机器人，也被称为仿生机器人，是设计用来模仿人类的外表和行为的机器人，尤其是那些与人类身体相似的机器人。人形机器人具有拟人的肢体、运动与作业技能，以及感知、学习和认知能力。人形机器人需要强大的运动控制能力，以及超强的感知和计算能力。人形机器人可以适应各种现实生活场景，使它们能够从专业角色转变为多功能角色。这增大了规模经济并降低了成本。人形机器人被部署在与人类合作的环境中，实验室里的人形机器人已经被证明可以处理复杂的任务，比如做饭、清洁、叠衣服、焊接和煮咖啡。具有人工智能能力的人形机器人正在迅速发展，机器人可以通过观察人类的行为来学习。

最早的人形机器人概念来自 15 世纪达·芬奇的设想。20 世纪后半叶，科学界与产业界开始了对人形机器人进行正式的深入探索，以 WABOT-1 的问世为标志，人形机器人进入了全尺寸初级行走阶段；此后 ASIMO 的推出，标志着已经可以制造系统高度集成的人形机器人；进入 21 世纪之后，以波士顿动力为代表的公司持续推出运动能力更强的机器人版本，2022 年 10 月，特斯拉展示了 Optimus 机器人工程机，代表着人形机器人进入加速产业化阶段。2023 年 12 月，特斯拉发布了最新版本的人形机器人——Optimus Gen2。Optimus Gen2 人形机器人采用了特斯拉自主研发的执行器和传感器，提高了其行走能力、感知能力、平衡能力和整体身体控制能力，这代表着人形机器人工业化进程的进一步加速。

（二）应用领域

人形机器人作为发展新质生产力的代表领域和未来产业的先锋，集成了人工智能、高端制造、新材料等先进技术，是科技竞争的新高地和经济发展的新引擎。在政策和技术的双加持下，我国人形机器人会像汽车、手机一样变成新一代的终端，普及到众多场景中，蓄势新质生产力，成为高质量发展的新引擎。聚焦工业制造、商用服务和家庭陪伴三大应用场景，实现了人形机器人的商业化。目前，人形机器人已经进入产业化落地阶段，智能制造尤其是汽车制造领域或将成为首个大规模应用的领域。

人形机器人潜在的应用领域多种多样。"类人"意味着其符合人类交互习惯，也能快速适应现存的人类社会基础设施，这也意味着人形机器人可以应用于人类生活的方方面面。在经济发展领域，制造业、建筑业、能源业均有大量的可由人形机器人代为工作的岗位，如装配、安装、焊接、巡检等；在社会民生领域，人形机器人的应用场景同样广阔，在商业社区、医疗健康、养老服务等方面，都有广阔的发挥空间。

（三）市场前景

机器人整个大行业的市场规模在持续增长。据预计，2024年全球机器人市场规模将有望突破650亿美元，同比增长12%；其中2024年工业机器人市场规模达230亿美元，同比增长10%；服务机器人市场规模达290亿美元，同比增长16%；特种机器人市场规模达140亿美元，同比增长16.7%。

国内机器人行业的市场规模增速快于全球。预计到2024年中国机器人市场规模有望突破251亿美元，同比增长19.5%；其中2024年工业机器人市场规模达115亿美元，同比增长16.2%；服务机器人市场规模达102亿美元，同比增长23%；特种机器人市场规模达34亿美元，同比增长21.7%。

预计人形机器人的增速将大幅快于机器人行业的整体增速。根据Stratistics MRC的数据，2021年全球人形机器人的市场规模为15亿美元，预计到2028年将达到264亿美元，2021年至2028年的复合年均增长率达50.5%。其中，分领域来看，预计教育和娱乐领域的人形机器人复合增速最快，医疗保健领域占据最大的市场份额；分地区来看，预计亚太地区的复合增速最快，北美地区的份额最高。

五、生成式人工智能产业

（一）概述

生成式人工智能（Generative AI）是一种通过对大量数据进行学习，从而能够创建新的、与原始数据类似的内容的人工智能技术。这一从已存在数据中提取信息并进一步构建统计模型的过程，被称为"训练"。在给定一个特定的提示或输入后，生成式人工智能会应用训练过程中得到的模型预测期望的输出，从而创造新的内容。其关键在于，生成式人工智能掌握了数据的内在结构，并且能够生成新的样本，这些样本与训练数据具有相似的特性。这些新生成的内容可能包括文字、图片、音乐等。

生成式人工智能的基础是机器学习模型，特别是深度学习模型，这些模型通过学习大量的训练数据来理解其中的模式和规律。然后，当给这些模型提供一个初始输入或"提示"时，它们就可以生成与训练数据有相似特征的新的内容。

生成式人工智能的模型有很多种，包括生成对抗网络（GANs）、变分自编码器（VAEs）、自回归模型（Transformer）等，不同类型的模型有不同的特点和应用场景。

（二）应用领域

生成式人工智能开辟了一片新的研究领域，创造了前所未有的应用场景，已经在学术研究、实际应用、艺术创作以及娱乐行业中发挥了重要作用，并且正在逐步渗透到日常生活中，改变大家生成内容和与内容交互的方式。

借助生成式人工智能，视觉艺术现在可以制作逼真的视觉效果和动画。艺术家创造具有惊人深度和复杂性的完整风景、人物和场景的能力，为数字艺术和设计开辟了新的机遇。通用人工智能算法可以在音乐背景下创造出独特的旋律和声和节奏，协助音乐家创作并提供新的灵感。除了创意艺术之外，生成式人工智能还对游戏和医疗保健等领域产生了重大影响。它已被用于医疗保健领域，为医学研究生成人工数据，使研究人员能够在不损害患者隐私的情况下训练模型和研究新疗法。通过使用生成式人工智能创建动态景观和非玩家角色（NPC），玩家可以体验更加身临其境的游戏体验。更为重要的是，生成式人工智能还可以用于预测和模拟各种复杂系统的行为，这将极大地帮助我们理解和解决各种复杂问题。

（三）市场前景

全球生成式人工智能市场规模正在高速增长，2022年达400亿美元，2032年预计达1.3万亿美元，复合增速42%。中国生成式人工智能市场正处于高速增长期，技术和应用正在迅速发展。2022年中国生成式人工智能市场规模约人民币660亿元，2020年至2025年复合增速将达到84%，2025年中国生成式人工智能市场有望占全球市场规模（2170亿美元）的14%。

预计2022年至2035年全球生成式人工智能市场规模增量主要来源于训练侧硬件、广告应用和软件。其中，在训练侧硬件方面的增量约4440亿美元，仅生成式人工智能基础设施服务一项，增量就有2448亿美元，年复合增长率将达到60%；在广告应用方面，相关年复合增长率将达到125%，增量达1924亿美元；而软件方面，在约2800亿美元的增量中，生成式人工智能助理软件增量可观，达890亿美元，年复合增长率有望达到70%。

六、生物制造产业

（一）概述

生物制造，是指以工业生物技术为核心的先进生产方式，即以基因工程、合成生物学等前沿生物技术为基础，利用菌种、细胞、酶等生命体生理代谢机能或催化功能，通过工业发酵工艺规模化生产人类所需的化学品和高分子材料的制造过程。

生物制造是一种全新的生产技术，融合了生物学、化学、工程学等多种技术，具有清洁、高效、可再生等特点，有可能在能源、农业、化工和医药等领域改变世界工业格局。专家表示，生物制造将带来至少三方面的重大变革：重构传统化工的生产路线、替代传统天然产物的获取方式、颠覆传统农业种植养殖模式。生物制造将促进我国制造业的转型升级以及新业态的出现。

生物制造有别于传统的物理、化学制造模式，生物制造创新了物质生产方式，以生物体作为生产介质，会给制造业带来一系列巨大的变化。另外，生物制造是以可再生生物为原料，对于制造业实现双碳目标也非常关键。

（二）应用领域

我国是工业大国和农业大国，资源消耗得多，相应的排放量也大，因此有条件也有必要通过生物制造等先进技术手段来化解这一难题，变废为宝。它对于打造新质生产力，推动经济向绿色、可持续、高质量发展而言至关重要。

生物制造具有原料可再生、过程清洁高效等特征，可从根本上改变化工、医药、能源、轻工业等传统制造业高度依赖化石原料和"高污染、高排放"不可持续的加工模式，减少工业经济对生态环境的影响，推动物质财富的绿色增长和经济社会的可持续发展。在资源有限和环境问题日益凸显的情况下，生物制造技术是缓解能源资源矛盾、推动经济社会可持续健康发展的有效方案。

在绿色发展方面，生物制造可以降低工业过程中的能耗、物耗，减少废物排放与空气、水及土壤污染，大幅度降低生产成本，提升产业竞争力。在低碳发展方面，生物制造可以利用天然可再生原料，实现化学过程无法合成或者合成效率很低的石油化工产品的生物过程合成，促进二氧化碳的减排和转化利用，构建出工业经济发展的可再生原料路线。在循环发展方面，生物制造可以提高自然资源利用效率，实现废弃物回收利用，提升能源效率，促进产业升级，形成"农业—工业—环境—农业"的良性循环模式。

生物制造技术能够帮助人类应对环境挑战。经合组织曾对6个发达国家进行分析，结果表明：生物制造技术的应用可以降低工业能耗 15%~80%、原料消耗 35%~75%、空气污染 50%~90%、水污染 33%~80%、生产成本降低 9%~90%。世界基金委员会预测，到 2030 年，工业生物技术每年将可降低 25 亿吨的二氧化碳排放。生物制造不依赖化石资源的生物创新产品和制造过程，能促进气候目标和碳排放目标的实现。随着科技与产业的不断创新，全球 70% 的产品都可以用生物法生产，涉及的行业也将越来越广。

同时，生物制造是典型的高技术制造业，可以与新一代信息技术、细分行业先进生产技术深度融合，加快生物制造发展，有助于拉动制造业研发、资本等投入，缩短新品研发周期，提升产品附加值和工厂生产效率。随着生物制造产业规模持续扩大，还有利于带动技术、装备及检测、包装等服务型制造、生产性服务业协同发展。

（三）市场前景

生物制造被认为具有引领"第四次工业革命"的潜力，市场规模将达到万亿级别，是世界各国竞争的热点。生物制造作为提升经济竞争力的着力点，是我国继绿色制造、智能制造后，推进制造强国建设的又一重要抓手，是提升新质生产力的重要手段之一。

作为一种新质生产力，生物制造产业商机无限，而当前我国这一产业发展的序幕才刚刚拉开。目前我国生物制造核心产业增加值占工业增加值比重只有 2.4%，提升空间非常大。我国具备良好的生物制造基础，再加上一系列政策的助推，我国生物制造产业在这条新赛道上的竞争力也将越来越强。

经过多年发展，我国生物制造产业细分子行业门类逐步增多，核心产业增加值规模快速增长，形成了一批细分领域特色产业集聚区，也涌现了一批生物医药、化工、材料、食品领域的上市公司勇立潮头，不仅积极革新生产原料、革新物质加工工艺，更成为引领行业技术迭代和产业升级的重要参与者。

其中，长三角地区成为重点企业聚集最多的地区；北京、广东等省份依托科研、人才等要素优势，在原始技术创新领域占有优势，同时，也聚集了一批行业重点企业；华北、华中地区，湖北、河北、安徽等省份骨干企业数量较多，具有良好的发展潜力；西部地区以聚焦特色天然产物生物制造、食品配料的生物科技企业为主。

生物制造可从根本上改变传统制造业的生产模式。利用生物＋医药、生物＋化工、生物＋能源、生物＋轻工等全新生产方式，诞生出了一大批全新产品，如重组蛋白药物、生物航空煤油、生物降解塑料等，未来前景十分广阔。据预测，全球生物制造产值接近30万亿美元。

随着未来生物技术进一步取得突破进展，生物制造还有望向采矿、冶金、电子信息、环保等领域拓展，发展前景十分广阔，可成为经济增长的重要引擎。

七、未来显示产业

（一）概述

未来显示产业是指随着科技的不断进步和创新，将出现的新型显示技术、产品和应用的产业。它涵盖了多个领域，如柔性显示与可穿戴设备、微型显示与增强现实、量子点与高色域、显示材料的进步、智能显示与交互、环境友好型显示以及产业链整合与发展等。

未来显示产业将不断推动显示技术的革新，打破传统显示的界限，为各行各业带来更多的创新和可能性。它将改变我们的生活方式，使得显示设备更加智能、便捷、环保，并且更好地融入我们的日常生活中。随着5G、物联网、人工智能等技术的快速发展，未来显示产业也将面临更多的机遇和挑战。它需要与其他产业进行深度融合，形成更加完整的产业链和生态系统，从而推动整个行业的快速发展。

（二）应用领域

近年来，显示产业应用场景从传统的"四大应用"向"多点开花"转变。新型显示正在家居、车载、文教、医疗等多个赛道助推智能场景的实现。应用场景也将从户内转向户外，从个人转向群体，从单向输出信息转向智能交互服务。新型显示与 5G 通信、物联网、人工智能等产业融合发展，在车载、家居、医疗、工控等领域成果显著，形成了行业增长新动能。2023年，杭州亚运会、成都大运会、中亚峰会等重大活动和国际赛事中，各类新型显示产品惊艳亮相，产业发展活力进一步显现。

未来显示产业的应用领域将非常广泛，几乎渗透到我们生活的方方面面。

1. 消费电子

智能手机、平板电脑、电视等消费电子设备是显示技术的主要应用领域。随着技术的不断进步，我们可以期待更高分辨率、更低功耗、更薄更轻的显示产品。

2. 可穿戴设备

柔性显示技术的发展将使可穿戴设备如智能手表、智能眼镜等更为轻便和舒适。这些设备将不仅仅局限于信息显示，还可能集成更多功能，如健康监测、环境感知等。

3. 增强现实与虚拟现实

微型显示技术和光学技术的结合将极大地推动增强现实和虚拟现实的发展。更高分辨率、更大视场角、更低延迟将为用户带来更为沉浸式的体验。

4. 汽车电子

车载显示系统将变得更加智能化和多样化，包括中控显示屏、抬头显示、后视镜显示等。此外，随着自动驾驶技术的发展，显示技术将在车载信息交互、路况展示等方面发挥更大的作用。

5. 医疗健康

显示技术在医疗领域的应用将不断拓展，如医疗影像显示、手术导航、远程医疗等。高清、高亮、高对比度的显示设备将帮助医生更准确地诊断疾病。

6. 公共显示

商业广告、公共交通信息、公共安全信息等都需要显示技术的支持。随着技术的发展，公共显示将变得更加智能、动态和个性化。

7. 透明显示与光场显示

未来显示技术还可能拓展到透明显示和光场显示等领域，为用户提供全新的视觉体验。

（三）市场前景

从消费电子市场来看，智能手机、平板电脑、电视等设备仍然是显示技术的主要应用领域。随着全球消费者对高质量视觉体验的需求不断增加，这些设备对显示技术的要求也将越来越高。因此，消费电子市场将继续推动显示产业的发展，为其提供稳定的市场需求。

随着显示产品应用领域的进一步拓展，2024年，预计车载显示将成为行业重要的增长点，其未来五年市场年均复合增长率将保持在10%左右，成为新型显示市场规模止跌企稳的重要生力军。车载显示的屏幕正在朝向技术多元化、外观多样化和系统集成化方向发展，更高分辨率、更大尺寸和更多数量的显示屏被应用在智能汽车中，我国显示企业依托庞大的薄膜晶体管液晶显示器（Thin film transistor liquid crystal display，TFT-LCD）产能、不断进步的有机电激光显示（Organic Light-Emitting Diode，OLED）产品以及日渐紧密的上下游关系，有望在车载显示下一步发展中，占据更加有利的地位。

此外，增强现实/虚拟现实、医疗、公共显示等新兴领域也将为显示产业带来新的增长点。这些领域对显示技术的要求较高，市场潜力巨大。随着技术的不断进步和应用场景的不断拓展，这些领域有望在未来几年内实现爆发式增长。

综合考虑以上因素，未来显示产业的市场规模有望继续保持增长态势。据预测，到2028年，全球显示产业的市场规模有望达到数千亿美元，其中新兴领域的贡献将逐渐增大。

八、未来网络产业

（一）概述

未来网络产业是围绕未来网络技术，将更先进、更可靠、更快捷、更安全的新一代互联网核心技术成果赋能工业互联网、车联网、能源互联网、智慧城市等创新数字经济领域，并由此而催生网络与信息领域新技术新业态新模式的创新产业。

未来网络产业主要包括：

1. 下一代网络技术

5G、6G 等下一代网络技术将进一步提升网络速度、降低时延、增强安全性，为各种新型应用和服务提供强大的网络支持。

2. 物联网

物联网技术将进一步推动各种设备、系统的互联互通，实现智能化管理和服务。例如智能家居、智慧城市、工业自动化等领域都将受益于物联网技术的发展。

3. 边缘计算

随着数据量的不断增加和处理需求的提升，边缘计算将成为未来网络产业的重要发展方向。通过在网络的边缘进行数据处理和分析，可以大大提高处理效率，降低网络负担。

4. 网络安全

随着网络应用的广泛普及和复杂性的增加，网络安全问题日益突出。未来网络产业将更加注重网络安全技术的研发和应用，保障网络系统的稳定运行和数据安全。

5. 人工智能与网络技术结合

人工智能技术将深度融入未来网络产业中，推动网络的智能化发展。例如，人工智能技术可以用于网络优化、流量管理、故障预测等方面，提高网络的运行效率和服务质量。

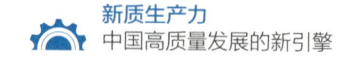

未来网络将成为全球产业转型升级的重要助推器，为全球产业发展构建起全新的发展和运行模式，推动产业组织模式、服务模式和商业模式全面创新，加速产业转型升级。

（二）应用领域

未来网络产业将是一个多元化、创新性强、发展潜力巨大的领域。随着科技的不断进步和创新，未来网络产业将为人类的生活和工作带来更多的便利和可能性。未来网络产业的应用领域将涵盖各个行业和日常生活的各个方面。

1. 智能家居

智能家居设备将能够通过网络进行连接和控制，实现家庭的自动化和智能化，如智能照明、智能安防、智能家电等。

2. 智能交通

通过物联网和 5G 等网络技术，可以实现智能交通系统的构建，包括智能导航、智能停车、车联网等，提高交通效率和安全性。

3. 智慧城市

通过集成各种网络技术和大数据分析，可以实现城市基础设施的智能化管理，如智能电网、智能水务、智能交通等，推动城市的可持续发展。

4. 工业互联网

工业互联网将网络技术与工业制造相结合，实现设备的远程监控、故障预测、优化生产等，提高工业制造的效率和灵活性。

5. 远程医疗

通过网络技术，可以实现远程医疗咨询、远程手术指导、远程健康监测等，打破地域限制，提高医疗资源的利用效率。

6. 在线教育

利用虚拟现实、增强现实和网络技术，可以实现沉浸式的学习体验，提高教育质量和效率。

7. 娱乐产业

网络游戏、在线视频、虚拟现实娱乐等都将受益于网络技术的发展，为人们提供更加丰富的娱乐体验。

8. 金融服务

通过区块链技术和网络安全技术的应用，可以实现金融交易的安全、透明和高效，如数字货币、智能合约等。

（三）市场前景

5G 网络的商用化和普及将极大地推动未来网络产业的发展。随着 5G 网络的覆盖范围不断扩大和应用场景不断丰富，预计将带动大量与 5G 相关的设备、服务和应用的市场需求。此外，物联网的快速发展也将为网络产业带来巨大的市场空间。

云计算、边缘计算和人工智能等技术的融合应用将推动网络产业向智能化、高效化和安全化方向发展。这些技术的应用将带来大量的数据处理、存储和分析需求，从而推动网络设备和服务的市场规模增长。数字化转型已经成为各行各业的共同趋势，企业和组织对网络的需求将不断增加。随着数字化转型的深入推进，未来网络产业的市场空间将进一步扩大。政策和法规的推动也将对网络产业的发展产生重要影响。各国政府都在加大对数字经济和网络基础设施的投入和支持力度，这将为网络产业提供良好的发展环境和政策支持。

九、新型储能产业

（一）概述

储能是通过特定的装置或物理介质将不同形式的能量通过不同方式储存起来，以便以后再需要时利用的技术。从储能介质与储能装置的结构来看，储能技术可以分为机械类储能、电气类储能、电化学储能、热储能、化学储能等。新型储能是指除抽水蓄能以外的以输出电力为主要形式的储能项目。与抽水蓄能相比，新型储能选址灵活、建设周期短、响应快速灵活、功能特性多样，正日益广泛地嵌入电力系统源、网、荷各个环节，深刻地改变着传统电力系统的运行特性，成为电力系统安全稳定、经济运行不可或缺的配套设施，未来还将彻底颠覆能源电力系统的发展结构和电力运营格局。2022年我国新型储能累计装机量约为12.7GW，同比增长121.6%。

目前新型储能主要包括：电化学储能、压缩空气储能、飞轮储能、储氢、储热等。电化学储能单元成本较高、经济性不足，但相比物理储能效率更高、配置灵活、响应更快速，随着技术成本进一步降低，电化学储能各种应用场景正不断被开发出来。

（二）应用领域

新型储能技术作为促进新能源规模开发利用、构建新型电力系统、助力实现碳达峰碳中和目标的关键技术和基础装备，日益受到关注。随着市场对新型储能的需求不断扩大，储能项目的应用范围也在不断拓展。

目前，出现了大量的"新能源+储能""互联网+储能""分布式智能电网+储能"等新模式，多元化的储能应用场景不断涌现。

1. 零碳智慧园区+储能

在传统工业园区中，设备数量庞大，用电功率大，长时间高负荷，设备能耗大。为了达到减碳目标，智慧园区中大量使用可再生能源，但由于其不稳定性，会导致供电不足或过剩。这样不仅能稳定电网，还可以在紧急情况下向电网提供备用电力来保证园区的正常运转。

2. 商业综合体+储能

商业综合体可以采用节能、储能、充电一体化实施方案。

3. 数据中心+储能

在低碳战略实施下，低碳数据中心将是未来的发展趋势。通过数字化、智能化技术，实现分布式能源、储能、负荷的深度融合，建立虚拟电厂上层平台的聚合作用，使数据中心负荷、可再生能源电源、储能成为有机整体，实现碳中和数据中心。

4. 光储充一体化

随着新能源汽车行业的快速发展，充电需求也在同步增长。光储充一体化充电站是一种集光伏发电、大容量储能电池、智能充电桩等技术于一体的充电站。通过节能技术和设备，减少能源消耗；安装分布式新能源电站，通过储能设备将电能储存起来，供商业体使用，从而减少对传统能源的依赖。另外，通过储能设备，在商业体的停车场、地下车库等地设置充电桩，为新能源汽车提供充电服务。

5. 5G 基站 + 储能

随着 5G 基站数量的增加，对电力供应的需求也在增加。电化学储能系统因其柔性、智能、高效等特点成为 5G 基站备用电源的合适选择。5G 基站配备储能系统，能解决因供电问题导致基站建设推进受阻的问题，有助于推广 5G 技术的发展。

6. 户用 + 储能

越来越多的家庭开始安装光伏电站，通过储能电站可以有效地将家庭自产的清洁能源进行储存，实现自给自足。此外，多余的电力还可以卖给电网，在经济上获得收益。户用储能系统还可以在电力质量差的时候提高电力质量，并提供电力支持。

7. 微电网 + 储能

在海岛等特殊环境下，传统能源供应难以为继，安装离网型智能微电网成为一个解决方案。离网型智能微电网通过能源管理系统的精确协调控制发电、储能、用电等工况，实现源、网、荷、储的协调控制和经济运行，为海岛的供电提供了可靠的保障。

8. 矿区 + 储能

在矿区等地区，常常缺乏可靠的固定电源，储能系统可以在电网故障或停电时提供备用电力。通过合理分配电池储能的时间段和用电计费的峰、平、谷时段，提高电力系统的经济性。

9. 应急储能电源

高功率应急储能电源是在电网供电系统发生故障的情况下为应急救援提供电力保障的装备。它可以用于抢险、医院备用电源等多种场景，为紧急情况提供持续稳定的电力供应。

10. 城市轨道交通＋储能

城市轨道交通中的储能系统可以回收再生电能并进行循环利用，实现节能的目的。飞轮储能是其中一种常见的技术，通过在轨道交通中应用飞轮储能，可以有效提升电力系统的调频性能，保持频率的稳定。可以看出，新型储能的应用范围非常广泛，对能源系统的可靠性、经济性和可持续性都起到了积极的推动作用。

随着技术的不断进步和成本的降低，相信新型储能将在未来的能源体系中发挥更加重要的作用。

（三）市场前景

截至 2023 年年底，我国储能累计装机规模达到了 86.5GW，同比增长了 45%，其中抽水蓄能占比已经降到了 60% 以下，新型储能的占比从 2022 年的 21% 增长到 2023 年的将近 40%。

截至 2023 年 12 月底，我国的新型储能累计装机达到了 34.5GW/74.5GWh，功率和容量同比增速均超过 150%。其中 2023 年年内新增新型储能装机 21.5GW/46.36GWh，相当于 2022 年的 3 倍。以锂电为代表的新型储能快速降本，在细分应用场景和新兴市场渗透速度加快。据高工产业研究院初步统计，2023 年新注册储能公司超 7 万家，初步形成规模的储能系统企业约 100 家，且仍陆续有企业进入。

截至 2023 年年底，我国储能投运项目数量累计达 1588 个，相比 2022 年累计投运储能项目 932 个，数量增长约 70.4%。从储能装机量、自主品牌占有率、储能电池及系统集成出口量来看，2023 年我国储能产业在全球市场中的品牌力和影响力都大幅提高。

预计 2024 年，中国新型储能产业的全球化进程将进一步转入快速、深入、大规模的发展阶段。受关税、贸易壁垒、碳边境税、成本控制、市场需求、物流运输、产品供应链和售后服务等多种因素影响，中国电池企业布局海外本地化进程也将进一步加快。

第三节
典型行业应用

新质生产力，作为先进生产力的代表，其应用正广泛渗透于多个行业，展现出其强大的应用潜力和价值，引发一场生产力的深刻变革。它以高效能、高质量为核心特征，通过引入信息化技术、智能化生产设备、绿色化生产以及服务化生产模式等手段，推动着传统产业的转型升级和新兴产业的快速发展。

随着科技的不断进步和创新，新质生产力的应用前景将更加广阔，它将继续发挥更大的作用，为经济社会的可持续发展提供有力支撑，推动各行业实现更高质量的发展，为各行业带来更多的机遇和挑战。

一、新质农牧

农林牧渔是指对农业、林业、畜牧业、渔业以及上述产业的专业及辅助性活动的总称，是我国经济的重要组成部分，也是我国国民经济的重要基础。近些年来，我国持续推进现代农林牧渔业建设，大力调整农林牧渔业结构，农林牧渔业生产的集约化、规模化和产业化有了较快发展，但是，农林牧渔业是弱势产业，是国民经济中的薄弱环节这种状况并没有改变。尽管未来农林牧渔业在国民经济中的比重会有所下降，但基于农林牧渔业对经济社会发展全局的重大战略意义和农林牧渔业发展的现状，农林牧渔业的基础地位必须强化，发展新质生产力尤为重要。

（一）新质生产力在农业上的应用

随着科技进步，农业生产方式正逐步从依赖天气、劳动力转向科技、信息化。农业发展面临的问题其实是产品的结构性过剩，好的产品供不应求，品质差的产品又不在少数，这种供需矛盾为新质生产力提供了很好的应用场景。

当数字技术应用和渗透于农业生产全过程时，能够促使农业生产效率提升，提高农产品产量；同时，也使得农业生产各环节更加智能化、精准化，从而有效提升农产品质量，进而形成实际的农业新质生产力。

农业领域的新质生产力主要体现在农田保护、生物农业和智慧农业方面。通过农田保护、生物农业和智慧农业的相互融合，可以提高农作物的质量、产量和抗性，减少生产成本和资源浪费，提高农业生产的可持续性，推动农业创新发展。

1. 农田保护

耕地是粮食安全的基石，农田保护是农业发展的基础，主要表现在土地改良、边际土地利用（如盐碱地、沙化地改造）、高标准农田建设等方面。

针对东北黑土地有机质下降，数据建模分析东北黑土地过去 30 年有机质的时空演变特征，探索高强度种植对土地影响的定量评估，实现了土壤有机质定向培育目标的定量化。同时研究推广相应的土地、水肥资源高效利用及种植制度优化等技术与规范，提升黑土地有机质含量。针对南方红黄壤酸化导致水稻低产等问题，通过指标测定与数据分析，确定我国南方低产水稻土资源状况及养分特征，创建了黄泥田有机熟化、白土厚沃耕层、潜育化稻田排水氧化、反酸田/酸性田酸性消减、冷泥田厢垄除障[①] 等分类改良关键技术，集成了低产水稻土改良与地力提升技术模式。针对我国农田肥料大量投入，导致的氮磷流失引起农业面源污染问题，采用多种检测技术，创建农田面源污染检测技术体系。此外针对我国农业发展和生态环境保护对高精度

[①] 开厢或起垄，厢垄除障技术主要用于丘陵山区的冲沟田和其他地势低洼、排水不良、潜育化程度较重、水稻生长不良或常发生坐蔸的冷泥田，潜育化程度较轻的傍田可以不用厢垄技术。——编者注

土壤科学数据的迫切需求，将土壤信息数字化，通过大数据分析，建立覆盖全国的高精度数字土壤，提升我国科学研究基础数据条件，在土地整治、耕地地力调查、基本农田建设、面源污染防控等达到国际领先水平。

2. 生物农业

基因工程、细胞工程、发酵工程和酶工程等现代生物工程技术日臻成熟，培育综合性状更优的农业新品种，研制绿色高效的农业投入品，集成农业的生产、生活和生态功能，从而实现农业可持续发展。随着现代生物技术与传统农业深度融合，农业生物技术产业化程度不断提高，逐步形成了生物技术赋能传统农业的新模式——生物农业。

2022年5月10日，国家发改委印发《"十四五"生物经济发展规划》，明确提出将生物农业作为优先发展的四大重点领域之一。其中生物育种、生物肥料、生物饲料和生物农药是当前和未来一段时期内的主要聚焦方向，应更好地保障粮食等重要农产品生产供给，适应日益多元化的食物消费需求。

（1）生物育种

生物育种主要指运用遗传学、细胞生物学和现代生物技术等手段来培育新的生物品种。在广泛意义上，生物育种包括杂交、分子标记、全基因组选择、基因编辑和转基因等多种育种技术，适用于植物、微生物和动物等不同生物类别的育种工作。生物育种是现代农业的"芯片"技术，也是解决我国农业"卡脖子"问题的核心技术。在生物育种方面，我国已经具备了一定的生物育种技术，一批农业生物技术得到了转化和应用。生物育种技术的工程化应用为作物改良提供了更多可能，这有助于满足全球不断增长的食品需求，增加农业的可持续性，减少环境影响，从而对粮食安全和全球农业产生深远影响。

（2）生物肥料

生物肥料是以活性微生物为核心制成的菌剂，是一种辅助性、对作物有特定肥效和环境友好型的肥料。在全球气候变暖、粮食危机以及自然资源枯竭等大背景下，生物肥料因其绿色环保、肥效高等优势在农业生产中得以广泛应用。

一方面随着原位培养、细胞分选、单细胞测序、微流控培养等为代表的新型培养技术逐步成熟，多种"非定向""定向"相结合的"未/难培养微生物"分离技术与方法为发掘新的农业微生物资源创造了技术条件，也为获取优良菌种提供了基础。此外，纳米技术在生物肥料生产中的应用减少了养分损失，提高了养分利用率。这些新型培养技术的发展和应用有助于在生物肥料生产中发现、培育和利用潜在的有益微生物菌株，为生物肥料的创新和优化提供更为持续和高效的路径。另一方面微生物是生物肥料发挥肥效的核心，通过解析其生理状态的影响机制对创制新型多功能生物肥料、发挥生物肥料功效和潜能具有重要意义。同时，微生物代谢也可以诱导植物的光合能力与组织间物质运输能力，从而促进作物生长。

（3）生物饲料

开发新型、健康生态饲料一直是畜牧业可持续发展的重点，也是学术界的研究热点。近年来，以基因工程、发酵工程和酶工程为代表的现代生物技术在饲料研发领域得到了广泛应用。生物饲料不仅具有绿色、安全的特点，还具有更高的营养价值，有利于经济高效、高回报地养殖，具有广阔的发展前景。此外，生物饲料在解决食品安全、饲料资源短缺及环境污染等问题上也将发挥重要作用。

以酶工程技术为核心的合成生物学、代谢工程等现代生物技术应用于生物饲料领域，可以提高饲料粮利用率、增加适口性、减抗，去除有毒有害物质。同时，生物酶可将工业农业副产物、废弃物高效转化与利用，既可以变废为宝提高资源利用效率，又能减少环境污染与碳排放。生物饲料的应用有望弥补我国50%以上的饲料缺口，长远来看可有效缓解人畜争粮及动物产品安全等问题。

（4）生物农药

生物农药的开发及利用对我国粮食安全、食品安全、环境保护、建设生态文明和健康中国等具有重要意义。近年来，随着国家对农业病虫害绿色防控的重视和人们对饮食、环境安全的关注日益提升，生物农药以其高效、低毒、安全、环保等优势成为农业绿色发展和生态文明建设的新兴产物。目前，生物农药主要包括生物化学农药、植物源农药、微生物源农药、天敌生物扩繁与利用等。

近年来，信息技术和生物技术的深度融合在农业领域的应用创造了生物农业的重要增长点。未来农业生物技术将进一步在大数据科学的基础上，与人工智能、仿生技术等新技术结合，并将脑机结合、人机混合、生物融合等交叉科学取得的重大突破应用于农业可持续发展，提高农业信息化、电气化、生物化、智能化水平，改善人类生活质量。

3. 智慧农业

农业现代化是中国式现代化的重要组成部分，而智慧农业是农业现代化的重要表现。通过互联网、物联网、大数据、人工智能和智能设备等技术，并使用传感器、自动化设备和智能控制系统，实现对农业生产的信息感知、定量决策、智能控制、精准投入、个性化服务，进而可以使农业生产过程更加智能化和精细化。随着信息技术的迅猛发展，农业数字化、智慧化转型正在加速。数智服务通过将数字化信息作为农业的生产要素，利用机器学习、人工智能、物联网、区块链等数字信息技术对农产品对象、环境和产销全过程进行可视化表达、数字化设计、智能信息化管理，对推动智慧农业发展具有重要意义。

贵阳贵安智慧农业示范点，采用农业生产管理、加工流通、市场销售、安全追溯及远程管理等环节，实现智慧种业，建立种苗数字档案；打造智慧农田，高标准农田实行"图斑化"管理；应用传感器、自动终端等数字设备进行产地数据采集，智能分拣、无损检测等自动化设备建设智能加工车间，形成数据开放共享利用。四川省凉山州金阳县芦稿镇青花椒现代产业园聚焦智慧生产，溯源监管，结合 5G+ 智慧农业，实现了 5G 轨道机器人完成种植园区的运输、施肥等作业；打造 5G+ 互联网技术部署气象站、土壤检测站，实现精准种植管控。广州绿沃川高新农业科技有限公司，聚焦科技农业产业与文旅相结合，依托现代农业，运用智能化种植系统，打造自动化蔬菜工厂，实现四季循环种植系统，打造自动化蔬菜工厂，四季循环复种，全天候运行。山东省淄博市桓台县聚焦粮食绿色高效生产，桓台县数字农业农村服务中心和数字大田示范农场，是结合智慧玻璃温室与智能储运于一体的智慧农业综合体。

智慧农业是农业现代化的重要推动力量。进一步发展智慧农业，实现农业生产的数字化、网络化和智能化，才能为农业现代化提供更坚实的基础，为农民增加收入提供更优质的农产品，实现农业可持续发展。

（二）新质生产力在牧业上的应用

畜牧业传统养殖方式存在较大的生产经营风险，许多养殖场存在生产效率低下、疾病监测困难和饲料管理不够精准等问题。通过运用人工智能技术，畜牧业生产管理可实现精准化，数据分析和预测模型能够处理大量的畜牧生产数据，为养殖户提供准确的生产预测分析和指导。智能化技术的引入，对优化养殖条件，提高生产效率和降低人工成本，保障畜禽产品的质量，推动畜牧业走向现代化有着积极意义。

1. 生产管理

利用人工智能所提供的机器学习和预测模型，可以高效处理大量畜牧生产数据，从而提供准确的生产预测和决策支持。养殖者可以在人工智能的帮助下密切关注市场需求和消费趋势，针对性地选择适宜的养殖品种和规模，合理安排生产周期，确保畜牧产品符合市场需求，提高竞争力，并可以有效应对市场周期性波动。人工智能还可以帮助各个养殖户之间实现相互联系，通过智能化管理平台共同抵御市场不稳定因素带来的影响。

2. 疫病监测和预防

人工智能技术可以帮助养殖者对畜禽进行疫病监测和预防，从而降低畜禽死亡率。借助图像识别和人工智能诊断技术，可以快速准确地检测动物的健康状况。例如，通过对动物图像进行分析，可以识别其异常行为、皮肤问题等，及早发现潜在的健康问题，并提出解决方案。此外，实时监控和健康管理系统结合传感器和监控设备，能够实时监测动物的生理指标和行为，及时发现异常情况并进行预警。这样就可以及时采取干预措施，由原来的被动防疫变为主动防疫，可有效防止疾病的扩散和发展。为了抵消智能化设备的高投入，养殖户应通过规模化经营来降低单位生产成本。

3. 营养与饲料管理

通过利用人工智能算法，根据动物需求、饲料成分等因素，制定最佳的饲料配方，可提高饲料利用率和动物生产性能。此外，智能喂养系统结合传感器和自动化装置，可以实现精确投喂饲料，并监测动物摄食情况，实现个性化喂养管理。另外，借助大数据和机器学习技术，营养评估与定制也可以得以改进。根据动物的生长发育和生产要求，可制定个性化的营养方案，提高动物的健康水平和生产性能，由原来的粗放经营转型为精益生产。这种饲养模式不仅可以有效降低饲料成本，而且可以大幅提升畜禽产品质量和经济效益。

4. 可应用于畜牧业的人工智能技术

（1）卷积神经网络

卷积神经网络是目前机器学习最为经典的代表算法之一，它是一种特殊的基于多层感知器或者前馈神经网络。与传统算法相比，卷积神经网络对目标物体表征检测能力更有优势，准确度更高，机器学习能力更强，目前在图像分析、目标检测、声音鉴别和语言处理等领域取得了突出的成果，并迅速被应用于工商业、金融业、航天业、畜牧业等领域，猪脸识别、牛脸识别、体尺测量、智慧称重等人工智能技术已被广泛应用于畜牧业。

（2）循环神经网络

循环神经网络是基于计算机深度学习，通过复杂的算法，处理收集到的数据和预测事先设计好的序列资源库，经过一系列数据洗选和训练的神经网络模型。随着时代颠覆式发展，目前循环神经网络在挖掘大数据处理速度和能力上不断升级迭代，特别是其处理和深挖大数据语义信息能力及时序运算的机器学习能力已被人们充分使用和认可，目前在语音鉴别、图像建模、面部识别以及序列数据分析能力等方面取得了有目共睹的发展，也为快速实现智慧畜牧业奠定了可行方法和理论基础。目前该技术在畜牧业生产中，电子围栏、智能耳标、通道智慧测评、畜种识别、云平台建设等方面有深入的实践运用。

（3）基于深度学习图像语义分割

基于机器深度学习图像具有信息源大、精准度高、内容体量丰富的优势。由于一系列繁杂的非线性处理等特点，计算机图像处理和视觉分析成为人们重要的研究对象之一。数字图像语义分割就是将数字图像分割成若干个不重复的图像子区域的系列过程，目的是简化或更改图像的信息表达，进而使图像传递的内容更容易学习理解和理性分析。

图像语义分割技术在图形分类、图像分割、图片识别以及目标检测等方面的运用越来越普遍。据最新研究，图像分割可总结为三大类：基于像素聚类分割方法、图像语义分割方法及基于图论的图像分割方法。数字图像语义分割被广泛应用于各行各业，同时也是推动社会变革重要的科学技术之一。随着科技进步，新型分割算法不断被开发出来并广泛实践。如今在猪只智能点数、羊脸快速识别、动物体重预估、智慧体尺测量、精准饲喂等领域得到应用。

5. 人工智能技术在不同畜禽生产中的应用

（1）智慧养猪板块

2019年中国畜牧业协会会长李希荣在中国智能畜牧业大会上指出，从人工智能技术在畜牧业实践看，将人工智能技术同各养殖畜种充分融合，通过应用物联网、大数据、区块链等技术，可大幅度节省人工投入，降低生产成本，提高养殖生产效率。"智慧养猪+大数据"快速推进，使得养猪业再次成为人们关注的焦点，人工智能技术同养殖端的紧密连接标志着"互联网+畜牧业"进入新的发展阶段。

①猪只智慧识别

通过智能图像识别技术，采集猪只体貌、面部行为等表型特征，提取收集每只猪的外貌特征，实现精准定位和饲喂。基于RGB[①]的计算机脸部识别算法用于跟踪定位仔猪，识别准确率高达89.1%，但该算法易受背景光线

---

① RGB色彩模式是工业界的一种颜色标准，是代表红、绿、蓝三个通道的颜色。——编者注

强度及猪只清洁程度影响，常发生识别不准或识别错误等问题。为了减少背景光线强度变化、猪只停滞或行动缓慢等情况，可借助伪球算子边缘模型算法，实现猪只前景帧检测，降低其失真效果。

②猪只行为监测

猪的行为包括群居、采食、咬斗、易化、饮水、拱地、排泄、异食等。通过计算机视觉识别技术监测每只猪采食行为、饮水情况、猪群活动、母猪分娩、猪舍温湿度等，可为精准饲喂、精准管理、可视化管理等提供行为依据，并可提高猪的饲养水平。但计算机视觉识别技术监测猪只行为还存在许多亟待攻克的难题，数据信息量大和深度学习算法繁杂的瓶颈制约着图像实时传输和信息数据的处理速度，因此，猪只的行为监测技术还有待深入研究。

③猪只智能体尺参数和体重预估

通过计算机视觉识别技术对猪只进行体尺测量和体重预估，具有快、准、零接触等优点。目前针对猪只体尺和体重测量的智能手段主要采用物体识别算法和矢量量化联想记忆，利用 RGB 摄像技术，收集每只猪的行动轨迹，再通过卷积神经网络模型建模，能够准确测算出每只猪的体尺和体重。采用计算机视觉模型深度学习对每只猪体尺和体重建模改造升级，通过数据分析和参数优化，结论为基于体长、体宽、体高、臀宽和臀高的线性回归系数模型具有较好的预估准确度，预估值与真值的相关系数达到 0.996。

人工智能视觉识别技术应用于猪只体重估测、体况分析、体型鉴定，有利于猪场精细化管理和猪场管理者规范化运营，更有利于快速推动畜牧业智能化、现代化。在计算机深度识别技术方面，更需要不断精于人工智能深度挖掘图像分割、消声降噪、体重估测等算法。在饲养技术架构组织方面，猪场末端，原始图像采集，通过卷积神经网络建模过滤失真图片，利用黑匣子技术将有效数据传至云端服务器；在云端服务器，通过计算机深度学习算法建模，从而对大数据进行预处理获取体重信息，测算最佳出栏时间、补栏周转计划、智能评测出猪只生长性状，指导饲养人员合理投喂；在使用终端，管理者能够第一时间获悉猪只日增重，鉴于猪只体重数据提出合理喂养建议和预测预警等。

④人工智能技术猪场企业实践

2017年，内蒙古正大有限公司全面推进云畜牧平台建设，即云平台、云实景、云服务、云实景学习、畜牧大数据分析五大板块，该平台的创建将为我国全面推动畜牧业数字化、自动化、智能化树立典范。

2020年，华为发布《5G引领现代猪场AI使能智慧养猪》的报告。在未来智慧养猪过程中，真实数据将是现代化养猪的核心要素之一，更是智慧养猪迭代升级的核心驱动力。实现从"人管"到"数据管"猪场的改变，通过数字化管理猪场，结合人工智能技术做更科学的决策指导，从而实现养猪的标准化、程序化以及现代化。2021年3月，基于信息通信技术，华为进一步指出，华为智慧猪场将充分运用5G基础性技术优势，实现端边云协同、全网生态智能，全面构建现代化智能猪场生产体系。智慧运营中心（IOC）根据接入的全源性数据结合业务实际需要，迅速将分散的、异构的各类数据聚合在一个数据集，通过算法进行数据筛选、清洗、驯化、挖掘及研判，最后通过可视化管理系统（BIM）对猪场进行三维重构，将图形图像、数据统计、生物安全等信息进行智能分析，帮助管理者科学决策，使饲养、防疫、管理更科学智能高效。人工智能助力猪场繁育工作全面提升PSY[①]指数，实现无人化生产更加精准高效。

（2）智慧家禽板块

①智慧蛋鸡

智慧化、精准化大环境下的蛋鸡养殖，由借助独立机械的运营生产模式逐渐向大数据训练和智能化生产模式转变。我国南北温差较大，气候区域差异显著，进一步加大了规模化养殖场局部环境的控制，在实现蛋鸡场规模化、智能化、产业化的过程中，现代化智能远程传感器、云端服务器、智慧设备等的投入是必不可少的，需要通过自动化装备对温湿度、气体、风速

---

① PSY是指每年每头母猪所能提供的断奶仔猪头数。通俗的意思就是母猪一年可以产多少仔。——编者注

等关键参数进行计算机云端收集建库，提前设定蛋鸡棚舍各项参数指标及预警值，监测设定参数指标达到阈值时发出提示指令，管理员可第一时间通过移动设备或中央处理器对养殖环境进行远程控制，如自动控制湿帘风机、保温板、加热器、饮水等设备开关，以保持适宜的饲养环境，提高蛋鸡生产性能。

②智慧肉鸡

人工智能技术在现代化笼养肉鸡模式下不单纯是机械化、系统化、信息化的运用，还是实现肉鸡养殖全程无人化、智能化、数字化的关键举措。将智能设备、智慧脚环、自动控制等信息技术应用到养殖端每一个环节，如饲养安全管理、生物联防联控、线上远程诊断等多个阶段，从而实现肉鸡饲养的高产出、高回报、高效益。人工智能技术在未来现代笼养肉鸡饲养过程中应用会更加普遍。

目前在病死鸡监控方面，通过在现代化棚舍的走廊间装置专用的托架和可移动的RGP摄像机器人，将抓拍到的病死鸡的图片用于计算机深度学习和训练，通过图形图像大数据建模，经过训练的信息技术系统可迅速识别病死鸡、弱残鸡，从而避免了饲养员需要连续不断进行棚舍巡逻检查和依靠肉眼观察判断肉鸡的生长情况。通过智慧识别技术的融入和应用，有助于降低人工成本投入及肉鸡病死引发瘟疫造成的重大损失。

（3）智慧反刍板块

目前，在牛、羊规模化养殖中的智慧化技术主要包括环境监测技术、个体身份识别技术、精准饲喂技术和疫病远程诊断技术。凭借人工智能技术，根据智慧管理平台反馈动物行为信息及时得出可行有效的干预手段，为动物的健康生长建好最后一道智慧屏障，以实现生产效益最大化，为人类提供健康、安全、美味的绿色食品。

①环境监测技术

充分应用先进的科学技术有效监测牛羊养殖内外环境，是智慧化养殖牛羊的有效途径之一。大部分人认为建设智能化的现代牧场投入成本高，回报率低，但从长远和目前实践的牧场来看，智能化的现代牧场具有可持续性和较强的赢利能力。大量科研工作者和牧场生产实践表明，通过人工智能技术对棚舍的温度、湿度、光照等环境因素控制会更加人性化、及时化和舒适化，为反刍动物提供更加有益于生产的生长环境。随着低高频传感器技术、区块链技术和物联网技术的深入发展，利用低高频传感服务器将实时获取的牧场环控参数、图形图像传输至云端，通过复杂的计算机神经网络算法对收集的大数据进行洗选和训练，从而在智能手机、iPad和计算机等终端实现环控参数的数字化显示，成为规模化牧场普遍采用的信息管理模式。

②个体身份识别技术

动物个体身份识别技术已被广泛应用到畜牧业。动物身份识别的实现手段主要包括智能耳标、智慧项圈、超高频射频识别[1]、可穿戴设备等。牛羊个体身份的标识是实现其行为动态监测、标准化饲养及疾病预防预警的关键和基础。传统饲养模式中的常见身份标识技术手段有耳号、身体喷码、记录卡等。值得注意的是，近年来兴起的射频识别技术已在我国反刍动物身份标识中取得较大发展，通过智慧化的穿戴、跟踪、定位设备可以方便快捷地采集到动物的移动轨迹、生长状况、采食行为等。随着人工智能技术在畜牧业的不断发展，包括虹膜识别技术、姿势识别技术、面部识别技术等信息识别技术逐渐成为牛、羊、骆驼身份标识的主流手段，这也让个体健康档案的建立、生命体征状态的跟踪与预警变得更加准确和科学，但在实际应用过程中动物身份识别操作时必须联网在线，由服务器进行大数据比对运算上传至云端。据了解，现实中大多数规模牧场及育种场建在人烟稀少、远离城市、网络条件差的区域，并不能做到实时在线，当应用到更大范围时，对云端服务器的存储能力、运算能力、挖掘能力要求更高，从而导致运营成本过高。因此，在未来的动物识别技术上需要攻克的问题还有很多，要不断进行技术上

---

[1] 射频识别（Radio Frequency Identification，RFID）技术是一种无线通信技术，它可以通过电磁场实现对标签中数据的读取和写入。在RFID技术中，高频（HF）和超高频（UHF）是两种常见的工作频段。虽然它们都被广泛应用于各种领域，但在技术原理、应用范围和性能方面存在着明显的差异。——编者注

的颠覆和创新。

③精准化饲料投喂技术

所谓动物精准化饲喂就是根据不同动物的生长特点，合理进行营养搭配、精准施策、精细化管理以及饲料工艺设备等各环节有机结合的系统过程。实施营养精准管理和精准饲喂是牧场成功的关键，牛羊精准化饲喂包括自动投喂、智慧称重、人工智能分群和采食监测等一系列工作。精准化饲料投喂技术是动物个体识别、多源数据评测和智能化监控的集成性运用，通过结合反刍动物营养知识、生理信息、生物安全及管理水平，借助大数据智能化算法算力精准测定每只动物不同生长阶段的饲料用量，并调节饲喂器自动实现饲料投喂次数和数量，从而达到精准化定时、定位、定量精准投喂，满足不同动物品种、不同阶段、不同环境的动态化营养生理需求。目前，在日粮精准配方和实际喂养间还存在不可控的可变因素，如何把控各差异间的影响因子，对于动物实际摄入饲料的需求量还存在一定的挑战，因此，人工智能饲喂在未来规模化、精准化、现代化养殖中将大有可为。

④疾病远程诊断技术

疾病远程诊断是基于远程信息技术、图形图像技术、语义分割技术等现代科学手段，以互联网为传播媒介，实现对牧场动物疾病的实时在线远程诊断，从而实现行业知名专家与牧场工作人员的实时互动交流。通过牧场工作人员反馈及现场实时传回的图片和视频信息，专家在线观察和分析生病病畜的行为特征、饲养环境、生物安全、病变程度等，综合分析得出诊治措施和补救方案的全过程。随着新一代疾病远程诊断信息技术被逐步推广应用到牛羊等畜牧动物的疫病诊断和治疗中，出现了多种牛羊远程智能诊断平台，通过智能在线平台指导可实现对牧场远程影像诊断和疫病信息实时观察、分析、获取等功能。通过智能远程诊断技术的广泛推广，一方面可节省人财物力，降低疾病诊断不及时带来的不必要的经济损失；另一方面可不断丰富专家在线诊断经验，第一时间获得动物疫情流行趋势，更快更准地拿出治疗方案，阻击动物重大疫病的蔓延和发展。

二、新质采矿

矿山开采是除农业外，人类经济生产活动中最古老的行业：通过开采各类矿产资源，提供大量工业生产所需要的原材料和资源，是社会其他经济生产活动得以顺利开展的基础和前提。

生产效率低下是传统行业的普遍问题：盲目追求高速增长的时代已经结束，如何提高开采方式的精细化程度、改善生产效率、充分利用资源等问题已成为当前矿山生产的主要挑战。

（一）新质生产力：开启矿山生产安全、高效、智能化的发展新潮流

在露天矿山上，一辆辆无人驾驶的矿车正忙碌地穿梭于矿区道路间，车轮卷起的尘土如同翻滚的云团。人工智能时代下，科技赋能已然在传统矿山中生根发芽。中国航天科工二院 206 所无人矿卡项目团队深耕多年，成功实现"人工智能+"技术与露天矿山生产的结合，用航天技术悄然改变着传统矿山开采的作业面貌。新质生产力正在开启矿山生产安全、高效、智能化的发展新潮流。

1. "人工智能+"使矿山生产更安全

矿山安全，核心是人员安全。"少人则安、无人则安"是矿业的安全准则，而实现"少人无人"目标，就必须牢牢围绕"矿山自动化、无人化"这一课题进行深入研究。近年来，由于智能化程度不足，露天矿山生产在矿区运输环节仍普遍存在劳动密集的状况，高安全风险和效能不足的问题仍然亟待解决。在此背景下，无人驾驶技术与矿区运输业务的融合逐渐成了行业关注的焦点。

国家近年陆续发布的《关于加快煤矿智能化发展的指导意见》《关于进一步加强矿山安全生产工作的意见》等多项政策，明确提出了"机械化换人、自动化减人""到 2025 年露天煤矿实现智能连续作业和无人运输"等要求。

瞄准行业发展的重大机遇，中国航天科工二院 206 所在这一领域迅速发力，决心用新质生产力为传统能源行业插上"高科技、高效能、高质量"的翅膀，筹划组建了无人矿卡项目团队。"21 世纪的矿业，就是要推进落实'人工智能+'行动，构建一种新的智能模式，让人工智能、大数据、物联网等技术和矿山生产的结合越来越紧密。"中国航天科工二院 206 所无人矿卡团队的负责人说道。矿山无人智能化不仅是对矿山行业的一次深刻革命，也是对科技创新能力的一次严峻考验，长期致力于人工智能技术研发、始终关注国家能源安全的中国航天科工二院 206 所，正努力为这一挑战寻找答案。

要实现矿区运输无人化，就要实现无人驾驶功能。基于自身地面特种车辆技术和无人智能技术优势，中国航天科工二院 206 所无人矿卡团队将传统矿车进行车辆线控化改造，并致力研究智能驾驶、云控调度以及地面辅助作业系统，从而研发出可以实现智能决策、安全行驶、全局规划、集中调度的"车—地—云"协同矿山无人运输系统，可以有效解决露天矿山开采运输环节中人员劳动密集、安全生产风险高等问题。

2. 探索就是奔走于崎岖的"山"路

然而，解决方案的落地并不代表最终的胜利。要打造成熟产品，需要在大量的测试和运营中，充分验证功能并优化性能。这是一条"崎岖的矿山路"，无人矿卡团队持续寻找着兼顾先进性、实用性、可靠性、经济性的最优解。

矿区的环境大多比较恶劣。无人矿车必须能够应对长期的高温、极寒、暴风、扬尘等严峻挑战，团队所面对的试验条件也是极其艰苦的。"记得在最炎热的天气里，露天矿场上连一丝云彩都没有，高温、暴晒，但这正是我们所需的试验条件。"团队顶着烈日、不畏酷暑，在闷热的驾驶室中完成了一项又一项试验测试，顺利开展了无人矿卡在矿区的"装—运—卸"全流程作业、遇障停车、绕障等功能验证，实现了无人矿卡厘米级运动控制精度、分米级障碍物检测精度，为后续矿区运营打下了坚实基础。

无数日夜的矿上跑车验证，终于平坎坷成大道。目前，团队已经顺利完成系统优化，轻重载运输、上下坡运输、装卸载、实时调度等多项功能的开发，实现了功能软件的模块化、系列化和通用化。为矿山提高生产效率、降低人工成本、减少人为失误和事故的目标已经近在眼前。

随着"人工智能+"技术的不断发展和应用推广，传统的产业边界被重新定义。今天，无人驾驶的矿卡已经能在矿山上自由穿梭，我们站在了矿业智能化的新起点。随着新质生产力的不断赋能，未来，更多的无人化设备将投入生产，智能化系统更将全方位应用。"人工智能+"技术或许不再是冰冷的概念，而是融入矿业乃至各个行业中，推动社会的不断进步与发展，守护着我们的安全。

（二）煤矿如何发展新质生产力

随着我国经济的持续发展，能源需求不断增长，煤矿产业作为我国能源体系的重要组成部分，其发展态势日益受到关注。新质生产力是新时代煤矿产业转型升级的关键，对于提高煤矿生产效率、保障能源安全具有重要意义。

1. 煤矿新质生产力的内涵与特征

煤矿新质生产力是指在煤矿生产过程中，以科技创新为引领，以高效能、低消耗、绿色环保为特征，实现煤矿生产要素优化配置和生产方式变革的先进生产力。煤矿新质生产力具有以下特征：

（1）科技创新驱动：新质生产力以科技创新为核心，推动煤矿生产技术不断突破，提高生产效率。

（2）高效能：新质生产力注重提高煤矿生产设备性能和工人素质，实现高效能生产。

（3）低消耗：新质生产力倡导节约资源、降低能耗，实现可持续发展。

（4）绿色环保：新质生产力强调生产过程中的环境保护，减少污染排放，实现绿色生产。

2. 煤矿新质生产力的主要方面

（1）技术创新：煤矿新质生产力的发展离不开技术创新。通过研发和应用先进开采技术，提升矿井安全监测与预警技术，发展智能化矿山设备等，提高煤矿生产效率和安全水平。

（2）管理创新：优化煤矿生产组织管理，推广先进的管理理念和方法，提高煤矿管理水平。

（3）人才素质提升：加强煤矿人才队伍建设，提高员工的专业技能和综合素质，为新质生产力发展提供人力支持。

（4）资源配置优化：合理配置煤矿生产要素，提高资源利用率，降低生产成本。

（5）绿色发展：强化煤矿环境保护，推动煤矿生产与生态环境和谐共生。

3. 提升煤矿新质生产力的路径

（1）加强科技创新能力：企业应加大研发投入，与高校、科研院所合作，培育具有自主知识产权的核心技术。同时，鼓励员工积极参与技术创新，建立激励机制、激发创新活力。

（2）推进智能化矿山建设：利用现代信息技术、物联网、大数据等手段，实现煤矿生产、安全、管理等环节的智能化，提高生产效率和安全水平。

（3）提升人才素质：加强煤矿人才培训，提高员工的专业技能和综合素质。同时，引进和培养一批具有国际视野的高层次数字化人才，善于提取数据、分析数据、运用数据，为新质生产力发展提供人才保障。

（4）优化资源配置：合理规划煤矿生产布局，优化生产要素配置，提高资源利用率。同时，加强内部管理，降低生产成本，提高企业效益。

（5）推广绿色开采技术：加大绿色开采技术的研究与推广力度，减少环境污染，实现煤矿生产与生态环境和谐共生。

（6）加强政策支持：政府应出台相关政策，支持煤矿企业开展新质生产力提升工程，为企业提供资金、税收等方面的优惠。

三、新质制造

新质生产力，是制造业走向智能化、高效化的必由之路，也是企业在激烈的市场竞争中立于不败之地的关键。从产业升级视角来看，新质生产力是制造业转型升级的关键所在。它通过引入先进的生产技术和智能化设备，提升制造业的生产效率、产品质量和市场竞争力，推动产业的可持续发展。

（一）"新质生产力"对促进化工业高质量发展的意义与路径

在中国，许多化工企业已经在积极践行新质生产力的时代要求，通过技术创新、绿色发展、产业结构调整等方式提升自身的生产力水平。这些国资及民营石油化工企业仅仅是在践行新质生产力过程中的缩影，不仅提升了自身的竞争力和可持续发展能力，也为中国化工产业整体升级发展注入了新的活力。可以看到，很多企业已经将安全环境看成企业持续高质量发展的第一要务，这也是新质生产力和新发展理念在产业落地生根的重要标志之一。

1. 提升化工产业新质生产力的路径与举措

怎样利用新质生产力的总体要求提升中国化工产业的发展水平，可以从以下几个方面入手：

（1）重塑现代产业文明和产业文化：文化塑造理念、理念引导战略、战略促进升级、升级推动发展。中国的化工产业在引入一系列迎合时代要求的理念方法的同时，也必须在习近平新时代中国特色社会主义思想引领下、在新发展理念的指引下，重塑中国特色的产业文明和产业文化。坚决抛弃简单粗放拍胸脯式的产业变革。

（2）加强科技创新和研发投入：通过设立科技创新基金、鼓励产学研合作、加强与高校和研究机构的联系等方式，推动化工产业的技术创新和研发。目标是掌握核心技术和知识产权，提高自主创新能力。

（3）推动绿色发展和可持续发展：制定绿色化工产业发展规划，推广清洁生产技术，建立绿色化工产业园区，加强废弃物的回收和处理，实现化工产业的绿色转型。

（4）优化产业结构和布局：通过兼并重组、淘汰落后产能、发展高端化学品和精细化工等方式，优化化工产业结构。同时，合理布局化工产业，避免盲目扩张和重复建设，提高产业集聚度和竞争力。

（5）加强人才培养和引进：建立完善的人才培养和引进机制，通过校企合作、定向培养等方式，培养一批懂技术、善管理、会经营的高素质人才。同时，积极引进海外高层次人才和团队，提高化工产业的整体人才尤其是行业管理和企业管理人才水平。

（6）加强国际合作和竞争：积极参与国际化工产业合作和竞争，加强与国外先进企业的交流和合作，引进国外先进技术和管理经验。同时，鼓励国内化工企业重新"走出去"，拓展国际高端市场，提高国际竞争力。

（7）深化体制机制改革：通过深化体制机制改革，打破行业壁垒和地区封锁，推动化工产业的市场化、法治化、国际化发展。同时，加强政策引导和支持，为化工产业发展创造良好的政策环境。

（8）充分发挥市场机制：利用市场竞争机制与政策引导、淘汰落后产能；强化对企业的帮扶效果，在淘汰落后企业的同时鼓励企业引入新的发展理念与模式，实现产业提升与稳定就业同步发展。

综上所述，新质生产力，为推动中国化工产业实现高质量发展提供了根本依据和实施路径、方法与策略。中国的化工产业在承担了全球产业链不可或缺和无法替代的重要角色的同时，通过再塑产业发展理念和路径，以全球和谐发展生态优先为己任，中国的化工产业不仅会持续贡献于中国的经济社会发展，也将对全球的产业发展和人类进步贡献更多的智慧和实践范式。

2. 全国人大代表、传化集团董事长徐冠巨建议将化工中试项目纳入科技项目管理

徐冠巨表示，化工产业高质量发展核心在于原创性、颠覆性科技创新及其工业化应用，我国科研院所的实验室技术研发实力不弱，但产业化转化不足，在实验室技术与产业化应用转化的中间环节存在"卡脖子"情况。

中试研究是打通实验室创新与技术产业化之间的桥梁，是解决化工新材料领域高端材料进口替代、打造产业全球竞争力的关键。目前，虽然江苏、

安徽、浙江及江西九江等省市出台了相应化工中试基地建设或化工中试项目管理试行办法，但尚欠缺国家层面化工中试项目的统一管理办法。而且，化工中试实质是研发的一个必备阶段而不是成熟生产项目，现有的试行办法参照生产项目进行管理，存在审批时间长等问题，不符合中试过程周期短、工艺和装置变更频繁等实际情况。当前化工中试仍然是很多企业创新的"堵点"，有较多创新卡在这个环节，无法进一步走向产业化。

徐冠巨建议，明确将化工中试纳入科研项目管理，并制定全国性化工中试试验项目管理办法。从国家制度层面解决我国开展化工行业中试过程中立项审批难、标准不明确等方面的问题。统一我国化工中试项目的管理要求，明确化工中试试验为科研项目的一个阶段，弱化参照生产项目管理要求的事前审批，加强事中事后监管，解决中试项目周期短、工艺和装置变更频繁导致的立项审批难、过程变更审批次数多等矛盾。对企业主体实现分层分级管理。允许具备实力的中试项目主体按照要求自行或联合组织项目评审与实施，加快科技成果的转化速度。鼓励企业等主体打造开放式中试平台。减少中试基地的数量，进一步提升中试基地的使用效率，减少安全环保监管难度。

3. 全国人大代表、万华化学集团股份有限公司董事长廖增太在全国两会上提交了一份《加快人工智能与化工行业深度融合加速形成新质生产力》的建议

该建议提出了以下三条具体建议：一是由政府牵头组织相关部门、高校、化工行业协会、数据标准组织，建立符合国际标准的化工行业数据标准，组织收集化工行业通用基础数据，并进行专业数据标注，形成国家级化工行业通用数据集，为行业基础大模型训练及智能化建设提供数据基础；二是提供政策性支持，鼓励人工智能在化工行业典型应用场景先行先试。在国家层面对制造业数字化转型编制指导性的规划意见，尤其是在化工材料分子发现、分子逆向合成、材料大模型、工业设备故障预警、生产工艺优化等化工制造业场景。鼓励人工智能技术在化工行业的广泛应用，助力化工行业高质量发展；三是建立完善的人工智能人才培养战略和引进政策，强化人工智能人才体系建设。在国家层面制定人工智能人才培养战略规划，完善人工智能领域高端人才的引进和留用政策，为高端人才提供良好的科研条件和职业发展空间。建立健全人才评价体系，充分考虑人工智能领域的特殊性，对人才成果进行科学公正评价，尊重并保护人才创新权益。

4. 新质生产力：为碳排放做减法，为科技做加法

新质生产力有别于传统生产力，涉及领域新、技术含量高，依靠创新驱动是其中关键。

在"双碳"目标的时代背景下，新质生产力被赋予了"绿色"的时代底色，将发展生产力和保护生态环境有机结合，促进产业经济绿色转型、人与自然和谐共生成为共识。减排不是减生产力，也不是不排放，而是要走生态优先、绿色低碳发展道路。当前，能源化工行业急需发展新质生产力，摆脱传统减碳路径，找到更高效能、更高质量的绿色低碳之路。

在 2023 年 10 月举办的庆祝中国石化大连（抚顺）石油化工研究院成立 70 周年学术报告会上，多位院士以"能源化工新起点，碳路未来新前沿"为主题，探讨"碳达峰、碳中和"实施路径、炼油化工行业绿色低碳发展、新能源新材料产业高质量发展等话题，为加快能源化工领域关键技术攻坚指引方向。

（1）新减碳路径 1——二氧化碳捕集、利用与封存技术

二氧化碳捕集、利用与封存（CCUS）是碳捕集与封存（CCS）技术的新发展，即把生产过程中排放的二氧化碳进行捕集，继而投入新的生产过程，实现循环再利用，而不是简单地封存；与 CCS 相比，CCUS 可以将二氧化碳资源化，产生经济效益，更具有现实操作性。

我国碳减排时间紧、强度大、化石能源占比高，因此必须采用组合技术保障目标实现。同时，在与新能源优化组合方面，CCUS 可以使化石能源与新能源实现竞合关系，"化石能源 +CCUS"与新能源互补，可为经济社会发展、能源安全和"双碳"目标的实现提供支撑。

随着我国"双碳"目标的提出及碳减排工作的推进，CCUS 技术研发和部署受到高度重视，处于快速发展阶段，未来有望形成具有技术经济性

的新兴产业。中国工程院院士、油气田开发地质与开发工程专家李阳提出，CCUS 是工业行业深度减碳的必然选择，是新型能源系统的支点技术，是有效降低减碳成本的重要技术手段。

国际能源署报告显示，预计到 2050 年，钢铁行业采取工艺改进、效率提升、能源和原料替代等常规减排方案后，仍剩余 34% 的碳排放量，就算氢能直接还原铁技术取得重大突破，剩余碳排放量也超过 8%；水泥行业采取常规减排方案后，仍剩余 48% 的碳排放量。CCUS 正是这些行业深度减碳的必然选择。

CCUS 技术在"双碳"进程中起到怎样的作用？李阳表示，要从消费侧入手，分析碳排放特征，依据国家能源和产业发展战略，建立能源、产业及 CCUS 之间的交互关系模型，构建 CCUS 固碳的计算方法，评价 CCUS 在实现碳中和中的贡献。根据目前技术发展情况，预计到 2050 年，CCUS 减排贡献将达到 10 亿吨 / 年，减排 10%~15%。

中国石化较早地开展了二氧化碳捕集、利用与封存技术研究与示范，目前已经取得了一系列重要成果。

一是形成三种主要排放源捕集技术，并进行了示范应用，技术水平与国际同步，具备了良好的应用前景。

二是形成了低渗透、高含水油藏驱油及封存技术，这两类油藏是我国增储上产的重要领域，二氧化碳驱油技术解决了低渗透油藏注水开发"注不进、采不出"难题，有效推进了增储上产；高含水老油田占全国总产油量的 60% 以上，二氧化碳具有"透水替油"作用，可有效驱替高含水油藏剩余油，延长油田的生命周期。通过近年来的攻关，已形成了二氧化碳驱油封存的配套技术，并建立了碳封存潜力评价及减碳核查、全生命周期安全评价技术，实现了增油与封存的"双赢"。据研究，我国适合二氧化碳驱油地质储量近 200 亿吨，可以增加原油产量超过 20 亿吨，封存二氧化碳超过 100 亿吨，在增产原油保障国家油气供给安全的同时，也实现了二氧化碳的封存。这些增产的原油在其开采、加工、利用和运输过程中排放的二氧化碳量小于封存的量，因此可以说是"绿油"。

三是二氧化碳矿化转化技术，具有多种应用场景，既可以对固废进行处理利用，又可以进行特殊资源提取，在实现碳减排的同时，实现固废资源化利用和高值化产品生产。中国石化在普光气田开发了二氧化碳矿化磷石膏技术，将普光气田产生的尾气中的二氧化碳与磷石膏进行反应，转化为碳酸钙和硫基复合肥，实现磷石膏中钙、硫资源的高值化回收利用。

（2）新减碳路径2——生物制造技术

化石能源的利用大大促进了物质文明的发展，但其大量使用带来的资源、能源与环境危机，正向人类社会发起新的挑战，人们期待未来将有一种新的生产模式及生活方式的变革。中国工程院院士、南京工业大学教授、国家生化工程技术研究中心主任应汉杰提出，发展"阳光经济"（生物经济）是缓解人类社会危机的重要解决方案，生物技术成为继信息技术之后各国竞相发展的新型战略产业技术。

近年来，世界主要经济体纷纷聚焦生物制造产业，制定相关政策，积极布局生物制造技术产业。欧盟的《工业生物技术远景规划》提出，到2030年，生物基原料将替代6%~10%的化工原料，30%~60%的精细化学品将由生物基获得。美国的《生物质技术路线图》指出，到2030年生物基产品将替代25%的有机化学品和20%的化石燃料。

相比通过碳捕集等方法对二氧化碳直接利用，生物制造则是通过生物质间接利用二氧化碳，以碳利用、碳减排、碳置换、碳汇聚的方式降低碳排放量，为人类生活提供更加高质量的物质基础和生存环境，推动"农业工业化、产业绿色化"，促进新业态向绿色、高效、高值化方向发展。

根据经合组织的统计，2018年全球大约3%的化学品来自生物制造，预计2030年约35%的碳基化学品和其他工业产品来自生物制造，2060年将达到50%以上。应汉杰表示，生物制造将为化学品和材料的绿色制造开辟新的原料和路线，赋能传统化工产品及生产过程转型升级，有利于碳中和。

例如，"三烯三苯"是传统工业中重要的基础原料，可通过生物制造过程获得。而生物反应过程中的乳酸、糠醛、琥珀酸、衣康酸、丙烯酸、己内酰胺等平台化合物，可衍生大量石化下游产品。

乙烯是产量最大的基本化工原料，是石油化工产业的核心。目前全球主要生物基聚乙烯生产商，例如巴西的 Braskem、美国的杜邦、沙特的基础工业公司、日本的三菱等，逐步开设了生物乙烯工厂及制备生物基聚乙烯的生产工艺。相比传统化学工艺，甘蔗—乙烯技术可减少约 60% 的能耗和 40% 的温室气体排放；生物基 1，4-丁二醇（BDO）可减少超过 70% 的温室气体排放；纤维素基聚羟基脂肪酸酯（PHA）对温室气体减排的贡献甚至超过 90%。生物乙烯大规模生产的成功，为乙烯的制造提供了新的可再生原料和新的生产方法，为传统化工的可持续发展提供了最有希望的样板。

（3）新减碳路径 3——大规模可再生能源制氢及高效储氢技术

"双碳"目标下，氢能是实现石油化工行业深度脱碳的必然选择。相关机构数据显示，2021 年我国氢气需求量在 3300 万吨左右，其中超过 2800 万吨用于石油化工行业。当前我国氢气主要来自化石能源，64% 来自煤制氢、14% 来自天然气制氢，粗略测算，生产 2800 万吨氢气需要排放近 5 亿吨二氧化碳。通过合理的方式推动"绿氢替代灰氢"（可再生能源分解水制氢替代化石能源制氢），可大幅降低行业碳排放量，进而收到固碳甚至负碳排放效果。

绿氢是通过太阳能、风能等可再生能源分解水制取，生产过程中基本不产生温室气体，其产业链条上游连接着光伏、风电等新能源产业，下游应用在化工、冶金、交通等产业，对推动现代化产业体系的绿色转型起到重要作用。

2023 年 8 月 30 日，我国规模最大的光伏发电直接制绿氢项目——新疆库车绿氢示范项目全面建成投产。该项目是国内首次规模化利用光伏制氢的重大项目，电解水制氢能力 2 万吨 / 年、储氢能力 21 万标准立方米、输氢能力 2.8 万标准立方米 / 小时，每年可减少二氧化碳排放 48.5 万吨。该项目生产的绿氢全部供应塔河炼化，用于替代炼油加工中使用的天然气制氢，实现现代油品加工与绿氢耦合低碳发展，使我国绿氢工业化规模应用实现零的突破。

面对可再生波动电源制氢的技术难题，中国石化通过自主开发绿电制氢配置优化软件，将电控设备与制氢设备同步响应匹配，实现了"荷随源动"，大幅提升了对波动的适应性，项目还形成了一套集合预测光伏发电、电氢耦合自动化控制工艺包创新性技术，可根据光伏发电情况，预测产氢量和外输量，实现制、储、输的自动计算和控制，全流程、全天候、自适应、低成本安稳运行，实现"智能生产"。此外，该项目先后完成了万吨级电解水制氢工艺与工程成套技术、绿氢储运工艺技术、晶闸管整流技术、智能控制系统研发等创新成果。

目前，氢的储存运输是制约氢能发展的关键瓶颈。当前全球严重缺乏高效安全的氢储运技术，导致前端氢产能过剩、后端氢供应不足，且绿氢占比低。氢难以常温常压储存，一般使用高压气态储氢或是低温液态储氢，难以解决本质安全问题。

中国工程院院士、亚太材料科学院院士潘复生提出，镁基储能材料具有资源储量丰富、成本低和安全性能高、环境友好的优势，是极具潜力的新一代储能材料。一旦技术实现产业化突破，其市场潜力可达万亿美元以上。目前，我国在镁基储能材料领域的研究处于世界前沿。

镁是所有固态储氢材料中储氢密度最高的金属材料，理论上的储氢密度可达气态氢密度的 1000 倍、液态氢的 1.5 倍。同时，由于镁储氢是常温常压，可大幅降低成本，且安全性也远高于高压气态和液态储氢。

然而，目前镁基固态储氢材料面临热力学稳定性、动力学性能、循环吸放氢性能等多方面问题。如何设计材料成分、改变反应路径、显著降低反应温度、探索出高性能储氢材料成分；如何促进氢的解离、扩散、结合，增强反应动力学性能，提高吸放氢速率；如何提高材料与氢相互作用后，材料本身化学组成与性质的稳定性，成为亟待解决的问题。

（二）伊利正加快形成"奶业新质生产力"

"中央提出要'加快形成新质生产力'，通过科技创新加速产业升级、拉动经济增长。我们也要抓住数字经济发展带来的产业跃迁新机遇，以科技创新为引领，以人才发展为支撑，持续推动全产业链的数智融合和绿色发展，加快形成'奶业新质生产力',推动中国奶业走向更创新、更高效和更可持续的发展道路。这既是现实所需,更是未来所向。"在2023年伊利领导力峰会上,伊利集团(以下简称"伊利")董事长兼总裁潘刚如此说道。

目前,伊利正加快形成"奶业新质生产力",以期实现中国奶业的"新跃迁"。

1. 全链创新增强产业核心竞争力

伊利股份2023年第三季报显示,其创新成果转化提速,上市多款健康新品,收获市场积极反馈,2023年前三季度营业总收入达974.04亿元,净利润实现16.36%的增长,双双创历史新高,核心经营能力持续提升。

骄人成绩单背后,离不开伊利将创新作为重要发展战略的积淀。多年来,伊利陆续在欧洲、大洋洲、东南亚等地打造了15个创新中心。依托全球领先的创新体系,伊利围绕产业链布局创新链,形成"从一棵草到一杯奶"的创新链路,解决全产业链技术瓶颈,加速推动技术成果转化和应用,增强中国奶业的核心竞争力;建成世界领先的奶牛核心育种场,成功培育出国内排名第一的种公牛,创造中国种牛在国际舞台上的历史性突破;在国内率先开发的裹包青贮技术,使2023年头茬苜蓿指标全部达到优级及以上,达到美国苜蓿草顶级水平;科研团队成功解决乳糖不耐受人群无法饮用牛奶的全球性难题,让更多消费者能品味健康产品,同时推出全国首款控糖牛奶,可抑制糖分分解,平稳餐后血糖;多年研究、攻坚,实现全球首创的乳铁蛋白定向提取保护技术,将常温纯牛奶乳铁蛋白保留率由10%提高到90%以上。

相关数据显示,截至2022年12月底,伊利全球专利申请总数、发明申请总量位居全球乳业第二名,成为引领奶业振兴的创新高地。此外,由伊利牵头建设的国家乳业技术创新中心,是全国唯一的国家级乳业技术创新中心,集聚了中国规模最大的乳业顶尖智库。

"伊利联合其他共建单位致力围绕全产业链进行创新链布局,形成了覆盖奶业全产业链的创新实体网络,探索一条具有中国特色的奶业高质量发展之路,抢占全球产业技术创新制高点,打造具有全球影响力的奶业科技创新枢纽。"伊利执行总裁刘春喜说。

2. 数智升级推动供应链转型发展

全链数智化是加快形成新质生产力的有力支撑，也是伊利紧抓数字经济发展机遇的生动写照。在 2023 年 8 月 5 日举行的世界奶业大会上，潘刚表示，伊利持续关注前沿技术，不断提升数字技术应用能力，推动数字新技术与产业链核心业务的增值融合，优化奶业发展路径。

上游，数字化实现了牧场的智能精益管理。伊利建设了全球智能化程度最高、低碳环保技术最先进的敕勒川生态智慧牧场。在这里，数字化智慧管理覆盖了奶牛的"衣食住行"。伊利还开发了"伊利智慧牧场大数据分析应用平台 3.0"，并向合作牧场免费开放。

中游，数字化帮助工厂大幅提升生产效益。伊利打造智能工厂，全程无人化、过程透明化、生产高效化、信息可溯化……通过数智化赋能，提高生产效率、提升生产效益。推动全产业链数智化转型以来，伊利端到端的产品创新周期缩短了 20%，间接采购效率提升了 40%，采购成本下降了 10%，整体采购成本市场一直保持着 5%~7% 的优势。

下游，数字化赋能市场洞察消费者内心。伊利推动"全域、全场景、全生命周期"的消费者数智化运营，让伊利成为消费者的"知心人"，消费者有所心动，伊利就有所行动，不断打造满足消费者多元需求的健康产品。

作为龙头企业，伊利在业内率先启动数字化战略，将数字化能力嵌入到上游的牧场管理、中游的生产，以及下游的物流和营销等各个环节，率先完成了跨越产业链上中下游的全链数字化布局，从而打造更加高效和可持续的奶业产业链，全链数智化正在让奶业摆脱传统增长路径，加快迈向高质量发展。

3. 绿色发展创造全产业链协同价值

早在 2007 年，潘刚就提出"绿色领导力"的发展理念，并逐步升级为"绿色产业链"理念，伊利也成为中国奶业绿色发展的先行者，持续引领行业推进绿色转型升级。

目前，伊利创新全生命周期环境管理模式，积极构建"零碳产业链"，致力于 2050 年前实现全产业链碳中和，并携手全球奶业合作伙伴，筑牢可持续发展生态圈。

"厚度优于速度、行业繁荣胜于个体辉煌、社会价值大于商业财富"。多年以来，伊利不断构建和完善产业链功能，实现产业集聚效能，同时还充分发挥龙头企业的技术、管理、资金等优势，通过"利益联结机制"，与农牧民结成利益共享、风险共担的共同体，通过产业链赋能和乡村人才培养，带领农牧民共同增收致富。截至 2023 年 12 月底，伊利为 1.2 万多户产业链上下游合作伙伴提供了金融扶持，累计融资金额超 1400 亿元。

从草原出发到享誉国际，伊利已经成为中国乳业一张闪亮的名片。潘刚表示，伊利将继续坚持以"科技创新"为引领，提升全链数智化水平，加快绿色转型，实现人才的接续传承和行业的融通发展，带领行业推进形成向"奶业新质生产力"的跃迁。

（三）杭州再生资源新质生产力的应用

在浙江省杭州市临平区，数智化再生资源分拣中心应用的"AI 识图智能分拣"先进模式，是"联运环境"运用数智赋能废旧物资循环体系发展新质生产力的一种具体实践。

再生资源回收整治规范建设工作不仅有利于节约资源、回收资源、改善民生，而且有利于保护环境、减少污染、造福社会，是促进循环经济发展，转变经济发展方式的重要举措。

日前，浙江省杭州市发布了《杭州市再生资源回收行业污染整治提升实施方案（征求意见稿）》（以下简称《方案》）。该类方案首次由地方政府发布。《方案》确定 2024 年年底，全市基本建成再生资源回收网络体系，生活垃圾分类实现市区全覆盖，建成绿色分拣中心 10 家以上，分拣利用专业化、精细化、规范化水平明显提升，全链条、可追溯"互联网＋回收"模式广泛运用。《方案》提出"加快完善再生资源回收体系建设""提升分拣利用专业化规范化水平""深化再生资源回收企业污染防治""强化再生资源回收行业数字赋能"和"健全再生资源回收行业监管机制"五大工作任务，还重点推广了体系中的垃圾分类前端"联运环境"等先进回收模式。

这是联运回收模式再一次被政策提及，一方面表明联运环境着力构建的全链再生资源回收体系已获得了行业内外的广泛认可，同时也体现了数字化回收模式能够系统推进各领域废弃物循环利用工作，着力提升废弃物循环利用各环节能力水平，加强废弃物循环利用政策协同、部门协同、区域协同、产业协同。作为行业数字化转型的先行者，联运环境近年来多措并举，坚持发挥技术优势，建立起再生资源回收全链路的闭环体系，从源头到末端实现全流程数字记录、溯源管理，让投放、收集、运输、处置等环节无缝衔接。前端，布局智能分类回收箱，高效回收全品类再生资源；中端，清运车辆将小区产生的可回收物运到再生资源分拣中心，过程中物联网、地理信息系统（GIS）等数字技术对清运车辆全程监管、智能调度；后端，经分拣中心数智化分选后，可将原材料运送至下游企业进行深度加工。

分拣中心作为行业污染整治提升的重点环节，《方案》指出，只有持续推进绿色分拣中心建设，加快推动现有再生资源分拣中心、加工企业提质改造，达到有固定厂房和分拣设施设备，全面提升自动化、信息化和智慧化水平，实现地面硬化、环境美化、绿色环保、管理规范的要求，才能有助于行业污染整治工作的提升。

此外，数字赋能也是《方案》重点提及的方面之一。在2024年2月23日下午召开的中央财经委员会第四次会议中就指出推动大规模回收循环利用，加强"换新+回收"物流体系和新模式发展。《方案》中大力推广的临平区"AI识图智能分拣"先进模式正是联运环境运用数智赋能废旧物资循环体系发展新质生产力的一种具体实践。早在2023年年初，联运环境针对再生资源回收点覆盖不足、缺少配套分拣加工设备、运输储存不便等行业痛点，在临平区建设升级了国内首个整装式数智化再生资源绿色分拣中心并将其打造成为行业标杆。通过自主研发智能分拣控制系统、智能分拣设备等手段，极大地提升了分拣效率和准确率，并保障了生产安全，根除了"粗放拆解""二次污染"等现象，助力再生资源体系建设的快速推进。目前，该分拣中心覆盖全区110万人，实现年垃圾减量5万吨。

因此，大力推进再生资源回收行业污染整治提升，构建科学精准的再生资源回收利用管理体系，合理管控废弃物回收分拣、消解处置压力、提升资源化利用比例，不仅可以有效解决废弃物污染问题，也是国家环境保护、资源循环利用，打造资源循环经济的有效手段，有助于保障我国实现碳达峰、碳中和目标。

四、新质交通

当前，随着数字信息技术的快速发展，数字化、智能化已成为交通运输行业高质量发展的重要特征，智慧交通、数据交通及相关技术正全方位重塑交通运输行业的发展形态、模式和格局。同时，全球以高速铁路、新能源汽车、自动驾驶运载工具、无人机等为典型代表的新型交通工具日新月异，正处于技术、组织等大突破、大颠覆、大发展阶段。

新质生产力下的交通产业相对于传统交通产业而言，是高速化、低碳化、智能化、高效化、节约化等现代化交通运输服务品质在产业发展的集中体现。新型交通产业包括新型交通装备制造业、新型交通基础设施建设业、新型交通运输业、新型交通关联业、新型交通绿色环保业等五大领域。

（一）新型交通装备制造业

以轨道交通装备制造业为例，轨道交通装备是国家公共交通和大宗运输的主要载体，主要包括干线轨道交通、区域轨道交通和城市轨道交通的运载装备、通信装备、运控装备和路网装备等各类装备。中国轨道交通装备制造业是创新驱动、智能转型、强化基础、绿色发展的典型代表，是我国高端装备制造领域自主创新程度最高、国际创新竞争力最强、产业带动效应最明显的行业之一。经历了60多年的发展，我国轨道交通装备制造业已经形成了自主研发、配套完整、设备先进、规模经营的集研发、设计、制造、试验和服务于一体的轨道交通装备制造体系，包括电力机车、内燃机车、动车组、铁道客车、铁道货车、城轨车辆、机车车辆关键部件、信号设备、牵引供电设备、轨道工程机械设备等 10 个专业制造系统，特别是在"高速""重载""便捷""环保"技术路线推进下，高速动车组和大功率机车取得了举世瞩目的成就。

当前，我国轨道交通装备发展重点是依托数字化、信息化技术平台，广泛应用新材料、新技术和新工艺，重点研制安全可靠、先进成熟、节能环保的绿色智能谱系化产品，拓展"制造 + 服务"商业模式，开展全球化经营，建立世界领先的轨道交通装备产业创新体系。其中，重点产品包括中国标准高速动车组、30 吨轴重万吨重载电力机车、城际快速动车组、100% 低地板现代有轨电车、中低速磁悬浮系统；重点零部件包括功率半导体器件、动力型超级电容器件、高速动车组车轴 / 车轮、列车制动系统、通信信号装备、齿轮传动系统、车钩缓冲系统；关键共性技术包括新型车辆车体技术、高性能转向架技术、电传动系统技术、储能与节能技术、制动系统技术、列车网络控制技术、通信信号技术等。

（二）新型交通基础设施建设业

2020 年 8 月交通运输部发布《关于推动交通运输领域新型基础设施建设的指导意见》，提出围绕加快建设交通强国总体目标，以技术创新为驱动，以数字化、网络化、智能化为主线，以促进交通运输业以提效能、扩功能、增动能为导向，推动交通基础设施数字转型、智能升级，建设便捷顺畅、经济高效、绿色集约、智能先进、安全可靠的交通运输领域新型基础设施。

1. 推进融合创新、协同高效的交通基础设施建设

围绕构建布局完善、立体互联的交通基础设施网络体系，落实国家新基建要求，以数字赋能公路、铁路、桥梁、隧道、航道、港口等基础设施，推动交通工程基础设施全要素、全周期数字化，提升交通基础设施智能化程度，充分发挥传统基础设施强基固本、新型基础设施提质增效的作用。

2. 建设统筹集约、适度超前的交通信息基础设施

依托大数据中心、云资源以及一体化基础平台等，建设一数一源、多维服务、高效共享的智慧交通大数据中心，打造行业数据"一个库"、行业应用

"一张图"；建设行业数据资源采集、共享、更新、应用系列标准，实现行业数据资源全面治理，建立行业数据分析挖掘的系列算法库和数据分析应用模板；持续推动综合交通运行监测与协调指挥平台建设，加强跨部门、跨层级的协调联动，提升综合交通运输运行态势感知、应急调度和响应处置能力。

（三）新型交通运输业

一方面利用数字赋能提高交通运输治理能力，即构建"技术融合、业务融合、数据融合"的行业监管新模式。以5G、大数据、人工智能、云计算、区块链等技术为支撑，创新和完善行业治理方式，深化非现场监管、信用监管、联合监管等，对旅客运输、危货运输、交通基础设施建设、超限超载等重点领域及重点事项实现数字化监管全覆盖。强化事中事后监管，以建设安全应急、行政执法、联网治超、信用管理、建设管理等数字化治理重点应用为抓手，搭建行业"互联网+监管"综合平台，实现行业治理"一屏全览、一键触达"。同时，推进5G、北斗导航、大数据、人工智能、区块链等前沿技术在交通运输领域中的深度应用，聚焦交通运输政务服务、执法监管、运行管理三大领域，系统梳理相关政策、需求和问题，加强区域联动，加强多部门协同。

另一方面，促进新一代信息技术与交通融合应用。交通运输企业围绕数字企业、数字设计、智慧工厂、智慧工地、出行服务、电子不停车收费系统（ETC）、船舶过闸等生产经营和企业管理各领域，融合大数据、云计算、人工智能、5G、北斗卫星导航、区块链、BIM、GIS、数字孪生等技术开展创新应用。交通企业与工业互联网平台充分对接，寻找协同切入点，促进工业互联网平台数据在智慧管控、智慧生产等核心业务场景中的协同应用。实现"互联网+"技术在网络货运、网约车、多式联运、出行服务、城市配送、物流、维修驾培等方面的创新应用和发展。

（四）新型交通关联业

以交通大数据"聚、通、用"为核心，大力推动与相关部门、行业、企业合作，共同推进"互联网+交通运输""大数据+交通+旅游""大数据+交通+新业态"等模式。打造交通信息产业，鼓励交通企业利用市场投资手段积极布局芯片研发、人工智能等信息技术产业。

（五）新型交通绿色环保业

积极探索采用先进的数字技术、智能技术和绿色技术，以实现能源利用高效化、运输环境友好化、服务智能化和运营安全化的目标。例如采用新能源动力系统，降低运输工具运行过程中的碳排放；同时可通过数字化监测和诊断系统，实现运输装备的全生命周期管理和预测性维护，提高运输装备的可靠性和耐久性等。

例如，针对长大桥梁结构健康监测，苏交科集团自主研发了基于机器视觉的桥梁轻量化变形监测技术，能够实时监测车辆过桥时主梁跨中挠度变形，对超限挠度值进行报警，同时触发视频抓拍进行留存，以保障桥梁安全。在道路智慧养护与资产管理方面，苏交科集团研发的智慧运维平台，已在江苏、江西、天津、黑龙江等多地的 2 万多千米高速公路和城市道路上得到推广应用，大幅提高了道路养护效率，降低了养护成本。

出行有"智慧"，交通变"聪明"，新质生产力在交通产业上的应用，已是交通建设布局中的重点。通过推动数字赋能，推进智慧交通建设布局优化，注重统筹新一代信息技术与产业融合发展，不断提高交通运输数字化治理能力和服务水平，促进政府决策科学化、社会治理精准化、公共服务高效化，为交通运输行业高质量发展提供支撑。

（六）满帮智慧物流——物流行业新质生产力

在全球化进程的推进与大数据、人工智能、物联网等技术蓬勃发展的背景下，传统物流行业面临着转型升级的新挑战，新质生产力成为物流行业转型升级的关键因素。2024 年 2 月召开的中央财经委员会第四次会议强调，降低全社会物流成本是提高经济运行效率的重要举措。降低物流成本的出发点和落脚点是服务实体经济和人民群众，基本前提是保持制造业比重基本稳定，主要途径是调结构、促改革，有效降低运输成本、仓储成本、管理成本。

新质生产力如何推动物流企业高质量发展？智能物流与新质生产力之间是怎样的关系？公路物流行业亟须解决的问题是什么？满帮集团首席科学家陈朝晖给出了"满帮方案"。

1. 公路物流的"前世今生"

"在公路物流没有充分数字化前，只能通过物流园区办公室的小黑板传递运输信息。货主将订单信息通过中间人发布在物流园区办公室的小黑板上，货车司机在园区内浏览到自己心仪的订单后即可交定金接单，送货、卸货，又再去各个园区内寻找心仪的订单，周而复始。"采访一开始，陈朝晖就向记者讲起了公路物流的"前世今生"。

"而整个卸货、找订单、装货的过程，完全是一段被浪费的空驶距离，通过将发货人的物流信息汇集至移动互联网平台后，司机在网上就可以实现接单自由，甚至满足商讨价格等其他需求。"陈朝晖介绍说，公路物流充分数字化后，信息会被更多有需要的人看见。

谈及创新，陈朝晖表示"建立一站式物流平台，是公路物流模式创新的重中之重"。通过大数据、云计算等先进技术，实现了车货供需的高效匹配，不仅大幅缩短了货主的发货时间，还为司机提供了更多接单机会，有效降低了空驶率和运输成本。

2. "智慧物流就是物流行业新质生产力"

"物流行业亟须培育新质生产力，而智慧物流就是物流行业的新质生产力。"陈朝晖这样解释新质生产力和智慧物流之间的关系。

"满帮集团在提升新质生产力方面有三个举措。"陈朝晖介绍，"第一，铺设运输网络，让更多货主的需求实现数字化；第二，分析用户画像，实现车货供需高效匹配；第三，促进运输行业绿色化发展。"

将原先通过口口相传的旧运作方式，转化成平台上数字化的运输需求，再运用智能算法匹配的方式，寻找"最佳拍档"，提升物流效率、降低成本的同时大幅缩短货主的发货时间，还为司机提供了更多接单机会，有效降低了空驶率和运输成本，减少碳排放量，实现节能减排，促进行业绿色化发展。

谈及未来行业发展的大方向，陈朝晖斩钉截铁地说："一定是数字化。尽管从大环境看，依然有大量的货源采用'熟人介绍'的传统方式，但未来一定会有更多的运输需求走到一个数字化的公开平台上，需求越多，匹配率越高。"

"希望将来数字化和智能化可以赋能企业更具竞争力，让物流的整体成本下降，不再成为大成本项。"陈朝晖说出了自己的心愿。

"中国物流占到整个 GDP 的 14.7%，而在欧美国家这个比例在 8%~10% 之间，也就是说我们的物流成本比欧美国家多了将近 1/3，如果能让物流成本占 GDP 的比例有所下降，我就觉得这是一个十分有社会价值、商业价值的事情。"陈朝晖坦言，这也是自己选择加入物流行业的初心。

3."物流行业绿色化、数字化、智能化缺一不可"

"数字化、智能化、绿色化是我理解的新质生产力。"在陈朝晖心中，物流行业绿色化与数字化、智能化一样重要，三者缺一不可。

司机整体的油耗来源于三个部分，里程的利用率、载重的利用率以及不同能源货车的消耗也会不同。依托于数字货运平台背后的智能算法，提高车辆的里程利用率和载重利用率，达到节能减碳的目的。

除此之外，满帮平台在 2023 年推出了货车司机碳账户。通过计量司机在运输过程中降低了多少碳排放量，在碳账户上将其转化成对司机的奖励。一方面司机减少空驶的主动性提高了，另一方面还达成了节能降碳的效果，同时提升了司机在平台上的运输黏性。

"一年下来，我们大概有 1000 多万吨的碳减排量。"2023 年陈朝晖在《联合国气候变化框架公约》第二十八次缔约方大会发言时提出："满帮平台货车司机碳账户上线以后，中国货车司机正在实现从被动更换新国标车辆向提高满载率、降低空驶率、开通碳账户、碳积分变现的思想转变"。

数字化、智能化和绿色化是现代物流行业转型升级的关键方向，在碳达峰、碳中和背景下，绿色化已成为物流行业发展的必然趋势。在未来的竞争中，只有紧跟时代步伐，不断创新求变，才能在激烈的市场竞争中立于不败之地，推动行业在健康化发展的道路上走得更远、更稳。

五、新质金融

当前，数字经济已经成为构建现代经济体系的重要引擎。作为我国现代经济体系的重要组成部分，银行业一方面紧跟时代发展步伐，不断加大金融科技投入力度，深化数字化转型，提升数字化经营能力；另一方面持续加强创新驱动，在实现自身高质量发展的同时，也为数字经济发展提供了强大动力。

新质生产力在金融上的应用依托于互联网技术，运用大数据、人工智能、云计算等金融科技手段，使金融行业在业务流程、业务开拓和客户服务等方面得到全面的智慧提升，实现金融产品、风控、获客、服务的智慧化，在客户、运营、服务、产品、风控等关键领域集中突破，带动全局提升，推进全面打造数字化银行。通过金融科技赋能，创新金融产品和服务模式，推动银行业务形态发生深刻改变，提升金融精准服务能力，使金融资源更好地直达实体经济。

新质生产力帮助银行数字化的深度转型发展，全面提升科技创新核心能力，实现对业务模式、业务流程、运营管理全方位的数字化赋能，将金融科技深深地融入业务的各个流程环节，推动业务经营管理模式转型升级。随着5G、人工智能、量子计算等技术快速发展，先进技术与金融业务加速碰撞融合，金融业态正在发生深刻的变革，通过数字化的思维和手段去塑造金融业务流程和服务方式，促进银行数字化、智能化转型，重塑业务模式，建立智慧生态，在营销客户、服务客户过程中体现出金融科技的核心价值。

（一）优化数字化渠道

构建手机银行、智能柜台、智能客服多位一体的渠道服务体系，加强端到端金融服务渠道建设，为客户提供灵活、安全、富有特色的线上线下一体融合的金融服务。将生物识别、语义理解、知识图谱等人工智能技术融入金融服务的全过程，构建远程银行中心、智慧云网点，突破金融服务在媒介、时空方面的限制，丰富线上金融服务方式。充分借助虚拟现实、增强现实、生物识别、影像识别等先进技术，通过智能识别、智能认证、智能交互支持客户全程无证、无卡、无感地办理业务，将追踪、互动、共享等功能融合，实现金融服务全流程智能化和自动化。推动线下网点智能化改造，着力打造"5G+智能"金融生活馆，构建线上线下无缝衔接、无感体验的数字化智能空间。

（二）加强数字化活客

当前，客户的群体结构、行为方式、金融需求发生了重大变化，可通过全面收集客户的各类数据，设计特征标签并对客户特征进行标注，应用大数据、知识图谱等技术对客户进行全面刻画，形成360度全景画像，从而深入分析客户的兴趣爱好、个性特征、消费行为，设计丰富的营销策略，制定智能化、个性化营销方案，场景化、立体化、自动化地推荐金融产品，并深度挖掘潜在客户，引导、激发客户的金融需求，提高客户覆盖范围，拓展客户群体，最终大幅提高银行的精准营销和获客能力。同时，应建立客户流失智能预警模型，对客户流失开展监测和预警，加强客户成本效益分析，深入分析客户流失原因，制定有针对性的客户挽留方案，不断提升银行引客、活客和留客的能力。

（三）创新金融产品

充分收集客户财务、经营、交易或消费等各方面的大数据，结合随机森林、支持向量机、决策树等人工智能算法建立智能信用风险评估模型，注重客户的发展潜力、还款意愿、信用情况等软性指标，合理评估客户的还款能力，持续推出满足客户个性化、特色化需求的金融产品；注重在额度、定价、还款方式等方面的差异化配置，支持抵押、质押、信用、保证等多种形式的自由组合，不断完善线上线下融合的普惠金融产品体系。开展信用担保方式创新，基于区块链技术并结合产业链、供应链开展探索，整合形成相互联结的联盟链，建立资源共有、利益共享、风险分担的机制；基于联盟链链主企业进行信用拓展，形成更大的信用体，在此基础上设计产业链、供应链金融产品，支持对中小微企业首贷、续贷、信用贷，充分将金融资源低成本地配置到中小微企业。

（四）推进运营集约化

从企业级的视角和端到端的金融服务出发，建立全行统一的业务集中处理中心。打通各类业务系统、服务渠道和技术平台之间的边界，将结算汇兑、核算操作、授权管理、凭证鉴别、放贷作业等具有共性的操作性业务进行抽离，充分利用图文识别、图计算、机器人流程自动化等技术对全渠道、全机构、全网点的业务进行集中处理。相关业务凭证通过影像扫描后传到业务集中处理中心，集中专业资源进行统一作业，打造流水式、工厂化的集中作业模式，形成集约化运营管理体系，建立客户一点接入、全网响应、高效处理、智慧运营的服务模式，为客户营销、金融服务、产品创新提供高效的后台支撑，促进业务人员向高价值岗位流动，不断提升运营集约化水平和服务质量，实现降本增效。

（五）开展生态体系建设

采用共建场景、自建场景、融入场景等建设政策，推动开放银行的建设，通过金融云服务和金融服务接口调用双轮驱动，将金融服务能力赋予生态合作伙伴。加强银行和G端、B端、C端渠道端侧的互联、互动，使支付、融资、投资、资管等金融服务能力和政务、商务、生活场景深度融合，相互引流，彼此活客，为客户提供无界、无感的全场景智慧金融服务。通过生态体系建设，推动金融服务泛化更大范围、拓展更多领域。整合行业领域优质资源，在共建共荣中交互、碰撞和提升，不断创新信用增信机制，创造更多的商业形态和服务模式，开展综合金融服务，实现金融生态优势互补、多方共赢。

（六）实行数字化风控

利用大数据、人工智能、物联网等技术，融合银行内外部数据，对客户的行为特征、账户、经营活动、商品交易和资金流动进行动态监测和深入分析，形成资金流、信息流、商品流"三位一体"的立体监控模式，建立有效规则和智能模型，实时监测客户准入、交易事中、交易事后的异常情况，及时对相关风险进行拦截、防控和处置，实现对交易全流程的风险监测。不断创新信贷风控新模式，充分利用工商税务、司法征信、产业行业、企业经营管理、交易、物流等方面大数据，融合智能算法构建贷前评级授信评估、贷中还款能力评估、贷后预警等一系列智能评估模型，推进信贷风控数据化、智能化和线上化，在全流程智能化风控的基础上，大力推进普惠金融服务。

六、新质教育

2024 年两会期间，新质生产力被写入政府工作报告，并被列为 2024 年政府工作十大任务的首位：大力推进现代化产业体系建设加快发展新质生产力。新质生产力这个词成为网络热词，教育行业作为培养未来人才的关键领域，对新质生产力的应用尤为关键。

（一）新质生产力在教育行业中的应用

1. 新质生产力在教育行业中的作用

教育行业正面临着从传统教育模式向现代化、智能化、个性化教育模式的转变。新质生产力在教育行业的应用现状随着科技的不断进步和创新，新质生产力已经逐渐渗透到教育行业的各个领域，并带来了翻天覆地的变化。

首先，新质生产力在教育资源分配上发挥了重要作用。传统的教育资源分配方式受限于地域、经济、社会等因素，而新质生产力的引入使得教育资源得以更加公平地分配。

其次，新质生产力在教学方法和手段上实现了创新。传统的教学方法往往以教师讲授为主，学生处于被动接受的状态。新质生产力的应用使得教学方法和手段变得更加多样化、个性化。

最后，新质生产力还在教育管理和评估方面发挥了重要作用。传统的教育管理和评估往往依赖于人工操作，存在效率低下、误差大等问题。新质生产力的应用使得教育管理和评估更加智能化、自动化。

2. 新质生产力在教育行业中的应用

（1）教育信息化

随着云计算、大数据等技术的应用，教育信息化进程加速。在线教育平台、智慧课堂等新型教育模式应运而生，为师生提供了更加丰富、便捷的教学资源和学习体验。

（2）个性化教学

通过大数据分析和人工智能技术，教育平台可以精准地分析学生的学习习惯、兴趣爱好和优劣势，为每个学生提供个性化的学习路径和教学资源，实现因材施教。

（3）智能辅助教学

智能机器人、虚拟实验室等技术的应用，使得教学更加生动、形象。同时，智能辅助教学系统可以为学生提供实时的学习反馈和答疑，提高学习效率。

（4）教育评估与管理

新质生产力还可以应用于教育评估和管理领域，通过数据分析和模型预测，为教育机构提供科学、客观的评价和管理建议。

3. 新质生产力在教育行业的发展趋势

（1）技术融合与创新未来

随着技术的不断发展和融合，新质生产力在教育行业的应用将更加深入和广泛。例如，虚拟现实、增强现实等技术将为学生提供更加沉浸式的学习体验。

（2）数据驱动决策

数据将成为驱动教育行业变革的核心要素。教育机构将更加注重数据的收集、分析和应用，以实现更加科学、高效的决策。

（3）跨界合作与资源共享

教育行业将与其他行业进行更多的跨界合作，共同开发优质的教育资源和服务。同时，教育机构之间也将加强资源共享和合作，提高教育资源的利用效率。

4. 新质生产力对教育行业的影响

（1）教育模式变革

新质生产力的应用将推动教育模式的变革，使得教育更加个性化、高效和灵活。同时，传统的教育模式也将面临挑战和转型。

（2）教育公平性的提升

新质生产力的应用有助于缩小地域、城乡之间的教育差距，提高教育公平性。例如，在线教育平台可以为偏远地区的学生提供优质的教育资源。

（3）教师角色的转变

随着新质生产力的应用，教师的角色将发生转变。教师将更多地扮演引导者和辅导者的角色，而学生则将成为学习的主体和参与者。

5. 新质生产力在教育行业中的挑战

新质生产力在教育行业的应用也面临着一些挑战和问题。技术的更新换代速度非常快，教育机构需要不断跟进新技术的发展，更新教学设备和系统。新技术的应用也需要教师具备一定的技术素养和应用能力，这对教师的培训和发展提出了更高的要求。

总体来说，新质生产力在教育行业的应用已经取得了显著的成果，但仍需不断探索和完善。随着技术的不断进步和创新，相信教育行业将在新质生产力的推动下实现更加公平、高效、个性化的教育目标。

新质生产力在教育行业中的应用正在改变传统的教育模式和服务方式，为教育行业带来前所未有的机遇和挑战。未来，随着技术的不断发展和创新，新质生产力在教育行业的应用将更加深入和广泛，推动教育行业实现更加高效、公平和可持续的发展。

（二）重庆如何在教育、科技、人才一体推进中发展新质生产力

重庆市委教育工委书记、市教委主任刘宴兵指出："发展新质生产力，离不开教育、科技、人才的'三位一体'支撑。"面对新时代对新质生产力的迫切需求，重庆市全市教育系统坚持教育优先发展、科技自立自强、人才引领驱动，持续强化高等教育龙头作用，全面提高人才自主培养质量，支撑高水平科技自立自强，培育发展新质生产力的新动能。

1. 如何发挥高校龙头作用

持续实施一流学科攀登计划，打造"双一流"建设第二梯队。

第一，将积极推进国家新时代振兴中西部高等教育先行示范区建设，推进高等教育综合改革试点。如加大博士、硕士学位授权单位建设力度。持续扩大长江生态环境联合研究生院高层次人才培养规模。稳妥有序推进高等学校设置工作，指导市属高校科学做好分校区建设。

第二，将持续实施一流学科攀登计划，强化"双一流"方阵，大力支持重庆大学、西南大学晋位争先。强化梯队建设，遴选一批学科基础好、特色优势突出的高校，打造"双一流"建设第二梯队。

第三，强化激励约束，以"亩均论英雄"引领学科建设高质量发展。实施一流专业提质计划，深化"四新"高校建设，建强302个国家级一流专业建设点。确定2024年为高校学科专业调整年，完善学科专业动态调整机制，引导高校聚焦社会发展需要设置新专业，推动理工农医类本科在校生规模占比达55%以上。

第四，发挥高校科技创新引领作用，培育发展新质生产力的原动力。深化产学研融合发展，以重大项目为牵引，对接产业链"卡点"和"卡脖子"攻关项目，通过"揭榜挂帅""企业出题"等模式开展有组织的科研攻关。鼓励支持高校积极争取布局建设更多国家级科研平台，加强颠覆性技术和前沿技术研究，实现"从0到1"的原始创新。引导校企院所共建概念验证中心、中试基地和成果转化基地，推动创新策源能力实现量级跨越。完善高校科技创新体系，加快职务科技成果权属所有制、科研成果评价改革创新。深

化高校社科管理改革创新，繁荣发展高校哲学社会科学，打造"渝字号"高校社科品牌。

2. 如何提高职业教育质量

第一，推进现代职业教育体系建设。落实重庆市人民政府教育部《关于深化现代职业教育体系改革 服务成渝地区双城经济圈建设的实施方案（征求意见稿）》，构建部市协同推进机制，统筹推进省域现代职业教育体系建设新模式和技能型社会建设试点。

第二，推进"双高""双优"计划，一体设计实施国家、市级第一轮"双高""双优"计划绩效评价和新一轮项目遴选建设。全力推进职业教育本科促进计划，整合优质教育资源做好本科层次职业学校递进培育。优化中职高职、中职本科、高职本科衔接贯通培养。

第三，加强职业学校基础能力建设，推进全市职业院校办学条件达标工程。聚焦"33618"现代制造业集群、现代服务、现代农业等专业领域，打造一批核心课程、优质教材、教师团队和实践项目。组织全市职业院校技能大赛。办好职业教育活动月。

3. 如何培育优质人才

探索构建拔尖创新人才自主培养体系。我们将深化高等教育教学改革，持续加强教师教学能力建设，建设国家一流本科课程、一流核心教材、一流核心实践项目；大力实施国家基础学科拔尖人才培养战略行动"419"计划，建好用好国家级实验教学示范中心、拔尖创新人才培养基地，探索构建拔尖创新人才自主培养体系，完善适应产业链、创新链的人才链；同时，实施研究生教育高质量行动计划，做好学位管理工作。

推进职普融通、产教融合、科教融汇。推进职普融通，探索开展中职学校与普通高中"结对式"融通试点，推进职业学校劳动教育、职业启蒙教育基地建设；推进产教融合，全面落实"打造市域产教联合体"实施方案，分级分类组建和实体化运行多跨协同的市域产教联合体和跨区域产教融合共同体；推进科教融汇，实施职业院校科研能力帮扶提升工程，支持职业院校建设高水平科研平台，促进技术成果转化应用，创新实施科教协同育人。

七、新质卫生

当前，我国卫生健康事业发展已经进入新的历史阶段，新质生产力的提出，为卫生健康事业高质量发展和加快推进卫生健康现代化提供了关键动力和战略抓手，也从范式革新的角度，对卫生健康系统提出了更高要求。第四次科技革命驱动的新质生产力，必将带来不同于以往的新质卫生健康发展。

（一）创新引领，发展卫生健康新质生产力

1. 卫生健康新质生产力的重大战略意义

卫生健康新质生产力以科技创新为动能，能够为很多疾病诊疗和健康问题干预提供新手段；能够对卫生健康体系进行重塑，催生新模式；能够为破解长期制约卫生健康发展的难题提供新的方案，对推进卫生健康现代化和建设人类卫生健康共同体具有重大战略作用和意义。

一是催生疾病创新治疗和干预手段，为加快推进健康中国建设提供关键支撑。从我国人群疾病负担看，随着疾病谱的转变，慢性病已成为人群主要死因和主要疾病负担。一方面，新质生产力中的创新药品和器械等的研发，能够为部分疾病治疗提供新的有效手段，对降低慢性病过早死亡率等发挥重要作用。另一方面，慢性病大多与生活方式等多种因素有关，慢性病管理需要统筹影响健康的广泛因素。这一要求事实上超越了原有的医疗服务模式，客观上需要紧密依托新一代信息技术，加快形成数字健康服务全周期、全人群、全方位的新格局。

二是通过卫生健康生产要素的创新性配置，显著提高服务可及性。当前卫生健康领域还存在诸多未被满足的需求。以精神心理健康为例，我国精神心理服务供给非常缺乏，而其体系建设和人才培养却需要一个长期过程。数字疗法作为新型生产工具，能够对精神心理疾病直接进行干预治疗，与现有医疗卫生人员结合可快速提高服务效率。

三是推动劳动要素优化组合跃升，为破解诸多长期制约卫生发展的难题提供新方案。生产力的核心要素是劳动者，医疗卫生领域科技发展形成的新

型生产工具能高效赋能劳动者，为解决诸多相关难题提供创新性方案。

四是降低医疗卫生总体费用，提高卫生健康体系的可持续性。发展新质卫生健康生产力，一方面可以在科技创新和药品、器械研发基础上，结合十四亿多人口大市场实现快速迭代、降低成本，从而降低卫生费用水平；另一方面，数字疗法等数字健康技术具有可复制、可积累、更低成本以及更便捷等特点，并能通过健康管理等方式有效降低总体医疗花费。

五是能够推动形成卫生健康事业和产业高质量协同发展的新格局。新质生产力的特征决定了其既是解决健康问题的有效手段，也是健康产业中创新最为活跃的力量。创新药械和数字技术赋能基层医生，在快速提升基层能力、推动事业快速发展的同时，也解决了健康产业发展的诸多痛点，例如提供了更广泛的创新应用场景、触达更大规模人群，进而推动医药迭代研发、产业结构升级等高质量发展。

六是以创新汇聚资源、彰显效果，加快推进人类卫生健康共同体建设。当前，依托新一轮科技革命推动社会经济飞跃发展已成为世界各国共识。加快发展卫生健康新质生产力，打造全球创新合作平台，不仅能激发和释放更多造福人类健康的新质生产力，还能提供不同于发达国家高成本、低绩效的健康解决方案，增强中国特色卫生与健康发展道路的吸引力和引领力。

2. 卫生健康新质生产力的内涵和特征

卫生健康新质生产力是维护和改善人群健康过程中，以创新为主导，具有高科技、高效能、高质量等特征，不断推动预防、诊断、治疗、康复等卫生健康服务范式转换升级的生产力质态。其标志是经由技术和服务范式转换推动疾病治疗和健康改善效率的大幅提升。其核心要素是科技创新，科学技术进入卫生健康服务过程与生产力的人和物要素结合，直接转化为更高质效的卫生健康生产力。

从医学史上看，医疗服务模式转变和范式革新多由科技创新所产生的劳动工具突破引致，如 X 射线检查的发明使人们对疾病的探查从体表进入体内层面；疫苗的发明使人类对部分疾病从被动治疗到有效预防甚至消除。

除了上述整体上的含义和特点，新质生产力的一个突出特征是强调创新的原创性和颠覆性，因而卫生健康新质生产力的价值尤其体现在卫生健康服务的范式转换和"换道超车"方面。卫生健康新质生产力具体涵盖诸多领域和维度，突出体现在以下方面。

一是通过生命科学的创新突破性地解决之前无法解决的人类健康问题。

二是创新材料、创新药品和器械等体现出新质生产力特征，能够显著提升疾病治疗干预的效果和效率。

三是依托新一代信息技术的医疗健康创新产品和解决方案日益显示出推动服务模式升级的巨大作用。特别是近年来，新一轮科技革命加速演进，互联网、大数据、云计算、人工智能等新一代信息技术蓬勃发展，以数字化、智能化为特征的新质生产力已在卫生健康领域不断出现，不仅在诸多疾病治疗领域取得了显著成效，还将带来医学教育培训、手术模拟、远程会诊、健康宣教等领域的变革。

3. 发展卫生健康新质生产力的策略

发展卫生健康新质生产力必须进一步全面深化改革，持续深化"三医"协同发展和治理，调整完善卫生健康生产、分配、交换、消费等领域政策，提升卫生人才队伍能力，加速科技创新，特别是实现新质劳动工具在健康服务中的快速应用，加快卫生健康劳动者、劳动资料、劳动对象及其优化组合的跃升，推动健康维护效率持续提升和模式转型升级。

加快推进现代化的卫生健康人才队伍建设。卫生健康新质生产力发展需要现代化的卫生人才队伍，以及用好人才的激励机制。人才队伍现代化需要建立卫生健康人才需求和供给相平衡的机制，需要教育谱系更加完备，需要毕业后教育制度、继续教育制度更加完善，形成中国特色医学人才教育培养体系。人才队伍现代化还要形成科学有效的卫生人才使用、评价和激励保障机制，全面建立符合行业特点的薪酬制度，使卫生人才的积极性得到充分调动。

加快推动医学科技发展，为卫生健康新质生产力提供核心动力。当前，科技创新已成为医学发展的核心引擎。应发挥举国体制优势，围绕居民主要健康问题和疾病风险、"卡脖子"领域、生命科学中长期战略主题等形成突破。特别是要加快建设卫生健康科技人才队伍，优化长效激励机制，加快形成与新质生产力发展需求相适应的卫生健康科技人才力量。在调动各方力量的同时，需重点强化高水平医疗机构作为创新策源地的作用，聚焦健全重大健康需求和生物医药重要品种的临床研究平台和支撑保障体系，提高我国新药、新医疗器械及新技术临床研究、孵化、转化应用的全球竞争力。

创新产品技术审评、审批管理，推动科技创新加快转化为卫生健康生产要素。进一步加大对创新的支持力度，加快创新药物和医疗器械等的上市进程，促进科研成果的快速转化。同时，须注重在实践中定期总结完善，适时调整监管政策，助力创新药物和技术装备瓶颈取得突破，实现创新器械和产品自主可控等目标。

完善创新劳动工具应用政策，加速创新产品在卫生健康服务供给中的应用进程。产品和技术能够获得定价和收费，是创新价值得到体现并能在应用中不断迭代完善的基础。从现实情况看，创新产品的项目准入审批周期较长，且由于应用数据相对缺乏等原因，越是创新型产品，其发展周期往往越长，不利于创新产品在医疗服务中应用推广。建议将医疗服务项目和定价区分为医保范围内和医保范围外两类。医保范围外价格管理可下放到省级医保部门，并探索基于一定条件的创新产品和技术价格备案制。

多渠道系统推动，加快卫生健康生产要素组合优化。一是充分发挥政府采购引导作用，为新技术产品运用提供稳定支持。可在基本医疗服务和脆弱人群健康问题领域，通过践行"为民办实事"等由政府投入提供创新产品。加大对网络、算力等"新基建"的投资力度，为新质生产力要素组合跃升提供基础支撑和强大动能。二是加大将创新技术产品纳入医保报销的力度。创新产品和技术能否纳入基本医保是其能否扩大市场份额，并被更广泛人群接受的基础。应加快将成本效果好、社会关切度高的创新产品纳入医保。若纳入基本医保目录难度大，可考虑落实关于紧密型医共体按人头打包预付的政策，给予医共体购买使用创新产品的自主权；或学习先进医保支付方式改革经验，按病种打包付费后不再限制只使用医保目录内产品，医院可根据患者治疗需要使用数字疗法或效果好的创新药械和数字健康服务。此外，商业健康保险也应真正发挥其多层次保障功能，加大开发疾病早期控制和大病健康管理型保险力度，更多地将创新技术产品纳入报销范围。

大力提升健康消费中创新产品比重，发挥需求侧对卫生健康新质生产力发展的牵引作用。当前，我国医药消费中创新产品的比重较低，应加快提升财政、基本医保等公共医疗卫生消费中创新产品的比重，并在此基础上形成加快创新应用转化的"中国模式"。创新产品营销前期一般采用"小规模、高价格"的模式，其可及性和受益面有限且费用高昂。政府可以统筹公共资源发挥规模优势，快速构建起"大规模、低价格"的新模式，在加速创新产品扩大应用的同时加速其优化迭代，大幅提升创新产品的可及性和产业竞争力。此外，改变消费理念至关重要。要通过多种渠道宣传创新产品的价值，增加新产品的获取途径。

积极参与全球创新卫生实践和国际标准制定，引领人类卫生健康共同体建设。卫生健康新质生产力的发展必将改变全球分工格局，需要我国积极参与全球卫生治理，推动建立完善卫生健康国际标准、规范和法规。在未来全球卫生健康合作中，应继续高举人类卫生健康共同体旗帜，坚持开放、包容、合作、共赢，积极参与乃至主导与卫生健康新质生产力相关的国际法律法规、规则和标准制定；要在医学科技、卫生健康数据等领域的底层原理和关键技术方面取得突破，成为全球卫生健康规则标准的主要制定者和健康创新技术应用的引领者，迈上全球卫生健康产业技术链、价值链的中高端。积极推动全球卫生治理变革，为我国卫生健康新质生产力的发展创造更好国际环境。充分利用"健康丝绸之路"和其他区域多边合作平台，扩大卫生健康科技国际合作，与周边国家建立数字健康服务网络，实现新质生产力的快速扩散和资源共享。支持有实力的医药企业、民间力量在境外投资设厂或办医，推动消除贸易壁垒，助力相关国家卫生健康体系提质升级，携手共建人类卫生健康共同体。

（二）发展新质生产力，推动中医药高质量发展

新质生产力的"新"，关键在于科技的先进性、创新性、引领性。新质

生产力与"中医药现代化""中医药高质量发展"等理念是有机统一的，特别是现代科学技术的革新帮助中医药实现了华丽转身。

全国人大代表、中国工程院院士、国医大师张伯礼长期致力于中医药现代化研究，他对"新质生产力"的理解更为深刻。他认为，实现中医药现代化，必须坚持"中医思维＋现代科技＋转化应用"。他带领团队研制的组分中药高通量制备机器人和组分中药快速筛选机器人等，正是发展新质生产力推动中医药高质量发展的生动实践。

这不难看出，对于中医药行业来说，"新质生产力"虽是新词，但其内涵却并不陌生。"春江水暖鸭先知"，在中医诊疗、中药产业、科研创新等诸多领域，现代科技所产生的新势能，正在引发整个行业的变革与飞跃。

在中医诊疗领域，中医诊断模型、六经辨证系统、中医脉诊仪、舌诊仪等中医药人工智能已被广泛应用于临床。全国人大代表、河南省开封市中医院理事长庞国明从事中医临床工作近 50 年，他认为，新质生产力以技术革命性突破、生产要素创新性配置和产业深度转型升级为特征，相比于传统生产力，其技术水平更高、质量更好、效率更高、更可持续。"可以利用标准的中医数字诊疗设备以及深度学习等人工智能算法技术，对中医理论进行分析归纳，对中医诊疗的规律特点进行自动提取，从而形成具有专家经验的 AI 辅助决策模型，具有科学性、可复制性和全域性，由此更好地服务中医临床。"庞国明说。

中药产业领域是发展新质生产力的重要试验田。2024 年两会前夕，全国人大代表、好医生药业集团董事长耿福能前往四川省凉山彝族自治州布拖县乐安镇若普村调研。他表示，村民已经充分认识到科学技术对提高中药产量、增加收入的重要性。"搞好科技研发，发展新质生产力，才能支撑高质量发展。"耿福能多次强调了这个观点。他认为，这三个方面环环相扣、互相依托，是科学有效的发展理论。

谈及科技创新，全国人大代表，中国工程院院士、生物芯片北京国家工程研究中心主任程京形象地称它为"新质生产力的发动机"。以程京所研究的生物芯片技术与中医药交叉融合的领域为例，一个创新的成果就可能让行业产生跨越式发展。

"鼓励和引导开展中医药原创性、引领性科技攻关，设立具有战略性、全局性、前瞻性的国家重大科技项目，加快中医药科技创新与转化应用。同时，加强原创基础研究，用现代科学方法和手段解读中医药学原理，推进中医药与现代科学相结合。"程京说。

发展新质生产力推动中药产业高质量发展，是摆在中医药行业面前的新课题。新征程上，让我们鼓足干劲儿、科学谋划，让新质生产力的发展步伐更加稳健有力，不断取得推动中医药高质量发展的扎实成效。

八、新质文旅

作为现代服务业潮头的旅游产业，当然与新质生产力的形成和培育正相关。换言之，在结构意义上，新质生产力的诸产业是一个彼此关联、相向而行和存在紧密的投入产出关系的整体系统。

（一）加快培育新质生产力，促进旅游业高质量发展

2024年1月31日，习近平总书记在主持中共中央政治局第十一次集体学习时强调，高质量发展需要新的生产力理论来指导，而新质生产力已经在实践中形成并展示出对高质量发展的强劲推动力、支撑力，需要我们从理论上进行总结、概括，用以指导新的发展实践。

习近平总书记关于加快发展新质生产力，扎实推进高质量发展的重要论述，为旅游业高质量发展提供了重要指引，如何有效发展旅游业新质生产力是业界需要深入思考和解决的重大课题。

一是向科技创新要新质生产力。科技赋能可以使旅游业发展中的信息触达、供求匹配效率得到显著提高，产品呈现、创意方式发生巨大变化；同时能够使旅游业发展实现时空可穿越、历史可再现，让个性化需求支撑规模化市场，让特色化产品形成广泛性影响。

科技已经成为旅游业发展的核心要素之一，受到相关政府部门高度重

视。工业和信息化部与文化和旅游部联合发布的《关于加强 5G + 智慧旅游协同创新发展的通知》、国家数据局等 17 部门联合印发的《"数据要素 ×"三年行动计划（2024—2026 年）》等文件，将进一步影响科技赋能旅游业发展。特别是通过连接数据孤岛，推动文化和旅游场所共享公安、交通、气象、证照等数据，可以有效推进旅游治理体系和能力的现代化，显著提升旅游供给的针对性，从而更好地服务市场需求。

在未来向科技创新要新质生产力的过程中，可以重点围绕智能化生成、移动端传播、沉浸式体验、场景化消费等层面展开。

具体而言，可以着重考虑围绕加快建设国家文化大数据体系，推进文化和旅游领域生成式人工智能服务发展；在解决好文化文物数据所有权、使用权、收益权等权属规范基础上，释放数据要素创新发展潜力；充分用好社交媒体，在主流消费人群中实现产品和服务的精准化推送、裂变式传播；通过声光电、工程机械、虚拟呈现等技术手段，在舞台设计、氛围营造、情绪引导等方面打造更加沉浸化的体验模式和更加场景化的消费空间。

二是向制度创新要新质生产力。新质生产力是由技术革命性突破、生产要素创新性配置、产业深度转型升级而催生的当代先进生产力。

更好地发展新质生产力，需要寻求科技创新之外的更多路径，其中制度创新是关键之关键。推进文旅深度融合，必然涉及要素管理和开发利用之间的关系。因此，积极落实《"十四五"文化发展规划》提出的"健全中央和地方旅游发展工作体制机制，完善文化和旅游融合发展体制机制，强化文化和旅游部门的行业管理职责"，就显得尤为重要。

2023 年，我国旅游业呈现强劲恢复发展势头。入境市场要实现复苏并进入良性、快速增长通道，就需要从制度创新角度切实破除制约入境旅游发展的诸多障碍，以增强我国入境旅游的整体吸引力。

国家移民管理局提出"进一步打通外籍人员来华经商、学习、旅游的相关堵点"，我国近期持续推出单向和互免签证政策、与移动支付环境优化密切相关的金融制度调整等政策措施，在很大程度上提高了外国人入境的便利性。这既充分体现了我国加大对外开放的决心，也必将极大地提振入境旅游市场发展信心，有助于推动形成国内旅游、入境旅游、出境旅游协调发展的现代旅游市场体系，释放市场内在潜力，整体提升旅游业的新质生产力。

三是向模式创新要新质生产力。发展新质生产力需要新产业、新模式和新动能。

发展旅游业新质生产力，必须重新审视过去的旅游要素逻辑、旅游投资逻辑、旅游发展逻辑。尽管近年来旅游行业出现了不少现象级产品和业态，但是这些新产品、新业态的规模还不足以支撑起旅游业整体发展。

除了继续重视旅拍对景观空间沉浸式体验、演艺对文化资源创新性呈现、民宿对乡村资源高能级利用、街区对城市消费集聚性引导等外，对于这些已有业态的动态发展和未来空间，需要进行研判，在行业模式创新方面更是要进一步探索。

发展旅游业新质生产力，就要积极推动资源依赖型思维向业态创新型思维转换。未来，旅游业发展恐怕不能仅停留在资源层面上，而是要重视低设施依赖的业态和轻量化投资的项目。在城市更新、乡村振兴大背景下，要积极拓展文旅融合之外文体旅、文商旅、农文旅等融合发展新空间；要从依赖垄断性资源向开发创新性产品转变，创新开发资源适配、形式多样、符合需求的多元玩法。

"玩法才是内容"，只有玩法才能吸引游客参与式体验、沉浸式体验；"玩家就是生产力"，只有从平台思维出发，才能吸引更多玩家参与，鼓励玩家探索新玩法，形成玩家带大家、小众带大众的发展模式。要在空间思维引导下，将更多新玩法与旧资源有效组合，让有趣、好玩的业态在持续迭代的动态适应中为存量资源提供新动能，为增量资源开辟新的方向，为旅游业高质量发展注入源源不断的活力。

四是向结构创新要新质生产力。新质生产力需要好资源的吸引力、好场景的诱惑力、好玩法的渗透力、好服务的黏着力、好机制的持续力，也需要好企业的竞争力。

发展旅游业新质生产力，需要用包容性增长思维，鼓励小企业发展，这是最具活力的群体；需要用国际化发展思维，培育顶天立地的大企业，这是不可或缺的实力担当。要清楚地意识到，旅游业新质生产力不可能是零敲碎打、单兵突进，而一定是在不断改善营商环境前提下，强基培优所形成的结构力、四链融合所形成的融合力、链主引导所形成的链化力等有力支撑下自然而然的结果。

文化和旅游部印发的《国内旅游提升计划（2023—2025年）》提出，建设一批富有文化底蕴的世界级旅游景区和度假区建设。要让这项工作在发展旅游业新质生产力中起到关键性作用，就需要在世界级资源之外，更多地关注世界级的体验设计，因为没有世界级的体验设计很难形成世界级的影响和形象。世界级的体验须有顶级的理念、顶流的产品。要想成为新质生产力的重要支撑，还应该打造世界级的叙事能力，深入研究旅游发展过程中的叙事模式，用好数字化手段、平台，探索旅游叙事的新渠道、新方法。

有了世界级的叙事能力，才能真正把中国故事讲给世界听，通过旅游传播的中国声音才能被世界听见、听清、听懂。只有这样，世界级的旅游景区和度假区才能真正做到"近者悦，远者来"，才能在"以国内大循环为主体、国内国际双循环相互促进"的新发展格局中不断释放更大价值。

（二）人间烟火气，文旅新质生产力

谁也不会想到，低价的"淄博烧烤"会成为"王炸"；一场村民的运动会"村BA"会成为享誉全球的顶流；一个扎根于四线城市，服务于当地市民的商超"胖东来"会成为游客体验空间；天津的跳水大爷，会成为被年轻人围观的业余竞技秀。

一座座曾经对群体性音乐节充满警惕的城市，会热衷于轮番举办各种演唱会、音乐节，向年轻客群发出诚挚的邀请；而一座存在感较低的省会城市石家庄，会抛开依托于历史文化特质的城市形象主流叙事，高调宣布要打造非主流的"摇滚之城"……这些现象和事件的引流能力，超越了任何一个具有垄断性资源优势的品牌景区；引发的社会舆论关注，掩盖了任何一座城市所精心策划的营销推广，成为2023年不断升温的文旅市场的领跑者，为我们直观地展示了文旅产业发生的巨大变革。

景区已不是游客体验的唯一空间，营造一场具有异质性的人间烟火气，更具吸引力、亲和力。面对越来越同质化的旅游景区，人们更愿意置身独异性的日常生活场景或事件中，去发现更接地气的生活风情。

这些变革的现象，都是在互联网，尤其是社交媒体的推波助澜下，被发现、被塑造、被围观、被消费。互联网不仅在重新定义着旅游，也在重新塑造着城市。人们越来越不关注被刻意打造的景区，被刻意制造的信息诱惑，而是选择相信具有同类特质的"他者的体验"。

在"网红"效应的带动下，旅游不仅是一场生活秀，更是一场城市秀。每座城市的主政者都更加意识到，在一个互联网加持下的流动性社会中，文旅是一座城市的全景式展示，不仅能够直接拉动文旅消费，而且能够带动城市投资，因为消费人口的聚集，就是生产要素的集聚，要想提高城市知名度和竞争力，就必须制造能够引流的"网红现象"。

当追求极致、精致的，可复制的现代性空间越来越趋同，具有原真性、传统性、民俗性特质的本地生活方式，往往会意外地被新兴的消费者重新发现、重新打捞、重新塑造，成为略显粗糙，却更地道的体验场景。

当看多了以盈利为目的精心制造的风景，现代消费者表现出一种旅游审美的"厌食症"，他们更愿意回归本真的生活场景，以逃避现代空间的方式，对乡土中国的残存，完成一次深情回眸。

无疑，这给那些先天性文旅资源劣势的三四线小城市带来了发展机遇。它们可能不具备现代性，却更具有乡土性；虽然缺少品牌景区，却存有传统生活风情。

这也倒逼着每座城市，不得不降低身段，不得不以全景式视野，重新审视自己的异质性资源，以迎合市场需求趣味，开展创造性转化和创新性发展；不得不反思那些不合理、不合情的城市管理方式，抛弃一些不必要、一刀切的城市管理禁令，表现出十足的开放、包容、诚意和友好，营造一场真正属于本地，而不是复制别处的种种。

人间烟火气，已经成为文旅产业的新质生产力。

（三）"早安隆回云上花瑶"，新质生产力的文旅突破

"新质生产力"，顾名思义，"新"的关键在于创新驱动，"质"的锚点在于高质量发展。此前，一首全网热播的歌曲《早安隆回》，让全国人民感受到邵阳市的创新能力。

2023年9月19日晚，第二届邵阳旅游发展大会在隆回县大花瑶虎形山景区开幕。来自湖南省文化和旅游厅以及邵阳市的领导、专家名人集聚隆回共同谋划文旅发展。以大会为契机，隆回县以"办一次会，兴一座城"为目标，创造了城市发展大提速。

本次大会上，受中共邵阳市委、邵阳市人民政府邀请，联合国世界旅游组织专家贾云峰教授以《从新质生产力到世界级旅游目的地：邵阳文旅品牌爆发产业逻辑》为题进行了主题演讲。演讲过程中，贾教授主要围绕"奇美邵阳"旅游品牌提出了"六大奇美行动"，针对以品牌推动邵阳市从新质生产力到世界级旅游目的地分享了以下思考。

1. 极具湖南精神的代表城市

演讲开始，贾云峰教授指出，在青年友好型城市成为很多城市发展目标的背景下，中国式现代化是一项青春的事业。此前，国家统计局局长宁吉喆先生曾讲道，"旧有的网红模仿、投机套利等投资、开发、运营模式不再适合新常态下的新客群、新市场。"因此，如何在后高速增长阶段，发展创新产品和服务，成为我们面前的新课题。

"霸蛮"是湖南的代表方言之一，在贾云峰教授看来，湖南邵阳人以热情豪爽而闻名，善于经商的邵商遍及海内外，"恰得苦、霸得蛮"的湖南精神在他们身上得以体现。"小众但不小气"的邵阳市，从来不缺少创新精神。

如今，邵阳市在"一核、双心、两翼、三廊、四板块"创新空间发展格局中，以崀山旅游区为"一核引领"；由邵阳城市旅游中心、武冈古城旅游中心"双心并重"；紧抓东部城市商务旅游翼和西部生态康养旅游翼"两翼齐飞"；打造古商道文化旅游廊、张崀桂旅游廊、资江生态景观廊"三廊贯通"；树立大崀山旅游板块、大南山旅游板块、雪峰山花瑶旅游板块、城乡

商贸休闲旅游板块"四大板块崛起"的目标。

2. 激发生态资源新的生产力

回顾历史，邵阳人在不同时代和不同领域，用前沿的思考推动这座城市的发展，涌现出世界范围内有影响力的名人和旅游景区。

贾云峰教授讲道，邵阳市在为政、为学、为军、为商等方面都早有先例。为政方面，邵阳人率先开眼看世界。近代中国"睁眼看世界"的首批知识分子的代表之一魏源，提出了"师夷长技以制夷"的主张，创造了中国思想从传统转向近代的重要标志。

为学方面，湖湘文化中千年未断的岳麓书院里，来自邵阳的"山长"功不可没。

为军方面，第一个举起反抗帝制旗帜的就是邵阳人蔡锷。如今，蔡锷故里文化博览园位于"护国元勋"蔡锷将军的诞生地。围绕蔡锷故居和蔡锷生平业绩，成为爱国主义教育和国防教育的自然人文景观。

为商方面，邵阳商帮绵延至今，涉足世界各地。从明朝到近代，邵阳商人设立的"宝庆会馆"，更是我国商帮文化中的瑰宝。

在自然资源方面，国家 5A 级旅游景区崀山风景名胜区是世界自然遗产、国家级风景名胜区、国家地质公园，南与桂林相连，北与张家界呼应。2024年，崀山风景名胜区被列入 10 条旅游线路中的"长江世界遗产之旅"。

绥宁黄桑生态旅游区有湘西"绿宝石"、湖南"大氧吧"之称。联合国教科文组织称之为"一块没有被污染的神奇绿洲"，被列为国家生态旅游示范区、湖南省森林康养示范基地。

此外，古代云山被称为湖南四大名山之一，以山奇、水秀、林幽、云幻著称。虎形山花瑶风景名胜区，这里有全国重点文物保护单位魏源故居、"中国花瑶第一村"崇木凼花瑶古寨、古瑶人街等数十处人文景观，极富历史文化内涵。白水洞旅游区因洞得名，"白龙洞"以洞奇和石怪闻名世界。

3. 美食和非遗突显自身优势

贾云峰教授指出，在"奇美邵阳"品牌打造过程中，要结合自身优势，抢抓战略机遇。其中，美食和非物质文化遗产是城市走向世界的两大抓手，邵阳市在这些方面拥有基础和竞争力。

湖南素有"腊肉之乡"的美誉，而邵阳腊肉凭着自身所散发出来的魅力，赢得了全国各地人们的喜爱。对于生活中不能离开嗦粉的湖南人，邵阳米粉作为"早起的第一件事"，牛肉粉的美味让人回味无穷。牙签牛肉是湖南邵阳、新化地区的特色美食，湘西黄牛最嫩的里脊肉，经过红油微炸，牙签牛肉够辣、够鲜、够筋道。

猪血丸子是湖南邵阳的一道特色美食，会吃的人把它叫"黑色珍珠"。刚刚做好的猪血丸子香味扑鼻、看着漆黑铮亮、圆润敦实满是油光，用它配着青蒜炒菜，辣香浓郁，外焦里嫩，鲜香可口。血浆鸭是湖南邵阳武冈市和新宁县的传统名菜，浓浓的血浆包裹着每一块鸭肉，酸辣的口感，吃着酥而脆，味道妙不可言。

随着工业旅游发展，湘窖生态文化酿酒城源于始建于 1957 年的国营邵阳市酒厂。为湖南湘窖酒业的酿造基地，集园林、生态、环保和工业旅游于一体，是湖南省首个酒文化主题国家 4A 级景区，也是湖南省内工业旅游示范基地。

曲艺是民间文化的传承载体，邵阳广为流传的祁剧，是湖南地方大戏剧种之一，在广西、赣南、粤北、闽西等地区广为流传。邵阳花鼓戏是湖南民间小戏剧种，里面的音乐源于当地山歌小曲，演出风格诙谐、活泼、明快清丽。

非物质文化遗产是与世界链接的重要内容。邵阳隆回县的滩头年画是首批入选《第一批国家级非物质文化遗产名录》的项目之一，形成于唐，至今已 1300 多年历史。滩头木版年画，一张年画的生产需要经过二十多道工序，是中国"四大年画"之一，以浓郁的楚南地方特色自成一派。此外，宝庆竹刻也是国家非物质文化遗产之一，这是一种从实用竹器工艺中脱胎出来的集观赏、实用于一体的民间工艺。

参考文献

[1] 工信部.2022年软件和信息技术服务业统计公报[R/OL].(2023-01-31)[2024-04-01]. https://www.gov.cn/xinwen/2023-02/02/content_5739630.htm.

[2] 黑龙江省人民政府.第六届中国国际新材料产业博览会新闻发布会[EB/OL].(2023-08-15)[2024-04-01].https://www.miit.gov.cn/xwdt/gxdt/sjdt/art/2023/art_ff5d7efceedb43439c5f24d4107c0b3f.html.

[3] 中华人民共和国海关总署数据统计[EB/OL].(2023-01)[2024-04-01].http://www.customs.gov.cn/eportal/ui?pageId=302275.

[4] 中国汽车工业协会.新能源汽车产销数据[EB/OL].(2023-01-16)[2024-04-01].http://www.caam.org.cn/chn/4/cate_35/list_1.html.

[5] 中国民航局.2023年民航工作会[EB/OL].(2023-01-06)[2024-04-01].http://www.caacnews.com.cn/1/1/202301/t20230106_1360586.html.

[6] 工信部.工信部数据统计[EB/OL].(2023-01-22)[2024-04-01].https://wap.miit.gov.cn/gxsj/index.html.

[7] 中商产业研究院.2022—2027年中国脑机接口产业发展趋势及投资风险研究报告[R/OL].2022.11[2024-04-01].https://www.askci.com/reports/20220711/0850106784923757.shtml.

[8] 中国电子学会.中国机器人产业发展报告[R/OL].(2022-08-23)[2024-04-01].http://download.china.cn/idc/20220813%E4%B8%AD%E5%9B%BD%E6%9C%BA%E5%99%A8%E4%BA%BA%E4%BA%A7%E4%B8%9A%E5%8F%91%E5%B1%95%E6%8A%A5%E5%91%8A%EF%BC%882022%E5%B9%B4%EF%BC%89.pdf.

[9] 魏珣,张娟,江易林,等.生物农业前沿技术研究进展[J].中国生物工程杂志,2024,44(1):41-51.

[10] 詹帅,万志蓝.数智服务赋能农业高质量数实融合的现实逻辑、实践路径与保障对策[J].西南金融,2024(1):81-92.

[11] 崔玉凯，张红岩. 促进人工智能赋能畜牧业的对策 [J]. 四川畜牧兽医，2023，50(11)：10–11.

[12] 代东亮，刘志红，赵存，等. 人工智能技术在畜牧业中的应用进展 [J]. 畜牧与饲料科学，2021，42(5)：112–119.

[13] 山西楚才晋用公众号. 煤矿如何发展新质生产力 [EB/OL].(2024-03-10)[2024-04-01].https://mp.weixin.qq.com/s?__biz=Mzg5MjEzODQ4Nw==&mid=2247487744&idx=1&sn=d9f3c695c59a44bb677b0146b0bc143b&chksm=ce86f294b9025ff91dfba4146313f32e42158bc9aab6f68b65b9fcea8306f13e58f3ca529d90&sessionid=1716639586&scene=126&subscene=7&clicktime=1716718581&enterid=1716718581&ascene=3&fasttmpl_type=0&fasttmpl_fullversion=7220500-zh_CN-zip&fasttmpl_flag=0&realreporttime=1716718581548&devicetype=android-34&version=2800313f&nettype=3gnet&abtest_cookie=AAACAA%3D%3D&lang=zh_CN&countrycode=CN&exportkey=n_ChQIAhIQWOc%2FiCkAsGZO0TYdfPa2vxLiAQIE97dBBAEAAAAAAIf6LpDY5iMAAAAOpnltbLcz9gKNyK89dVj0pV9ByKLkozKirraOC6NlnF13vv8Nd9bIt7RDJ0Cz8yWyQ5ayvfoh8FB3qvT1%2BawD%2BcZb%2B3lDAErHb1jdrTAPFxTAY3i3ds4LVggQQpOyClJ58E7nrXXWEc83YXEkMsbjehUH2Fs%2BiI8pXQ3mOBH5bBbzSp6T%2Fv40lKb8q0WDDPOfBNAKIow%2Fcv9XcNoaKMw2itVhBXltr%2FsIpjdC6obZP6fAGkq46%2BAMMvVYWOdQy0yNMwtYvtBX78Yo9Uk%3D&pass_ticket=PJXrYjYFEJnvrv56n1EnFFJbaVnLEO84BJ1PQnJqXitixrrYqa0tSFX8gkQfADzc&wx_header=3.

[14] 中国航天科工二院公众号. 新质生产力：开启矿山生产安全、高效、智能化的发展新潮流 [EB/OL].(2024-03-25)[2024-04-01].https://mp.weixin.qq.com/s?__biz=MjM5NjMwODg1Mg==&mid=2651381994&idx=1&sn=e32d03179e1aecd44e65e123c4fc66f9&chksm=bd1772f18a60fbe73e4be6529f1aca6b58ca5422714d39162123fc5795e572a1b63ddca14527&scene=27.

[15] MBA 公众号. "新质生产力"对促进化工业高质量发展的意义与路径 [EB/OL].(2024-02-27)[2024-04-01].https://mp.weixin.qq.com/s?__biz=MjM5NzMyODk4MA==&mid=2650668264&idx=4&sn=5a2a7b9636e62db43784f410352da529&chksm=bfe976ade2bf5fa655aba82be235fba7d41844b0950b03a247873e4ed13133847798fe2c8655&sessionid=1716639586&scene=126&subscene=7&sessionid=1716639586&clicktime=1716720659&enterid=1716720659&ascene=3&fasttmpl_type=0&fasttmpl_fullversion=7220500-zh_CN-zip&fasttmpl_flag=0&realreporttime=1716720659845#rd.

[16] 化工产业技术研究院. 代表委员热议"化工行业新质生产力"[EB/OL].(2024-03-

10)[2024-04-01].https://finance.sina.com.cn/jjxw/2024-03-10/doc-inamvyzm2470278.shtml.

[17] 中国石化新闻网. 新质生产力：为碳排放做减法，为科技做加法[EB/OL].(2023-10-02)[2024-04-01].http://www.sinopecnews.com.cn/xnews/content/2023/10/23/content_7079552.html.

[18] 中国质量报. 伊利集团加快形成"奶业新质生产力"助推全产业链高质量发展[EB/OL].(2024-02-27)[2024-04-01].https://www.cqn.com.cn/pp/content/2024-02/27/content_9031361.htm.

[19] 中国网. 打造再生资源行业新质生产力，联运环境"数智模式"获推广[EB/OL].(2024-02-28)[2024-04-01].http://iot.china.com.cn/content/2024-02/28/content_42709347.html.

[20] 中国科技投资. 先进轨道交通装备：中国式现代化的开路先锋[EB/OL].(2023-08-06)[2024-04-01].https://mp.weixin.qq.com/s?__biz=MjM5NTg0NjIwMw==&mid=2651619656&idx=1&sn=3fcf8f89a0b8edecf208b4023021d38a&chksm=bd0a601c8a7de90a2c1fd950e1d4ef8294191679286d853f54b5a52c6114ab190ed9552b6677&scene=27.

[21] 杨伟，祝凯. 基于信息化的智慧交通发展理论研究——以安徽省为例[J]. 项目管理技术，2024，22(1)：5-9.

[22] 人民日报海外版. 可持续交通建设——人享其行 物畅其流[EB/OL].(2023-10-10)[2024-04-01].https://www.gov.cn/yaowen/liebiao/202310/content_6907958.htm.

[23] 人民政协网. 加快数字化、智能化转型，培育物流行业新质生产力[EB/OL].(2024-03-08)[2024-04-01].https://baijiahao.baidu.com/s?id=1792990718193646866&wfr=spider&for=pc.

[24] 李小庆. 银行全面数字化转型趋势及创新实践[J]. 金融科技时代，2022，30(12)：36-40.

[25] 远超思维公众号. 新质生产力在教育行业中的应用[EB/OL].(2024-03-11)[2024-04-01]. https://mp.weixin.qq.com/s?__biz=MzA4MTMzMzIyMg==&mid=2649662170&idx=1&sn=6e3a86de465e8d96ced48c99958ea092&chksm=8644ec0f83aa2df4f58ccf9af4fca5961bcfd80d4e31ce7451bd11806c4d7d5a1ac8f4dbcfcc&sessionid=1716639586&scene=126&subscene=7&clicktime=1716720052&enterid=1716720052&ascene=3&fasttmpl_type=0&fasttmpl_fullversion=7220500-zh_CN-zip&fasttmpl_flag=0&realreporti

me=1716720052068&devicetype=android-34&version=2800313f&nettype=3gnet&abtest_cookie=AAACAA%3D%3D&lang=zh_CN&countrycode=CN&exportkey=n_ChQIAhIQROdkcIUIMFkID%2B04nsSnBhLiAQIE97dBBAEAAAAAPghJNTsw8YAAAAOpnltbLcz9gKNyK89dVj0GaGIRmTQKcYzKKFBU6drH3IpcfXeTzMM%2FKsPuJVZbwhxjZ9JROOtc35hLMGy4BSBleg1qtGyZky%2BRO07WYiLuAljHwsoQ3XSd5jwpu6q2j26DcV97pKQDpoocNVTq38urjpJ7xGRT0DCwBQCEm9PwoOMlUKwPDPKX%2Br0hsJKkDrjOOpZmxRdLHtS%2BNCGxpID1xwIpb6QCtobKh9Hr6NgXb4WsHC%2FBdyKlmLp3P1wElF%2BK7SunZqxHGJlj7o%3D&pass_ticket=z3RY96Ydhl1FPKj%2B3XbS4E5iYn7iVW40NG6DLAevJZDmfKQzBt3%2FVFV6SHmC8v0X&wx_header=3.

[26] 重庆教育. 专访 | 发展新质生产力，教育何为？刘宴兵这样说[EB/OL].(2024-03-14)[2024-04-01].https://www.cqooc.com/news/detail?id=4711.

[27] 健康新海南公众号. 创新引领，发展卫生健康新质生产力[EB/OL].(2024-02-27)[2024-04-01].https://mp.weixin.qq.com/s?__biz=MzIzNTM0MDYxOA==&mid=2247560916&idx=1&sn=fce407df16f52f63596b134bfb86e93a&chksm=e92acd9bb149e02c34a1e95d619f1e87a75017aa2ed2205672d70f9bc5fa2ac2b14cbd3d0bcc&sessionid=1716639586&scene=126&subscene=7&clicktime=1716720291&enterid=1716720291&ascene=3&fasttmpl_type=0&fasttmpl_fullversion=7220500-zh_CN-zip&fasttmpl_flag=0&realreporttime=1716720291877&devicetype=android-34&version=2800313f&nettype=3gnet&abtest_cookie=AAACAA%3D%3D&lang=zh_CN&countrycode=CN&exportkey=n_ChQIAhIQRt1CX9wd7%2FeI6%2BzwVTsCUBLiAQIE97dBBAEAAAAAFWbD0rgS%2F0AAAAOpnltbLcz9gKNyK89dVj0E0x%2BU%2B74Cldw%2F3Kgx8vtARIfOMMGW306ZnZd3aXdL%2Bpt8eXGFCC4k5TGko9FtGETrCCpSy1mbPfzg%2FGBtls39cVocAMjMq%2ByCMzuLBBDoYKKvkgWxXwc59tk5j22SZV7ZRgGRdISgdHU3rgNiyMdgVI2vtOJ%2Fruc%2F8Pm8ybNoKuYq7k4BoyXcj2LIygSMjN%2FIEzSdF3DO5lsZZL3VlSCzpp3iqSUygZTr0%2FqX5fK2FaxxALjEiCvzvzYRlg%3D&pass_ticket=jQ5FmRrScBuyQ5eFVa94N8Zqg%2Bz%2FIfiK62V%2BmYfXEvaS52gc%2BhWgvjySnU9iRG3x&wx_header=3.

[28] 中国中医药报. 发展新质生产力　推动中医药高质量发展[EB/OL].(2024-03-10)[2024-04-01].https://www.sohu.com/a/763161935_121106822.

[29] 中国旅游协会. 加快培育新质生产力，促进旅游业高质量发展[EB/OL].(2024-02-06)[2024-04-01].https://mp.weixin.qq.com/s?biz=MzA3MTQyMzQ0NQ==&mid=2651452235&idx=1&sn=38020c9217e96839e48997650af8ea8f&chksm=84d097f1b3a71ee73f7e9f0233081873635a6d01fab31db9988fd3c53fb4f71b061a1dffac54&scene=27.

[30] 中国文化报.人间烟火气 文旅新质生产力[EB/OL].(2023-12-30)[2024-04-01]. https://baijiahao.baidu.com/s?id=1786670341374409967&wfr=spider&for=pc.

[31] 德安杰环球顾问公众号."早安隆回　云上花瑶",新质生产力的文旅突破[EB/OL].(2023-09-20)[2024-04-01].https://mp.weixin.qq.com/s?__biz=MzUyMzg4MTAwMg==&mid=2247551932&idx=1&sn=e1c8ae3926a9ea07d71d9be2dfa586ac&chksm=fb907159c9ec3e8d5c784af4bde69cfb6ffbd3afc315f7e96bfe604ac49d964bcc80b493eda2&sessionid=1716639586&scene=126&subscene=7&clicktime=1716720444&enterid=1716720444&ascene=3&fasttmpl_type=0&fasttmpl_fullversion=7220500-zh_CN-zip&fasttmpl_flag=0&realreporttime=1716720444138&devicetype=android-34&version=2800313f&nettype=3gnet&abtest_cookie=AAACAA%3D%3D&lang=zh_CN&countrycode=CN&exportkey=n_ChQIAhIQo7gLHNxcIeJCDDRIb747uxLiAQIE97dBBAEAAAAAHwUOQ0qVCIAAAAOpnltbLcz9gKNyK89dVj0uw4dSt6AmMvO6%2Fm9Twr1mIN3IKXjyqwktM7QfrngrxYD2%2B5swHAv%2F2a08g74k9Oh0PgT5ANwYr1NRq%2BpiqpGpfPoZanp7WWtOWOGUVJqeWRyGSyOY7tOq6Q3T3IVeCB0IXemdVZeL%2Bx7yBxdK%2FmzHIPzwzLsNKrvfberbHNS%2BJs5bizggMgUSkL1KCoUaBB3TKRH4hir8vfWw8IQpk%2FcGDrXxqMdgon2bqDWvxPVpGQ3XOczZyNgRRZurSk%3D&pass_ticket=IYWIsck31yYaUoEDUfFoQ5SsE8xFQVpxhYlyBoVoJFLhEVZdKuCPtAN5HsykOMZj&wx_header=3.

第四章
地方篇
CHAPTER 4

习近平总书记高屋建瓴、审时度势，以宏阔的战略思维和前瞻视野，不断拓展和深化新质生产力的理论内涵和实践要求。从 2023 年 9 月在黑龙江考察时首次提出"新质生产力"，到在中央经济工作会议上强调"发展新质生产力"；从在中共中央政治局第十一次集体学习时深刻系统阐述新质生产力，再到此次全国两会期间为各地发展新质生产力作出进一步部署、指明行动路径，习近平总书记一以贯之推动解放和发展社会生产力，为我们推进经济社会新发展注入强大信心和不竭动力，图 4-1 为生产力变革历程。

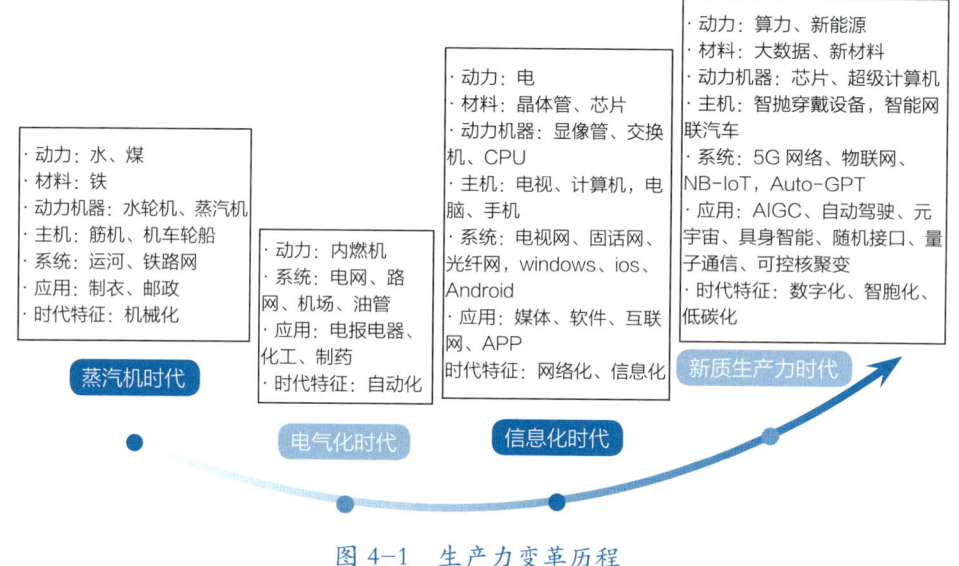

蒸汽机时代
- 动力：水、煤
- 材料：铁
- 动力机器：水轮机、蒸汽机
- 主机：筋机、机车轮船
- 系统：运河、铁路网
- 应用：制衣、邮政
- 时代特征：机械化

电气化时代
- 动力：内燃机
- 系统：电网、路网、机场、油管
- 应用：电报电器、化工、制药
- 时代特征：自动化

信息化时代
- 动力：电
- 材料：晶体管、芯片
- 动力机器：显像管、交换机、CPU
- 主机：电视、计算机、电脑、手机
- 系统：电视网、固话网、光纤网、windows、ios、Android
- 应用：媒体、软件、互联网、APP
- 时代特征：网络化、信息化

新质生产力时代
- 动力：算力、新能源
- 材料：大数据、新材料
- 动力机器：芯片、超级计算机
- 主机：智拋穿戴设备，智能网联汽车
- 系统：5G 网络、物联网、NB-IoT, Auto-GPT
- 应用：AIGC、自动驾驶、元宇宙、具身智能、随机接口、量子通信、可控核聚变
- 时代特征：数字化、智胞化、低碳化

图 4-1 生产力变革历程

本章主要从各个地区的两会政府工作报告和地方政策介绍来强调科技创新的重要性，并提出加强科技体系建设的目标，这可能包括增加研发投入、优化科研机构布局、推动关键核心技术突破等，比如华北地区的北京在科技创新体系方面，一批新型研发机构正在成为发展新质生产力的重要动力源。政府报告会强调政府在创造良好市场环境中的作用，包括简政放权、放宽市

第四章　地方篇

场准入、优化营商环境等措施，比如东北地区的辽宁，持续建设市场化、法治化、国际化一流营商环境，从规则、规制、标准、政策、法律等方面优化营商环境，促进新质生产力要素顺畅流动。地方政策会根据自身优势和定位，提出构建现代化产业体系的具体路径，发展数字经济、智能制造、生物医药等战略性新兴产业，新质生产力的含量，在上海经济中占的份量很足，推动重点产业链高质量发展，全力落实新一轮集成电路、生物医药、人工智能"上海方案"。政府报告会强调人才培养的重要性，提出与高校、科研院所合作，加强职业教育和继续教育，建立终身学习体系等策略，比如2024年"百万人才兴重庆"系列引才活动正式启动，这是重庆连续第7年面向全球人才开行引才专列。

第一节
完善科技创新体系

一、华北地区

（一）北京市

1. 第十六届人民代表大会第二次会议

落实北京国际科技创新中心建设条例。持续加大基础科学发展支持力度，保障在京国家实验室在轨运行和体系化发展，启动北京市重点实验室重组。统筹推进新型研发机构高质量发展，支持组建一批领军企业牵头的创新联合体。深入实施关键核心技术攻坚战行动，靶向破解人工智能、集成电路等领域的"卡脖子"问题。积极创建国家知识产权保护示范区，优化知识产权快速协同保护机制，实施质量强国战略和首都标准化战略。推动科技企业孵化器创新发展，大力引进国际科技组织和外资研发中心，营造具有国际竞争力的开放创新生态。

2. 相关地方政策措施

北京将着力加强国际科技创新中心建设，在发展新质生产力上发挥北京优势。统筹教育科技人才资源，培育壮大各类科技力量，持续深入实施基础研究领先行动、关键核心技术攻坚计划，前瞻布局未来产业新赛道等。

如今国家重视科技创新，由图 4-2 可知，我国东部的科技创新水平略高于其他地区。在东部的北京海淀区中关村科学城内，一批新型研发机构正在成为发展新质生产力的重要动力源。发展新质生产力，必须进一步全面深化改革，形成与之相适应的新型生产关系。北京量子信息科学研究院、北京脑科学与类脑研究中心、北京微芯区块链与边缘计算研究院……聚焦重大基础前沿学科研究、关键核心技术攻关，北京相继部署了一批新型研发机构。以体制机制创新带动科技创新。新型研发机构激发北京原始创新和前沿探索的生机活力。忆阻器存算一体芯片、508千米光纤量子通信、全球首款成功入轨飞行的液氧甲烷火箭、长寿命超导量子比特芯片……一批重大原创成果涌现。2024年1月，北京市第十六届人民代表大会第二次会议表决通过《北京国际科技创新中心建设条例》，其中围绕科技创新全链条制定了30余项基础制度，进一步为创新主体松绑赋能。

图 4-2　按地区分科技创新整体水平

（二）天津市

1. 第十八届人民代表大会第二次会议

加快提升科技创新带动力，提质推进天开园建设。完善"一核两翼多点"发展布局，增强核心区策源带动作用。出台升级版支持政策，持续完善创新创业生态，提升市场化、专业化科创服务能力，引育科技型企业累计达到1500家，设立50亿元天开九安海河海棠科创母基金，推动与央院、央企合作设立基金，发挥海河产业基金、天使投资引导基金、天开园创业种子基金、高成长初创科技型企业专项投资等作用，打造天开基金群，鼓励"投早、投小、投硬科技"。深化国内外科技交流，拓展天开园影响力。集聚资源强化平台支撑和成果转化。高标准重组元素有机化学等实验室，力争全国重点实验室突破20家，加强关键核心技术攻关，健全成果筛选跟踪机制，拓展校企"握手"通道，发挥技术经理人发展促进会和概念验证中心、中试平台咨询委员会等各类科技服务主体作用，畅通科技成果在津转化通道，加强知识产权保护和利用，出台强化专利转化运用专项行动举措，全市技术合同成交额突破2000亿元。

在强化精细管理中做强增量。突出运营管理，提升产出质效，培育特色业态，推动津湾广场、天拖片区、棉三创意街区、国际航运大厦等一批存量资源"腾笼换鸟"，建设一批主题突出、特色鲜明的标志性楼宇和产业园区。在把握未来趋势发展新质生产力中做实增量。顺应产业智能化、绿色化、融合化发展趋势，加快数字经济与实体经济深度融合，积极布局人工智能与超算、生物制造、生命科学、脑机交互与人机共融、深海空天、通用机器人等未来产业新赛道，大力发展研发设计、检验检测、特色金融等生产性服务业，培育一批紧密服务天津市先进制造业的现代服务业龙头企业。

2. 相关地方政策措施

天津积极融入京津冀科技创新体系。根据《天津市制造业高质量发展"十四五"规划》，筹建中的海河实验室，研究方向包括物质绿色创造与制造、先进计算与关键软件（信创）、合成生物学、现代中医药、细胞生态等5个重点领域（见图4-3）。可以说这与天津科技创新优势的重点方向高度一致，也与天津未来产业发展方向一致，天津对建设海河实验室一直很重视。2023年6月，市政府曾召开专题会议研究该实验室筹备工作。要求成立工作专班，统筹推进各项工作，广泛征求意见建议，进一步完善政策文件和建设方案，全力推动实验室建设。会上，中国科学院天津工业生物技术研究所、中国医学科学院血液学研究所、国家超级计算天津中心、南开大学、天津大学、天津中医药大学和市政府等相关部门负责同志都作了发言。

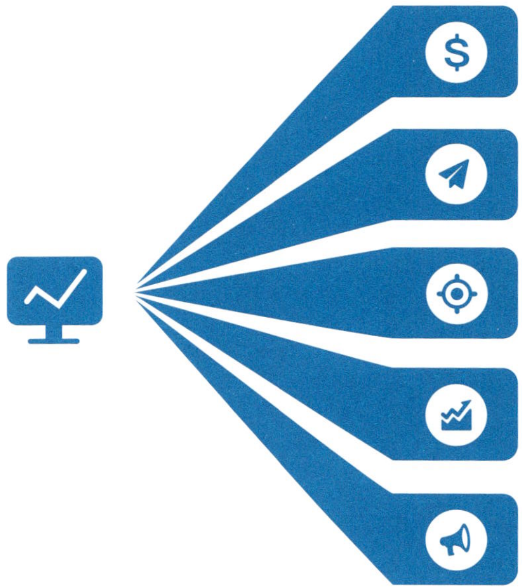

1. 物质绿色创造与制造。在功能物质的设计理论与绿色合成方法、物质绿色制造共性关键技术、绿色分子智能制造全过程集成等方向取得重大突破，物质绿色制造共性关键技术、环境、生物等领域发展的化学化工关键核心问题，成为物质创造和制造领域具有国际重大影响力的学术高地。

2. 自主可控信息系统[先进计算与关键软件（信创）]在自主基础软件、自主CPU等方向实破自主可控信息系统领域前沿基础和战略必争技术，打造我国自主可控创新高地，为国家经济、国防安全等提供科技支撑和战略保障。

3. 合成生物学。聚焦合成生物领域重大领域重大前沿基础和底层关键共性技术研究，不断实现合成生物领域的重大科学发现，取得一系列合成生物重大技术突破，使天津成为全球合成生物技术的原始创新策源地以及合成生物产业的战略高地。

4. 现代中医药。围绕提升全民健康水平，降低医疗成本，助力健康中国，推动构建人类卫生健康共同体及中医药重大科学融合，建立多学科融合，开放共享的科研平台，为中医药事业注入现代生命力，使天津成为全国乃至全球中医药科技、人才、产业中心。

5. 细胞生态。充分发挥细胞生态在重大疾病预警、监控、诊断、治疗、预后等方面的潜力，全面精确解析细胞生态体系及临床意义，建立细胞生态与免疫力形成及评估体系，进行细胞生态调节重大疾病研究，研发重大疾病细胞生态环境有效治疗疾病有望成为基础研究和临床医学的重要途径。

图 4—3 海河实验室重点领域方向

在京津冀协同发展重大国家战略下，天津推进科技创新，需要充分利用三地科技、人才、资本、产业等优势资源，在区域分工协作的大系统中去谋划。《天津市制造业高质量发展"十四五"规划》也明确指出，天津"十四五"期间要打造一批有主题有灵魂的创新标志区，包括中国信创谷、生物制造谷、北方声谷、氢能小镇、中医药谷、先进计算大数据创新集聚区、智慧城市国家级标杆区、海洋科技创新集聚区、设计之都、国家农业科技园区。这些创新标志区，也为京津冀协同创新发展提供了丰富多样的载体空间。

整体来看，"十四五"期间天津科技创新将紧密结合天津实际，围绕天津产业发展战略进行布局，有针对性地推动基础应用研究，强调开放协同，以期为经济社会发展提供更多高质量的科技供给，塑造城市发展新优势。

（三）河北省

1. 第十四届人民代表大会第二次会议

推动创新发展能力持续提升。全面落实研发费用加计扣除等政策，做大做强科技引导基金，发挥科技特派团作用。强化企业创新主体地位，深化国有企业研发投入"三年上、五年强"专项行动，支持企业与高校、科研院所组建创新联合体，培育国家科技型中小企业1.8万家，新增国家级高新技术企业800家。加强科技创新平台建设，瞄准卫星导航、新材料等领域，争创全国重点实验室。加快创新成果孵化转化。培养引进科技领军人才、高技能人才和创新团队，完善人才培养使用、评价激励机制，让人才引得来、留得住、发展好。

2. 相关地方政策措施

科技创新引领，在关键核心技术上实现新突破，发展新质生产力，科技创新是核心驱动力。2023年，河钢集团聚焦航空航天、海洋工程等国家战略领域，开发新产品186个。其中，18个产品填补国内空白，21个产品替代进口。此外，河钢集团整合科研资源成立河钢研发中心，努力打造原创技术策源地和自主创新高地，推进"钢铁向材料"转型，加快形成新质生产力。

国有企业将发挥带动作用，洞察全球科技创新趋势，以技术攻关、流程再造、颠覆创新为方向，突破一批关键共性、前沿引领技术，加快建立新的比较优势，全面提升价值创造力和市场竞争力。"科技创新是产业发展的根本动力"，河北省将围绕新材料、新能源等重点产业领域，强化技术创新引领，开展基础研究和应用基础研究，加强关键核心技术突破，实现传统生产力向新质生产力的过渡转化。

以创新开辟发展新领域新赛道，塑造发展新动能新优势。目前，石家庄医药行业在研新产品近200个，创新药和改良型新药占30%。未来，这些企业将积极推进微球、微晶、脂质体、冻干、缓控释等高端复杂仿制药、创新药和特色原料药的研发和落地转化。

3. 雄安新区

"要牢牢把握高质量发展这个首要任务，因地制宜发展新质生产力。"2024年全国两会结束后，河北各地各部门迅速作出安排部署，认真贯彻落实习近平总书记重要讲话和全国两会精神，围绕积极培育壮大新兴产业，超前布局建设未来产业，大力推进现代化产业体系建设，奋力谱写中国式现代化建设河北篇章。

河北省将进一步提升全省战略性新兴产业的引领力、带动力和竞争力，为构建河北现代化产业体系提供有力支撑；将立足各地产业基础和发展潜力，加快发展新一代信息技术、高端装备、新能源等战略性新兴产业，持续巩固现有发展优势。同时，拓展未来产业发展赛道，重点围绕空天信息[①]、人工智能、生物制造等产业，打造河北有基础、要素有保障、发展有市场、符合产业发展规律的产业链条，增创河北省产业发展新优势。

雄安新区中关村科技园是京津冀协同发展的重要一环，将依托中关村的创新资源和雄安新区的战略地位，继续深化协同创新，打造具有影响力的科技创新高地，建立完善的集成服务体系，形成产学研用深度融合的协同创新

---

① 空天信息产业是运用空间基础设施和技术手段，收集、存储、处理、分析来自空天领域的信息并提供多样化服务的新兴产业。——编者注

体系，为创新主体提供全方位的支持和保障。

科技创新是高质量发展的内生动力。近年来，打造优质创新生态，雄安新区相继成立了雄安科学园管理委员会、雄安国创中心、雄安科技产业园开发管理有限公司等专业创新平台。

雄安新区2022年5月成立了科技创新发展领导小组，并组建了科学园管理委员会。作为雄安新区科技创新发展领导小组决策部署的牵头落实部门，雄安科学园管理委员会主要负责协调落实支持科创产业发展政策，协调配置创新资源，推动重大项目落地。

此后，为加快科技产业布局，又成立了雄安国创中心科技有限公司和雄安科技产业园开发管理有限公司，加速集聚顶尖人才、领军企业、创新团队、科技资本等各类创新要素，培育形成新质生产力，力争打造新时代的创新高地和创业热土。

雄安科学园主要面向前沿科学和基础科学，承接在京科研机构、产业创新资源及科研服务类事业单位，旨在增强雄安新区的原始创新能力。目前雄安科学园实行"一园多区"的发展模式，集科技创新、产业孵化、中试量产、人才培训等于一体。目前，其已逐步具备科创综合赋能、科技策源赋能、孵化培育赋能、落地产业化赋能的相关能力。

在科创综合赋能方面，雄安科学园集聚国内外一流创新资源和科技成果，以科技成果展示中心、科技成果交易中心和知识产权保护中心为核心，打造要素丰富、功能齐备、保障到位、服务一流的科技成果孵化、转化和产业化综合服务平台，构建"政、产、学、研、用、金"各类创新主体紧密融合的成果转化生态体系，以及构建创业投资、贷款融资、公司上市、科技保险覆盖创新企业全生命周期的金融支撑服务体系。

在科技策源赋能方面，雄安科学园以大科学装置项目、全国重点实验室、国家工程实验室等国家级前沿平台为引领，以雄安国创中心为平台，以高新技术企业为主体，构建了一个集基础研究、应用研究、技术开发、成果转化、人才培养、科技服务于一体的创新生态体系。

从2017年4月，中共中央、国务院决定设立雄安新区以来，中央各有关单位、河北省及社会各界高度重视和关注雄安新区的建设和发展。为贯彻落实中央精神和要求，2019年6月20日，中国科学院决定筹建"中国科学院雄安创新研究院"，并印发《中国科学院关于筹建中国科学院雄安创新研究院的通知》。2019年12月29日，中国科学院与河北省人民政府签署了《中国科学院河北省人民政府共建中国科学院雄安创新研究院框架协议》，明确了战略定位与建设目标。

雄安创新研究院以"重大科学问题、重大国家需求、重大仪器研制、重大学科交叉"为导向，根据雄安新区科技创新需求和发展规划，确定了雄安创新研究院信息光电子、认知智能、先进生物制造与新材料三个研究方向。在孵化培育赋能方面，雄安科创中心负责打造开放共享的公共实验平台，配套多样的公共空间，包括会议室、交流、路演等功能，为企业提供拎包入住的办公空间、政策落地等服务。科创中心的定位就相当于前沿技术、前沿企业创新孵化平台。目前在雄安科创中心注册的企业已有31家，正式开展办公的有十多家，其余还在装修。企业在这边取得成果后，要建厂房，做产业化，这时候就要去高新区的中试基地。作为雄安新区高新产业的重要展示窗口，科创中心中试基地积极对接院士团队、高校研发团队、各领域优质企业，吸引科技创新资源要素，加快培育新质生产力。

目前，科创中心中试基地一期建成，已有雄安百信、芯联新科技、北京普龙科技等10余家企业入驻。中试基地二期正在加快谋划，打造以空天信息、生物制造、新材料为主导产业的中试基地和专业园区，重点支持启动区科学园企业将研发成果中试熟化，构建科技成果向生产领域转化的加速器，在雄安高新区打造具有综合服务功能的创新示范基地。

（四）山西省

1. 第十四届人民代表大会第二次会议

大力度推动科技创新。完善创新平台体系，支持怀柔实验室山西研究院开展国家科技攻关任务，推动后稷实验室融入崖州湾实验室建设，建设3到5家省实验室，优化重组省重点实验室，布局建设2到3家省级基础学科研究中心、培育基地。强化创新型中小企业和专精特新企业选育赋能，培育细分行业隐形冠军。聚焦重点产业链和特色专业镇发展，组建 5 到 10 家企业主导的高端创新平台。落实"晋创谷"发展"1+5"政策措施，加快建设太原先行区。推动大同与中关村科技园深化合作。开展新能源、现代装备制造、新材料产业专利快速预审。

2. 相关地方政策措施

围绕山西"国家资源型经济转型综合配套改革试验区"和"能源革命综合改革试点"的战略定位，着眼产业链、创新链、人才链、教育链一体化，山西省高校大胆探索、积极作为，充分发挥自身优势，努力开辟发展新领域新赛道，塑造发展新动能新优势，与区域经济发展同频共振，为推进中国式现代化山西实践贡献更大力量。主动深度融入，在服务中提升创新能力，推进转型发展。2024 年政府工作报告提出，"加快推动高水平科技自立自强""全面提升自主创新能力"。山西省把推进教育科技人才振兴、实施高等教育"百亿工程"，作为未来发展的"三大动力"之一。山西省高校正积极行动，搭建创新平台，培育创新团队，在全面提升自主创新能力的同时，瞄准国家和山西省重大战略需求，充分发挥自身优势，全力推进地方经济转型发展。

山西大学将"深度融入区域创新体系"作为推动发展的"三大任务"之一，坚持把服务国家重大战略和区域经济社会发展需求作为最高追求，充分发挥学科优势，先后与全省各市在能源、化工、医药、计算机、大数据、生态环境、乡村振兴等诸多领域开展深度合作，与山西焦煤、山西交控、大地集团等国有企业积极开展产学研合作，共建产业技术研究院，积极承担山西省科技重大专项计划"揭榜挂帅"项目，努力在服务中做贡献，在贡献中求发展。

"加快发展新质生产力""充分发挥创新主导作用，以科技创新推动产业创新"。高校是科技创新的前沿阵地，山西省高校主动出击，勇敢担责，以科技创新催生新产业、新模式、新动能，以新质生产力推进全省经济转型和高质量发展。

（五）内蒙古自治区

1. 第十四届人民代表大会第二次会议

以非常之举推进科技创新。越是欠发达地区越要重视科技创新，越要跳出老套路，敢于打破常规，在创新驱动发展上奋起直追、迎头赶上。科技创新首先要舍得投入。严格落实财政科技，投入刚性增长机制，各级政府都要拿出真金白银支持科技创新，打造有利于企业、高校、科研院所勇于创新的良好生态。

集中资源力量，用好科创平台。要壮大"国家队"，全力创建呼包鄂国家自主创新示范区、稀土新材料和草业国家技术创新中心，推进国家乳业技术创新中心二期项目建设，培育草原家畜育种、草原生态保护与利用全国重点实验室。

2. 相关地方政策措施

如图 4-4 所示，处在科技创新前列的东部地区内蒙古，也在多方面投入科技创新方面。2 月 20 日上午，2024 年全区科技工作会议在呼和浩特市召开。会议全面贯彻落实党的二十大和二十届二中全会精神，深入贯彻落实习近平总书记考察内蒙古重要指示精神，认真贯彻落实自治区党委十一届七次全会暨全区经济工作会议及自治区两会精神，总结 2023 年全区科技创新工作，安排部署 2024 年重点任务。自治区政协副主席、科技厅厅长孙俊青出席会议并作科技工作报告，厅党组书记冯家举主持会议。

会议强调，2024 年是实施"十四五"规划的关键一年，自治区党委十一届七次全会暨全区经济工作会议和 2024 年政府工作报告作出了"实施科技'突围'工程"，以非常之举推进科技创新的重要部署。全区科技系统要始终坚持和加强党对科技工作的全面领导，以铸牢中华民族共同体意识为主线，从"适应科技发展新形势""加快培育新质生产力""补齐科技创新短板"和"适应科技治理体系变革"四个方面的迫切需求出发，准确把握、深入领会科技发展面临的形势与任务，以坐不住的紧迫感、慢不得的危机感、等不起的责任感，抓紧实施科技"突围"工程，加快推进科技创新。要解放思想，

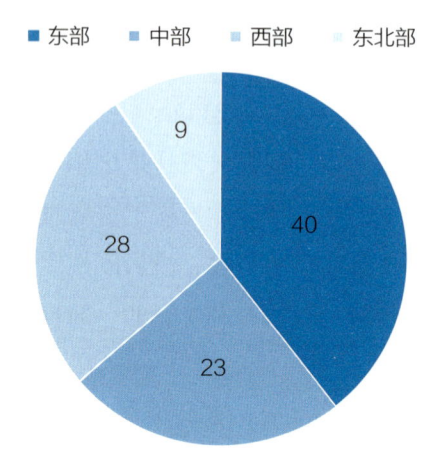

图 4-4　分地区科技创新前 100 城市数量占比

跳出老套路、敢于破常规、舍得下血本，发扬"兔子战术"，做到"起跑即冲刺""起步就领先"，在做好两件大事上展现新作为，为实现"闯新路、进中游"目标提供强有力的科技支撑。

会议提出了 2024 年突出抓好的 7 个方面重点任务。一是在科技"突围"上求突破，找准点位，找好团队，找对模式，以"点"上的突破带动"面"上的整体提升，加快形成新质生产力。二是在创新平台优化布局上下功夫，建强现有国家级平台，进一步壮大"国家队"，持续做强"地方队"。三是在关键技术攻关上破难题，围绕优势特色领域强化基础科学研究，强化重点领域科技攻关，力争取得一批重大技术突破和标志性成果。四是在创新主体能力提升上做文章，深入实施"双倍增双提升"行动，持续实施企业科技特派员行动，加快推动科技惠企政策落实落地。五是在"蒙科聚"平台建设上提质效，打造"蒙科聚"2.0 版，实施"上平台、用平台""积分激励政策落地""管理服务推进提升"行动，充分发挥"聚合"作用、释放"聚变"效应。六是在研发投入增长上再加力，严格落实政府科技投入刚性增长机制，引导企业加大研发投入力度，着力抓好科技金融，引导社会资本加大投入力度。七是在体制机制改革上谋创新，顶格出台科技创新新政策，打造"科技兴蒙"政策"升级版"。

2024年3月27日下午，内蒙古宏观经济研究中心举办主题为"发展新质生产力，培育发展新动能"的第83期内蒙古发展改革论坛。来自内蒙古工信厅、内蒙古科技厅、内蒙古能源局、内蒙古社科院、北辰智库的专家学者，围绕主题进行了研讨。

与会专家表示，内蒙古要因地制宜推动新质生产力加快发展，开辟高质量发展新领域新赛道、塑造新优势、培育新动能，加快形成高质量发展的强劲推动力、支撑力，为内蒙古实现闯新路、进中游目标加力、赋能。

培育新质生产力，是一项系统性、战略性、全局性工程，既要推动传统产业全链转型、焕新升级，也要聚力壮大新兴产业、前瞻布局未来产业。对于能源、冶金、建材、化工等内蒙古的家底产业，要瞄准高端化、智能化、绿色化方向，实施大规模技术改造升级工程，推动设备更新、工艺升级、数字赋能。与此同时，还要加强新材料、现代装备制造、生物医药、商业航天、低空经济等新兴产业核心技术的研发攻关，提前布局低碳能源、前沿材料、未来网络、高性能复合材料、算力网络等未来产业，为内蒙古高质量发展赢得先发优势。2024年呼和浩特市将积极抢占未来产业新赛道，聚焦未来信息产业、未来空间产业、未来材料产业、未来健康产业、未来能源产业"五大领域"，培育打造新质生产力。

推动新质生产力发展，必须奋起直追，不能在新赛道上掉队、落后。2024年全国两会提出，大力推进现代化产业体系建设，加快发展新质生产力。以新兴产业和未来产业为代表的新质生产力，是内蒙古塑造新优势、打造新引擎的关键所在，要积极抢滩布局，率先在一两个点位上取得突破，提升产业发展核心竞争力，以抢先之势按下发展新质生产力"快进键"，增强科技创新"硬实力"，就能为内蒙古高质量发展不断注入新动能、积蓄新优势。

为深刻认识和发展新质生产力，扎实推动自治区经济社会高质量发展，2024年3月11日，自治区科技厅召开党组理论学习中心组学习会（扩大），邀请中国生产力促进中心协会副理事长兼秘书长王羽作《新质生产力的理论内涵和路径》专题辅导讲座。自治区科技厅党组书记冯家举主持会议并讲话。会议系统深入地解读了新质生产力的形成背景、理论分析、内涵特征、发展路径以及和其他领域的关系，紧密结合科技创新实际，阐述了发展新质生产力的核心要素、关键问题，给大家上了一堂生动的理论实践课，与会领导干部纷纷表示很受启发和教育，大家对新质生产力的科学内涵、重大意义、实践要求有了更深一步的认识和理解，为做好下一步工作夯实了理论基础。会议强调，科技系统各基层党组织要持续深入学习领会习近平总书记关于发展新质生产力的重要论述，提高政治站位，夯实思想基础，从实际出发，从创新入手，以培育新质生产力塑造自治区高质量发展新动能；要科技攻"尖"、产业向"新"，深入推进传统产业高端化、智能化、绿色化转型发展，积极培育以"风光氢储"为主的新兴产业和未来产业，不断提升发展新质生产力的能力和水平；要聚焦"五大领域""八大方向"，实施科技"突围"工程，加快形成新质生产力，发展新动能，展现新作为，全力开创科技赋能高质量发展新局面，为自治区"闯新路、进中游"提供有力科技支撑。

二、东北地区

（一）辽宁省

1. 第十四届人民代表大会第二次会议

创建具有全国影响力的区域科技创新中心。推进重点实验室发展，加快建设辽宁实验室，积极创建国家实验室辽宁基地，支持先进光源、超大深部工程、海洋工程环境实验与模拟设施等大科学装置预研项目建设。加快沈阳浑南科技城、大连英歌石科学城、沈抚科创园建设，打造沈大科技创新和产业孵化走廊。

2. 相关地方政策措施

习近平总书记的重要讲话为辽宁省科技创新指明了方向，辽宁省科技战线将锚定打造重大技术创新策源地，以创建具有全国影响力的区域科技创新中心为抓手，着力将辽宁的科教人才资源优势转化为创新发展胜势。要在技术攻关上聚力攻坚，焕发国企、央企创新活力，赋能传统产业转型升级，壮大战略性新兴产业，培育未来产业，在智能制造、前沿材料、氢能储能、生物育种等细分领域建立颠覆性技术发掘机制、完善成果转化机制、健全商业价值发现机制，实施一批"从0到1"的原创性、颠覆性创新研究项目，引领培育新质生产力。

围绕打造钢铁科技创新中心、加快建设一批高质量科技创新平台、打造菱镁科技创新中心等重点工作，全力推进建设完备的"2+N"科技创新中心体系，提升创新平台资源集聚能力，提升科技创新水平，加快构建新质生产力的核心推动力。同时，聚焦实施"揭榜挂帅"等科技攻关项目、开展创新主体培育、创新人才引育方式等，积极提升企业自主创新能力，加强关键核心技术攻关。此外，从构建梯度发展的产业中试体系、构建全链条孵化育成体系、构建技术转移服务体系等方面发力，全力构建多元化科技创新生态，提升科研成果转化能力，为培育发展新质生产力提供坚强保障。

（二）吉林省

1. 第十四届人民代表大会第三次会议

坚持以科技创新推动产业创新，加快构建具有吉林特色优势的现代化产业体系。打造科技创新策源地。突出创新和产业融合联动，催生新产业新业态新模式，发展新质生产力。强化科技体制机制改革，主动对接国家战略需求，优化科技力量布局，整合科教创新资源，构建举吉林省之力有组织攻关核心技术的新机制。

2. 相关地方政策

作为共和国工业摇篮之一、连接东北亚经济圈的重要纽带，吉林发展新质生产力，事关老工业基地转型升级，事关东北全面振兴，事关国家发展大局。改造传统产业、壮大新兴产业、培育未来产业，攻坚颠覆性、前沿性技术"一路突破"，发力传统产业改造升级"一路火热"，破除发展掣肘"一路向前"。在这个生机勃勃的春天，吉林正抓住新一轮科技革命和产业变革机遇，加速催生新质生产力涌流。推动吉林高质量发展，一路向"新"奔腾前行，紧密结合实际，大幅提高全要素生产率，实现新质生产力的颠覆性催生、乘数式跃升、指数级增长。

（三）黑龙江省

1. 第十四届人民代表大会第二次会议

突破"卡脖子"技术难题，组织实施"揭榜挂帅"项目，实施智能农机、页岩油、人工智能等重点领域攻关项目70项。打造科技创新平台载体，推进崖州湾等国家实验室区域基地和生物、新材料等重点领域全国重点实验室、国家技术创新中心尽快落地建设。加快科技成果转化，坚持企业出题、科研解题、市场阅卷，深化"政产学研用"协同创新，开展科技成果路演推介对接活动300次，转化科技成果600项。培育壮大科技型创新主体，推进高新技术企业提质增量工程、临规企业科技赋能行动，全年净增高新技术企业600家。表4-1为黑龙江省2025年科技创新预期性指标。从表中可以看出，黑龙江省对"十四五"科技创新规划的各个指标基本实现翻一番的目标。

表 4-1 黑龙江省 2025 年科技创新预期性指标

序号	指标	2020年	2025年
1	全社会R&D经费支出占GDP比例（%）	1.26	2.5
2	规模以上工业企业R&D经费支出占营业收入比例（%）	0.71	1
3	万名就业人员中R&D人员数（人）	39.1	50
4	每万人口高价值发明专利拥有量（件）	2.57	4.53
5	高新技术企业数（家）	1932	5000
6	技术合同成交额（亿元）	267.8	500
7	知识密集型服务业增加值占GDP比例（%）	12.35	19

出台创新龙江建设意见和创新发展60条政策，省级科技专项资金投入同比增长20%。支持"揭榜挂帅"项目榜单32个，哈尔滨工业大学空间环境地面模拟装置试运行。创新平台建设加快推进，全国重点实验室由7家增加到12家，5个国家级企业技术中心获批，新增3个国家级科技企业孵化器，哈

大齐国家自主创新示范区、佳木斯国家农业高新技术产业示范区建设稳步推进。

2. 相关地方政策措施

落实创新发展、开放发展、高质量发展政策措施，着力构建功能完备、机制灵活、协同高效的科技创新体系，用好黑龙江创新发展60条、人才振兴60条等政策，在智能机器人、生命科学、陆相页岩油等领域攻克一批原创性、颠覆性技术，增强新质生产力创新源头供给，更好地服务国家高水平科技自立自强。围绕科教兴国战略、人才强国战略、创新驱动发展战略，加快建设创新，在空间科学、信息智能等领域创建更多国家级创新平台，建设深海、深空、深地等领域重大科技基础设施，强化前沿领域科技研究，培育战略科技力量。积极承担国家重大科技项目，掌握运用大数据、大模型、大算力，生成一批引领产业发展的重大科技成果，培育发展新质生产力的新动能。

三、华东地区

（一）上海市

1. 第十六届人民代表大会第二次会议

进一步加快建设"五个中心"，提升城市能级和核心竞争力。坚持整体谋划、协同推进，重点突破、以点带面，把科技创新摆在更加重要的位置，持续强化城市核心功能，持续增强辐射带动能力，更好代表国家参与国际合作和竞争，坚持以科技创新推动产业创新，聚焦智能化、绿色化、融合化，加快建设现代化产业体系，大力发展新质生产力。

探索关键核心技术攻关新型组织实施模式，加强未来产业前瞻技术创新布局，大力发展自主可控核心工业软件和工业操作系统，深入实施重大技术装备攻关工程、产业基础再造工程。布局一批新型研发机构，打造一批高水平产业科技创新平台。强化企业科技创新主体地位，鼓励科技领军企业打造原创技术策源地。深化科技成果产权制度改革，完善技术要素估值定价机制，加快发展科技服务业。深化科技交流合作，加快打造具有全球竞争力的开放创新生态。

2. 相关地方政策措施

创新是引领发展的第一动力，关键核心技术要不来、买不来、讨不来，创新主动权、发展主动权必须牢牢掌握在自己手中。必须牢牢坚持"四个面向"，聚焦关键领域打好核心技术攻坚战，加快形成标志性的自主创新成果，更好地代表国家参与国际合作竞争。

国产大飞机 C919 似飞龙冲天，国产大型邮轮"爱达·魔都号"如游龙入海，如今的上海，已经成为全球少有的既能造火箭、飞机，又能造邮轮、汽车的高端装备城及"全球动力城"。正在向具有全球影响力的科技创新中心迈进的上海，倾力打造从"0"到"100"的科创链条，以创新策源加快形成新质生产力。

面向世界科技前沿，加快建设全球规模最大、种类最全、功能最强的光子大科学设施集群，在沪已建和在建国家重大科技基础设施达 14 个，涌现出一批首创成果，张江综合性国家科学中心集中度、显示度不断提升。

（二）江苏省

1. 第十四届人民代表大会第二次会议

深入推进高水平科技自立自强。坚持以科技创新引领现代化产业体系建设，以打造具有全球影响力的产业科技创新中心为牵引，进一步强化科技、教育、人才的战略支撑。打造开放式社会创新模式，积极参与国际科技合作，跨区域、跨部门整合科技力量和优势资源，努力培育更多科技之花、产业之果。全面激发人才创新创造活力。

加大对科技创新、绿色转型、普惠小微、数字经济、技术改造等金融支持力度，促进社会综合融资成本稳中有降，加大战略性新兴产业基金投放力度，深化数字人民币省域试点。确保能源电力稳定供应。启动"十五五"规划编制工作。着力激发有潜能的消费。积极培育大型商贸流通龙头企业和垂直领域优势电商平台企业，更好地发挥平台经济在促进消费、活跃市场中的

第四章　地方篇

带动作用。

2. 相关地方政策措施

习近平总书记寄望江苏"为实现高水平科技自立自强立下功勋"。江苏省在竞逐科技前沿竞争中，必须迎难而上，以硬招实招破壁攀高。基础研究的厚度决定科技自立自强的高度，进而影响新质生产力的涌现力度。创新型企业是涵养新质生产力的重要微观主体。

"习近平总书记在参加江苏代表团审议时强调因地制宜发展新质生产力，这让我们备受鼓舞、十分振奋。我们正在布局的光子产业前景广阔，可以培育出澎湃的新质生产力。"苏州高新区党工委委员、苏州科技城党工委书记卢潮说，紧扣光子产业的发展规律，当地不仅部署了"高光20条"、总规模100亿元的光子投资基金等一揽子支持政策，还快马加鞭地建设光电产业园、光子国际创新社区等配套载体。眼下，太湖科学城功能片区正加大全球高端资源招引力度，力争到2025年，光子产业规模初见成效，到2030年形成具备国际竞争力、覆盖全产业链条的千亿级光子产业集群。

"科技创新是发展新质生产力的核心要素，航空工业同样是以技术、模式创新引领的行业，本身就是一种新质生产力。"中国航空工业集团公司金城南京机电液压工程研究中心工作人员钟欣轩说，"中心全体研发人员将在习近平总书记重要讲话指引下，着力淬炼机载系统核心能力，加强重点领域关键核心技术攻关和自主创新，打造更多国之重器，勇担实现高水平科技自立自强的时代使命。"

（三）浙江省

1. 第十四届人民代表大会第二次会议

建立健全以科技创新推动产业创新的体制机制，促进创新链、产业链深度融合。深化强港改革，进一步完善港口管理体制、投融资机制、"四港"联动发展机制。探索建立大宗商品储备管理体系和贸易投资制度，积极争取新一轮义乌国际贸易综合改革试点。深化知识产权全链条集成改革，加快建设知识产权强省。实施国资国企改革攻坚深化提升行动，增强核心功能、提高核心竞争力。

加强高能级科创平台建设。推进高能级科创平台体制机制改革，加快形成战略科技力量。支持杭州城西科创大走廊，打造创新策源地，牵引带动省内各类科创走廊提高创新强度和质效。探索推行"大兵团"作战模式，实施"双尖双领+×"重大科技项目400项以上。落实研发经费加计扣除、"三首"产品推广应用等政策，引导企业发挥创新主体作用，新增科技领军企业10家、科技小巨人企业100家、高新技术企业5000家、科技型中小企业1.2万家，新建省级创新联合体10家以上。

2. 相关地方政策措施

2024年3月27日，浙江省委书记易炼红围绕加快发展新质生产力开展调研。他强调，要深入学习贯彻习近平总书记关于加快培育和发展新质生产力的重要论述精神，紧扣勇当先行者、谱写新篇章使命任务，提高站位强认识、把准方位勇奋进、高标定位作示范，结合实际、因地制宜，积极探索科技创新、产业创新、发展方式创新、体制机制创新、人才工作机制创新有效路径，全力打造发展新质生产力最优生态，确保"总书记有号令、党中央有部署，浙江见行动见实效"。要不断推动技术创新、工艺创新，大力发展新质生产力，以更优质产品满足大众多层次需求。

创新链、产业链、资金链和人才链互为支撑深度融合，是优化创新资源配置、促进创新主体协作、推动科技创新和成果转化为新质生产力的重要路径。强化企业科技创新主体作用，进一步推进"四链融合"的协同创新，为构筑发展新动能夯实路径。深化"四链融合"协同创新，首先必须强化企业科技创新主体地位，充分发挥市场对技术研发方向、路线选择、要素价格、各类创新要素配置的导向作用，让企业真正成为创新决策、研发投入、科研组织、成果转化的主体，这也是提升创新体系整体效能的关键所在。着力培育发展一批核心技术能力突出、集成创新能力强的创新型领军企业，构建企业领头、高校支撑、各创新主体相互协同的创新联合体，推动创新资源集聚、创新功能集成、创新主体融通、创新人才汇聚，构建产学研结合、上中下游衔接、大中小企业协同的良好创新生态。

（四）安徽省

1. 第十四届人民代表大会第二次会议

完善以企业为主体的技术创新体系。构建从科技型中小企业到科技领军企业的梯次培育体系，支持中小企业专精特新发展，净增科技型中小企业5000家以上、高新技术企业3500家以上、科技领军企业10家左右。推进高水平新型研发机构建设，支持龙头企业牵头组建产业研究院。深入实施"两清零"行动。建立以企业为主体的科研项目立项、组织实施、评价等机制。加快全省应用场景一体化大市场建设。

建强战略科技力量。加强国家实验室服务保障，加快建设量子信息、聚变能源、深空探测三大科创高地。开工建设空地一体量子精密测量实验设施，争取深空探测重大标志性工程立项实施。在集成电路、工业母机、智能成套装备、基础软件等领域，实施重大科技专项和重点研发项目。新建一批前沿技术概念验证中心、中试基地，重组升级省（重点）实验室100家以上。

2. 相关地方政策措施

"加快形成新质生产力，不仅要在技术层面取得更大突破，还要通过深化改革破除一切束缚创新驱动发展的观念和体制机制障碍。"全国人大代表彭凤莲表示，制度创新是发展新质生产力的重要保障。有关部门应推进重点领域和关键环节改革攻坚，充分发挥市场在资源配置中的决定性作用，尤其是要健全要素参与收入分配机制，适应高质量发展和经济活动数字化进程的需要，激活知识、技术、管理、数据等优质生产要素的活力，引导各类要素协同向先进生产力集聚。

（五）福建省

1. 第十四届人民代表大会第二次会议

强化政策支持，推动创新要素向企业集聚，充分调动企业创新积极性，全社会研发投入增长18%以上，国家高新技术企业突破1.3万家。科研资金向企业倾斜，优化企业研发经费投入分段补助等政策，实施更加精准有效的补助方式，将企业研发投入情况与科技创新资源配置紧密挂钩，鼓励企业放心投入、大胆创新。技术攻关请企业参与，支持企业领衔国家和省级重大创新任务和工程，大幅增加各类科技专家库中企业专家数量权重，加大对企业科技创新团队和科研人员的激励力度，让更多企业参与到基础研究、技术创新、"卡脖子"攻关中来。成果转化予企业便利，加大知识产权保护力度，开展科技成果转化"搭桥"行动，支持企业与高校院所、省创新实验室加强对接，联合开展订单式定向研发转化，促进更多技术创新在企业抽枝散叶、开花结果。

坚持建管并重、量质齐升，更好汇聚创新资源、链接创新主体、驱动产业变革。着力建平台，建成完善科技成果转移转化公共服务平台，在产学研用间搭起便捷畅通的桥梁。深化福厦泉科学城、省创新研究院建设，建好7家省创新实验室，筹建海洋领域省创新实验室。着力提升能级，完善绩效评估和动态调整机制，加快省级科技创新平台重组提升，支持各类创新主体争创国家级科技创新平台。

2. 相关地方政策措施

（1）培育新质生产力，赋能高质量发展

强化关键核心技术攻坚。关键核心技术是新质生产力的内核，是推动经济高质量发展的第一动力。当前，我国经济高质量发展面临的突出问题是前瞻性、颠覆性关键核心技术突破力度不够，亟须统筹布局、系统攻关。应充分发挥我国制度优势，持续开展周期性的关键技术识别，聚焦未来科技发展的新动向，组建创新联合体，加速推进薄弱短板领域的统筹科技攻关。要注重发挥产业链链长企业在基础研究与技术应用创新层面的"主力军"和"领头羊"作用，带动各类经营主体，协同解决行业关键核心技术难题，营造优势互补、开放融合的产业创新生态。

（2）培育壮大新质生产力，加快推动高质量发展——访全国人大代表、福州市市长吴贤德

一是强化科技创新引领，加快建设高新区、软件园、大学城、科学城、科创走廊，力争在2024年国家高新技术企业突破4600家；二是围绕新质

生产力布局产业链,实施产业链重点项目 134 个,推进 50 个战略性新兴产业项目建设,办好数字中国建设峰会,力争数字经济规模达 7700 亿元以上;三是推进绿色低碳发展,大力培育新能源汽车、海上风电、氢能、新型储能等新能源产业,打造一批绿色工厂、绿色园区、绿色供应链,加快构建绿色制造体系;四是加强人才战略支撑,推进教育、科技、人才一体化发展,办好"好年华聚福州"人才峰会等系列活动,让人才创新创造活力充分迸发。

(六)江西省

1. 第十四届人民代表大会第二次会议

加快推动依靠创新驱动的内涵型增长。深入实施科技兴赣六大行动,积极对接国家战略科技资源,争创国家实验室研究基地及稀土核资源、有色金属等领域全国重点实验室,筹建其他领域省实验室,新增省级工程研究中心 40 家左右、企业技术中心 100 家以上,研究与试验发展(R&D)经费支出占国内生产总值比重 1.9% 以上。推动鄱阳湖国家自主创新示范区与 G60 科创走廊、粤港澳大湾区科技创新中心对接,支持企业设立"科创飞地"。实施以创新成效为导向的省级科研院所分类评估,开展科技人才评价改革试点,组建省科创基金。构建省科技成果转移转化体系,实施重大科技成果熟化与工程化研究项目、科技型企业梯次培育行动,加快促进发光二极管(LED)无粉照明、移动物联网、北斗规模应用等产业化,力争专精特新中小企业突破 4000 家。

2. 相关地方政策措施

当前,江西省正处在投资拉动和创新驱动并重阶段,发展动力加快转换,发展效益不断提升,但经济结构不优、产业整体实力不强,特别是创新能力不强仍是制约产业升级的最大短板。因此,要坚持创新引领加快发展新质生产力,加强科技创新和产业创新深度融合,不断开辟高质量发展新领域新赛道,为奋力谱写中国式现代化江西篇章提供强劲动能。并从发挥科技创新支撑引领作用、加快构建现代化产业体系、推动绿色低碳发展、全面深化改革扩大开放、激发人才创新创造活力等方面提出了具体要求。

以创新为引领,才能在高质量发展中先人一步、快人一招。对于江西发展新质生产力的分析，南昌大学党委书记罗嗣海表示，江西联通东西、承接南北、通江达海，多个国家重大战略叠加，产业特色鲜明，具有培育形成新质生产力的巨大潜力、良好区位及坚实基础。新质生产力具有高科技、高效能、高质量特征，是符合新发展理念的先进生产力质态。随着创新要素加快聚集，江西一定能够百尺竿头更进一步，以创新之钥开启高质量发展之门。

（七）山东省

1. 第十四届人民代表大会第二次会议

加快科技大市场体系建设，加强知识产权保护和运用，推进科研基础设施和大型科研仪器开放共享，推广首台套、首批次、首版次产品600项以上。开展标志性产业链高质量发展行动，在集成电路、工业母机、钙钛矿等领域，实施100项重大科技创新项目。强化高校、科研院所、企业协同攻关，突破一批"卡脖子"技术，扎实推进稳链固链，提升产业链、供应链韧性和安全水平。充分发挥实验室体系支撑作用，全力服务保障崂山实验室建设，新创建7家全国重点实验室，新布局2家省实验室，重组200家省重点实验室。支持天瑞重工、潍柴动力、济南量子研究院创建国家级计量、质量、标准创新平台。

2. 相关地方政策措施

山东省提出了实施100项重大科技创新项目，同时计划培育10个左右的省级新兴产业集群。通过重点科技创新项目的实施，进一步推动新质生产力的发展。

新质生产力本质是创新驱动的生产力。"习近平总书记强调加大创新力度，培育壮大新兴产业，超前布局建设未来产业，完善现代化产业体系，让我们开展自主创新的信心和决心更加坚定。"山东有研半导体材料有限公司总经理张果虎代表说。半导体产业是全球最重要的高科技产业之一，对国家竞争力和长远发展至为重要。企业高度重视科技创新工作，依托集成电路关键材料国家工程研究中心，积极承担山东省重点攻关任务，攻克了8寸硅片、12寸硅片关键技术，产业化能力不断提升。

四、华中地区

（一）河南省

1. 第十四届人民代表大会第二次会议

加快建设"三足鼎立"创新大格局。推动中原科技城聚能增效，推进中原量子谷建设，启动省科学院北龙湖创新基地建设，加快产出和转化一批标志性科技成果，引进落地一流大学、科研机构10家。推动中原医学科学城架梁立柱，争创国家医学中心、国家中医医学中心、中国医学科学院河南基地，谋划建设人体泛蛋白修饰组学等公共平台，吸引高端医疗装备、创新药物等头部企业入驻，加快建设生物医药大健康产业高地。推动中原农谷蓄势突破，实施国家生物育种产业创新中心二期工程，支持崖州湾国家实验室河南试验基地建设，开展一流种质资源库建设行动，建成种子质量检验检测中心、中原种业科技成果转化交易中心，新引入种业龙头企业15家以上，构建种业创新和成果转化高地。主动对接国家战略，谋划布局一批重大科技基础设施，努力使"两城一谷"成为国家战略科技力量的组成部分。

2. 相关地方政策措施

全国人大代表，河南省发展改革委党组书记、主任马健表示，当前，河南正处在加快新旧动能转换、全面迈上高质量发展轨道的冲刺决胜期，发展新质生产力是关键之举、决胜之要。下一步，河南省将深入学习贯彻习近平总书记关于新质生产力的系列重要论述，把坚持高质量发展作为新时代的硬道理，把工作着力点放在培育新动能新优势、形成新质生产力上来，在强化创新引领、构建现代化产业体系、深化改革上持续发力，加快完善"三足鼎立"科技创新大格局，深入实施国家战略性新兴产业集群发展工程，持续深化营商环境综合配套改革，进一步建立健全要素市场化配置机制，努力向新而行、循新而进、逐新而攀，不断开辟新赛道、塑造新动能，为中国式现代化建设河南实践提供源源不断的强劲动力。

发展新质生产力，核心是加强科技创新，河南省坚定走好创新驱动高质量发展。以中原科技城、中原医学科学城、中原农谷为支柱平台，发展"华山一条路"。全面构建"三足鼎立"科技创新大格局。大幅提升全省科技资源量、创新活跃度、技术转化率。加大头部企业、高能级研发机构和重大项目引育力度，强化公共研发平台和基础设施建设，加强科技创新特别是原创性、颠覆性科技创新，打好关键核心技术攻坚战，不断提升科技成果转化水平；持续在建设国家创新高地和重要人才中心上聚力攻坚，不断巩固提升"三足鼎立"科技创新大格局，重点围绕环省科学院、省医学科学院、国家生物育种中心三个创新生态圈，大力推动高端科创资源集聚，超前谋划、重点储备、梯次启动一批新的重大科学装置，加快构建重大科技基础设施集群；支持"双一流"院校建设和第二梯队院校创建，高质量推进科教融合发展，为发展新质生产力创造良好的创新环境和人才支撑。

（二）湖北省

1. 第十四届人民代表大会第二次会议

完善"政产学研金服用"协同机制，建好用好科技创新供应链平台，以需定研、以研促产，推动科技成果更多更快地走向生产线、转化为生产力，技术合同成交额达到 5500 亿元以上。更大力度优化创新生态。坚持教育、科技、人才一体融合发展，系统推进职务科技成果赋权、灵活引才育才用才聚才等体制机制改革，加强科创学院、卓越工程师学院建设，深入实施"楚天英才""博士后倍增"等人才高地计划，积极推动高校、科研机构、企业联合共建产业链、人才链、创新链。完善多元化科创投入机制，用好政府主导的 4000 亿元投资基金群，推行科创众包、揭榜挂帅等新模式，引进培育更多风投基金、耐心资本，投早、投小、投未来，全社会研发投入增长 14%以上。强化企业创新主体地位，鼓励科技领军企业牵头组建创新联合体、新型研发机构，高新技术企业新增 5000 家以上，科技型中小企业达到 4.5 万家以上，让科技创新的满天繁星汇成高质量发展的璀璨星河。

坚持把创新驱动作为引领经济高质量发展的关键，以建设武汉具有全国影响力的科技创新中心为牵引，充分激发创新第一动力。更大力度聚合创新资源，更大力度增强创新动能。坚持以市场需求和产业应用为导向，深入实施基础研究特区计划、"尖刀"技术攻关工程，着力构建数字经济、人工智能、绿色发展等优势领域"核心技术池"，集中力量突破高端芯片、智能数控机床、高端医疗装备等"卡脖子"技术，前瞻谋划生物合成、空天技术等千亿级规模的科创"核爆点"，构筑创新赛道的"卡位"优势。

2. 相关地方政策措施

湖北省拥有丰富的科教资源，包括130所各类高校、3600多家科研机构、30个国家重点实验室和2万多家高新技术企业。这些资源为湖北打造新质生产力提供了强大支撑。正如一座科技创新大走廊的建设所展示的那样，湖北正在培育七大实验室、九大科学装置、九大创新中心、七大功能板块、三条千亿产业大道和两大万亿产业集群等项目。这些举措旨在将科技创新与产业应用紧密结合，构建起完整的"产学研用"转化链条。这不仅有助于湖北抓住科技革命和产业革命的先机，还为形成新质生产力完整产业链奠定了坚实基础。

培育发展未来产业，是形成新质生产力的关键，武汉衷华脑机融合科技发展有限公司，已实现植入式脑机接口系统最核心的技术突破，有望抢占未来产业发展先机。无论是下一代信息网络、生物医药等战略性新兴产业，还是氢能、量子科学等未来产业，都要努力在自主创新能力上突破瓶颈。工业互联网是发展数字经济、推动新型工业化的重要基础设施。推动工业互联网发展，推进中小企业数字化转型。

科技创新催生的新产业、新模式、新动能，是发展新质生产力的核心要素。提升新质生产力的有效供给能力，不仅需要强化产业源头技术创新和产业系统创新能力，还要加强以企业为主体、市场为导向、产学研深度融合的技术创新体系建设。以脑机接口为例，建议相关职能部门完善植入式脑机接口法律法规，进一步确定临床应用标准，将该产品纳入医疗器械管理。鼓励脑机接口产品加快临床试验、进入医疗市场，加速推进脑机接口产业化进程。

支持"链主"企业发挥头雁效应，依托工业互联网与产业链上的中小企业深度互联，带动企业踊跃融入新型工业化潮流。工业是科技创新的主战场，其创新水平直接关系到现代化产业体系的"含金量"。数智化则是新型工业化的鲜明特征之一。布局"人工智能赋能新型工业化"等科技创新专项，加大对人工智能通用和垂直大模型支持力度；鼓励行业龙头企业开放应用场景，打造高质量工业语料库和重点领域人工智能开源平台，构建自主可控的工业智能软硬件应用生态。

（三）湖南省

1. 第十四届人民代表大会第二次会议

加快科技创新高地五大标志性工程建设，培育发展新质生产力。打造高能级创新平台。强化长株潭国家自主创新示范区机制创新和试点示范，推进湘江科学城重点项目建设，支持长沙加快建设全球研发中心城市。扎实推进"4+4"科创工程，推动岳麓山实验室全面建成投用，岳麓山工业创新中心完善科研基础和创新网络体系，湘江实验室"四算一体"攻关取得突破，芙蓉实验室创新医疗技术研发；实现国家超算（长沙）中心服务用户1000个以上，大飞机地面动力学试验平台开展试验运行、研发成果转化和配套产业孵化，力能实验装置、航空发动机冰风洞装置尽快开展科研试验。支持有条件的地区创建国家创新型城市、国家高新区。

对接融入国家战略。深度融入粤港澳大湾区建设，承接重点领域产业转移，加强与泛珠三角区域省份合作。积极对接长三角一体化，吸引跨国公司、知名企业、行业龙头企业落户湖南。全面落实促进中部地区崛起和长江经济带发展战略，推进岳阳长江经济带绿色发展示范区、湘赣边区域合作示范区建设。不断加强与海南自由贸易港合作，推动湘琼先进制造业共建产业园。

2. 相关地方政策措施

（1）因地制宜发展新质生产力，着力推动湖南高质量发展。

聚焦推动劳动者、劳动资料、劳动对象及其优化组合的跃升和质变，突出创新人才培育，持续实施"芙蓉计划"和"三尖"创新人才工程，引进培养更多战略科学家、领军人才、创新团队和高技能人才队伍；突出新技术引领,通过原创性、颠覆性、前沿性的技术突破,以及"4+4"科创工程、长沙全球研发中心城市等平台能级跃升,更好地引领"4×4"现代化产业体系,推进科技创新和产业创新深度融合,提升产业智能化、绿色化、融合化水平,加快构建彰显湖南特色、安全自主可控、竞争优势明显的现代化产业体系;突出新要素赋能,2023年大力推进"智赋万企"行动,极大提升了企业生产效能,让广大中小微企业跟得上信息化这趟"高速列车",因此,要积极拓展劳动对象的种类和形态,尤其注重数据资源等新要素的发掘应用,加大算力、算法、算据、算网"四算一体"新型基础设施建设,并进一步放大价值、创造效应,着力夯实新质生产力物质基础。

(2)以战略性新兴产业牵引构建湖南特色现代化产业体系。

创新是战略性新兴产业的本质特征,新兴产业创新的高不确定性、高风险性、高投入性表明,以搭建共享平台为主路径的政策措施尤为重要。

提升高水平研发平台能级。以长沙建设全球研发中心城市为契机,围绕"4+6"产业集群重点领域及重大战略需求,以"4+4"重点实验室和重大科技基础设施建设为依托,以积极推进国家大科学装置平台、国家实验室、国家技术创新中心和国家火炬特色产业基地建设布局湖南为契机,加快培育一批国家级和省级重点实验室、工程研究中心、产业创新中心、技术创新中心等平台,形成从基础研究到产业化应用的全流程全覆盖能力,构建跨领域、多元化的融合型创新平台网络。

完善公共服务平台功能。一方面,优化科技成果转移转化平台。加强潇湘科技要素交易大市场体系建设,优化技术市场布局,探索在长株潭、环洞庭湖、湘南、大湘西建设各具特色的区域技术专业中心,建立科技成果信息共享平台。同时,完善知识产权运维平台。探索建立产业集群知识产权协同运营中心和产业集群核心承载园区知识产权综合运营服务中心,构建产业集群知识产权协同运营体系,集成打造重点产业、重点园区知识产权创造、保护和运用生态系统。

构筑高层次对外合作交流平台。一方面,更加主动地融入全球创新网络。以湖南自贸区获批和中非经贸博览会永久落户湖南为契机,以长沙建设全球研发中心城市为抓手，积极引进一批发达国家的关键技术和研发团队，在工程机械、轨道交通、新材料、新能源、生物医药、人工智能等战略性新兴产业领域建设国际科技合作示范基地、国际联合研究中心、国际技术转移示范机构等国际化平台和载体；强化与"一带一路"沿线、非洲、拉美、东盟等地区的科技合作平台建设，推动湖南优势产品、装备、技术走出去。另一方面，推进省际科技创新协同发展。加强与粤港澳大湾区、长三角、京津冀、长江中游城市群的科技创新战略合作，拓展合作领域和方式，打造创新要素自由流通、科技设施共享联通、创新链条紧密融通的协同创新机制，联合开展高端装备、人工智能、新能源、新材料、节能环保、航空产业等领域关键技术研究。

五、华南地区

（一）广东省

1. 第十四届人民代表大会第二次会议

制定新时期加快推进新型工业化的实施意见，引导资源要素向先进制造业集聚，争创国家新型工业化示范区。支持食品饮料、纺织服装、家电家居等传统产业提质增效，实现增品种、提品质、创品牌。发展集成电路、新型储能、前沿新材料、超高清视频显示、生物制造、商业航天等新兴产业，推进粤芯三期、华润微、广州增芯、方正微等芯片项目建设，推动肇庆宁德时代一期、江门中创新航一期等项目稳产达产。发展低空经济，创新城市空运、应急救援、物流运输等应用场景，加快建设低空无人感知产业体系，推进低空飞行服务保障体系建设，支持深圳、广州、珠海建设通用航空产业综合示范区，办好第十五届中国国际航空航天博览会，打造大湾区低空经济产业高地。实施五大未来产业集群行动计划，超前布局6G、量子科技、生命科学、人形机器人等未来产业，创建国家未来产业先导区。

深入实施基础与应用基础研究十年"卓粤"计划，完善稳定支持和长周期评价机制，扩大省市、省企联合基金规模，鼓励更多社会资金投入。持续实施基础与应用基础研究重大项目，有组织推进战略导向的体系化基础研究、前沿导向的探索性研究、市场导向的应用性基础研究，以颠覆性技术和前沿技术催生新产业、新模式、新动能。优化鹏城、广州国家实验室管理机制，争取更多全国重点实验室在粤布局，推动省实验室体系建设优化调整。开工建设散裂中子源二期、先进阿秒激光等重大科技基础设施，推动江门中微子实验站、未来网络试验设施（深圳分中心）建成运行，积极争取人体蛋白质组导航国际大科学计划，推进粤港澳大湾区量子科学中心、粤港澳应用数学中心等建设，努力实现更多"从0到1"的突破。

加快推进关键核心技术自主可控。探索关键核心技术攻关新型举国体制的广东实践，争取国家在大湾区部署若干科技重大项目和重大工程，联合港澳科技力量深度参与重大科研攻关任务。深入实施"广东强芯"、核心软件攻关、"璀璨行动"等工程，加快攻克"卡脖子"技术。推进省重点领域研发计划，在新型储能与新能源、海洋科技等领域布局一批重大专项旗舰项目，加大源头性技术创新和储备。强化企业科技创新主体地位，鼓励科技领军企业牵头组建创新联合体，探索原创性、引领性科技攻关项目经理人制改革，推广应用"业主制""板块委托"等项目组织管理方式，形成科技创新揭榜领题、赛龙夺锦的生动局面。

提高科技成果转化和产业化水平。推进粤港澳大湾区国家技术创新中心建设，布局一批概念验证中心和中试平台，打造"有组织科研＋有组织成果转化"于一体的科技创新枢纽。完善科技孵化育成体系，用好研发费用加计扣除、高新技术企业所得税优惠等政策，优化制造业创新中心、企业技术中心、高水平创新研究院等平台布局。支持高校、科研事业单位全面开展职务科技成果单列管理改革，赋予科研人员职务科技成果所有权或长期使用权。推进知识产权强国先行示范省建设，加大知识产权保护力度，开展专利转化运用专项行动，盘活高校和科研机构存量专利。科技成果转化是创新价值链跃升的"最后一公里"，要推动更多首台（套）设备、首批次新材料、首版次软件、首测试场景在省内率先使用，着力畅顺从科技强到企业强、产业强、经济强的通道。

2. 相关地方政策措施

（1）"2024首届新质生产力大会"亮相深圳。

中国生产力学会主办的"2024首届新质生产力大会"于2024年1月18日在深圳南方科技大学国际会议中心盛大召开，大会由中国生产力学会联合国际欧亚科学院中国科学中心、中国（深圳）综合开发研究院、南方科技大学创新创业学院、三亚国际消费研究院、深圳市马洪经济研究发展基金会共同主办；广东经贸文化促进会、全有传媒科技（深圳）有限公司、深圳星汉浩云科技有限公司联合承办；并得到了国任财产保险股份有限公司、合肥维天运通信息科技股份有限公司、深圳市智策科技有限公司、全有实业（深圳）有限公司等公司的协办支持。

"新质生产力大会"旨在汇聚国家和地方高端智库力量，推动新质生产力的发展，为中国经济的创新和可持续发展开启新的篇章。会议以"集聚行业资源，培育新兴产业，加快形成新质生产力，引导新经济高质量发展"为主题，邀请了多位重量级的专家、学者和企业代表与会并发表演讲，展开了多种形式、多层次的交流与合作。

此次大会的举办，旨在搭建起学术、产业、政府之间的桥梁，推动新质生产力在深圳和粤港澳大湾区加快形成。下一届新质生产力大会将移师上海市青浦区赵巷镇举办，中国生产力学会常务副会长兼秘书长王进才将第二届新质生产力大会的牌匾授予了上海市青浦区赵巷镇镇长沈竹林。期待通过新质生产力大会这一平台的搭建，为上海乃至长三角地区的新质生产力企业，提供广阔的合作及发展平台，激发更多创新思维，促进科技成果的转化，为推动中国式现代化做出新的贡献。

（2）奋力建设发展新质生产力的重要阵地。

纵观人类社会发展史，每一次新的生产力质态的形成、社会整体生产水平的跃升，总是以科学技术的革命性突破为基础。习近平总书记指出，科技创新能够催生新产业、新模式、新动能，是发展新质生产力的核心要素。迈上新征程，广东要科学把握历史发展大势、国家战略需求、实践发展需要，坚持创新在现代化建设全局中的核心地位，坚定不移走好创新驱动发展之路，下好科技创新"先手棋"，加快技术革命性突破，为发展新质生产力提供坚实科技支撑。要深化探索关键核心技术攻关新型举国体制的实践路径，推进实施省重点领域研发计划，以深入实施"广东强芯"、核心软件攻关、"璀璨行动"等工程为抓手，深度参与"宽带通信和新型网络""新型显示与战略性电子材料"等国家重点研发计划，加快攻克一批"卡脖子"技术，尽快实现关键核心技术的自主可控。要坚持加强应用基础研究和前沿研究，深入实施基础研究十年"卓粤"计划，加快国家重大科技基础设施、国家实验室、全国重点实验室等国家战略科技力量建设，加快发展省实验室等多层次创新平台支撑体系，统筹推进科研院所、高等学校和企业科研力量优化配置、资源共享，携手港澳科技力量发起设立国际大科学计划，努力实现更多"从 0 到 1"的突破。要围绕前沿领跑领域部署创新链，充分发挥国家战略科技力量作用，着力激发企业创新主体作用，支持科技领军企业牵头组建体系化、任务型创新联合体，加快在人工智能、脑科学、量子信息等领域掌握一批颠覆性、非对称"撒手锏"技术。通过打造国家重要创新动力源，加快技术革命性突破，为重绘全球科技版图增添广东元素。

（二）广西壮族自治区

1. 第十四届人民代表大会第二次会议

加强科教创新和产业创新，提高科技创新和科技现代咨询，政策加强关键核心技术攻关。融合发展新质生产力。把科技创新摆到更加突出的位置，推动创新型广西建设，实施科技"尖锋"行动，攻关项目 100 项以上。持续推进上汽通用五菱"一二五"、柳钢"四个百万吨"、玉柴规模倍增、铝全产业链价值提升等重点工程。促进 10 项以上关键核心技术产业化应用。

强化创新平台建设。力争全国重点实验室和国家临床医学研究中心创建取得突破。新增自治区实验室 3 家以上、自治区级科技创新合作基地 10 家以上。加快建设面向东盟的科技创新合作区、钦州石化产业创新中心。创建国家、自治区质量标杆企业 30 家以上。

2. 相关地方政策措施

遵循一种思维实现技术革命性突破。关键核心技术是发展新质生产力的引擎，但其具有研发周期长、投资大、风险高、短期收益低等特征，需要基于新型举国体制予以集中突破。作为经济发展相对滞后的省份，广西应遵循开放合作思维在科技创新的新型举国体制中积极作为。立足"南向、北联、东融、西合"战略构建跨区域关键核心技术攻关利益共同体，形成城市间分工协同、区内外创新要素互补的开放创新体系，重点建设南宁、柳州、桂林、北海四个科研攻坚主阵地；利用数字基础设施尤其是工业互联网平台主动融入关键核心技术攻关虚拟联盟，联合区内外龙头企业、科研机构、社会力量等，构建多元化主体参与、网络化协同研发、市场化运作管理的开放型科技创新生态体系。

技术革命性突破，即加强广西科技创新及科技创新成果的应用，尤其强调广西原创性和颠覆性的科技创新。一是营造浓厚的科技创新氛围，进一步提高科技创新服务水平。二是进一步发挥高校创新创业学院在科技、经济和社会创新中的重要作用。三是组建一流科研攻关团队，攻克高端科技难题和重大经济社会难题。四是建立创新性评估指标体系，精准评估科技创新等级，淘汰重复、低端低效的"新"科技。五是做好科技创新成果转化的市场价值的科学评估工作，推动科技创新更高效转化为现实生产力。

（三）海南省

1. 第七届人民代表大会第三次会议

打造科技创新和科技体制改革"双高地"。聚焦生物育种、海洋观测、卫星大数据应用、健康老龄化等重点领域开展技术攻关，在攻克"卡脖子"问题上贡献海南力量。积极争取农业、航天、海洋、材料、生命健康等领域国家级科创平台落地。建设"一带一路"联合实验室等国际科技合作基地1到2个，争取国际大洋发现计划支撑设施落户。培育引进高水平科研团队2到5个。支持科技领军企业、行业链主企业、高校院所牵头组建创新联合体，建立以企业为主体的技术创新体系，大幅提升企业研发投入占比。探索全口径知识产权资源整合，打造海口高新区知识产权综合服务示范区。加强专利转化运用。探索科技成果产权制度改革，试点开展职务科技成果单列管理改革。大力支持青年科技人才承担省级及以上重点研发项目。新增科技型中小企业 800 家，技术合同交易额 55 亿元，力争全社会研发投入强度达 1.4%左右。

加快推进 5G、算力、国际通信海缆等数字新基建。丰富游戏出海、卫星数据、区块链等应用场景，探索跨境数据分级分类管理模式，在特定区域开展"两头在外"数据加工业务。引导企业数字化、智能化改造升级，打造数字大健康、数字创意设计、关键核心零部件等优势特色产业，发力车联网、卫星互联网、通用 AI 等新赛道，力争数字经济核心产业营收增长 8%。

2. 相关地方政策措施

科技创新催生了新产业、新模式、新动能，是发展新质生产力的核心要素。海南要因地制宜，聚焦种业、深海、航天、绿色低碳、生物制造、低空经济等新领域、新赛道，不断加大科研投入，推进相关体制机制的改革创新，加快培育新技术、新产业、新业态。要通过市场化交易，促进新的生产要素自主有序流动，比如支持知识产权与科技成果向现实生产力转化，促进先进优质生产要素向发展新质生产力顺畅流动。要在求"新"中汇聚新质生产力人才，加大实用型人才培养和高端人才引进力度，进一步优化人才政策，完善相关激励机制，吸引更多科研人才扎根海南。除了科技和人才，海南可以依托自身的资源优势和政策优势，重点发展高新技术产业、绿色产业、现代服务业等，构建具有海南特色的现代产业体系。同时，推动产业链、创新链、资金链、人才链深度融合，形成具有国际竞争力的产业集群。此外，海南应推动经济社会发展全面绿色转型，大力发展绿色产业，推广清洁能源，提高资源利用效率，构建绿色低碳循环经济体系。

科技创新能够催生新产业、新模式、新动能，是发展新质生产力的核心要素。海南将深化科技创新和科技体制改革"双高地"建设，加快构建支撑产业不断升级的科技创新体系，推动"陆海空"科技创新平台充分发挥作用，争取更多科技力量布局海南，聚焦生物育种、生物制造、海洋观测、卫星大数据应用等开展技术攻关，锻造更多硬核科技、"撒手锏"技术，在攻克"卡脖子"问题上贡献海南力量。

（四）大湾区

新质生产力呼唤新型生产关系。习近平总书记强调，"发展新质生产力，必须进一步全面深化改革，形成与之相适应的新型生产关系"。广东要用好改革开放关键一招，为新质生产力发展注入强大活力动力；要牢牢抓住粤港澳大湾区"一点两地"建设的重大机遇，牵引带动全省以更大魄力在更高起点上接续推进改革开放，着力打通束缚新质生产力发展的堵点卡点；要深化经济体制改革，加快完善产权保护、市场准入、公平竞争、社会信用等市场经济基础制度，以要素市场化配置改革为重点，推进完善劳动、资本、土地、技术、数据要素市场体系，创新生产要素配置方式，让粤港澳大湾区内各类先进优质生产要素向发展新质生产力顺畅流动；要完善落实"两个毫不动摇"的体制机制，深化国有企业改革创新，支持民营经济和民营企业发展壮大，依法保护企业产权和企业家权益，充分激发各类经营主体的内生动力和创新活力；要深化科技体制改革，在科研组织方式、科研评价体系、创新要素配置、成果落地转化等方面加强改革探索，加快推动科技成果转化为现实新质生产力；要以数字化改革为抓手，推动政府职能体系、工作流程和制度规则重塑，深化营商环境综合改革，对标国际高标准经贸规则，大力推进制度型开放，携手港澳打造世界一流的市场化法治化国际化营商环境，塑造更高水平开放型经济发展新优势，图 4-5 为大湾区的科创之路。

如是金融研究院院长、中国民营经济研究会副会长管清友在接受采访时表示，与其他世界级湾区相比，粤港澳大湾区在产业发展方面已经具备了足够的竞争力。在国内几大城市群中，大湾区的城市分工联动也表现出最佳的状态。

近年来粤港澳大湾区仍形成了优质的产业集聚和分工，在全球经济下行压力下，大湾区的人均国内生产总值、人均可支配收入是国内主要城市群中最高的。广东省委十三届四次全会暨省委经济工作会议在广州召开，明确指出了发展新质生产力的重要性。新质生产力不仅强调科学技术创新，还涉及

第四章 地方篇

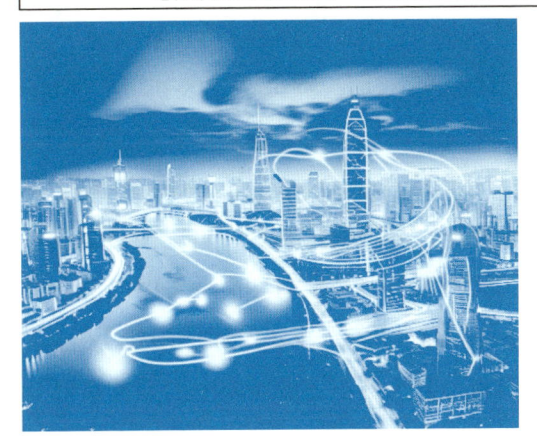

粤港澳大湾区走出了一条以均衡发展型数字经济为牵引的科创湾区之路

聚焦数字化与供应链安全，这是国际博弈的关键，也成为湾区发力重点。全球四大科创湾区包括：

1. 旧金山湾区以"IT+BT"数字产业化为牵引的科创湾区

2. 东京湾区

3. 纽约湾区

4. 粤港澳大湾区以综合创新的数字生态为牵引的科创湾区

图 4-5　大湾区的科创之路

新的组织方式、团队、知识产权、创意等方面。它是一种别人无法轻易超越的竞争力，包括技术、规模、成本等方面的优势；同时也涉及差异化、独特性，即所谓的"人无我有"，例如具有独特地域或网络 IP 的产品，以及不同商业模式和生产效率的差异。在新工业时代，产品结构和商业模式的改变使得竞争维度也不同于传统工业时代，例如新能源汽车的竞争重点不同于传统燃油汽车，主要在于电池、电机、电控等方面。因此，加快发展新质生产力对于粤港澳大湾区的未来发展至关重要。

因此，大湾区要进一步发展新质生产力，让市场在资源配置当中起决定性作用，沿着市场经济思路处理好政府与市场的关系，也就是有为政府和高效市场要结合起来。

六、西南地区

（一）重庆市

1. 第六届人民代表大会第二次会议

强化企业科技创新主体地位，加快科技成果产业化、商业化，升级打造重庆高新技术产业研究院，启动建设重庆市技术转移研究院，发挥重庆产业投资母基金和"产科金"平台作用，推广"产业研究院+产业基金+产业园区"科技成果转化路径，促进创新链、产业链、资金链、人才链"四链"融合。

2. 相关地方政策措施

重庆作为国家重要的现代制造业基地，全国政协委员，重庆市科学技术局党委书记、局长明炬所提及的发展新质生产力是推动高质量发展的内在要求和重要着力点。这一理念强调了科技创新在推动经济发展中的核心地位。重庆市科学技术局党委书记、局长强调，重庆具备发展新质生产力的良好基础和潜质，因此应该牢牢把握科技创新这个发展新质生产力的核心要素。科技创新不仅能够提升生产力的水平和效能，而且还能够催生新产业、新模式和新动能，从而为高质量发展提供动力。重庆将加快推进原创性、颠覆性科技创新，并抓好五方面任务，以全面提升科技生产力要素的水平、能力和规模效能。企业作为科技创新的主体，承担着推动高质量发展的主力军角色。因此，近年来，重庆加快培育高新技术企业和科技型企业，充分发挥企业的科技创新主体作用，将科技创新成果转化为产业发展成效，为未来发展提供持久内生动力。

（二）四川省

1. 第十四届人民代表大会第二次会议

以科技创新引领现代化产业体系建设，加快形成新质生产力。深入推进新型工业化，全面落实六大优势产业提质倍增"10条支持政策"，大力推动传统产业转型升级，前瞻布局和培育发展新兴产业、未来产业，加快构建富有四川特色和优势的现代化产业体系。提升重大创新平台建设质效。支持和保障国家实验室高效运行，出台天府实验室管理办法和支持政策，加快组建第二批天府实验室，做好重点实验室优化重组工作，推动国防科技重点实验室建设。开工建设中国地震科学实验场四川项目、红外太赫兹等大科学装置。高质量运行国家布局在川的重大创新平台，加快建设国家精准医学产业、超高清视频创新中心，争创网络安全、清洁能源等领域国家技术创新中心，布局一批省级技术（产业）创新中心。推动成渝（兴隆湖）综合性科学中心、西部（成都）科学城集聚高端创新资源，支持中国（绵阳）科技城建设中国特色社会主义科技创新先行区。扩大国际科技交流合作，提升"一带一路"科技创新合作区和国际技术转移中心影响力。

2. 相关地方政策措施

科技创新是发展新质生产力的核心要素，必须摆在更加突出的位置聚焦聚力推进。要充分发挥科技创新的牵引作用，推动科技创新和经济社会发展深度融合，以科技创新开辟发展新领域新赛道、塑造发展新动能新优势。要坚持科技创新和科技成果转化同时发力，把技术革命性突破作为关键引领，积极对接国家战略科技力量和资源，强化基础研究，提升原始创新能力，努力在先进核能、航空航天、电子信息、生物医学、新材料等方面实现更多"从0到1"的突破；大力推动产学研用深度融合，深入实施创新型企业培育计划，推动科技与产业供需对接、合理匹配，促进创新链、产业链、资金链、人才链融合发展，让更多科技创新成果从样品到产品、从"书架"到"货架"，努力形成更多现实生产力。四川是科教大省，是"两弹一星"精神的重要发源地，目前拥有西部唯一的国家实验室，有普通高校137所、科研院所369家，国家级科技创新平台达205个，国家大科学装置达10个，近年来参与承担了一大批国家重大专项任务。党中央赋予成渝地区打造具有全国影响力的科技创新中心等重大使命，四川省有条件、更有责任在科技创新上做出更大贡献。

（三）贵州省

1. 第十四届人民代表大会第二次会议

建设高能级科技创新平台。通过新建布局一批、优化提升一批、整合重组一批、调整淘汰一批，打造一批高能级科技创新平台。推进5个国家重点实验室参与全国重点实验室重组，加快推进航空动力领域国家实验室贵州创新中心建设，争取建设国家技术创新中心、国家制造业创新中心。

加强关键核心技术攻关。对重大科技项目实施"揭榜挂帅"，制定重点工业产业科技创新图谱，组织实施一批重大科技攻关项目，重点攻关锂、稀土、锰、磷等战略性矿产资源开采、高效利用和固废无害化处理等关键技术，加快在先进装备制造、大数据电子信息、现代能源等产业核心技术方面实现突破。

抢抓机遇加快发展数字经济。抓住人工智能发展的重大机遇，推动数字经济实现质的突破，数字经济占比达到45%以上、规模突破万亿元。加快打造全国算力高地。争取国家在贵州省布局人工智能训练基地，优化数据中心效能，加快华为云、中国电信等智算中心建设，做大智算中心集群，智算芯片达到20万张，努力打造成为全国智算资源最多、能力最强的地区之一。

2. 相关地方政策措施

坚持以科技创新为主动力，积极推动科技攻关和成果转化，深入实施六大科技战略行动和向科技要产能专项行动。贵州省致力于打造一批高能级创新平台，攻克一批关键技术难题，加速转化落地一批科技成果，以提升产业的科技创新能力，目标是让科技"创新之花"不仅绽放，更结出"产业之果"。

在实施重大科技攻关方面，紧紧围绕主导产业组织，实施了一系列重大科技攻关项目，涉及煤炭地下气化、黏土型锂资源提取、稀土分离提取、碳酸锰绿色化高效利用、磷矿资源绿色高效利用、固废无害化处理、航空航天装备制造、人工智能等领域，取得了重要突破。

同时，强化了企业在创新中的主体地位。通过继续实施企业研发活动扶持计划、建立科技型企业梯次培育机制等举措，推动科技研发由企业出题、创新平台为企业服务、科技人才向企业集聚、科研投入向企业倾斜、科技成果鼓励企业实施转化、科技资源面向全国引进，以使企业成为新质生产力加快形成的主力军。还新增了一批省级专精特新中小企业和高新技术企业，通过项目支持、创新券、研发费用加计扣除等政策，大力支持规上企业进行创新活动，争取有研发活动的规上工业企业占比达到37%。

（四）云南省

1. 第十四届人民代表大会第二次会议

加强科技创新赋能。强化企业科技创新主体地位，高新技术企业超 3500 家。围绕"四链"融合，强化关键核心技术攻关，持续提高全社会研发投入强度。打造科技引领产业发展示范县。争创生物种业、稀贵金属、生态安全领域国家级创新平台，推动筹建锡铟等云南实验室。完善科技成果转化政策体系。加快新型研发机构建设。提升"彩云汇"科创品牌影响力，打造科技入滇升级版，打响腾冲科学家论坛"科技达沃斯"品牌。

推进数字经济与实体经济深度融合。加快建设面向南亚东南亚国际通信枢纽和空间信息国际交流合作中心。完善公共数据资源体系。推进 5G 融合应用"扬帆"行动，申建国家级大数据产业试点示范项目。打造 10 个工业互联网平台、10 个数字化转型标杆企业、20 个中小企业数字化转型"小灯塔"。数字经济核心产业营业收入增长 15% 以上。

2. 相关地方政策措施

加快科技创新是推动新质生产力发展的重要动力。这意味着必须不断加强科技创新，特别是原创性、颠覆性的创新，以实现高水平科技自主发展。我们要打造关键核心技术，培育新动能，推动新产业、新模式、新动能的崛起。

产业创新是新质生产力的重要支撑。科技成果必须得到产业化应用，从而成为社会生产力的有效体现。及时将科技创新成果应用到具体产业和产业链上，改造提升传统产业，培育壮大新兴产业，构建未来产业格局，进一步完善现代化产业体系。通过优化发展布局，提升产业链和供应链的韧性和安全水平，确保产业体系的自主可控和安全可靠。

绿色发展是高质量发展的底色。发展新质生产力必须紧跟绿色转型步伐，坚定不移地走绿色发展之路，牢固树立绿水青山就是金山银山的理念。全面推动绿色发展，倡导绿色健康生活方式，促进生态环境与经济社会协调发展。

体制机制创新是推动新质生产力发展的关键。必须进一步深化改革，形成与发展新质生产力相适应的新型生产关系。深化经济体制、科技体制等方面的改革，打通新质生产力发展的瓶颈。同时，加大对外开放力度，为新质生产力的发展提供良好的国际环境。

（五）西藏自治区

1. 第十二届人民代表大会第二次会议

加快推动创新发展，深入实施人才强区战略和"珠峰英才"计划。优化布局一批重点实验室和重大创新平台，加大清洁能源、高原特色轻工、特色农牧等技术攻关力度，加强科研成果和应用技术的引进推广。建立财政科技投入稳定增长机制，确保2024年财政科技投入实现翻一番。坚定不移行改革之道、走开放之路、推创新之举，确保经济当前有活力、未来有潜力。

2. 相关地方政策措施

西藏科技工作将集聚优质科技创新资源，优化创新创业环境，培育壮大科技型企业群体，引领全区经济走创新发展道路，为经济结构的战略性调整提供科技支撑；同时将牢牢把握西藏高质量发展这一首要任务，牢牢把握"四个走在前列"的重大任务和工作要求，谋深做实抓好各项重点工作，以实际行动推动全国两会精神在西藏贯彻落实。

七、西北地区

（一）陕西省

1. 第十四届人民代表大会第二次会议

坚持教育科技人才协同发力，实施科技创新"八大行动"，培育创新驱动新引擎，不断向科技创新要发展新动能、要经济贡献力。加快西安"双中心"重点项目建设，推动分子医学转化等大科学装置早日建成，积极创建国家工业母机创新中心，启动建设能源陕西实验室，探索释放重大科技基础设施溢出效应。实施新一轮秦创原建设三年行动计划，用好科技、人才、资本三个市场，打造20个左右省级秦创原未来（新兴、特色）产业创新聚集区，拓展放大总窗口效能。启动实施重大关键核心技术攻关计划，强化企业科技创新主体地位，全省研发经费投入强度达到 2.4%，技术合同成交额突破 4200 亿元。深入实施"登高、升规、晋位、上市"四个工程，全年入库科技型中小企业 2.5 万家，高新技术企业达到 1.85 万家。

2. 相关地方政策措施

科技创新是发展新质生产力的核心要素。以科技创新推动产业创新，积极培育新兴产业和未来产业，作为引领产业升级和未来发展的新支柱、新赛道，战略性新兴产业和未来产业的效能更高，为新质生产力发展壮大提供了巨大空间。陕西正以数字经济高质量发展加快培育新质生产力，不断进行创新驱动、提质增效、绿色低碳、动能转化，助推建设现代化经济体系，为谱写陕西新篇、争做西部示范注入强劲动能。

（二）甘肃省

1. 第十四届人民代表大会第二次会议

要更大力度实施"四强"行动。把"四强"行动作为高质量发展的核心抓手，加大统筹实施力度，促进发展质量和综合实力整体跃升。赋能增效强科技。开展科技创新"六大行动"。实施兰白两区新一轮发展规划纲要。优化整合各类科技创新平台，培育建设全国重点实验室、国家技术创新中心、"一带一路"联合实验室。深入推动振兴中西部高等教育改革先行区建设。争创国家高等研究院，建设高校产业研究院。支持兰州大学、中科院等在甘院校和科研机构开展关键核心技术攻关。引导创新型企业向专精特新、"隐形冠军"发展，高新技术企业达到 2400 家以上。建设重点产业中试和应用验证平台，技术合同成交额达到 500 亿元。深度参与"一带一路"科技创新行动计划。完善多元化科技投入机制，力争全社会研究与试验发展经费支出占地区生产总值比重达到 1.43%。

2. 相关地方政策措施

数字转型打造新质生产力。2024 年政府工作报告中提出，将深入推进数字经济创新发展。兰州市将通过评估诊断、智改数转等多项举措打造数字化转型标杆企业，以数字转型提高企业新质生产力。"发展新质生产力，就是要进一步全面深化改革，用新技术改造提升传统产业，积极促进产业高端化、智能化、绿色化发展。"甘肃明旺铜铝材有限公司董事长陈志成表示，企业将秉承工匠精神，加快实施数字规划、数字设计、数字制造、数字服务等"互联网+"模式，以绿色制造、科技制造、人文制造的理念，进一步加强核心制造技术和工艺改造，提高产品研发能力，拓展产品应用领域，以"一带一路"倡议为发展方向，打通更多国际市场，打响甘肃名牌产品的知名度和影响力，为甘肃经济高质量发展尽企业之力。

（三）青海省

1. 第十四届人民代表大会第二次会议

实施产业创新引领工程，全面提升十大国家级科技创新平台建设质效，强化生态环境、盐湖资源、清洁能源、特色农牧、生物资源等领域关键技术攻关，促进第二次青藏科考成果转化。深入实施"昆仑英才"行动计划，创新"项目+人才+平台"科技人才培养引进机制，加强科学技术普及，开展促进大中小企业融通创新。"携手行动"，完善知识产权保护体系，大幅提高科技成果转移转化成效。

2. 相关地方政策措施

青海联通党委书记、总经理童庆军陪同考察，并将中国联通三江源国家大数据基地情况进行了详细介绍。在深入调研过程中，还提到要充分发挥青海成本优势，加快引入国内高品质算力客户，推动青海大数据产业发展重点由数据存储向智算产业转型。同时，按照市场化运作，快速布局高品质智算产业，加快新质生产力发展；要加快基地二、三期项目协议签订，加快绿色算力基地建设。

（四）宁夏回族自治区

1. 第十三届人民代表大会第二次会议

加力推进科技创新提质增效。坚持把科技创新作为培育新质生产力和提升综合竞争力的主导力量，以科技创新引领现代化产业体系建设，积极推动创新链、产业链、资金链、人才链深度融合，高水平建设全国东西部科技合作引领区。坚定不移加大产业数字化、数字产业化推进力度，充分发挥数字的叠加和倍增效应，力争数字经济增加值占国内生产总值比重达到36%以上，推动数字红利惠及全区人民。推动公共数据资源有序开发、高效共享，提升数据安全治理效能，全面加强数字政府建设。坚持采取非常规举措、支持非常规产业、实现非常规发展，全力打造"中国算力之都"。

2. 相关地方政策措施

企业是主体，平台是基础，人才是核心，项目是抓手，需求是导向。要从创新主体、创新平台、创新人才、创新企业、创新体系五方面优化完善。在科技创新实现上强化引导指导工作，对于科技型企业形成梯次培育体系，建立创新高成长型体系，优化完善创新平台，培育杰出科技型人才和领军创新团队。通过科技创新基地，引导社会各界重视科技、投入科技、热爱科技。

（五）新疆维吾尔自治区

1. 第十四届人民代表大会第二次会议

大力实施科技兴疆战略。充分发挥科技创新的基础性、战略性支撑作用，着力提升区域科技创新能力，以科技创新引领现代化产业体系建设，大力发展数字经济，加快推动人工智能、生物医药、绿色算力、电子信息、动力电池、航空器制造、低空经济等新兴产业发展，推进创新链、产业链、资金链、人才链深度融合，着力培育新质生产力。深化"四方合作"和科技援疆机制，以丝绸之路经济带创新驱动发展试验区和乌昌石国家自主创新示范区为引领，打造面向中亚的区域科技创新中心。

2. 相关地方政策措施

积极推进现代化产业体系建设，加速培育新质生产力。新质生产力的核心特征是创新，其关键在于提质增效，实质上是指先进生产力的发展。在其中，科技创新扮演着主导角色，是发展新质生产力的核心动力。加强基础研究和关键核心技术攻关，积极争取和承担重大科技任务，致力于产出具有变革性、引领性的重大原创成果。这些努力将为实施新一轮找矿突破战略行动、助力自治区绿色矿业高质量发展、加快"八大产业集群"建设提供重要支撑，并为培育符合新疆实际的新质生产力做出新的贡献。积极实施创新驱动发展战略和人才强区战略，不断落地重大科技创新成果。持续加大创新力度，结合自治区"八大产业集群"建设，发挥多学科、体系化、建制化的优势，培育壮大新兴产业，提前布局未来产业，为完善新疆现代化产业体系提供强有力的科技支撑。

第二节
推动市场和政府有效结合

一、华北地区

（一）北京市

1. 第十六届人民代表大会第二次会议

深入推进审批制度改革，清除隐性壁垒，促进生产要素有序流动和高效配置，为统一大市场建设提质发展提供有力支撑。不断完善落实"两个毫不动摇"的体制机制，实施国有企业改革深化提升行动，支持民营经济发展壮大，抓紧清理拖欠企业账款，依法保护民营企业产权和企业家合法权益，全面构建"亲清"政商关系。

打造营商环境"北京服务"品牌。落实全面优化营商环境意见，对标世界银行新营商环境评估框架，营造市场化、法治化、便利化、国际化一流营商环境。编制本市行政许可事项实施规范，深化"一业一证"和"一件事"集成服务改革，深入推进一体化综合监管，扩大非现场监管占比，完善全国市场监管数字化试验区建设。提升市区街乡三级"服务包"工作效能，用好"京策"平台向企业精准提供政策服务，保持政策的稳定性和连续性，让营商环境更有温度、企业更有获得感。

2. 相关地方政策措施

北京市发展和改革委员会主任杨秀玲介绍，推动创新链、产业链、资金链、人才链深度融合，北京接力出台多项政策，加快科技、教育、产业、金融形成链式结构，通过不断加大改革攻坚和扩大开放的深度广度，促进科技创新转化为现实生产力，形成适应经济发展需要、有机互动、协同高效的现代化创新体系和产业体系。图 4-6 为解释市场和政府的有效结合，才能推进新质生产力的发展。

推动市场和政府的有效结合，才能快速发展新质生产力

01　02

政府　市场

图 4-6　调整政府与市场关系

发展新质生产力，必须进一步全面深化改革，形成与之相适应的新型生产关系。聚焦重大基础前沿学科研究、关键核心技术攻关，北京相继部署了北京量子信息科学研究院、北京脑科学与类脑研究中心、北京微芯区块链与边缘计算研究院等一批新型研发机构。

（二）天津市

1. 第十八届人民代表大会第二次会议

在推进存量与各类社会资本市场化合作中做优增量。统筹政府投资引导和社会资本参与，建立健全与央企、民企、行业头部企业、链主企业等市场化合作机制，通过股权合作、项目合作、产业合作等灵活有效方式，不断提高既有资源资产配置效率。

2. 相关地方政策和措施

为深入贯彻党中央、国务院有关优化营商环境的决策部署，天津市政务服务办、发展改革委、市场监管委等部门，联合市级相关单位，根据广泛开展的调查研究和借鉴先进地区的成功经验，于 2023 年 8 月起草了《天津市新一轮优化营商环境措施》。该措施在政务环境、市场环境、法治环境、人文环境等4个方面提出了20项重点任务，涵盖了278条具体措施。重点致力于打造市场化、法治化、国际化一流营商环境，以服务和保障高质量发展的"十项行动"取得实效。

（三）河北省

1. 第十四届人民代表大会第二次会议

以更实举措优化营商环境。全面落实省优化营商环境条例，深入实施市场、政务、要素、法治、信用环境提升工程，着眼满足经营主体需求，制定更多原创性、差异化的政策措施。深化招标投标"双盲"评审改革，打造公平竞争市场环境。对标世界银行新评估体系，开展营商环境评价。着力解决政府拖欠企业账款问题，严厉查处乱收费、乱罚款、乱摊派。坚持"两个毫不动摇"，依法保护民营企业产权和企业家权益，完善常态化沟通交流机制，多为企业解难题、办实事。创造更好环境、提供更优服务，与企业家同风雨、共发展。

2. 相关地方政策和措施

河北省商务厅出台《2024年优化商务营商环境30条措施》，进一步优化全省商务营商环境。这是继2023年出台优化商务营商环境30条措施以来，河北省再次出台相关措施。优化营商环境，只有进行时，没有完成时。"新30条"在政策内容上，既延续了商务工作的主基调，又在具体条目上有所调整创新，让政策发力点更为精准。

3. 雄安新区

深度融入共建"一带一路"。支持国际陆港建设，推动中欧班列由上规模向提质量转变。鼓励钢铁、装备制造等企业"走出去"，力促长城汽车巴西工厂建成投产。通过深化改革开放，营造一流营商环境，报告强调，全面落实省优化营商环境条例，深入实施市场、政务、要素、法治、信用环境提升工程，着眼满足经营主体需求，制定更多原创性、差异化的政策措施。深化招标投标"双盲"评审改革，打造公平竞争市场环境。坚持"两个毫不动摇"，报告提出，依法保护民营企业产权和企业家权益，完善常态化沟通交流机制，多为企业解难题、办实事。

（四）山西省

1. 第十四届人民代表大会第二次会议

全力打造一流营商环境。聚焦市场化法治化国际化目标，健全企业家参与涉企政策制定机制，构建涉企政策综合协调审查工作机制，全面清理废除影响公平竞争的规章制度。推进跨部门综合监管。开展民营企业评价营商环境工作。构建亲清统一的新型政商关系，加强与民营企业常态化沟通交流，主动办实事解难题，以政府服务的暖心筑牢企业发展的信心。

2. 相关地方政策和措施

强化金融政策供给，加强要素保障。《推动大规模设备更新和消费品以旧换新行动方案》提出运用再贷款政策工具，引导金融机构加强对设备更新和技术改造的支持。这将在前期政策基础上，进一步推动金融向实体经济让利，促进工业领域设备更新投资，以设备升级带动行业转型升级。

（五）内蒙古自治区

1. 第十四届人民代表大会第二次会议

在转变观念、优化环境上要敢作敢为。我区现在发展态势良好，赢得社会上不少赞誉，但要持续推动高质量发展，必须在转变观念上再下功夫。要勇于对标全国一流，大胆学习借鉴，发达地区能做到的，我们也应该做到，全区上下形成合力，共同打响"投资内蒙古"品牌。自治区党委提出诚信建设工程，各级政府要带头讲诚信、一诺千金，坚决纠治招商引资承诺不兑现、惠企政策不落地等行为，在内蒙古办事情要有"靠制度不靠关系"的社会氛围、上项目要有"承诺制＋全代办"的优质服务、对未来要有"新官也理旧账"的稳定预期，让安商亲商富商在北疆大地变成生动的现实。要着力提升政府服务效能，出台优化营商环境4.0版方案，加快全区一体化数据平台建设，推出"高效办成一件事"13个服务套餐，新增"全区通办"政务服务事项150项；充实各级政务服务大厅业务骨干和代办服务力量，全面提升办事效率和专业化水平。

2. 相关地方政策和措施

内蒙古自治区要坚持战略定位，科学规划，推动形成适应新质生产力发展需求的新型生产关系，并妥善处理新质生产力诸要素之间的关系，积极建设现代化产业体系。他指出，以能源、稀土、乳业、草业等领域的科技创新为引领，需要推动创新链、产业链、资金链、人才链的深度融合，加快科技创新步伐，优化生产要素配置，提高全要素生产率。通过着眼于"两个基地"的建设，内蒙古应推动能源、农牧业、装备制造等支柱产业的持续升级和迭代，巩固提升优势产业竞争力。同时，通过传统产业的转型升级，以及发展壮大战略性新兴产业和未来产业，实现产业布局和结构的优化升级，加速构建现代能源产业体系、现代农牧业产业体系等现代产业体系。

二、东北地区

（一）辽宁省

1. 第十四届人民代表大会第二次会议

持续推动各项惠企政策落实，及时制定实施一批助企纾困的增量政策，推动直达快享、免申即享。深化电力市场化改革，推广高速公路差异化收费经验，推动物流降本增效改革，持续降低企业生产经营成本和制度性交易成本。健全涉企收费长效监管机制，完善拖欠企业账款常态化预防和清理机制。加快构建经营主体全生命周期服务体系。

2. 相关地方政策措施

着眼于优化营商环境，下好"先手棋"，打造更高水平的营商环境"升级版"。持续建设市场化、法治化、国际化一流营商环境，通过规则、规制、标准、政策、法律等方面的优化，促进新质生产力要素的顺畅流动，培育、壮大、应用新质生产力的主阵地。按照标准化、制度化、流程化、清单化、智能化、便捷化的要求，推动政务服务的不断优化。通过自助办、就近办、一窗办、预约办、马上办等指标的实施，以数字赋能改革、服务、治理，逐步探索出适合辽宁特色的营商环境建设新路径。应继续统筹优化营商环境政策资源，确保政策兑现，强化政策协同，释放政策效应，始终将惠企利民作为营商环境改革的核心目标。通过综合施策，助力企业降低成本、提升效率，通过数字化赋能提升政务服务的质量和效率，形成惠企政策全流程闭环，推动惠企政策的真正落实和落地。

（二）吉林省

1. 第十四届人民代表大会第三次会议

打好专项债券、银行贷款、财政资金、社会资本组合拳，提高资金使用效率。争取万亿国债、超长期特别国债分配额度，专项债券资金分配跟着项目走，与项目建设进度挂钩。用好政府和社会资本合作新机制，坚持市场化运作，支持社会资本参与新型基础设施等领域建设。

2. 相关地方政策措施

全面优化服务环境、投资环境和产业发展环境，构建亲清新型国际化营商环境，使域外企业"能投资""敢投资""愿投资"。应以推进的八条产业链作为招商引资重点，围绕各产业链断点、短点、补点，积极开展精准招商活动，招引科技含量高、投入产出高、产业层次高、结构带动性强的高质量项目，实施链式招商、平台招商、以商招商。

（三）黑龙江省

1. 第十四届人民代表大会第二次会议

以改革办法解决发展中难题，努力破除制约发展的体制机制障碍，通过改革破瓶颈、塑优势、促发展提高国有企业核心竞争力。深入实施国有企业振兴专项行动和改革深化提升行动，加快完善公司法人治理结构和市场化经营机制，更好发挥国有企业科技创新、产业控制、安全支撑作用。深入推进农垦、森工、龙煤三大集团改革，推进北大荒"三大一航母"建设，加快森工"数字林业""智慧林业"建设，推动龙煤集团加快建成区域一流企业，增强企业内在活力、市场竞争力和发展引领力。

2. 相关地方政策措施

充分发挥市场在资源配置中的决定性作用,加快推进资源要素高效配置,提高全要素生产率,让知识、技术、管理、资本等优质要素的活力竞相迸发。优化创新要素配置质量、模式和结构,实现更高级别生产要素形态组合,让各类先进优质生产要素向发展新质生产力顺畅流动。深化经济体制、科技体制等改革,开展科技成果所有权改革试点、科技成果转化试点,着力打通束缚新质生产力发展的堵点卡点。培育发展新型要素形态,推动数据要素与劳动力、资本等要素协同,以数据流引领技术流、资金流、人才流、物资流,促进生产工具创新升级,推动新质生产力加快发展。

坚持社会主义市场经济改革方向,加快建设高标准市场体系,持续激发经营主体创新活力,促进商品要素资源在更大范围内畅通流动,为解放和发展生产力创造有利条件。深入实施国企改革深化提升行动,创新央地合作模式,携手推进驻省央企产业焕新行动和未来产业启航行动,发挥国企在发展新质生产力中的引领作用。落实民营经济支持政策,梯度培育创新型中小企业、专精特新企业、小巨人企业、单项冠军企业,使民营企业成为发展新质生产力的重要力量。

推动外贸扩规模优结构。加快发展新质生产力离不开高水平的对外开放。强化前沿意识、开放意识,主动对接国际高标准经贸规则,稳步扩大规则、规制、管理、标准等制度型开放,增强对国际各种优质生产要素的吸引力。发挥对俄开放合作最前沿和共建"一带一路"重要节点的作用,打造农业、煤炭、石化等跨境产业链,拓展新质生产力发展空间。统筹贸易、投资、通道和平台建设,实施自由贸易试验区提升战略,高质量规划建设中俄国际合作示范区,在畅通国内国际双循环中发挥更大作用,推动外贸扩规模优结构,加快构筑我国向北开放新高地,以开放型经济促进新质生产力发展。

三、华东地区

（一）上海市

1. 第十六届人民代表大会第二次会议

着力打造一流营商环境。聚焦市场化、法治化、国际化，实施新一轮营商环境改革 150 项任务措施，全方位提升企业感受度。健全"政会银企"四方合作、企业圆桌会等交流沟通机制，完善重点企业"服务包"制度，以更大力度帮助企业减负增效、以更快速度回应企业诉求。深入清理妨碍要素市场化配置的隐性门槛和壁垒，健全相关制度体系，在破产办理、涉外商事纠纷解决等领域，探索一批衔接国际通行规则的创新举措，提升营商环境综合优势。

2. 相关地方政策措施

正确处理政府与市场关系，"在市场作用和政府作用的问题上，要讲辩证法、两点论，'看不见的手'和'看得见的手'都要用好。"习近平总书记准确阐明二者辩证关系。习近平经济思想聚焦于"效"，既强调市场在资源配置中的"决定性作用"，同时要求"更好发挥政府作用"，推动有为政府和有效市场更好结合，让市场经济在宏观调控中焕发旺盛生机，实现经济治理效率最大化，给世界以重要启示。

（二）江苏省

1. 第十四届人民代表大会第二次会议

着力优化政策措施。强化政策协同、政策储备、政策评估，延续实施支持先进制造业、小微企业发展等阶段性减税降费政策，谋划出台新型工业化、外商投资、民间投资等方面专项政策。加大对科技创新、绿色转型、普惠小微、数字经济、技术改造等金融支持力度，促进社会综合融资成本稳中有降，加大战略性新兴产业基金投放力度，深化数字人民币省域试点，确保能源电力稳定供应。启动"十五五"规划编制工作。着力激发有潜能的消费。积极培育大型商贸流通龙头企业和垂直领域优势电商平台企业，更好发挥平台经济在促进消费、活跃市场中的带动作用。

2. 相关地方政策措施

在中国改革开放 45 年的历程中，高新区和经开区充当了重要的角色，它们就像一块块"试验田"，勇敢地在转变发展方式、优化产业结构、增强国际竞争力等方面进行探索。江宁高新区作为其中一个鲜活生动的"样本"，自 1994 年从民营科技园开始，一路走来，不断激发活力，积蓄动能，在校地融合和产业培育中不断壮大发展。随着新旧动能转换的加速和综合配套的不断完善，它已经从最初的"试验田"发展成为经济发展建设的重要阵地和创新驱动的关键引擎。

当前，江宁高新区正在全力打造"3+×"创新型产业集群，继续巩固和强化智能制造、生物医药、数字经济与未来产业集群，并全力推进人工智能、量子科技、氢能与储能、物联网、第三代半导体、前沿新材料等战略性新兴产业集群的建设。按照产业"蓝图"，园区一方面注重招大引强，另一方面引导"链主"企业实现"裂变式"发展，不断厚植新质生产力。

（三）浙江省

1. 第十四届人民代表大会第二次会议

推动民营经济 32 条政策精准落地。围绕促进"两个健康"，全面落实"370%""3 张项目清单""7 个不准"，以及政府无拖欠款、浙江无欠薪等举措，建立定期检查评估、动态调整优化机制。推动政商交往正面、负面和倡导清单落地落细，积极构建亲清统一的新型政商关系，建立涉企问题高效闭环解决机制，及时回应和解决民营企业的呼声和诉求，让民营企业安心经营、放心投资、专心创业。

2. 相关地方政策措施

浙江省将以更大力度统筹推进深层次改革和高水平开放，努力在关键领域和重要环节上取得新的突破，促使各类先进优质生产要素能够顺畅流动，助力发展新质生产力。

坚定不移地深化改革，聚焦于打造首创性改革和引领性开放成果。以政务服务增值化改革为引领，深入推进营商环境优化提升的"一号改革工程"，并积极深化要素市场化改革。在此基础上，积极建设高标准的市场体系，加快完善产权保护、市场准入、公平竞争和社会信用等市场经济基础制度。浙江省将加速打造成为营商环境最优的省份，为发展新质生产力创造良好的内部生态环境。

（四）安徽省

1. 第十四届人民代表大会第二次会议

开展国企改革深化提升行动。推进重点领域战略性重组和专业化整合，加快国有资本向战略性新兴产业投资布局。组建省文旅投资控股集团。深化新一轮港航资源整合，引导省属企业参与现代物流产业体系建设。支持国有企业做强做优主业，增强核心功能、提高核心竞争力，提升现代公司治理水平。

深化要素市场化配置改革。支持合肥都市圈要素市场化配置综合改革试点。推动"标准地"改革向服务业领域延伸，扩大"工业上楼"试点。完善知识产权创造、运用、保护制度体系，支持合肥市国家知识产权保护示范区建设。推进碳排放权、用能权、用水权、排污权等资源环境要素市场化配置改革。实施"数据要素×"三年行动计划，开展数据资源登记试点，推进公共数据开放和授权运营。

2. 相关地方政策措施

抢抓开放机遇，大力推进"一带一路"经贸合作，对于更好推进安徽新质生产力发展具有重要意义。"以推动高质量共建'一带一路'为机遇，在双向投资上实现新突破，更好地服务构建新发展格局。"全国人大代表赵皖平建议，要完善企业跨境投融资便利化政策，创新提升贸易便利化水平，加大外资招引力度的同时，也要深度参与国际分工，提升全球资源配置能力，推动汽车、新能源、家电等安徽优势产业集群出海，带动产品、技术、品牌和标准"走出去"，为安徽高质量发展拓展更大发展空间。

（五）福建省

1. 第十四届人民代表大会第二次会议

聚焦补短板、强弱项，积极扩大有效益的投资，夯实经济发展的基础。强化招商引资，优化完善招商工作领导体制，统筹省市县联动、境内外互动，建立健全一盘棋工作机制。聚焦新基建，深入实施新型基础设施建设三年行动计划，迭代升级智能算力基础设施。强化要素保障，拓宽多元化融资渠道，用好地方政府专项债、中央增发特别国债。在严守红线底线前提下，通过优化服务，加大用地、用林、用海、环境容量等保障力度，确保重大项目签得成、批得快、落得下、建得好。

2. 相关地方政策措施

加快推进国有企业改革深化提升，推动国有经济布局优化和结构调整，聚焦福建发展大局，更大力度布局战略性新兴产业和未来产业，积极推动传统产业"智改数转"。立足福建省是民营经济、数字经济、制造业大省的实际，从全省经济社会发展的现实需求出发，继续做好改革这篇大文章，通过推动产业科技体制改革、加快要素市场化配置、调整优化分配结构、深化数字化变革、营造良好营商环境等方式，打通束缚新质生产力发展的堵点卡点，从而带动福建新质生产力蓬勃发展。

（六）江西省

1. 第十四届人民代表大会第二次会议

深化政府职能转变，全面完成省市县三级机构改革任务。建成省级数字政府决策指挥平台，推动"赣服通""赣政通"迭代升级，打造"赣企通"企业综合服务平台，推进跨部门联合"双随机、一公开"监管，提高数字化履职能力。建立政务服务效能提升常态化工作机制，升级改造一体化政务大数据平台，推动"高效办成一件事"落地落实。推进学习型政府建设，提高政府工作人员专业化水平。

2. 相关地方政策措施

江西坚持科技创新引领、人才支撑，发展壮大战略性新兴产业，加快形成新质生产力，增强发展新动能。

（1）向"数"而兴。

数字技术的广泛应用是形成新质生产力的关键动力，江西多地以数字经济高质量发展加快培育新质生产力。

据江西省发展改革委统计，2023年1月至10月，江西省规上数字经济核心产业实现营收8113.8亿元，同比增长5.7%。各地聚焦主攻赛道布局发展数字经济集聚区，遂川县5G智能终端产业集聚区、崇仁输变电智能装备产业集聚区等13个集聚区数字产业营收超百亿元。专业芯片、智慧能源等新赛道持续保持强劲增长，带动太阳能电池产量增长164.6%，集成电路产量增长43.4%，锂电池出口增长159.5%。数实融合步伐进一步加快。上栗县与通信运营商合作共建赣湘边区域首家"赣湘云"计算中心，主动承接赣湘边区域、中东部地区的数据存储和算力服务，助推数字经济、算力经济的"赛道超车"。

"赣湘云"上线后，可以让上云企业生产经营效率提升35%、企业上云成本降低40%以上，并为赣湘边区域24个县（市、区）提供强大的数据支撑，培育壮大智能工厂、智慧景区、智慧物流等数字经济新业态。

吉安县紧抓"数字经济+"这篇大文章，依托发展基础较好和发展速度较快的电子信息、新能源新材料、智能制造等重点产业，加快人工智能、先进装备、智能终端等产品高端化发展，深化智能工厂、数字车间等应用，推动单一企业数字化向产业链数字化的系统升级。抚州东乡区深入推动中小企业"万企上云上平台"专项活动，2023年以来，已完成上云企业合计588家，重点推进产品设计数字化、制造设备数字化、生产管理数字化，为企业数字化转型提速。

（2）向"新"而兴。

新质生产力，"新"的核心在于科技创新。江西把科技创新作为驱动发展的第一动力，在大力发展新兴产业和未来产业的基础上，继续"链"上发力，进一步激发产业发展活力。

在被誉为"世界铜都"的江西鹰潭，立足打造江西省万亿元有色产业集群核心区，坚持"高大上、链群配"，全力做好"稳链、畅链、强链、延链"文章，提出了推动铜原材料基地向铜基新材料基地跨越的发展方向，举全市之力打造以鹰潭为核心、辐射全国的国家级铜基新材料先进制造业集群。

"新质生产力是实现中国式现代化和高质量发展的重要基础。"江西省委主题教育领导小组办公室相关负责人说，第二批主题教育启动以来，江西省积极引领广大党员准确把握"新质生产力"内涵，各地结合地区实际和产业优势，以推动高质量发展的新成效检验主题教育成果，加快形成新质生产力，积极构建未来竞争优势。

（七）山东省

1. 第十四届人民代表大会第二次会议

持续深化市场化改革。制定服务和融入全国统一大市场配套政策，争取国家要素市场化综合改革试点落地。实施国企改革深化提升行动，加强管理、管控风险、做强主业、提质增效。加强财政资源统筹，提高财政资金使用效益。推进恒丰银行不断向好发展，深化农商银行等金融机构改革，抓好科创金融、普惠金融、绿色金融改革试点，推进数字金融、养老金融创新发展。

2. 相关地方政策措施

处理好政府和市场的关系，在基础研究领域，未来产业相关的前沿和重大技术创新面临着很大的风险和不确定性，充分发挥政府在动员、组织和协调全社会力量方面的优势；而在科技成果落地转化方面，需要更好发挥市场机制的作用。持续深化知识产权保护、公平竞争、市场准入、社会信用等市场经济基础制度领域改革，深化数据要素市场化改革。

四、华中地区

（一）河南省

1. 第十四届人民代表大会第二次会议

实施国有企业改革深化提升行动，推动资源向主业、实业、新业集中，构建"一业一企一强"格局，增强国有企业核心功能和核心竞争力。出台促进民营经济发展壮大若干措施，在市场准入、要素获取、公平执法、权益保护等方面落实一批标志性举措，激励民营企业二次创业，引导支持有条件的民营企业实施股份制改造、建立现代企业制度。深化地方金融改革，引导金融机构加大对科技创新、绿色转型、普惠小微、养老健康、数字经济等方面支持力度，扩大融资规模，优化融资结构，降低融资成本，提升经济金融适配性。支持郑州商品交易所品种工具创新，创建郑州科创金融改革试验区。加快构建新型电力系统，健全微电网、增量配电网运营机制，降低工业综合用电成本。深入推进"五水综改"，做好机构改革工作。统筹抓好财税、生态、医疗、医保、综合行政执法等改革。

2. 相关地方政策措施

在深化改革优化环境上持续发力。近年来，河南省坚持用好全面深化改革关键一招，在科技、财政、金融、开发区等领域破解了一系列体制机制障碍，为经济社会发展注入了蓬勃动力。发展新质生产力，既是发展命题，也是改革命题，要通过进一步全面深化改革，打通束缚新质生产力发展的堵点卡点，推动各类优质生产要素顺畅流动和高效配置到新质生产力领域，形成与之相匹配的制度机制、相适应的发展环境。

（二）湖北省

1. 第十四届人民代表大会第二次会议

积极融入全国统一大市场，着力打通制约经济循环的关键环节，更好利用国内、国际两个市场资源。要素市场化配置更加优化。现代供应链体系加快构建。2023年，湖北省坚持以搭建供应链重塑产业链、提升价值链，组建华纺链、长江汽车等7大省级供应链平台，服务链上企业1.2万家。建成供应链物流公共信息平台，在全国率先实现"铁水公空仓"五网数据融合。

2. 相关地方政策措施

当湖北科投遇到新质生产力，湖北省委明确要求，要认真梳理调研发现的问题，形成问题清单、责任清单、任务清单，拿出务实管用的破解之策。2023年6月19日，湖北召开不担当不作为突出问题专项整治工作布置会，祥龙电业转型升级20年原地踏步，怎么整怎么治？国企改革三年行动时，提出将改革任务完成情况纳入巡视巡察范围和湖北省纪委监委专项监督范围，对组织不力、进度滞后、效果不佳的单位，加大督促检查力度，严格问责问效。

（三）湖南省

1. 第十四届人民代表大会第二次会议

深化重点领域改革。加快要素市场化配置改革，积极推进长株潭要素市场化配置综合改革试点，着力探索数据要素市场化配置机制，加快推进全国统一大市场建设。稳步推进国企改革深化提升行动，加快国有经济布局优化和结构调整。深化投融资领域改革，加强财政金融政策协同联动。

2. 相关地方政策措施

继续用好改革开放这个关键一招，加快推动建设统一大市场。积极推进长株潭要素市场化配置综合改革试点，在产权保护、市场准入、公平竞争等方面落实一批标志性举措。大力支持民营经济发展、持续优化营商环境。湖南营商环境实现"三年三级跳"，全省及长沙市继续位居全国前列、中西部第一位，让更多的企业客商更加看好湖南、发展湖南、投资湖南。激发新质生产力的发展潜力，塑造更高水平开放型经济新优势，离不开市场化、法治化、国际化的一流营商环境。

五、华南地区

（一）广东省

1. 第十四届人民代表大会第二次会议

深入实施招商引资"一把手"工程。制定更大力度吸引和利用外资政策，引进一批标志性的好项目、大项目，打造"投资广东"品牌。强化招商引资工作统筹，促进招商政策、活动、资源等协同优化，完善部门协调、省市联动招商新机制，优化重大项目省内布局。大力开展产业链招商、驻点招商、以侨引商，鼓励以投带引、"飞地"招商。扩大粤港澳大湾区全球招商大会影响力，建强经济技术开发区、高新区、大型产业集聚区、省级产业园、中外合作园区等招商引资主阵地。加快湛江巴斯夫、惠州中海壳牌三期等重大外资项目建设，推动惠州埃克森美孚乙烯一期等建成投产，鼓励和支持现有项目增资扩产。我们要着力招强引优，用招商引资的累累硕果为高质量发展蓄势赋能。

2. 相关地方政策措施

在政策激励方面，广东省中山市市长肖展欣建议，加强对企业技术改造的财税金融支持，对实施技术改造的企业给予更多额度的免抵押贷款，对企业技术改造投入参照研发投入，适当予以税前加计扣除。此外，建议有序推进重点行业设备更新改造，更加注重补助资金向中小企业倾斜。

2023年12月29日，中国共产党广东省第十三届委员会第四次全体会议暨省委经济工作会议在广州召开。其中，"新质生产力"一词在会议中被强调。会议强调，要坚持实体经济为本、制造业当家，大力推进新型工业化，促进产业与科技互促双强，加快构建全过程创新生态链，推动更多科技成果在广东省内沿途转化，加快培育人工智能等新兴产业，大力发展新质生产力。

（二）广西壮族自治区

1. 第十四届人民代表大会第二次会议

深化财税金融改革。推进财政预算改革，抓好财源建设。完善国有资本经营预算制度。推进自治区以下财政体制改革，优化直达资金管理机制。用好用足国家财税优惠政策，落实结构性减税降费政策。持续优化"桂惠贷"政策的实施，更好发挥政府投资基金引导带动作用。

2. 相关地方政策措施

改革并形成广西新型生产关系。新质生产力需要新型生产关系，新兴生产关系至关重要：一是基于教育、科技、人才良性循环要求，改革广西的经济体制和科技体制；二是做好广西经济社会发展的顶层设计和长远规划，不因政府换届而影响顶层设计和长远规划的推进；三是提升广西行政能力和行政效率，更好地为科技创新和经济社会发展提供服务和保障。

（三）海南省

1. 海南省第七届人民代表大会第三次会议

突出"数智赋能"加快数字政府建设。深入开展政府数字化转型"强基提能"五项攻坚行动，坚持小切口大场景，迭代升级"海易办""海政通"平台功能，提升在线办文、办会、办事、交流、督查等支撑保障能力，以数字化驱动政务服务模式、机关运行流程系统性重塑。全面深化数据共享创新应用，形成5个以上具有自贸港辨识度和一定影响力的应用场景，做到实战中管用、基层干部爱用、群众感到有用。

2. 相关地方政策措施

海南将打好营商环境整体提升攻坚战，谋划实施一批"颗粒度"更细的改革举措，持续建设市场化、法治化、国际化一流营商环境。以"法治海南"建设和诚信建设为抓手，以政府数字化转型为手段，实施营商环境重要量化指标赶超国内一流计划，以小切口推动部分领域和区域营商环境率先达到全国一流水平。进一步完善和落实"两个毫不动摇"的体制机制，全面实施国有企业改革深化提升行动，落实好新一轮"百家央企进海南"行动；不断优化民营经济和民营企业发展环境，充分激发各类经营主体内生动力和创新活力。大力提升政府效能，持续优化"办成事"的机制、打造"好办事"的环境、形成"办好事"的生态，不断增强人民群众和经营主体获得感、满意度。

（四）深圳市

深圳的科技及创新企业数量庞大，为新质生产力的形成奠定了坚实基础，而其优化的营商环境则充当了新质生产力发展的催化剂。全球招商大会所取得的丰硕成果充分展示了深圳经济社会高质量发展的新进展，也彰显了其国际一流营商环境的吸引力。据不完全统计，2019年至2022年，深圳全球招商大会洽谈签约项目累计超过900个，涉及的意向投资总额超过3万亿元。优越的营商环境吸引了诸多世界500强企业、外资港资、央企国企、上市公司等落户，项目涵盖金融、新能源、人工智能等领域。

近年来，深圳持续推进优化营商环境的"一号改革工程"，连续三年在中国营商环境评价中居全国前列。深圳还连续三年获评全国工商联"营商环境最佳口碑城市"称号。为引领发展战略性新兴产业和未来产业，深圳重点加大了先进制造业领域的招商引资力度，并在智能传感器、智能终端等领域开展了招商专项行动。仅2023年，深圳就在国内外20多个城市开展了招商引资活动，吸引了一批重大项目落地，并与多个全球领先企业达成了多项合作意向。

六、西南地区

（一）重庆市

1. 第六届人民代表大会第二次会议

深化营商环境创新试点，做好迎接世行新一轮营商环境评估工作，营造市场化、法治化、国际化一流营商环境。建设高标准市场体系，全面落实市场准入负面清单制度，健全公平竞争审查机制，强化质量支撑和标准引领，深入清理妨碍统一市场建设的政策措施，持续纠治损害营商环境行为，制定降低全社会物流成本行动方案，加快建设西部数据交易中心。

2. 相关地方政策措施

在维护全国统一大市场的前提下，聚焦规则制度统一、市场设施联通、要素自由流动、监管协同联动，积极推动成渝地区双城经济圈市场一体化建设，同时要深化要素市场化配置综合改革，着力扫清深层次体制机制障碍，促进各类生产要素自由流动和高效配置，激发社会创造力和市场活力。

（二）四川省

1. 第十四届人民代表大会第二次会议

深化降低企业经营成本改革。针对企业痛点、难点、堵点，出台以控制成本为核心的优化营商环境意见，降低制度性交易成本和企业生产经营涉及的融资、用地、用能、物流、生态环境等要素成本。

2. 相关地方政策措施

根据四川各地的资源优势、产业基础和市场需求，分析区域资源、技术和市场优势，制定更为明确的发展规划，推进区域协同发展。以成渝地区双城经济圈建设为总牵引，加快推动"一极一源、两中心两地"建设。支持成都建设西部经济中心、科技创新中心、对外交往中心和全国先进制造业基地，推动成德临港经济产业带、成资临空经济产业带、成眉高新技术产业带加快发展，加快提升成都都市圈发展能级；做强次级增长极，推动欠发达地区跨越发展，促进成都平原、川南、川东北、攀西经济区和川西北生态示范区协同共兴。

（三）贵州省

1. 第十四届人民代表大会第二次会议

着力扩大有效投资、激发消费潜力。坚持深化供给侧结构性改革和着力扩大有效需求协同发力，扩大产生效益的投资，激发有潜能的消费，形成投资和消费相互促进的良性循环。

2. 相关地方政策措施

推动设立科技创新天使投资引导基金，鼓励对科技创新项目投早、投小、投硬科技、投重大成果转化。建立科技资源与金融资源常态化供需对接机制，完善信贷、保险、创投、债券、股票、"拨投结合"等全方位、多层次的金融支持政策。力争将全贵州省科技型企业贷款余额增长 15% 左右，突破 1000 亿元。

（四）云南省

1. 第十四届人民代表大会第二次会议

深度融入全国统一大市场。推动产权保护法治化规范化，创新市场准入效能评估结果应用范围，深入开展市场分割、地方保护等问题专项治理，落实不当市场干预行为防范事项清单，强化社会信用激励约束。推进排污权、用能权、用水权、碳排放权市场化交易。全面推行包容审慎监管，争创全国质量品牌提升示范区和质量强国标杆城市。加快电力市场化改革，完善电价市场化形成机制。深化预算管理制度改革，稳妥推进省以下财政体制改革，提高财政政策效能和资金效益。

2. 相关地方政策措施

充分利用中国（云南）自由贸易试验区"先行先试"的政策红利，首先，要勇于对接国际高标准经贸规则，推动与周边国家贸易结算方式和跨境投融资服务的创新，探索制度型开放取得新突破。其次，要优化政策环境，生产力的发展离不开政策环境的优化，发展新质生产力需要大量的政策供给，必须处理好政府与市场的关系。最后，要增强政策取向的一致性。要深入调研和分析，制定科学的政策方案，保持政策的稳定性和连续性，逐步推进改革和创新，建立评估和反馈机制等。加强就业、产业、区域、科技、环保等政策协调配合，把非经济性政策纳入宏观政策取向一致性评估，强化政策统筹，确保同向发力、形成合力。

（五）西藏自治区

1. 第十二届人民代表大会第二次会议

落实"一产一策""一企一策"，大力实施龙头企业引培工程。持续实施"格桑花行动"，积极有序建设现代资本市场。力争培育龙头企业 10 家、专精特新中小企业 10 家，新增上市企业 2 家。引导金融机构更好支持小微企业和民营经济发展。狠抓减税降费政策宣传解读、落地落实，确保广大经营主体应知尽知、应享尽享。

2. 相关地方政策措施

日喀则作为面向南亚开放的重要通道，于 2024 年正在全力推动国际陆地港建设，大力发展现代物流业、商贸业、进出口加工业等。以推进日喀则国际陆地港的建设为抓手，积极主动融入"一带一路"，促进通道、物流、人流、资金流、贸易、产业等各要素的联动发展。"五城三小时经济圈"发展战略将赋能西藏更好地融入"一带一路"，连接成渝地区双城经济圈，提升开放水平。

七、西北地区

（一）陕西省

1. 第十四届人民代表大会第二次会议

主动融入全国统一大市场，推进市场监管领域准入准营"一件事"改革，加强跨部门综合监管，常态化通报破坏营商环境典型案例。深化国有企业改革，加大资产盘活力度，推进省属国企战略协同、专业重组，健全现代公司治理制度，完善市场化经营机制，建设世界一流企业。发挥市场机制的优胜劣汰作用，推动产能向先进生产力集聚。深化电力市场改革，逐步降低全社会用电成本，保障电力安全稳定供应。夯实财政"三保"兜底机制，完善陕西省对市县转移支付制度，确保基层财政平稳运行。

2. 相关地方政策措施

紧扣国家多层次资本市场改革发展方向，加大上市后备企业培育工作力度，用好企业上市政务服务绿色通道。加快建立陕西省资本市场服务中心，搭建联合统一的股权融资路演机制和平台。深化与沪深交易所、全国中小企业股份转让系统（新三板）公司战略合作，加强与港交所联系，抢抓创业板、科创板、新三板改革机遇，重点支持战略性新兴产业、省内优势产业的企业上市挂牌融资。深化区域性股权市场改革，推进陕西股权交易中心增资扩股，推动区域性股权市场创新高质量发展。

（二）甘肃省

1. 第十四届人民代表大会第二次会议

实施国企改革深化提升行动，优化国有资本布局结构。支持兰州新区先行先试、改革创新，更好发挥国家级平台带动作用。推进企业投资项目"标准地"改革和信用承诺制改革。实施煤电容量电价机制，建立新能源上网电价市场化形成机制。有序推进公用事业价格改革，推进排污权、用能权市场化交易，抓好新一轮财税体制改革。深化农村集体产权、集体林权制度改革，健全农村产权流转交易市场体系，稳步推进农村集体经营性建设用地入市试点，高质量完成陇西县农村宅基地制度改革国家级试点任务，完成省市县三级机构改革。

2. 相关地方政策措施

实施扩大内需战略，培育西北区域消费增长极。促进消费新业态、新模式、新场景普及应用，培育建设区域性消费中心城市，形成需求牵引供给、供给创造需求的高水平动态平衡，把甘肃省打造成畅通国内大循环的重要支撑点，满足精细化、多样化、品质化的消费需求。

（三）青海省

1. 第十四届人民代表大会第二次会议

深化重点领域改革攻坚。落实市场准入"全国一张清单"制度，推进要素市场化配置改革，全面清理妨碍统一市场和公平竞争的卡点壁垒。深化省以下财政事权和支出责任划分改革，实施零基预算管理三年行动。落实金融体制改革，加快推进省农信联社、村镇银行改革。深化园区改革创新，做优做强主导产业。做好第五次全国经济普查工作。深化农村土地制度改革，稳慎推进宅基地改革。深化集体林权制度、农业水价综合改革，实施供销社培育壮大工程。

2. 相关地方政策措施

2023年以来，青海省始终把公平竞争审查作为处理好政府和市场关系、深化"放管服"改革、优化营商环境、推动高质量发展的重要工作来抓，各地区、各部门梳理排查涉及经营主体经济活动的政策措施1625件，其中审查存量1459件、审查增量166件，对涉嫌违反公平竞争审查标准的107件政策措施督导核实整改，为各类经营主体投资兴业、规范健康发展营造了公平、透明、可预期的良好竞争环境。

（四）宁夏回族自治区

1. 第十三届人民代表大会第二次会议

坚持"两个毫不动摇"，着力优化市场准入、要素获取、公平执法、权益保护等举措，切实做到平等对待国企、民企、外企，更好发挥市场主体高质量发展的主力军作用。启动"民营经济高质量发展三年行动计划"，以2024年为新起点，加快推动民营经济向"三分天下有其二"的战略性目标迈进。召开第二次全区民营经济高质量发展暨营商环境全方位提升大会，全面落实保障民营企业健康发展的政策措施，大力选出一批代表高质量发展水平、具有导向性作用的示范企业，大力支持发展一批小而精、小而强的中小企业，力争经营主体总量达85万户左右，其中民营企业达到22万户左右。启动"企业梯次培育计划"，构建科技型、创新型、示范型企业"三个培育体系"，开展"三个100"企业评选工作，力争到2027年实现"科技型企业倍增"目标。

2. 相关地方政策措施

实施扩大内需战略，重点是增强发展动能。目前，宁夏的发展主要依靠三大支柱：投资、消费和外贸。投资起到了快速拉动的作用，而消费则变化较为缓慢，外贸规模较小。尤其在外需波动、内需不足的情况下，有效益的投资仍然是发展的主要支撑和推动力量。因此，我们将全力推动扩大有效益的投资，以此为主要手段来增强宁夏的发展动能。

（五）新疆维吾尔自治区

1. 第十四届人民代表大会第二次会议

推进重点领域和关键环节改革。深入实施国有企业改革深化提升行动，加快国有经济布局优化和结构调整，着力提高国有企业创新能力和价值创造能力，做优做大做强国有资本和国有企业。认真落实促进民营经济发展壮大若干政策措施，建立健全促进民营经济发展工作协调机制、企业家参与涉企政策制定机制、民营企业投诉维权办理机制，建立"亲清"统一的新型政商关系，充分激发各类经营主体发展活力。审慎稳妥推进农村集体经营性建设用地入市试点和农村宅基地制度改革试点，深化农业水价综合改革。加快推进自治区以下财政体制改革，完善国有资本经营预算制度。深化金融体制改革，积极稳妥推进新疆农信社改革改制。

2. 相关地方政策措施

在新疆，深化经济体制改革是当务之急。自贸试验区的建设为该地区提供了良好的契机，将大胆开展制度创新，着眼于解决新质生产力发展中的各种瓶颈和障碍。意识到发展新质生产力不仅需要改革生产方式和生产关系，还需要在生产要素的配置方式上创新，提高生产要素的利用效率。因此，将着力完善知识产权保护制度和技术市场交易体系，建立起知识、技术、数据等创新要素参与收益分配的机制。同时，努力打破各种形式的地方保护和市场分割，促进生产要素的高效自由流动，实现要素的优化配置，积极融入高效规范、公平竞争、充分开放的全国统一大市场。总之，新质生产力的形成必然会引起生产关系的深刻变革，将以全新的管理模式和体制机制为新质生产力的持续发展提供高效的制度支撑。

第三节
建设现代化产业体系

一、华北地区

（一）北京市

1. 第十六届人民代表大会第二次会议

实施制造业重点产业链高质量发展行动，提升产业链供应链韧性和安全水平。加快推进集成电路重大项目，在光电集成、芯粒技术等领域实现更大突破。加强原创新药和高端医疗器械研发，培育生物制造等医药健康产业新增长点。推动新能源汽车产业高质量发展，积极布局电机、电池、电控、车规级芯片等关键零部件产业链。推进超高清视频全产业链优化升级。促进新能源、新材料、商业航天、低空经济等战略性新兴产业发展，开辟量子力学、生命科学、6G 等未来产业新赛道。优化专精特新企业梯队培育体系，助力更多企业发展壮大。

2. 相关地方政策措施

发展新质生产力，形成新质产业体系，还要着力于"固根基、扬优势、补短板、强弱项"，中国社会科学院大学应用经济学院院长杨开忠还提到，建立全球竞争优势是形成新质产业体系的焦点，大力培育发展新质企业、新质产业链的全球竞争力。新质生产力是现代化产业体系的本质，其提出对构建现代化产业体系具有战略性决定意义。目前，北京正在布局发展新质生产力，包括 6G、脑科学、智能网联汽车、人形机器人、人工智能等，这些都是新质生产力。北京 2024 年计划报告中详细布局，2024 年北京加速推进数字产业化和产业数字化，培育一批跨区域的先进制造业集群，大力支持新一代信息技术产业创新发展，做优新能源汽车与智能网联汽车产业集群，出台第三轮加快医药健康协同创新行动计划，大力支持量子力学、人类机器人、商业航天、6G 等未来产业的发展。

新质生产力的提出，对构建现代化产业体系有着指导作用。首都经济贸易大学特大城市经济社会发展研究院执行副院长叶堂林表示，把技术含量高的公司，在国民经济中的比重提高，原来依靠大规模生产、大规模制造，未来的科技公司主要靠的不是规模，也不是廉价劳动力，而是科技创新。未来，让具有颠覆性技术的科学家脱颖而出，这非常重要。中国科学院大学公共政策与管理学院特聘教授、知识产权学院院长马一德表示，北京发展新质生产力，在研发效率和区域科技资源配置等方面还有提升空间。这需要以政策创新助力京津冀协同发展，探索京津冀协同孵化、接力孵化新模式，为发展新质生产力树立营商环境的"首善标准"。目前，北京的数字经济增加值占地区生产总值比例超过 40%，有人预测，现阶段由于新质生产力尚没有明确范围，因此新质生产力国内生产总值占比这一数据还无法统计，不过可以预期的是，未来新质生产力将在国内生产总值中占较大比重。

（二）天津市

1. 第十八届人民代表大会第二次会议

持续释放城市更新生产力。统筹优化生产、生活、生态布局，推进业态更新、功能更新、品质更新、有机更新，增强产业承载能力。围绕提升中心城区现代服务业发展能级，着力引聚高端资源要素。打造特色金融集聚标志区，有序推进解放北路、友谊北路、东疆综合保税区、天津经开区"于响"中央商务区分别建设金融历史文化区、金融发展活力区、租赁创新示范区、产业金融发展区。

2. 相关地方政策措施

天津不断以新质生产力开辟新领域新赛道，打造新能源产业高地，为高质量发展提供强劲动能。最近，天津取得了一项里程碑式的成就：首条由深圳至珠海的电动垂直起降航空器成功首飞，跨越海域、跨越城市，展现了新领域的潜力。这一成功的背后，有一家天津的电池企业在支撑着它的长距离飞行。这家企业生产的高比能电池具有长寿命和宽温域适应能力，成为航空器实现长距离飞行的关键。2024年年初，这家企业的储能电池生产订单已经排满，显示出其技术和市场的双重认可。天津政府积极响应企业需求，组建了科技领军企业、科研机构、实验室等20个创新联合体，促进科技成果向生产转移。在政府的引导下，企业与相关实验室合作攻关，专注于研发锂离子电池的关键材料，预计未来将大幅提升无人机、电动汽车等的续航时间。

（三）河北省

1. 第十四届人民代表大会第二次会议

推动战略性新兴产业融合集群发展。加快集成电路、网络安全、生物医药、电力装备、安全应急装备等产业发展，开展"机器人+"应用行动，壮大新能源和智能网联汽车产业集群，推动北斗规模应用和产业发展，培育电子信息产业新优势，高新技术产业增加值增长6%左右。实施有效降低物流成本行动，加快国家物流枢纽、现代流通战略支点城市建设。抓好先进制造业和现代服务业融合发展试点，让先进制造业尽快挑起大梁。

2. 相关地方政策措施

引领产业升级和未来发展的新支柱、新赛道。战略性新兴产业和未来产业具有创新活跃、技术密集、价值高端、前景广阔等特点，为新质生产力发展壮大提供了巨大空间。坚持以科技创新引领现代化产业体系建设，营造成果转化有利环境，围绕产出高质量创新成果，聚焦主导产业和新兴产业，优化资源配置和结构布局，布局实施重大科技项目，形成一批可视可感、带动性强的科技成果，以关键技术群体性突破促进重点产业快速发展。

3. 雄安新区

围绕《河北雄安新区规划纲要》确定的目标定位布局新质生产力。按照《河北雄安新区规划纲要》，雄安新区要建设成为高水平社会主义现代化城市、京津冀世界级城市群的重要一极、现代化经济体系的新引擎、推动高质量发展的全国样板。功能定位之一是"创新驱动发展引领区"，产业定位是"高端高新"。从承接的具体项目上布局新质生产力。一大批疏解单位入驻雄安并开启建设和运营，均以高标准、高质量建设为第一要务，加快发展新质生产力是重要特征之一。比如，中国星网落户雄安，中国电信、中国移动、中国联通三大运营商入驻雄安，以及中关村科技园、中国科学院创新中心、首都四大高校等纷纷入驻雄安，无不为因地制宜发展和提升新质生产力提供"土壤"。

新区出台空天信息、软件和信息技术服务、城市鸿蒙、现代生命科学和生物技术等产业支持政策。产业互联网平台进一步实现政策精准推送，累计上线政策174项，辐射企业1793家。

产业载体加快建设运营。科创中心中试基地首批先行示范区建成投运，悦享雄安、芯联新科技等11家企业签约入驻。雄安新区中关村科技园正式揭牌运营，20家龙头企业和创新型企业、11家集成服务机构签约入驻。互联网产业园等产业平台加快建设，86家创新型企业与中交未来科创城签订意向协议。

高端高新产业加速发展。举办首届空天飞行技术论坛、2023软件和信息技术服务业创新发展专项活动等，吸引星网数科、航天数科、航天宏图等产业链重点企业落户。推动设立光芯片研发基地，软通动力软件实训基地落地建设。打造空天信息、智能网联、软件信创、高端服务等16个主题楼宇。

智慧城市建设成效显现。带宽200G的国际互联网数据专用通道正式建成投用，全信创环境的雄安城市计算中心正式运营，获颁首张智能网联汽车测试牌照，IPv6（互联网协议第6版）试点城市建设工作有序推进。完成数据汇聚累计约60亿条，完成数据资源编目约2000多项，数据资源共享达近亿次。

产业生态和创业热土加快形成。举办工信部2023科技产业金融一体化专项路演（雄安站），59个硬科技项目、101家国家级或行业顶级基金、投融资机构来新区路演对接。举办"千企雄安行"系列活动累计达20场次，对接1600余家企业，成功推动22家企业在新区启动注册，31家单位意向选址，74个优质项目在新区对接资本市场。

（四）山西省

1. 第十四届人民代表大会第二次会议

坚持一体化和高质量，健全中部城市群发展协调机制，发挥五市比较优势，共拉长板提升整体效能。启动建设潇河绿智城，打造产城融合高质量发展标杆。支持太原率先发展，建设国家区域中心城市，规划建设临空经济区，推动火工区搬迁，建设"三大工程"。支持大同市打造对接京津冀协同发展桥头堡，建设国家区域重点城市。支持各市加强与中部城市群协同联动，提升晋北、晋南、晋东南城镇圈发展能级，加快产业、要素和人口集聚，实现良性互动、竞相发展。

2. 相关地方政策措施

山西省委、省政府深入贯彻习近平总书记视察山西重要讲话和重要指示精神，扛起转型发展、能源革命两大使命，统筹传统产业改造升级和新兴产业培育壮大，推动产业结构由"一煤独大"向"多业齐兴"转变。山西证券股份有限公司党委书记侯巍进一步表示，特别是将制造业振兴升级作为产业转型主攻方向，在山西省实施产业链链长制，着力打造特色专业镇，在特钢材料、新能源汽车、高端装备制造、光伏、现代医药等特色领域加快产业集群集聚发展，推动数字经济与实体经济深度融合。

（五）内蒙古自治区

1. 第十四届人民代表大会第二次会议

坚持以新能源带动新工业、以先进制造业带动新型工业化，全面落实新型工业化"1+7"政策体系，资金重点向产业创新、制造业发展倾斜。锻长板，就是要锚定"再造一个工业内蒙古"目标，加快壮大新能源产业。以新兴产业和未来产业为代表的新质生产力，是内蒙古自治区塑造新优势、打造新引擎的关键所在，必须积极抢滩布局，率先在一两个点位上取得突破，提升产业发展核心竞争力。新材料、现代装备制造、生物医药、商业航天、低空经济等新兴产业，要把握发展趋势、瞄准市场需求，以科技创新为引领，加快关键核心技术、核心零部件研发制造攻关，深入推进融合集群发展，尽快把规模做起来，比重提上来。大力发展数字经济，加快产业数字化转型和智能化升级，推进全国一体化算力网络内蒙古枢纽节点和林格尔数据中心集群建设，围绕京津冀庞大的人工智能、大模型市场，提供有力可靠绿色算力保障，力争智算规模突破 2 万 PFLOPS（每秒浮点运算次数）。未来产业要聚焦低碳能源、前沿材料、未来网络、空天、生命与健康等五大领域和新型储能、氢能、高性能复合材料、高效催化材料、第三代半导体、算力网络、卫星通信导航、生物育种等八大方向，前瞻谋划、卡准点位、务求突破。支持呼和浩特建设航天经济开发区，打造国家级示范基地。壮大集群，就是要建设具有较强竞争力的先进制造业集群。深入实施制造业重点产业链高质量发展行动，集中力量打造乳制品世界级集群，稀土新材料、现代煤化工、硅晶新材料及光伏制造 3 个国家级集群，风电装备、氢能制造、新型储能、生物医药、精细化工、合金材料等 9 个自治区级集群，推动优质企业、资源要素、创新人才的发展，引领产业链向中下游延伸、价值链向中高端攀升。强支撑，就是要推动工业园区综合实力大幅跃升。加大引企入园、扶企强园力度，重点支持落地项目多、发展潜力大、创新能力强、投资强度高的园区提档升级；围绕链主企业强化全方位服务、全要素保障、全链条招引，让更多上下游的合作商、供应商集聚园区，化点为珠、串珠成链。

此外，在内蒙古自治区十四届人大二次会议政府工作报告中提出，要精心打造具有内蒙古特色的现代化产业体系：农牧业要锚定打造现代化大产业、建设产业强区目标发力，全面落实耕地保护和粮食安全责任，稳定粮食播种面积，加快推进规模化经营、社会化服务，科学谋划发展设施农业、舍饲圈养、庭院经济，推进河套灌区现代化改造等综合利用试点。

2. 相关地方政策措施

2024 年，呼和浩特市将积极抢占未来产业新赛道，聚焦未来信息产业、未来空间产业、未来材料产业、未来健康产业、未来能源产业"五大领域"，培育打造新质生产力。包头市将发展壮大战略性新兴产业，加速陆上风电装备、氢能储能、先进金属材料、新能源重卡及配套、碳纤维及高分子新材料"五大"战略新兴产业集聚发展，同步布局氟化工、军民融合、数字产业和未来产业等。

鄂尔多斯市抢滩氢能新赛道，实施氢能产业发展3年行动，全链条、终端化布局氢能产业项目，建设全国氢能综合利用示范区，打造现代煤化工与新能源耦合发展示范基地。同时积极谋划布局人工智能、第三代半导体、电子新材料等未来产业，培育新的经济增长点。作为自治区东部五盟市之一，通辽市与东北三省往来密切。目前，通辽市正聚焦绿色农畜产品生产加工、铝镍硅新材料、新能源装备制造、玉米生物等优势主导产业，在以产业需求为导向进行创新的同时，以创新成果引导产业、升级产业，加快形成新质生产力。

2023年以来，内蒙古自治区工信厅持续强化政策对接，密切协调配合，在充分吃透政策的基础上，积极协调，精心谋划，主动沟通，认真领会上级政策精神，积极争取工信部支持，助力推动内蒙古新型工业化建设。全区工信系统将在加快推进内蒙古自治区新型工业化上持续用力。立足禀赋特点和战略定位，坚持加快发展、大抓发展导向不动摇，持续做大做强工业总量规模，加快推动产业结构转型升级，优化存量、做大增量、提升质量齐抓并举，产业体系、政策体系、服务体系一体再造，为构建体现内蒙古特色优势的现代化产业体系、加快实现内蒙古新型工业化筑基蓄力。

立足长远，着眼未来，奋力当下。站上新起点，全区上下锚定闯新路、进中游目标，锻长板、补短板、壮集群、强支撑，正在加快形成新质生产力，奋力实现经济新跃升。

二、东北地区

（一）辽宁省

1. 第十四届人民代表大会第二次会议

加快动能转换，在构建现代化产业体系上攻坚突破。扎实做好结构调整"三篇大文章",加快建设数字辽宁、智造强省,全力打造具有国际竞争力的先进制造业新高地。推动新型工业化,深入实施产业基础再造和重大技术装备攻关工程,实施制造业重点产业链高质量发展行动,加快20个国家新型工业化产业示范基地建设。落实工业企业技术改造升级导向计划,支持开展新一轮技术改造和设备更新。加强质量支撑和标准引领,深化质量实绩考核。

2. 相关地方政策措施

聚焦优势产业、战略性新兴产业等现有产业,针对新时代"六地"建设中的科技问题,重点围绕4个万亿级产业基地和22个重点产业集群建设梳理"卡脖子"技术清单,在集成电路装备等辽宁省优势方向,组织实施好重大科研攻关任务,配置好平台、团队、资金、政策等资源,夯实培育发展新质生产力的基础。瞄准未来产业,围绕国家战略布局,发挥辽宁特色优势,在未来制造、未来信息、未来材料、未来能源、未来空间和未来健康等领域,实施一批"从0到1"的原创性、颠覆性创新研究项目,培育一批战略科学家和顶尖青年科学家群体,加快引育一批快速成长科技型企业,带动形成更多新质生产力。

(二)吉林省

1. 第十四届人民代表大会第三次会议

创新型省份建设加快推进,科研物质条件指数居全国第5位,科技促进经济社会发展指数居全国第11位,区域创新能力排名上升6位,提升幅度全国第一。重大创新平台建设取得突破,长春国家自创区、农高区加快建设。长春市获批国家知识产权保护示范区,大安市获批建设国家级创新型县(市)。一汽集团高端汽车集成与控制、吉林大学汽车底盘集成与仿生2个全国重点实验室率先完成重组。企业创新主体地位持续增强,创建科技经纪平台,推进科技成果转化,支持企业牵头承担技术攻关1123项、吉林省转化成果1800项,分别增长10.53%、49.38%。高新技术企业、科技型中小企业分别达到3590户、7278户,分别增长15.36%、72%,增速均居全国前列。

2. 相关地方政策措施

"积极培育新能源、新材料、先进制造、电子信息等战略性新兴产业，积极培育未来产业，加快形成新质生产力，增强发展新动能。"持续推动新质生产力发展，与实现东北振兴息息相关。新质生产力，正成为吉林乃至整个东北地区抢占新赛道，也是增强新动能和塑造新优势的重要抓手。

（三）黑龙江省

1. 第十四届人民代表大会第二次会议

深入实施产业振兴计划，加快建设"4567"现代产业体系。经济发展新引擎亮点纷呈，集成电路碳化硅衬底等实现量产，达到国内领先水平，博实股份炉前操作机器人等关键技术实现突破，哈尔滨兽医研究所和石药控股集团有限公司联合研制新型疫苗填补国内空白，创意设计产业加快发展，黑龙江省获批国家标准化创新发展试点和全国首批数字化转型贯标试点省。战略性新兴产业加速提升，电子信息制造、高端智能农机装备产业产值增长，五矿石墨全球领先的球形项目试车投产，"龙江三号"试验卫星成功发射，绥化天有为汽车数字仪表国内市场占有率达到20%，成为全国最大生产基地。传统产业数字化网络化智能化改造加快推进，中航哈轴高端轴承等120个项目投产。

在推动新型工业化、形成新质生产力中催生新产业，强化数字、创新、设计和政策赋能，培育新业态新模式；谋划推进一批重大工程、重大项目、重大举措，把资源优势、生态优势、科研优势、产业优势、区位优势转化为发展新动能新优势。

2. 相关地方政策措施

习近平总书记指出，以科技创新开辟发展新领域新赛道、塑造发展新动能新优势，是大势所趋，也是高质量发展的迫切要求。黑龙江深入实施产业振兴计划，推进创新链、产业链深度融合，2023年高新技术企业和专精特新企业数量同比均增长22%以上，高技术制造业增加值增长12.3%，产业技术创新能力不断增强，着力构建具有黑龙江特色优势的现代化产业体系。黑龙江省要加快推进数字产业化、产业数字化，提高科技成果转化率，改造提升传统产业，实施制造业重点产业链高质量发展行动，广泛应用数智技术、绿色技术赋能传统产业转型升级，促进数字经济和实体经济深度融合，鼓励引导新一轮大规模设备更新，提升装备制造、能源、化工等产业能级和产品竞争力，推动"龙江制造"迈向"龙江智造"，推进先进产能比重持续提升。积极培育战略性新兴产业，壮大新能源、新材料、先进制造、电子信息等产业规模，打造航空航天、高端装备等产业集群，构筑产业体系新支柱，打造新质生产力的增长极。超前布局建设未来产业，实施未来产业孵化与加速计划，建设哈尔滨工业大学航天高端装备未来产业科技园，推动前沿科技成果就地转化，以前瞻性科技创新应用培育发展未来产业，开辟生命科学、人工智能等未来产业新赛道，持续推进生产力现代化、新质化，图4-7为黑龙江省产业数字化应用的未来具体领域。

  黑龙江经过三个多月的调研摸底，制定了《黑龙江省加快形成新质生产力行动方案》。这份长达30页的方案中，对2024年提出的24个重点发展产业进行了更加细致的分类。例如，在"高端装备制造"这个大产业下，又划分为"工业母机""海工装备"等5个细分产业，以使工作更加聚焦，有针对性。黑龙江省科学技术厅副厅长李文华表示，目标是通过这些措施加快推进新质生产力的形成。

图 4-7 　黑龙江省产业数字化应用

三、华东地区

（一）上海市

1. 第十六届人民代表大会第二次会议

积极推进新型工业化，巩固提升工业经济比重，推动重点产业链高质量发展，全力落实新一轮集成电路、生物医药、人工智能"上海方案"，培育提升新能源汽车、高端装备、先进材料、民用航空、空间信息等高端产业集群，加快打造未来产业先导区。推动工业互联网赋能制造业高质量发展，实施"智能机器人+"行动，率先开展国家智能网联汽车准入和上路通行试点。推进绿色制造标准体系和绿色低碳供应链体系建设，打造一批绿色工厂、绿色园区。引导研发设计、供应链管理、检验检测、知识产权服务等生产性服务业向专业化和价值链高端延伸，促进现代服务业与先进制造业深度融合。优化拓展产业发展空间，推广产业综合用地等土地混合利用新模式，打造工业上楼智造空间1000万平方米，低效建设用地减量13平方千米。

2. 相关地方政策措施

新质生产力的含量，在上海经济中分量很足。统计数据显示，2023年，上海全市经济运行稳步恢复，地区生产总值增长5%，达4.72万亿元。其中，工业战略性新兴产业总产值占规模以上工业总产值比重达43.9%，集成电路、生物医药、人工智能三大先导产业规模达1.6万亿元，软件和信息服务业规模增长17.2%。

这些数据的背后是上海长期注重科技创新，鼓励高新技术产业发展，努力锻造新动能，布局新赛道。上海社会科学院党委书记、研究员权衡说："科技创新是上海发挥排头兵、先行者作用的关键所在。科技创新中心对其他4个中心的核心能级起着重要的支撑、赋能与引领作用。通过科技创新赋能产业转型升级，以高质量发展推进国际经济中心建设。"

（二）江苏省

1. 第十四届人民代表大会第二次会议

大力推进新型工业化。聚焦"1650"产业体系建设，实施重点产业链高质量发展行动和先进制造业集群强链补链延链行动，加快打造具有国际竞争力的先进制造业基地。持续壮大先进制造业集群。以高标准建设 10 个国家先进制造业集群和 16 个省重点集群，着力构建新型电力装备等世界一流、高端装备等国际先进、航空航天等全国领先的集群方阵。广泛应用数智技术、绿色技术，深入实施传统产业焕新工程。加快发展新质生产力。持续打造"51010"战略性新兴产业集群，积极开展省级融合集群试点，大力发展生物制造、智能电网、新能源、低空经济等新兴产业。坚持以未来产业开创产业未来，围绕前沿技术、示范企业、科创园区、应用场景、标准规范等展开部署，开拓未来网络、量子、生命科学、氢能和新型储能、深海深地空天等产业新赛道，提升产业链供应链韧性和安全水平。

2. 相关地方政策措施

改革开放以来，江苏的产业现代化建设一直在不断演进。从农村工业化起步，江苏经历了自我超越的过程，逐步发展成为一个开放型经济、园区经济和创新型经济的典范。产业发展也从轻工业向重化工业、从传统产业向战略性新兴产业的转变。江苏的发展不仅停留在引进和跟随，还积极布局未来产业，不断攀升产业价值链。特别是常州市在产业创新方面取得了显著成就，打造了"工业明星城市"，在太阳能光伏、新能源整车制造、动力电池等新兴领域实现了产业的焕新，成为"新三样"增长的重要支撑点，为江苏培育新质生产力做出了突出贡献。江苏在发展新质生产力方面，将重点放在围绕重点产业、搭建创新平台、集聚创新要素、引育创新主体等方面。积极开拓产业新的增长路径，努力打造全国重要的产业科技创新高地，推动高质量发展更多地依靠创新驱动，实现内涵型增长。

（三）浙江省

1. 第十四届人民代表大会第二次会议

以深入实施数字经济创新提质"一号发展工程"为牵引，大力实施"415×"先进制造业集群培育和服务业高质量发展"百千万"工程，扎实推进新型工业化，加快打造数字经济高质量发展强省、现代服务业强省，建设全球先进制造业基地。

2. 相关地方政策措施

大力发展新质生产力，通过"一链一策"措施推动新兴产业提质增效，积极规划布局一系列未来产业。特别是支持杭州、宁波等地争创未来产业先导区，旨在促进战略性新兴产业增加值实现超过10%的增长。浙江省委主要负责同志指出，要着力增强科技创新能力，加快培育先进制造业集群，积极发展战略性新兴产业和未来产业，以加快新质生产力的发展，为实现高质量发展注入新动能。

（四）安徽省

1. 第十四届人民代表大会第二次会议

加快新兴产业集群发展、未来产业前瞻布局。加快建设先进光伏和新型储能产业集群，开展下一代电池技术等领域技术攻关，推广"光伏+"综合应用。实施氢能产业高质量发展三年行动计划。巩固提升新一代信息技术产业，支持动态存储芯片、新型显示等产品迭代升级，加强声谷、视谷、传感谷建设。培育壮大新材料优势产业，支持聚乳酸、光学薄膜等产品攻关研发和推广应用，推进镁基新材料等重大项目建设。加快发展医药健康产业，建设生物医药、现代中医药、高端医疗器械等产业集群，以及创设一批协同创新平台和临床转化公共服务平台。增强高端装备产业自主可控、基础配套、服务增值、智能制造能力，培育首台（套）重大技术装备200个以上。支持智能家电、智慧家居产品研发，推出一批应用生态场景解决方案。抢占空天信息产业制高点，支持北斗规模化应用和商业卫星研发制造，加强深空互联网、深空遥感等技术研发，吸引更多商业航天公司落户。加快合肥、芜湖低空经济产业高地建设，拓展低空产品和服务应用场景。积极开辟未来产业新赛道，启动建设未来产业先导区，加快布局量子信息领域重大应用示范工程，开展通用人工智能应用生态构建行动，推进元宇宙应用场景平台建设，统筹抓好对聚变能源、化合物半导体、合成生物、人形机器人等产业的培育。

2. 相关地方政策措施

安徽省的目标是建设量子信息、聚变能源和深空探测三大科创高地。同时，加快新型储能等新兴产业集群的建设，为新质生产力的发展提供有力支撑。在信息化、智能化等条件下形成的新质生产力所带来的新技术、新经济、新业态的变革，紧紧围绕战略性新兴产业这一生成和发展新质生产力的主阵地，扬优势、聚资源，更好地服务壮大战新产业，抢占发展制高点，开辟企业发展新领域、新赛道。

（五）福建省

1. 第十四届人民代表大会第二次会议

全面提升产业体系现代化水平。产业强则经济强，产业稳则大局稳。始终坚持把发展经济的着力点放在实体经济上，推进产业智能化、绿色化、融合化，持续夯实福建高质量发展的实体根基。

2. 相关地方政策措施

发展新质生产力必须根据实际情况，着眼于弥补发展中的短板、巩固已有的长板，并开拓全新的发展领域。福建省于2023年12月举行的全省新型工业化推进大会中，特别强调了对传统产业的改造升级以及积极培育新兴产业。省政府工作报告指出，将致力于培育发展新一代信息技术、新能源、新材料、生物医药、低空经济等战略性新兴产业，并支持宁德地区建设新能源新材料产业核心区；同时，还将前瞻性地布局人工智能、量子科技、氢能等未来产业，并推进福州、厦门、泉州等地的人工智能产业园建设。这些安排充分考虑了福建省传统制造业的规模和新兴产业的发展潜力。按照中央决策和福建省委省政府的要求，必须切实加强落实，相信新质生产力必将加速形成，为福建省产业的高质量发展注入新的动力。

（六）江西省

1. 第十四届人民代表大会第二次会议

深化打造"一主一副"。深入实施省会引领战略，支持南昌加快建设"一枢纽四中心"、九江高标准建设长江经济带重要节点城市、抚州打造现代产业新区，推动赣江新区与南昌、九江深度融合发展，提高昌九、昌抚一体化同城化水平，加快建设富有创新活力和竞争力的南昌都市圈。支持赣州建设省域副中心城市，推动赣州革命老区高质量发展示范区建设、吉安高质量打造赣江中游生态经济带，形成江西南部重要增长极。

2. 相关地方政策措施

新质生产力的范畴不仅仅局限于"高精尖"领域，还包括传统产业向高端化、智能化、绿色化转型等方面。例如，在江西德鑫纺织有限公司，经过数字化、智能化的涡流纺车间建设后，企业用工减少了80%，流程缩短了2/3，全年产能提升了15%。在贵溪市，新越集团、中臻科技等企业与江铜集团、有色集团、西部矿业等展开合作，促进了贵溪铜产业向铜基新材料、新能源应用等领域的拓展。

同时，实施未来产业培育发展三年行动，着力打造一批未来产业先导试验区和未来技术产业研究院，力争在元宇宙、新型显示、新型储能、低空经济等领域实现领先发展。由此可见，新质生产力的形成和发展在一定程度上展现了传统产业、新兴产业、未来产业之间的衔接与演进。

（七）山东省

1. 第十四届人民代表大会第二次会议

聚焦高端化、智能化、绿色化、集群化，深化工业经济的头号工程，实施先进制造业攻坚行动，积极创建国家新型工业化示范区。加快新兴产业集群集聚。围绕新一代信息技术、高端装备、新能源新材料、现代医药、绿色环保、新能源汽车、安全应急装备、商业航天、低空经济等领域，新培育约10个省级新兴产业集群。提升枣庄锂电新能源、滨州铝新材料、济宁智能装备、威海医疗器械、菏泽中医药等产业集群能级。加快未来产业前瞻布局。围绕人工智能、生命科学、未来网络、量子科技、人形机器人、深海空天等领域，实施20项左右前沿技术攻关，推动15个省级未来产业集群加快壮大。支持济南、青岛、烟台打造未来产业先导区。建设创投风投服务平台，撬动未来产业拔节起势。

加快传统产业提质增效。围绕冶金、化工、轻工、建材、机械、纺织服装等重点产业，"一业一策"改造提升，实施投资500万元以上技改项目1.2万个左右。推进山钢宝武日照精品钢基地二期建设，开启永锋钢焦项目。建设齐鲁石化鲁油鲁炼等重大项目，推动裕龙岛炼化、万华新材料低碳产业园一期全面投产。提升滕州机床、聊城轴承、博兴商用厨具等特色产业水平。

2. 相关地方政策措施

"山东工业规模体量庞大、产业体系完备，具备培育发展新质生产力的良好基础和有利条件。"在山东省省政府2024年3月8日召开的新闻发布会上，山东省工业和信息化厅副厅长表示，山东省将把培育新质生产力与推进新型工业化紧密结合，围绕发展新质生产力布局产业链，加快构建现代化产业体系。

山东坚持做强优势与夯实基础同向发力，为新质生产力筑牢发展根基：一方面，山东将聚焦高端化工、汽车、智能家电等优势产业，大力推进强链延链补链，加强新技术新产品创新迭代；另一方面，聚焦冶金、石化、轻工等传统产业，启动实施新一轮大规模设备更新改造，"一业一策"完善改造提升方案，年内实施投资500万元（人民币，下同）以上技改项目1.2万个左右，推动传统产业向高端化延伸、高附加值拓展。新兴产业、未来产业将成为山东发展新质生产力的主攻方向。对此，山东将深入实施战略性新兴产业发展工程和未来产业培育发展行动，加紧研究并出台人工智能赋能新型工业化实施方案，组织实施前沿技术攻关项目20项左右，加快培育一批战略性新兴产业集群，打造济南空天信息产业园、青岛人工智能产业园、潍坊元宇宙产业园、烟台东方航天港等一批未来产业集聚区。

新质生产力本身就是绿色生产力。在源头控碳上，山东将深化化工产业转型升级等专项行动，一业一策，优化产业政策，提升重点行业和产品产出效率；在过程减碳上，聚焦生产全过程各领域，积极推广应用绿色加工、节能节水等技术装备，全面构建绿色制造体系；在末端降碳上，积极打造资源综合利用循环体系，推动大宗固废规模化高值化利用，2024年力争推动超过20%的"两高"行业企业产能达到能效标杆水平，规上[1]工业单位增加值能耗下降4%以上。

四、华中地区

（一）河南省

1. 第十四届人民代表大会第二次会议

围绕建设制造业强省，实施制造业重点产业链高质量发展行动，壮大7个先进制造业集群28个重点产业链，向下梳理延伸多个专精特新细分领域，串珠成链、聚链成群，力争到2025年产业规模突破7万亿元。

新能源汽车产业集群。聚焦整车、零部件、后市场一体发展，以郑州、航空港区、开封等地为中心发展整车，洛阳、新乡、许昌、鹤壁等地重点发展动力电池、电机电控、汽车电子等关键零部件特色集群。推动郑州上汽新能源电池工厂、洛阳中州时代新能源电池产业基地等项目尽快投产，争取宇通、比亚迪、上汽、奇瑞等企业生产投放更多畅销车型、中高端车型。争取更多拥有先进核心智能技术的车企布局。

电子信息产业集群。聚焦高端屏、智能端、专用芯、传感器和新算力，推动中国（郑州）智能传感谷建设提档加速，加快实施建设航空港区新型显示基地、紫光智慧终端产业园、合晶大尺寸硅片二期、超聚变全球总部和研

---

[1] 规上企业、工业单位是对达到一定规模、资质或限额的法人单位的统称。——编者注

发中心、河南电子半导体产业园等项目，吸引芯片、存储、基础软件上下游企业集聚成先进装备产业集群。聚焦新型电力装备、工程机械、农机装备、机器人和数控机床，实施重大技术装备攻关工程，推动部件产品向高品质高性能跃升、单机产品向系列化成套化发展、成套产品向高端化智能化服务化迈进。加快洛阳航空装备智创产业园、许昌智能电梯产业链研发基地、新乡低碳智能装备产业园、鹤壁卫星互联智造基地、南阳中欧产业园、豫东南高新区绿色能源装备产业园等项目建设。开展原创性探索性科学仪器设备研制，加快新一代智能仪表研发与产业化。争创新型电力装备、先进农机装备国家级先进制造业集群。支持豫北航空经济协作区建设。

2. 相关地方政策措施

河南省拥有优越的产业基础，包括先进装备、现代食品等两个万亿级产业集群，以及智能终端、新能源汽车等千亿级产业链。为了加快构建现代化产业体系，河南必须大力作为。关键在于加速推动产业向新的发展方向转变，壮大数字化生产力和绿色生产力，淘汰过剩和低效的生产力。发展新兴产业和培育未来产业是打造新质生产力的主攻方向。河南将深入实施国家战略性新兴产业集群发展工程，加快推动新能源汽车、新型显示、智能终端、生物医药、新型材料等重点产业链的高质量发展。在技术攻关、产业链延伸、高端升级方面加快突破，提升核心竞争力和产业水平。同时，密切关注国家在人工智能、氢能、低空经济、量子科技、生命科学等领域的工作部署，加强前瞻性研究和战略规划，积极创建未来产业先导区，促进未来产业的全面发展。除此之外，河南还将加快发展现代物流、商贸流通、现代金融、科技服务、检验检测等生产性服务业，推动先进制造业与现代服务业的融合发展。同时，实施碳达峰十大行动，加强壮大绿色制造业和服务业，壮大绿色能源产业，推进循环经济产业园建设，构建绿色低碳循环经济体系。

（二）湖北省

1. 第十四届人民代表大会第二次会议

坚持向科技创新要增长、以动力变革提质效，促进创新链、产业链、供应链、深度融合，着力培育新动能塑造新优势。创新动力显著增强。2023年，湖北省坚持把科技自立自强当使命，扎实推进光谷科创大走廊134个重大项目，整合中医药领域优质资源，新组建时珍实验室，完成18家全国重点实验室优化重组，金字塔式科技创新平台体系更加完善。设立100亿元楚天凤鸣科创天使基金，推进32项"尖刀"技术集中攻关，湖北实验室取得首批53项重要成果。坚持"链长＋链主＋链创"三链协同，扎实推动优势产业和新兴特色产业发展，以东风、上汽通用、吉利路特斯、小鹏、长城等为骨干的新能源与智能网联汽车企业矩阵加速形成，光电子信息、生命健康、高端装备制造、北斗等产业加快发展。

2. 相关地方政策措施

大力推进现代化产业体系建设，加快发展新质生产力。推动产业链供应链优化升级。实施制造业重点产业链高质量发展行动，着力补齐短板、拉长长板、锻造新板，增强产业链供应链韧性和竞争力。加快推进供应链体系建设，是建设现代化产业体系的重要抓手，是湖北深度融入国内大循环和国内国际双循环、加快建设全国构建新发展格局先行区的重要切入点，图4-8为武汉产业整体布局体系。

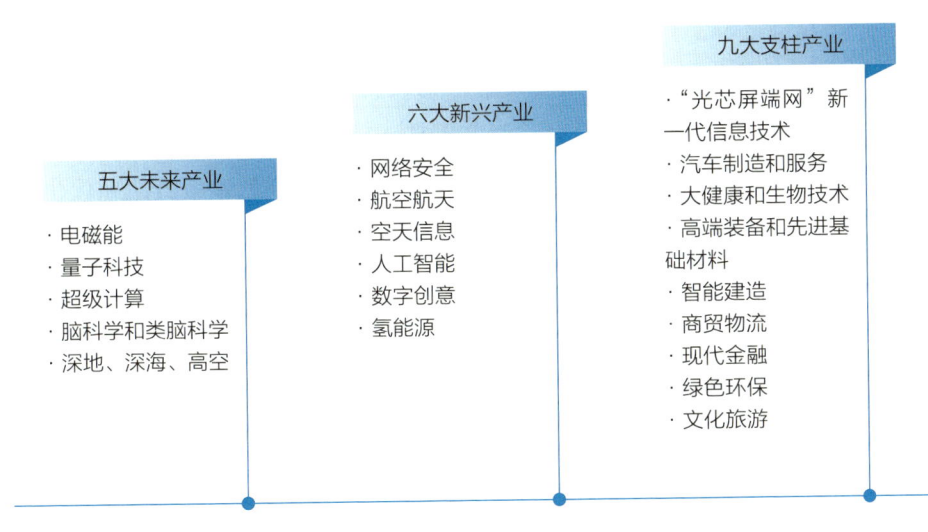

五大未来产业
· 电磁能
· 量子科技
· 超级计算
· 脑科学和类脑科学
· 深地、深海、高空

六大新兴产业
· 网络安全
· 航空航天
· 空天信息
· 人工智能
· 数字创意
· 氢能源

九大支柱产业
· "光芯屏端网"新一代信息技术
· 汽车制造和服务
· 大健康和生物技术
· 高端装备和先进基础材料
· 智能建造
· 商贸物流
· 现代金融
· 绿色环保
· 文化旅游

图 4-8 武汉产业整体布局体系

（三）湖南省

1. 第十四届人民代表大会第二次会议

加强集成电路、工业母机、基础软件等关键技术突破，抢占新一轮科技革命和产业变革制高点。人工智能产业聚焦推进工业机器人、服务机器人等关键软硬件研发与制造，拓展重点领域的应用，形成一批应用标杆案例。生命工程产业着力推动人工生物设计、脑机接口、类脑芯片等领域研发创新，发展生物制造产业。量子科技产业强化在先进计算、智能制造、检测计量等领域的应用场景建设。前沿材料产业重点围绕3D打印材料、超导材料、纳米材料等领域开展技术攻关。

2. 相关地方政策措施

习近平总书记强调，面对新一轮科技革命和产业变革，我们必须抢抓机遇，加大创新力度，培育壮大新兴产业，超前布局未来产业建设，完善现代化产业体系。

"发展新质生产力是事关高质量发展全局的系统工程，是建设现代化新湖南的战略之举。"湖南省发改委党组书记、主任黄东红表示，面对新质生产力的滚滚浪潮，将以创新为源、产业为本、绿色为底、环境为基，大力推动"三个高地"标志性工程建设，着力构建"4×4"现代化产业体系，大力实施重点产业倍增计划，下大力气培育壮大新兴产业；抓好各类创新平台建设，推动点上突破、链上融合、面上提升，助力长沙打造全球研发中心城市；大力营造良好市场环境，为加快构建具有湖南特色和竞争力的现代化产业体系做出更大贡献。

"新质生产力的显著特征，一个是'新'，尤其是科技创新；另一个是'质'，体现在高科技、高效能、高质量。"全国人大代表、湖南科技大学海洋矿产资源探采装备与安全技术国家地方联合工程实验室主任万步炎认为，形成和发展新质生产力的科技创新，需要原创性、颠覆性、引领性技术的创新。

五、华南地区

(一) 广东省

1. 第十四届人民代表大会第二次会议

深入推进粤港澳大湾区国际科技创新中心、大湾区综合性国家科学中心建设，抓好粤港澳联合实验室建设，打造 5G、集成电路、纳米、生物医药等产业创新高地。落实横琴合作区总体发展规划，建设"专精特新"高端制造产业园、澳门品牌工业园，抓好澳门专业人士执业资格认可、澳门机动车"一检两认"、横琴跨境资金"电子围"建设等工作，再导入一批产业项目，加快实现全岛封关运作，确保完成第一阶段目标任务，以优异成绩迎接澳门回归祖国 25 周年。推动修订前海合作区条例，实施"全球服务商计划"，做优、做强国际金融城、国际法务区、国际人才港，强化跨境人民币业务创新试验区功能，打造融资租赁、航运服务、海工装备、国际咨询等集聚区。我们要始终牢记服务港澳初心，积极对接香港北部都会区建设和澳门"1+4"适度多元发展策略，以产业科技合作为重点，把横琴、前海、南沙、河套这几个龙头舞起来，加快打造引领高质量发展的重要动力源。

2. 相关地方政策措施

2024 年 3 月 14 日，深圳市工业和信息化局在官网发布的《关于加快发展新质生产力进一步推进战略性新兴产业集群和未来产业高质量发展的实施方案》中提出，到 2025 年，战略性新兴产业增加值超过 1.6 万亿元，经济社会高质量发展主引擎作用进一步发挥。打造形成 4 个万亿级、4 个 5000 亿级、一批千亿级产业集群等。

2024 年 2 月 18 日，广东省委、省政府在深圳召开全省高质量发展大会，在同步举办的产业科技融合发展成果展上，展出的相关成果"科技感"十足。首台国产商业场发射透射镜 TH-F120、能"上天"的飞行汽车、能入海的"探索 6000"自主水下机器人……这些成果让观众感受到了近年来广东促进产业科技加速融合的新进展和新成效。

广东如何推进产业科技创新，发展新质生产力？在当天下午的"深入实施创新驱动发展战略"主题研讨会上，政企研学各界代表共聚一堂，建言献策。

广东一方面加强基础研究与应用基础研究，组织实施核心技术攻关重大专项旗舰项目，加大产业发展源头性和底层技术创新和储备；另一方面强化产业需求导向，以应用场景为牵引，在生物医药等领域，实施一批重点领域研发计划，提升产业链安全自主可控水平。

"新质生产力的'新'是创新，要用创新思维、创新模式去发展产业。"佳都科技集团董事长兼 CEO 刘伟表示，佳都将持续加大研发投入力度，以联合创新撬动核心技术突破和产品迭代升级，推动"AI+ 大交通"领域的前沿技术创新。

推进产业科技创新、发展新质生产力是广东的战略之举、长远之策。"我们将强化企业主体地位，狠抓企业创新能力培育与提升。"广东省科学技术厅厅长王月琴表示，广东将加快出台《关于进一步强化企业科技创新主体地位更好支撑引领高质量发展的若干意见》，推动企业真正成为技术创新决策的主体、研发投入的主体、科研组织的主体、科技成果转化的主体向科技创新要新质生产力，离不开良好的创新生态。王月琴表示，广东还将强化"放管服"，推动形成服务产业、鼓励创新、适应新质生产力的良好创新生态。

在研讨会上，未来电子信息、未来智能装备、未来生命健康、未来材料、未来绿色低碳五大未来产业集群行动计划发布，广东瞄准有望形成千亿级、万亿级规模的前沿产业方向，打造全省未来产业发展矩阵。

"我们将持续推进高校技术转移体系和能力建设，把更多高质量的创新成果转化为新质生产力，更好地服务经济社会高质量发展。"广东省教育厅党组书记、厅长朱孔军表示，广东教育将发挥高校基础研究扎实、学科交叉融合的优势，大力开展集成攻关和科技成果转化，积极开辟发展新领域新赛道，不断塑造发展新动能和新优势。

抢抓新机遇布局新风口"积极抢占新质生产力发展制高点""加快构筑新质生产力""不断催生新质生产力，培育形成新的经济增长点"……2023

年以来，广东省委、省政府在多个场合强调发展新质生产力的要求。以颠覆性技术和前沿技术催生新产业、新模式、新动能——这是新质生产力的特征。作为世界制造重镇的广东，2008年全球金融危机后先行一步开启了产业升级之旅，近年来更是抢抓新机遇，积极布局新风口。以人工智能为例，为拥抱这个颠覆性变革，2018年以来，广东先后印发《广东省新一代人工智能发展规划》《广东省新一代人工智能创新发展行动计划（2022—2025年）》等政策文件，以推动人工智能产业的发展。经过数年的重点培育，广东布局了韶关数据中心集群、广深超算中心、琶洲算谷等一大批基础设施底座，并不断拓宽应用场景。截至2022年年底，广东的人工智能企业超过1500家，核心产业规模超过1500亿元，位列全国第一梯队。2023年11月，广东出台加快建设通用人工智能产业创新引领地的实施意见，争取到2025年"智能算力规模实现全国第一、全球领先"，全省人工智能核心产业规模突破3000亿元。以人工智能为代表的新兴产业和未来产业，是广东培育新质生产力的重要发力点。聚焦新兴产业和未来产业，广东提出了明确的目标——大力发展半导体与集成电路等新兴产业，培育新增4到5个超5000亿级战略性新兴产业集群；前瞻谋划未来产业，支持引领产业变革的颠覆性技术突破，在6G、新一代人工智能、量子科技、基因技术、深海空天等领域形成一批硬核成果，积极抢占产业发展战略制高点。与此同时，广东正在推动制造业数字化绿色化转型、实施生产性服务业的规模十年倍增计划等，赋能产业向上突围。

（二）广西壮族自治区

1. 第十四届人民代表大会第二次会议

突出企业科技创新主体地位。大力培育专精特新、单项冠军、瞪羚企业等创新型企业，建立健全"企业出题、科技答题"机制，实施产业类科研项目企业牵头制。深入实施新时代人才强桂战略，支持企业引育创新人才，支持建立企业技术中心，推进人才链、创新链、产业链深度融合。

2. 相关地方政策措施

发展新质生产力，产业是关键，科技是核心，产科融合是核心要义。广西应立足本土产业基础、优势禀赋与创新要素整合，将科技创新与新型工业化、培育战略性新兴产业与未来产业相融合，蹄疾步稳，走好产科融合新路子，努力把科技创新这个"关键变量"转化为产业创新的"最大变现"，加速形成新质生产力发展的"最大增量"。2024年，广西壮族自治区政府工作报告明确以推进优势产业升级为切入点，通过实施科技"尖锋"攻关项目，延伸新产业，形成新质生产力。一方面，应围绕优势支柱产业关键核心技术实施攻关项目，锻造新质竞争力。积极服务、融入和运用关键核心技术攻关新型举国体制，全力从源头和底层突破"卡脖子"技术，补上"掉链子"环节，及时将"尖锋"行动科技创新成果应用到具体产业和产业链融合上，推动新能源汽车、工程机械、动力装备、绿色化工等优势产业延伸新链条，掌握市场话语权和发展主动权。另一方面，应鼓励各地用好国内大市场和丰富应用场景，差异化打造战略性新兴产业与未来产业集群。鼓励各地组织实施新兴产业加速计划与未来产业孵化计划，"一链一策"推动新材料、大健康、机器人、氢能与储能等高成长性新兴产业提质扩量；鼓励市场主体探索试错型科技创业与应用场景驱动创新，抢抓人工智能、新一代材料、生物技术等未来产业赛点，构建"科技—产业一体化"的科产融合循环，加快形成现实新质生产力。

（三）海南省

1. 海南省第七届人民代表大会第三次会议

提升核心区域能级。强化自贸港核心区和现代化国际化新海口建设，推动江东新区尽快出形象，带动海口经济圈协同联动发展。三亚经济圈要"旅游＋科创"双引擎发力，提升在自贸港中的战略位势、硬核实力。全面提速环新英湾自贸港新城建设，推动儋洋经济圈聚合效应充分显现。加大城市更新力度，提升功能品质。

2. 相关地方政策措施

对海南而言，发展新质生产力，必须深入贯彻落实习近平总书记重要讲话要求，立足海南实际，发挥海南自由贸易港政策制度和气候温度、地理纬度、海洋深度、绿色生态"三度一色"等优势，找准自身定位，深化"陆海空"三大科创高地建设，加强科技创新和产业创新的深度融合，加快形成具有国际竞争力的战略性新兴产业集群，培育壮大具有海南特色的新质生产力，让新质生产力成为海南自由贸易港高质量发展的显著特征和强劲推动力、支撑力。

利用好海南的海洋深度优势，做大做强海洋经济，努力"向海图强"。海南姓"海"，受权管辖的海洋面积全国最大，而且全国绝大部分深海都在海南，发展深海科技和海洋产业优势明显。目前，海南已经聚集海洋产业类企业约1000家，一批重大深海装备在海南落地和运行。新征程上，海南将积极发展深海科技、海洋智能装备制造、深远海养殖、海洋医药等新兴海洋产业，推动海洋经济高质量发展。

利用好海南的绿色生态优势，推动经济社会发展全面绿色转型，努力"向绿图强"。习近平总书记强调，绿色发展是高质量发展的底色，新质生产力本身就是绿色生产力。海南生态环境质量持续保持在全国一流水平，在发展海上风电等绿色低碳产业、推进碳达峰碳中和等方面具有比较优势。目前，海南深入打造"清洁能源岛"，截至2023年年底，海南省清洁能源发电装机占比78.5%，高于全国平均水平；新能源汽车在新增车辆中占比超50%，全国第一，保有量占比全国第二；新能源商用车、新能源特种车项目落地建设，氢能产业发展规划出台，氢能制储用产业链加快布局。在新征程上，海南将坚定不移走生态优先、绿色发展之路，加强国家生态文明试验区建设，着力构建绿色低碳循环经济体系，加快经济社会发展全面绿色转型。推进产业生态化、生态产业化，完善生态补偿和生态产品价值实现机制，争当"两山"转化优等生。建设清洁能源岛2.0版，大力发展海上风电、光伏、电力储能、智能电网等绿色产业，统筹推动绿氢"制储输用"，加快打造绿色低碳供应链产业链，提升海南产品绿色国际竞争力。积极推进"双碳"工作，谋划建设一批低碳园区、低碳社区和低碳示范项目。建立产品碳足迹管理体系，建设国际蓝碳研究中心和碳排放权交易中心，海南争取在碳汇、碳减排国际话语权上做出贡献。

利用好海南推动"数据安全有序流动"的政策和开放优势，做强并做优自贸港数字经济，努力"向数图强"。习近平总书记强调，当今时代，数字技术、数字经济是世界科技革命和产业变革的先机，是新一轮国际竞争重点领域。海南自由贸易港拥有数据安全有序流动的政策优势。目前，海南全球首个商用海底数据中心项目一期竣工，中国移动海南—香港海缆建成投用；"游戏出海"试点通过国家评估验收；2023年数字经济产值已超1000亿元。在新征程上，海南将着力完善5G、绿色算力、国际通信海缆等数字基础设施，丰富"游戏出海"、卫星数据等应用场景，探索跨境数据分级分类管理模式，培育数字经济新增长点。

（四）大湾区

中国硅谷，即粤港澳大湾区，正迅速崛起为全球科技创新的重要中心。最近几年，大湾区不断吸引高端科研资源，各种前沿科技在这里的科创平台上迸发出创新火花。在广东省高质量发展大会上，中国科学院院士、深圳湾实验室主任颜宁表示，她过去一年在创业中感受到了前所未有的快乐，正逐渐实现梦想。大湾区已经建设了24个重大科技创新载体，其中20个正在建设和运营中。深圳医学科学院已正式成立，深圳医学科学院和深圳湾实验室的永久场地建设项目也已经启动。此外，国内首个整合软硬件控制和合成生物学应用的大型研发系统，以及全球首个综合型脑科学研究平台已经建成并开始运营，都具备国际领先水平。

在光明科学城以北，中国散裂中子源、松山湖材料实验室、广州南沙科学城等形成集群之势。2018年，中国散裂中子源在东莞正式投入运行，标志着我国成为世界上第四个拥有脉冲式散裂中子源的国家，同时实现广东在国家重大科技基础设施领域零的突破。"十三五"时期，广东布局建立鹏城实验室、广州实验室，实现国家实验室零的突破。目前，广东省已建有国家实验室2家，广东省实验室11家，全国重点实验室（国家重点实验室）31家，"一带一路"联合实验室4家，广东省重点实验室435家，粤港澳联合实验室31家，国家重大科技基础设施10个，地市拟建和在建重大科技基础设施

19个。目光向南，深港边界正在崛起世界级科研枢纽。随着《河套深港科技创新合作区深圳园区发展规划》（以下称《规划》）发布，河套深港科技创新合作区（以下称"河套合作区"）发展迎来"加速跑"，多重利好叠加带来的"化学反应""撬动效应"明显。

深圳市河套深圳园区发展署署长曾坚朋表示，《规划》发布以来，河套合作区密集举行了2023年新引进项目集中签约暨新落成项目集中入驻、香港科学园深圳分园开园、园区标识及地标发布、"深圳创投日"河套专场、深港科研跨境直通巴士专线启动等一系列活动，推动重大项目"干起来"、科创资源"聚起来"、深港协同创新"联起来"、标识形象"亮起来"、金融支持科创"走起来"、科研配套服务"链起来"，迅速掀起抓落实的热潮。

目前，河套合作区已实质推进和落地高端科研项目超过160个，吸引了粤港澳大湾区量子科学中心、粤港澳大湾区数字经济研究院、意法半导体全球封测创新中心、中国西门子能源创新中心等企业、平台落地于此。

从南至北，跨越东西，一大批重大科技创新资源串珠成链，为粤港澳大湾区打造具有全球影响力的产业科技创新中心提供了坚实的基础。在世界知识产权组织发布的2023年版全球创新指数"科技集群"排名榜上，位于大湾区的深圳—香港—广州集群已连续第四年排名居全球第二位。跻身全球顶尖科技集群靠的是大湾区持续完善"基础研究＋技术攻关＋成果转化＋科技金融＋人才支撑"全过程创新生态链，不断优化区域创新体系，推动国际科技创新中心建设的努力。目前大湾区研发投入强度超3.4%，研发经费投入、发明专利有效量、PCT《专利合作条约》国际专利申请量等主要科技指标均保持全国首位，图4-9为广东目前各地新型研发机构的数量。

科技创新是发展新质生产力的核心驱动力。科技"尖子生"林立的粤港澳大湾区，塑造未来竞争新优势，抢占未来竞争制高点，当仁不让。20世纪后期，珠三角凭借"三来一补"加工贸易兴起，赚得了第一桶金。东莞，是这段历史的亲历者，从落后贫瘠的农业县摇身一变，成为"东莞塞车，全球缺货"的"世界工厂"。然而，勇立潮头的人，也最先面对风口浪尖的考验。1997年亚洲遭遇金融危机，一大批劳动力密集型企业倒闭。东莞抓住了日

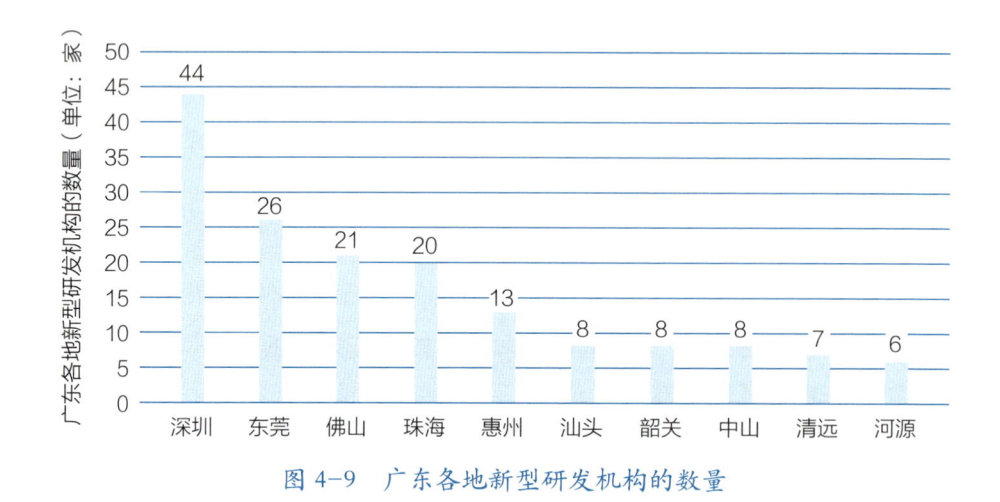

图 4-9　广东各地新型研发机构的数量

韩、中国台湾地区的电脑 IT（信息技术）产业转移的机遇，迅速发展起电子信息产业。2008 年全球金融危机，"倒闭潮""失业潮"再次袭来，东莞又投身智能手机产业，做到全球每四部手机就有一部是东莞造。

现在，第三次巨浪扑面而来，催促着：老路走不下去了，必须转存量、引增量。进入新发展阶段，珠三角正处在转变发展方式的关键阶段，面临增长速度换挡期、结构调整阵痛期、前期刺激政策消化期"三期叠加"的复杂局面，对实现高质量发展提出深刻要求。每一次寻找新生产力的过程，都是一次冒险，考验着城市对自己、对产业的理解。显然，这一次的答案是：新质生产力。这条路是大湾区锚定"一点两地"战略定位，打造国际一流湾区和世界级城市群的必由之路。作为中国经济第一大省中经济最发达的地区，珠三角早已抢跑。

《广东新质生产力 2023 发展调研报告》指出，广东省新质生产力发展布局早、速度快、总量大、体系相对完整，粤港澳大湾区新质生产力发展集群度高。从区域分布看，广东的战略性新兴产业上市公司、专精特新"小巨人"企业、"专精特新"中小企业、高新技术企业，都集中在大湾区，尤其是广深佛莞 4 个万亿城市。

从某种程度上来说，这几座城市新兴产业的发展进程，代表着广东新质生产力的方向。

在"中国汽车第一城"广州，2023 年的新能源汽车产量超 65 万辆，增长 1.1 倍，占整车产量比重突破 20%。广汽埃安的"灯塔工厂"里，25 种车色定制化混线生产，每 53 秒便能下线一辆定制化新车，质量管理逼近零缺陷。2023 年 12 月，该工厂入选达沃斯世界经济论坛（WEF）"全球灯塔网络"，成为全球仅此一座的新能源汽车灯塔工厂。

"我们已实现三电技术的全栈自产自研，接下来将继续夯实领先地位。"在 2024 年的全省高质量发展大会现场，广汽埃安总经理古惠南说。就在此前 2 个月，企业因湃电池工厂正式投产，让广州实现了动力电池的自研自产布局。在"世界制造业之都"佛山，车间里掀起"生产革命"。美的厨热顺德工厂是全球最大的洗碗机生产基地，年产量达到 600 万台，平均每天有 1.6 万台洗碗机下生产线。因为有了数字孪生系统的调度，巨大的产能和有序的车间也可以兼得。美的厨热顺德工厂数字工程师熊涛说："在系统指挥下，原料供应、产品出厂发运等需要运输车辆的环节，都精确到了小时，物流车辆根据调度就可以精准抵达目的地。"

依托数字化智能化转型，佛山先进制造业蓬勃发展，2023 年累计实现增加值 3278.27 亿元，增长 7.6%。先进轻纺制造业和新材料制造业也保持较高增速，分别增长了 9.3% 和 12.9%。一场全新的生产力变革，正在大湾区里酝酿，但速度还要更快。广东省省情调查研究中心调研报告，对部分新质生产力赛道指出了短板和弱项，包括：高新技术赋能制造业仍不充分；科技创新与产业创新相互促进，新质生产力发展的总体水平有待提升，高端芯片、精密装备、基础材料、工业软件等领域严重依赖进口，关键核心技术"受制于人"；科学技术"变现"能力不强；创新企业和关键产业发展质量有待提高等。

湾区时代，全球形成了纽约湾区、旧金山湾区、东京湾区、粤港澳大湾区四大湾区。中山大学粤港澳发展研究院教授张光南分析，湾区经济一般包括四个发展历程：港口经济、工业经济、服务经济和创新经济，而在粤港澳大湾区中，四个阶段同时发生。"另外，粤港澳大湾区将会有多个核心城市，这意味着它的特色也是多元化，如果一定要给它一个关键词的话，就是多元。"大湾区九座城市，四个阶段。多元化是大湾区的特点，也是培育新质生产力的优势所在。

当下，全球人形机器人尚处于实验室研发阶段，而"人形机器人第一股"深圳优必选的人形机器人已经开始"进厂打工"。2024年2月底，深圳本土企业优必选公布的一段视频透露，优必选工业版人形机器人WalkerS已经在新能源汽车蔚来工厂"实训"。"实训"任务包括移动产线启停自适应行走、鲁棒里程计与行走规划、感知自主操作与系统数据通信与任务调度等方面。而三个月前，WalkerS首次亮相，在港交所完成了上市敲钟动作。"这背后，依托的是广东省的产业链优势。"优必选创始人、董事长兼首席执行官周剑曾透露，未来，优必选将聚焦于工业制造、商用服务和家庭陪伴三大应用场景。放眼大湾区，周剑还有更大的雄心："我们已经受邀在香港设立子公司和研究院，联合港澳高校研发优势，打造国际一流科技创新平台。"他期待，公司将借力香港的国际化优势，将产品辐射至全球市场。人工智能的发展模式，是大湾区新质生产力培育路径的缩影。如今，以香港、澳门、广州、深圳4座核心城市为主要引擎，以珠三角地区为核心，更多新质生产力正在大湾区迅速成长，辐射至粤东西北。在新能源方面。汽车"一哥"比亚迪，全球总部在深圳，把厂开到了汕尾深汕特别合作区。2023年，深汕比亚迪汽车工业园一期全面投产、二期成功投产。比亚迪股份有限公司董事长兼总裁王传福说："2023年，全国每四台新能源汽车就有一台是'广东造'，未来这一比例还将继续提升"。

造车界新锐小鹏，来自广州，产自肇庆。2024年年初，小鹏新车型项目产线改造启动仪式在肇庆高新区举行，同一时间，小鹏宣布XNGP（智能导航辅助驾驶）提前一年完成243个城市覆盖目标。小鹏汽车董事长兼首席执行官何小鹏计划："在全球范围内，小鹏汽车于2024年将面向海外研发高速NGP，2025年将启动XNGP研发。"更加紧密、更加高效的要素交流，将在2024年成为现实，加速新质生产力在大湾区加快行程。

因为，大桥来了。2024年，横跨珠江口的深中通道即将开通，历史性地加快大湾区内部城市融合发展的进程。大桥一通，广州都市圈、深圳都市圈、珠江口西岸都市圈将真正形成"黄金三角地带",各类高端资源要素可以通过大桥实现流动互换,为培育新质生产力带来无限想象。

现在,各城"牵手"的思路已经逐渐清晰。2024年,多个大湾区城市在市政府工作报告中,把粤港澳大湾区建设作为独立的章节,提出加快与周边城市联动发展,跨城"总部+基地""研发+生产"的产业链分工体系得到推广。珠海全力支持服务横琴粤澳深度合作区建设,持续推动珠澳港合作走深走实,积极对接香港"八个中心"和澳门"1+4"适度多元发展策略,加快珠江口西岸都市圈建设,促进与广州、深圳两大都市圈联动合作。江门携手港澳加快大广海湾经济区开发建设,与深圳高标准规划建设深江经济合作区启动区,加强与中山对口产业协作,主动承接佛山、东莞等市的产业转移,推进以市场为主导的合作新模式。中山加快打造深中经济合作区,谋划建设香港—中山高质量发展合作区,加快澳门—中山青年创新创业园建设,深化与广州产业、金融、科技创新协同,与佛山共建万亿级智能家电产业集群,推动与珠海、江门等地设施衔接、产业协同。

六、西南地区

(一)重庆市

1. 第六届人民代表大会第二次会议

加快全国一体化算力网络(成渝)国家枢纽节点建设,争取国家支持建设先进制造智能计算重点实验室,打造全市统一算力调度平台,提升信息基础设施能级。加强生成式人工智能等研发,建设开源社区,推动新一代信息技术在生产生活各领域深度植入渗透,拓展数字产业化新空间。健全工业互联网标识解析体系,深化数字化装备、信息系统集成应用,实施"机器人+"行动,扩大"一链一网一平台"试点示范,启动5个行业产业大脑建设,新建5个未来工厂、10个智能工厂和100个数字化车间,加快构建"产业大脑+未来工厂"产业数字化新生态。

"一业一策"推动特色优势产业优化升级，提速 MLED 面板的产业化进程，推进绿源电动车、博赛氧化铝升级、顾家整体家居、智睿生物医药产业园、众能太阳能电池组件等项目建设，加快培育产业新增长点。实施未来产业和高成长性产业发展行动，推动卫星互联网产业园建设，深化北斗规模应用及配套产业发展，加快开辟低空经济、生物制造等新领域新赛道，不断塑造发展新动能新优势。

2. 相关地方政策措施

2024 年，重庆将坚持以科技创新推动产业创新，加快构建现代化产业体系，大力培育新质生产力。"新质生产力必将有力推动产业基础高级化和产业链现代化。"新质生产力引起了市人大代表、市政协委员和有关专家的关注和热议。

相对于传统生产力，新质生产力是由技术革命性突破、要素创新性配置、产业深度转型升级等综合因素催生的生产力，必将有力推动产业基础高级化和产业链现代化。"要构筑未来发展新优势，需要把加快构建现代化产业体系作为核心支撑，瞄准战略性新兴产业、未来产业，围绕产业链部署创新链，围绕创新链布局产业链，优化资金链、完善人才链。新质生产力，核心是'新'，如新技术、新模式、新产业、新领域、新场景，成为构建现代化产业体系的新支撑；关键在'质'，这体现在科技创新含金量、低碳发展含绿量、数字转型含新量，特别是数据、算力等作为基本生产要素赋能生产力升级，成为提高产业链供应链韧性的重要变量；根本在'生产力'，新质生产力将促进生产要素碰撞，充分释放产业发展活力。"

重庆将通过科技创新作为核心驱动力，着重培育新产业，重点在畅通科技成果转化渠道，加快推动产业化和市场化进程，形成科技、产业和金融的良性循环。例如，沙坪坝区计划实施"星耀沙磁"计划，构建环大学创新生态圈，打造未来科技、数字软件、生命科技和医疗器械等方面的创新平台。同时，重庆还将加强顶层设计，从全市一盘棋的高度谋划新型生产力的空间布局，加大对关键领域的学科建设和人才培养的支持力度，形成对产业具有支撑性的人才队伍。

在当前阶段，智能网联新能源汽车的发展将成为重庆发展新型生产力的重要方向。重庆将在打造良好的创新生态、强化核心技术攻关以及建立完善的产业生态圈等方面寻求突破，解决观念问题，保持前瞻性和战略性思维，推动新型生产力的持续发展。

总的来说，重庆将以科技创新为引领，以产业升级为重点，全力打造新型生产力，为高质量发展提供有力支撑。

（二）四川省

1. 第十四届人民代表大会第二次会议

积极培育战略性新兴产业。重点布局和大力发展人工智能产业，培育生物技术、卫星网络、新能源与智能网联汽车等新兴产业，力争在2024年取得实质性进展。加快发展低空经济，支持有人机、无人机、军用民用、国企民企一起上，支持成都、自贡等做大无人机产业集群，布局发展电动垂直起降飞行器。推进集成电路、工业软件等领域关键核心技术攻坚及产业化，推动北斗规模应用和产业集聚发展。深入实施战略性新兴产业融合集群发展工程，争创第二批国家战略性新兴产业集群，新布局一批省级集群。加快推动京东方第8.6代生产线、一汽红旗成都新能源整车制造基地、天府软件园二期等重大产业项目建设。谋划建设未来产业科技园，争创国家未来产业先导区、生物经济先导区。

2. 相关地方政策措施

2023年，四川企业研发投入占全社会R&D比重超过60%，技术合作交易额达1951.6亿元、同比增长18.3%。全省推进新型工业化暨制造业智能化改造数字化转型工作会议要求深入实施关键核心技术攻关项目和大院大所"聚源兴川"行动，加快建立以企业为主体、市场为导向、产学研深度融合的技术创新体系，让科技创新这个"关键变量"成为新型工业化的"最大增量"。前瞻布局未来产业，已成为开辟新赛道、塑造新质生产力的战略选择。全省推进新型工业化暨制造业智能化改造数字化转型工作会议对"锚定前沿技术找准新赛道""打造更多千亿级、万亿级产业集群"等提出明确要求。

具体切入点是什么？通过梳理会议相关发言发现，四川已面向相关领域先期培育人工智能、卫星互联网、新型航空动力、先进核能等细分赛道，打造未来产业新应用新场景；而四川在量子科技、第六代移动通信、商业航天、智能网联汽车、元宇宙等方面，也具有一定先发优势。

企业是新质生产力发展的重要参与者和推动者。四川"新春第一会"释放出培育壮大企业的鲜明信号。据统计，四川本土世界500强、中国制造业500强、专精特新"小巨人"企业分别为4户、14户、423户。会议强调，要打造一批根植性和竞争力强的链主企业，培育更多超千亿的制造业领军企业，培育一批掌握独门绝技的单项冠军和"小巨人"企业。有一个声音传遍会场内外：广大企业家是推动产业发展的关键力量，要大力弘扬企业家精神和工业文化，积极投身四川新型工业化的火热实践，在工业兴省、制造强省建设浪潮中大显身手，实现更好发展。

（三）贵州省

1. 第十四届人民代表大会第二次会议

大力推进现代化产业体系建设。锚定"3533"目标，深入推进"六大产业基地"建设，壮大各地主导产业，狠抓"一图三清单"落实，推动现代化产业体系建设不断取得新进展。

2. 相关的地方政策措施

聚焦"六大产业基地"，贵州深入实施战略科技力量培育、新一轮找矿突破、矿产资源选冶攻关、能源产业绿色低碳转型、现代山地特色高效农业支撑、数字化赋能产业等六大重大科技战略行动和向科技要产能专项行动，以科技创新推动产业创新，加快形成新质生产力。除了科技创新，现代化产业体系也是新质生产力形成的重要条件，表4-2为贵州省十大工业产业规模以上工业总产值情况。立足资源禀赋和比较优势，贵州提出加快构建富有贵州特色、在国家产业格局中具有重要地位的现代化产业体系，把国发〔2022〕2号文件提出的"六大产业基地"作为省级主抓的重点，逐一编制规划、优化布局。

表 4-2 贵州省十大工业产业规模以上工业总产值情况

产业名称	总产值（亿元）	比上年同期增长（%）
十大工业产业规模以上工业	5752.93	17.1
酱香白酒	580.21	55.2
现代能源	1655.55	17.3
现代化工	695.2	23.7
基础材料	849.78	18.4
大数据电子信息	359.28	22.8
新能源汽车及电池材料	377.79	55.6
航空航天及装备制造	687.89	22.4
新型建材	577.46	-6.5
生态食品	381.83	7.7
健康医药	180.42	2.0

在 2023 年 12 月召开的省委经济工作会议上，贵州省委主要领导强调，新兴产业如大数据、人工智能等代表着贵州未来发展的方向和重要机遇。会议强调了发展新质生产力的重要性，必须不断开拓新领域、新赛道，塑造新动能和新优势。

绿色发展被视为高质量发展的基础，而新质生产力本身就具备了绿色生产力的特征。贵州省积极抓住"双碳"战略的机遇，围绕产业转型升级、工业节能减碳、绿色制造专项行动以及资源循环利用等方面加快构建绿色低碳循环发展经济体系。

贵州省以抓住人工智能的"风口"为重点，加大力度发展数字经济。通过深入实施六大重大科技战略行动，推动科技创新与数字经济的融合，助力新质生产力的发展壮大。

（四）云南省

1. 第十四届人民代表大会第二次会议

闯出新型工业化新路。围绕"四大支撑性工程"，实施制造业重点产业链高质量发展行动，发展"绿电+先进制造业"，培育国家级先进制造业集群，推动"云南制造"品牌升级，加快建设制造强省。推动绿色铝向精深加工和终端制造延伸产业链，产值达到1300亿元。加速硅光伏产业垂直一体化布局，增加值增长15%。大力发展动力和储能电池，新能源电池产业增加值增长30%。打造生物制品产业基地，推进中医药振兴发展重大工程，生物医药产业力争实现营业收入3600亿元。促进卷烟结构优化、形象升级、价值提升，烟草制品业增加值增长4%。实施传统产业技改升级行动。积极争取安宁中石油"减油增化"项目落地。大力培育新材料、稀贵金属、先进装备制造、光电等新兴产业，布局发展人工智能、生物制造、卫星应用、低空经济、氢能及储能等未来产业，形成新质生产力。

推动文旅产业高质量转型升级。深入实施旅游高质量发展"六项行动"，持续规范市场秩序，建设"两线一带一区"，加快培育世界级旅游景区和度假区。打造乡村旅游升级版，建设最美乡愁旅游带，培育一批农业和文旅融合示范点。完善"有一种叫云南的生活"品牌传播矩阵。推出200个以上高水平文化旅游体育招商项目，新增新业态企业120户、营业收入超亿元的旅行社10家。旅游总收入突破1.5万亿元。

2. 相关地方政策措施

云南省被认为是国际产业、国内产业"双转移"交汇点，具备成为产业转移主要阵地的最有利条件。全国政协委员、省新的社会阶层人士联谊会会长管云鸿建议，应该将目标锚定在我国面向南亚东南亚辐射中心建设上，并加快出台产业转移园区和沿边产业园区的国土空间规划，加大政策支持力度，快速建设沿边产业园区，以高质量的方式承接产业转移，推动产业转型升级。

云南省的传统特色优势产业是其工业基础，但如何加快转型升级呢？全国人大代表、曲靖市市长李先祥认为，必须积极引进外资，聚焦重点产业的延链、补链和强链。曲靖市正在围绕发展资源经济、园区经济和口岸经济展开工作，优化实施产业链图、产业群谱和产业态图，同时建立健全招商目标企业库、资源要素保障库和项目库。曲靖市正在全力发展新能源电池、绿色硅光伏、绿色铝精深加工等千亿级产业，以及高端精细化工、烟草等数个百亿级产业，同时也在积极发展农业和文旅产业，致力于构建现代化的产业体系。

（五）西藏自治区

1. 第十二届人民代表大会第二次会议

压紧压实产业链链长制，大力实施延链、升链、建链、补链行动。依托国家战略工程，以"整体推进"模式谋划区域产业布局，以大工程振兴大产业、带动大发展。制定推进新型工业化实施意见，规上工业和数字经济增加值均增长10%以上。设立以专项债为主的清洁能源产业专项资金，确保建成电力装机增长25%以上。加强铜、锂等战略资源绿色开发，实现优势矿产上产扩能、提质增效。加快文化强区建设，培育壮大文化产业。

2. 相关地方政策措施

西藏的高原特色产业是该地区建设现代化产业体系的基础。西藏拥有丰富的旅游资源、藏医藏药、高原牦牛、冬虫夏草以及日喀则的青稞等特色产业，在全国乃至全世界都享有很高的知名度和美誉。西藏自治区党委十届四次全会提出，实现高质量的发展，必须将发展经济的重点放在实体经济上。该会议强调了优化一产、壮大二产、提升三产的方针，要健全完善产业发展规划，加快建立体现西藏特色优势的现代化产业体系。

七、西北地区

（一）陕西省

1. 第十四届人民代表大会第二次会议

培育壮大战略性新兴产业，打造氢能、光子、低空经济、机器人等新增长点，前瞻布局人工智能、量子信息、生命科学等未来产业，大力发展研发设计、知识产权服务等生产性服务业，力争战略性新兴产业增加值增长 8%。擦亮"三秦四季"文旅品牌，大力发展赛事经济、会展经济，打造商旅名街 15 条，游客人数、旅游收入分别增长 8%、8.5%，文旅重点产业链年综合收入达到 8500 亿元。周期谋划和产能释放，做好省级重点项目动态管理和全生命周期管理。坚持高端化、多元化、低碳化方向促进煤化工产业发展，推动陕煤 1500 万吨煤炭分质利用、国能循环经济煤炭综合利用两个千亿级项目开工。

2. 相关地方政策措施

以先进制造业为主体，大力发展战略性新兴产业和未来产业。要发挥标杆企业的引领示范作用，加快关键核心技术攻关，积极布局新领域、竞跑新赛道，塑造发展新动能、新优势；推动战略性新兴产业融合集群发展，打造新一代信息技术、人工智能、生物技术、新能源、新材料、高端装备、绿色环保等新的经济增长引擎。要锚定智能化、高端化的发展方向，聚焦多能互补、智慧用能、能效管理等重点方向，推动能源化工产业转型升级，围绕"双碳"目标构建产业链；坚持链式布局与集群化发展，聚焦重点领域，做强、做优新能源汽车、航空航天、高端装备、新材料新能源、食品和生物医药、输变电装备等优势先进制造业集群。

（二）甘肃省

1. 第十四届人民代表大会第二次会议

聚势向新强工业。深入推进新型工业化，全面实施"六大行动"，打造工业强省、产业兴省"升级版"，重振老工业基地雄风。深化推进产业链链长制。实现"三化"改造重点项目 300 个以上。支持天水打造集成电路封测产业聚集区。支持金昌打造全国重要的新能源电池及电池材料生产供应基地。

2. 相关地方政策措施

深入学习贯彻习近平总书记在全国两会期间的重要讲话和对甘肃重要讲话重要指示批示精神，牢牢把握高质量发展这个首要方向，完整、准确、全面贯彻新发展理念，坚持以实体经济为根基、以科技创新为核心、以产业升级为方向，统筹推进传统产业升级、新兴产业壮大、未来产业培育，以新质生产力开辟发展新赛道、增强发展新动能、塑造发展新优势。要深刻理解和把握世界百年未有之大变局，抢抓新一轮科技革命和产业变革机遇，立足资源禀赋、产业基础、科研条件，推动自主创新、集成创新和消化吸收再创新，加快实现高水平科技自立自强，促进科技创新和产业创新深度融合，努力建设具有完整性、先进性、安全性的现代化产业体系。因地制宜、敢闯敢干，加快发展新材料、新能源汽车、生物医药等战略性新兴产业，打造发展新质生产力的主战场，当好全省高质量发展的主力军。

（三）青海省

1. 第十四届人民代表大会第二次会议

聚焦构建现代化产业体系，加力推进绿色低碳高质量发展。坚持以产业"四地"为牵引，推动传统产业转型升级、新兴产业强筋壮骨、支柱产业聚链成群，加快形成新质生产力。实施新能源、新材料等重点产业链高质量发展行动，加强质量支撑和标准引领，进一步提高制造业特别是高技术制造业和装备制造业占比，积极谋划未来产业，培育产业新赛道。

围绕"东数西算""东数西储""数据援青""数据要素 ×"三年行动计划，协同推进数字产业化和产业数字化，实施绿色算力基地建设工程，组建绿色算力研究中心，拓展西宁国家级互联网骨干直联点应用支撑能力，建好绿色大数据灾备中心、亿众"丝绸云谷"低碳算力产业园，引进更多大数据产业骨干龙头企业，建设清洁能源和数字经济融合发展基地，开展"人工智能 +"行动，打造数字产业集群。

2. 相关地方政策措施

青海坚持以建设产业"四地"为牵引构建现代化产业体系，取得的成果有目共睹。清洁能源、盐湖化工、新材料、先进制造、高原生物、数字经济等战略性新兴产业在高原大地崛起，并奋力在一些领域向前追赶，甚至走在前面。产业格局的变化为培育新动能拓展出越来越宽广的空间，为加快形成新质生产力打下一定基础。从实际出发进行谋划，统筹推进传统产业转型升级、新兴产业强筋壮骨、支柱产业聚链成群、未来产业前瞻布局，进一步让有中出新、让新中求优，促进产业高端化、智能化、绿色化，把青海的资源禀赋更好更高效能转化为高质量发展优势。

（四）宁夏回族自治区

1. 第十三届人民代表大会第二次会议

坚持把新型工业化作为现代化建设的关键任务，大力推动"工业强区""质量强区"建设，围绕"九化"转型升级，启动"工业及制造业双倍增行动"，力争到2030年实现"两个翻番"。实施"产业链升级工程"，围绕"十条产业链"，推进"四大改造"，加强质量支撑和标准引领，建设高性能金属、储能材料、硅基材料等300个延链、补链、建链项目，全面提升产业链供应链安全和效益水平。开展国家产业转移对接活动，积极争取一批重要企业项目落地，努力成为先进产业链节点地区。

2. 相关地方政策措施

产业是发展的根基，加快形成新质生产力必须建设现代化产业体系。发展新质生产力，要立足自身产业基础和资源禀赋，把发展的着力点放在实体经济上，在巩固传统优势产业的同时，勇于开辟新领域、新赛道，培育竞争新优势。把大力促进传统产业优化升级作为发展新质生产力基础支撑，宁夏回族自治区传统产业底盘大、就业容量大，是稳的重点、进的基础，要聚焦技术更新、设备更新、系统更新、节能降碳等关键环节，加快推进"四大改造"，全面提升传统产业质效。宁夏回族自治区把大力促进新兴产业突破成势作为发展新质生产力的关键支撑，紧盯战略性新兴产业和未来产业，全面实施实体经济、新型工业和制造业强区联动计划，启动"工业及制造业双倍增行动"，加快建设"十条产业链"，不断壮大现代化工、新型材料、装备制造、数字信息、轻工纺织等优势产业，加快布局人工智能、零碳负碳、新型储能等未来产业，着力发展新动能、新模式、新产业。把大力促进数字赋能提质增效作为发展新质生产力的智力支撑，推动数字经济与实体经济深度融合,着力提升数字产业量级、数智赋能水平、数据平台效能,加快建设"中国算力之都",使之真正成为我区经济高质量发展的第一增长极,成为我区追赶发达地区、实现高质量发展的主要动力源。

(五)新疆维吾尔自治区

1. 第十四届人民代表大会第二次会议

大力发展新能源新材料等战略性新兴产业集群,加快推动哈密北、准东、喀什、若羌等一批千万千瓦级新能源基地和乌鲁木齐、伊犁、克拉玛依、哈密等四个氢能产业示范区建设,全年新增新能源装机规模力争达到2000万千瓦;推动铝基、铜基、钛基、锂基等产业链延伸发展,加快发展新能源装备、高端输变电、新型农牧机械等先进制造业。

2. 相关地方政策措施

新疆正在构建以"八大产业集群"为支撑的现代化产业体系,着力培育新质生产力,要以科技创新引领现代化产业体系建设,大力发展数字经济,大力推进新型工业化,提升产业链供应链韧性和安全水平,促进数字经济与实体经济融合发展,加快推动人工智能、生物医药、绿色算力、电子信息、动力电池、航空器制造、低空经济等新兴产业发展,推进产业链、创新链、资金链、人才链深度融合。加快形成新质生产力,要建设现代化产业体系,夯实新质生产力发展的产业基础。

第四节
健全人才引进和培养政策

一、华北地区

（一）北京市

1. 第十六届人民代表大会第二次会议

全力打造高水平人才高地。实施战略科学家特殊引才计划，引进培养更多科技领军人才、卓越青年科学家和杰出青年人才。支持共建产学联动平台，深化工程硕博士培养改革专项试点，大力培养集成电路等重点产业急需的紧缺人才和复合型人才。完善人才落户、住房等支持政策，更大力度保障各类科技企业引进优秀高校毕业生。深化人才发展体制机制改革，给予科研人员更多自主权，为各类人才提供各显其能的创新舞台。

2. 相关地方政策措施

关注新质生产力的人才，首都经济贸易大学教授叶堂林认为，鼓励人才创新，尤其是年轻人勇于从事科研创新行业，科技创造生产力、创造财富，而不是参与分配财富，鼓励年轻人勇于创新、敢于创新，这是非常重要的。创新是第一动力，人才是第一资源。实施国际科技创新中心建设人才支撑保障行动计划；依托国家实验室和世界一流新型研发机构，引进战略科技人才、科技领军人才和创新团队；实施"科技新星"等各类人才计划等。北京聚焦国际科技创新中心建设需求，全力打造高水平人才高地。

北京的研发投入强度多年都保持在 6% 左右，拥有 55 万余名科研人员、全国近一半的两院院士、超过 1/4 的"万人计划"专家；2023 年，北京有 411 人次入选全球"高被引科学家"，数量首次居全球城市首位；人工智能顶尖人才占到全国总量的 43% 左右。

上述数据足以证明，北京教育科技人才优势突出，有基础、有条件为国家科技自立自强做出贡献。殷勇强调，面对全球新一轮的科技和产业变革，北京将继续抢抓机遇、持续发力，也会将招贤引才之门越开越大，让各类人才在北京能各得其所、各展所长。

殷勇介绍，在加强人才培养引进方面，北京将统筹兼顾四类人才。对于一流的科技领军人才，要建立快速的发现、引进、落地机制，对创新团队实施专项支持保障政策；对于青年科技人才，要用好推出更多的像青年北京学者、科技新星等各项支持计划，给予更多长期稳定的科研经费支持，鼓励青年人才挑大梁、当主角；对于卓越工程师，要深化产教融合的工程硕博士培养改革试点，培养行业急需短缺人才；对于大国工匠、高技能人才，要加强技能大师工作室建设，打造一支高素质产业人才队伍。

（二）天津市

1. 第十八届人民代表大会第二次会议

深入推进科教兴市人才强市，塑造发展新动能新优势。提质并推进天开园建设，强化高等教育和高端人才支撑。支持高校加强基础研究，布局建设基础学科研究中心、学科交叉中心，深化"双一流"高校和优先发展学科建设，扩面推进新工科改革，结合产业需求组织科研攻关。优化"海河英才"行动计划，推动海河实验室实行科学家"举荐制"。深化产业工人队伍建设改革，持续擦亮"海河工匠"品牌。

2. 相关地方政策措施

加强科技人才引育，天津市启动了 2024 年大中城市联合招聘高校毕业生春季专场活动，为应届毕业生和往届离校未就业的毕业生提供就业机会。活动涵盖外省市招聘、本土企业招聘、就业见习岗位、金融惠企惠民、职业指导等多个专区，共有 500 余家企业提供 1.3 万个岗位。其中，特别设置了新质生产力分会，汇集了 70 家企业，提供了 1374 个岗位，涵盖新能源、新材料、先进制造、航空航天等领域。

（三）河北省

1. 第十四届人民代表大会第二次会议

促进职业教育提质培优。支持骨干高校和优势学科优先发展。打造健康河北。推进 8 个国家级、4 个省级区域医疗中心建设，开展省级中医药传承创新发展试验区建设，推动疾控事业高质量发展。

2. 相关地方政策措施

"发展的秘诀是创新，创新的根基是人才。"全国人大代表、晨光生物科技集团股份有限公司董事长兼总经理卢庆国非常关注人才。

怎样才能把人才引进来、留得住、用得好？20 多年来，晨光生物一直在实践中探索。他们制定全员成才规划，让员工承担科研项目，还有机会评定职称、申请专利、申报科技奖励，让人才有成长空间。同时，建起专家楼、员工宿舍楼、幼儿园，解决人才后顾之忧。如今，在公司 800 多名员工中，博士和硕士有 100 多人。靠着这些人才，地处曲周小县城的晨光生物，辣椒红色素国际市场占有率 70% 左右。"人才在哪里，新质生产力就在哪里。"卢庆国代表建议，完善人才考核评价机制，在上升通道、晋升空间、薪资待遇等方面予以倾斜。探索科技人才培养新模式，加强新兴交叉学科人才培养。完善"揭榜挂帅""赛马""闯关"等制度，让科技人才勇探科学前沿，为新质生产力注入强劲动能。

3. 雄安新区

《河北雄安新区规划纲要》指出，雄安要打造全球创新高地。近年来，雄安新区坚持"世界眼光、国际标准、中国特色、高点定位"，大力吸引海内外优秀人才。"雄才十六条"明确，围绕新一代信息技术、现代生命科学和生物技术、新材料，以及空天信息、绿色能源、金融科技等重点发展产业，积极引进顶尖科学家到雄安工作，给予 2000 万元至 5000 万元科研经费和 300 万元生活补贴，奖励一套不低于 200 平方米的住房；围绕疏解企业产业链上下游配套所需的关键技术，支持海内外高层次人才及团队带技术、带项目、带资金来雄安创办企业，给予最高 5000 万元资金支持；对企业引进的世界技能大赛、中华技能大奖获奖者和全国技术能手，给予 20 万元至 100 万元补贴。对符合雄安新区发展需要的特别优秀人才和优质项目"一事一议"、特事特办，支持政策上不封顶，根据人才创新创业需求，给予最大力度支持。同时，雄安新区致力于打造一座没有"城市病"的未来之城，蓝绿占比 70% 的生态之城，15 分钟生活圈的宜居之城，数字经济占比达 80% 的智慧之城，开放包容、拔节生长的创新之城，让人才在雄安尽享"妙不可言、心向往之"的中国式现代化美好场景。

（四）山西省

1. 第十四届人民代表大会第二次会议

全方位培养用好人才。实施更加积极、更加开放、更加有效的人才政策，统筹推进各类人才队伍建设。建设一批吸引集聚人才的平台，依托高等教育"百亿工程"，培育引进一批国家级领军人才、创新团队和国内外高水平大学青年博士，推动博士硕士授权单位和科技创新平台实现新突破。建设 7 个高技能人才培训基地和 25 个技能大师工作室，培养更多卓越工程师、大国工匠和高技能人才。加大对青年科技人才支持力度。建立以创新价值、能力、贡献为导向的人才评价体系。

2. 相关地方政策措施

高等教育作为人才第一资源、科技第一生产力、创新第一动力的重要结合点，是推动新质生产力发展不可或缺的重要力量。习近平总书记指出，深化科技体制、教育体制、人才体制等改革，打通束缚新质生产力发展的堵点、卡点。这要求在人才支撑、科技赋能新质生产力发展上见行动、有作为、作贡献。省教育厅党组书记、厅长马骏表示，山西省高校将发挥自身优势，瞄准最前沿，勇闯无人区，在科技创新的道路上矢志不渝，在发展新质生产力上奋力作为，为推动山西高质量发展提供强大支撑。

根据科技发展新趋势，为发展新质生产力、推动高质量发展培养急需人才。人是生产力中最活跃的因素，是最具有决定性的力量，也是经济、科技竞争中最本质的竞争。在进一步全面深化改革中推动山西新质生产力的发展，必须用好人才这个第一资源。要着力破除束缚人才培养、使用、评价、服务、激励等方面的体制机制障碍，优化高校学科设置与人才培养模式，突出优势特色，提高人才自主培养质量，激发各类人才创新活力和潜力，为推动新质生产力发展提供人才支撑。

（五）内蒙古自治区

1. 第十四届人民代表大会第二次会议

就业是最基本的民生。要坚持在发展中解决就业问题，认真落实援企稳岗各项政策措施，加大重点群体就业帮扶力度，特别是政府投资的农田水利、道路交通、防沙治沙等重大项目，要让更多群众参与进来、增加收入。制定更加务实的政策，让更多大学生来到内蒙古、留在内蒙古就业创业。

2. 相关地方政策措施

从内蒙古科学技术厅获悉，自治区最近又新增备案 7 家院士专家工作站。至此，内蒙古自治区已累计建成 62 家院士专家工作站，为内蒙古打好关键核心技术攻坚战、加速形成新质生产力提供强劲支撑。内蒙古依托工作站引入院士专家团队，为建站单位科技创新能力提升、科技创新人才团队培养等提供了有力支撑，取得了良好的带动示范效应。据悉，在"科技兴蒙"行动带动下，内蒙古自治区引进 68 名院士、近千名各级各类科研人员，一大批高端人才参与内蒙古建设，与区内企业、高校、院所等各类创新主体共建院士专家工作站、开展深度合作，建立长期稳定的合作机制，有力推动了内蒙古科技创新能力提升、产业结构转型升级、科技人才队伍建设。

此外，内蒙古自治区党委发布的《关于加强和改进新时代人才工作的实施意见》中提到，要创新人才引进方式，积极引进内蒙古籍高层次人才回到家乡创新、创业，根据项目质量和市场前景给予资金支持。鼓励有条件的企业、事业单位到区外设立"人才飞地"，吸引使用当地高层次人才，其全职聘用人员视同在区内工作，享受我区人才政策。同时，还要提升人才培养能力，发挥高校人才培养主阵地作用，加大"双一流"建设力度，优化学科专业和人才培养布局，深化科教融合育人。加大"双高"建设力度，加快构建中职、高职、职业本科等多层次衔接培养模式。深化产教融合、校企合作，推广"订单式"培养和新型学徒制，开展紧缺工种定向培养合作。

二、东北地区

（一）辽宁省

1. 第十四届人民代表大会第二次会议

打造面向东北亚的国际化人才高地。坚持"引育用留"并举，深入实施"兴辽英才计划"，遴选支持一批重点领域急需紧缺人才和产业链人才。深化"手拉手"以才引才、"百万学子留辽来辽"行动，支持海内外青年人才来辽创新、创业，让青年人才挑大梁。建设青年发展型省份。深化与全国重点高校合作，实施科教人才专项行动。组织科学家与企业家有效对接，发挥院士等专家领军人才的作用。创新人才管理、评价、使用和激励机制，落实奖励补贴、住房安居、子女入学、医疗服务等政策，为各类人才创新创业创造更好条件、更优环境，集聚天下英才、共襄振兴伟业。

2. 相关地方政策措施

打好打赢攻坚之年攻坚之战，辽宁省将以人才优先发展引领全面振兴新突破。省委组织部相关负责人表示，2024年将组织开展"聚力攻坚落实年"活动，锚定打造面向东北亚的国际化人才高地，按照发展新质生产力的要求，全方位培养、引进、用好人才，激发全社会创新创造活力，为推进中国式现代化辽宁实践贡献智慧和力量。

在"兴辽英才计划"的引领下，辽宁将加速发展新质生产力。通过集聚科技领军人才和创新团队，强化高端带动，解决关键技术难题，支持拔尖创新人才。重点支持200名青年拔尖人才进行科学研究和技术攻关，推动科技项目向青年人才倾斜。同时，实施优秀工程师项目和"技能辽宁行动"，为产业发展提供技术技能人才支持。

在招才汇智方面，辽宁将深化"手拉手"以才引才专项行动，精准引进各类高层次人才，并在科研经费、项目申报、实验室建设等方面给予全面支持。同时，加强校地合作，落实高层次人才生活待遇服务保障措施，让一流人才在辽宁享受一流服务。

（二）吉林省

1. 第十四届人民代表大会第三次会议

强化人才支撑，坚持教育、科技、人才统筹安排、一体部署，优化人才政策及配套实施细则，打造更多创新创业平台，创造留才引才良好环境。深化"创业奋斗、'就'在吉林"系列招才引智活动，力争高校毕业生留吉突破15万人。积极引进域外院士在企业建立院士工作站。推动大国工匠等紧缺高级技工纳入人才管理。高水平建设长春人才创新港，加快"未来之洲"院士港、卓越工程师培训学院等高能人才平台建设。

2. 相关地方政策措施

随着传统工业向新兴领域转型，人才需求也在不断变化。为了推动东北地区全面振兴，要充分利用该地区作为传统工业基地的优势，建设具有中国特色的职业本科大学，优化现代汽车产业人才结构。同时，用人企业需要积极发挥引领示范作用，为高端产业和高新技术领域开发高端技术、技能岗位，打破学历要求障碍，畅通职业本科层次人才的高端就业通道，以满足企业和市场的需求。

吉林省委书记景俊海在长春调研时强调，要发挥大院、大所、大校、大企的创新主力军和策源地作用，吸引集聚一批顶尖创新团队和"高精尖缺"人才，打好关键核心技术攻坚战，促进原创性、颠覆性科技创新成果竞相涌现，围绕产业链部署创新链、围绕创新链布局产业链，推动优质科技成果加快转化为现实生产力。要突出抓好体制机制创新这一关键举措，扎实做好"放"和"活"两篇大文章，深化科技体制、教育体制、人才体制等改革，打通束缚新质生产力发展的堵点和卡点，着力畅通教育、科技、人才的良性循环。

（三）黑龙江省

1. 第十四届人民代表大会第二次会议

促进基础教育扩优提质、优化布局，扩大普惠性学前教育资源，加快县域义务教育优质均衡发展，推动高中阶段学校多样化发展。调整高等院校的学科专业设置，培养服务区域经济发展高素质应用型人才。推进职业教育与产业集群集聚融合发展，加强高技能人才培养。实施"振兴龙江"边境地区专项招生就业计划。

2. 相关地方政策措施

创新人才工作机制。人是生产力中最活跃因素，也最具有决定性力量。按照发展新质生产力要求，畅通教育、科技、人才的良性循环，完善人才培养、引进、使用、合理流动机制。健全创新人才培养体系，加强高校基础学科高水平培养基地、未来技术学院、现代产业学院建设，全面优化高等教育学科设置，为发展新质生产力、推动高质量发展培养急需人才。实施新时代龙江人才振兴计划，培养造就战略科学家、一流科技领军人才和创新团队、卓越工程师、大国工匠，加快把人才第一资源转化为创新第一动力。

人才是第一资源，是推动龙江振兴发展的关键因素。统筹推进"引、育、留、用"全链条服务，进一步激发人才干事创业活力。

强化技能人才培养与重点产业发展"同频共振"。持续通过政策赋能、竞赛选拔、多元评价、表彰激励等措施，培养引导更多劳动者走技能成才之路，推动建成101个高技能人才培训基地，175个技能大师工作室，技能人才总量持续增加。组建数字经济、生物经济等十大产业"政校企"技能人才培养联盟，为企业精准培养技能人才6万余人。举办"技耀龙江，能创未来"全省首届职业技能大赛等各类赛事90余项，带动百万劳动者提升技能，以赛选才、以赛促育作用更加凸显。推动技工教育特色发展，匹配产业需求，优化专业设置，全省105所技工院校新增工业机器人、新能源汽车等专业80余个，为重点产业发展提供技能人才保障。

强化新质生产力打造与专技人才支撑"蓄势发力"。推动实施数字技术工程师培育项目，推荐哈尔滨工业大学、哈尔滨工程大学、东北农业大学、黑龙江大学入选国家级数字技术工程师培训机构，组建"数字技术工程师培育联盟"，在国家设置的 10 个职业领域中，黑龙江省可以自主开展大数据、区块链、云计算等 7 类领域的职业培训，构建起数字技术技能人才培养新格局。优化专业技术领军人才梯队建设，梯队带头人和后备带头人作用持续发挥，资助人才梯队开展创新性研究。实施博士后倍增计划，全省博士后科研流动站、工作站分别达到 110 个和 130 个，博士后进出站数量同比增长 28%和 45%，招收数量创历史新高。

强化事业单位服务管理与激发人才活力"双向奔赴"。数字赋能事业我省单位人事管理，作为全国 8 个试点省份之一，高质量完成了事业单位人事管理"一件事"改革任务，实现服务事项一张表单、一次申请、一网通办，有效提高了事业单位服务和管理质效，相关工作经验在全国推广。深化职称制度改革，出台 24 个系列改革方案、47 个专业评价标准，打破职称晋升"天花板"，改变评价标准"一刀切"，贯通评价机制"独木桥"，有效激发人才活力。平稳安全开展人事考试工作，组织公务员考录、事业单位联考、职业资格考试等各类考试 59 项，服务考生 89 万人。

三、华东地区

（一）上海市

1. 第十六届人民代表大会第二次会议

深化教育、科技、人才一体推进。坚持立德树人，加强"大思政课"建设。开展基础教育扩优提质行动，积极推进全国义务教育优质均衡发展区创建。持续推动高等教育综合改革，深入实施"双一流"、高峰高原学科、高水平地方高校建设等计划，依托高水平研究型大学建设基础研究新型高地，分类布局职业教育产教融合平台。发挥教育在创新人才培养中的基础性作用，强化科学教育，完善基础学科拔尖创新人才培养机制，优化重点产业急需、紧缺人才培养模式。聚焦国家重大需求和城市重要使命，加快集聚战略科技人才、海外高层次人才和顶尖人才团队，大力培养青年科技人才、卓越工程师和高技能人才，拓宽高端专业服务人才引进范围，加快建设高水平人才高地。推进人才发展体制机制综合改革试点，创新科技人才评价制度，深化职称评定、科技成果转化、科研经费管理等改革。营造良好创新生态，实施全球杰出人才优享服务，推进人才全周期服务"一件事"改革，优化落户安居、出入境、停居留等政策制度供给，持续深化青年发展型城市建设，努力营造世界一流的人才发展环境。

2. 相关地方政策措施

依托重大科技平台，产学研协同培养创新型人才，每年输送优秀博士硕士毕业生5万余名。部市共同支持复旦大学上海医学院、上海交通大学医学院构建更加灵活的办学体制机制，为培养一流医学人才、建成世界一流医学院奠定扎实基础。建立紧缺人才培养快速反应机制，对接区域和城市发展需求，新建设一批急需的一级学科博士点和硕士点。以国家产教融合型城市建设试点为契机，用好目录内本科专业设置自主权和目录外应用型本科专业省级统筹权，持续增加新工科、新医科、新文科等专业比重，畅通"中职—高职专科—应用型本科"职业教育人才衔接培养通道，健全"校企双制、工学一体"协同育人模式，着力培养适应"四新经济"和产业发展所需的高素质人才。

人才是第一资源。有什么样的人才，城市就有什么样的竞争力。人才优势已经成为上海提升城市能级和核心竞争力的强大支撑。近年来，上海人才资源总量持续壮大，2023年，共引进海内外人才17.2万人，同比增长12%；海外高层次人才集聚效应持续提升，上海累计核发外国人工作许可证44.1万份，来上海工作的留学回国人才超过31万人，这几项数据都是全国第一，上海始终是国际人才逐梦的热土。

没有国际化的人才，就没有国际"五个中心"的上海。我们要放眼全球，延揽各类顶尖人才，加快构建人才国际竞争比较优势。我们需要着重在三方面下功夫：

一是以国家战略为导向，聚焦"五个中心"建设等重大人才需求，着力建设世界一流的基础科研平台、产业创新平台、科技服务平台和"海聚英才"赛会平台，让人才在上海干事有舞台、发展有空间、事业能出彩。

二是以改革创新为动力，深化人才发展体制机制综合改革试点，加大人才发现、推荐、评价等各环节放权松绑力度，充分激发人才创新创造活力。

三是以服务保障为重点，精准对接人才在落户、安居、出入境等方面的需求，通过全球杰出人才优享服务、人才全周期服务、"一件事"改革等举措，努力营造世界一流的人才发展环境。

（二）江苏省

1. 第十四届人民代表大会第二次会议

充分发挥高校院所、科研机构创新策源地作用，持续推进国家"双一流"和江苏高水平大学建设，大力推进高校校地共建，促进更多职业院校进入第二轮国家"双高计划"，组织开展学前教育普惠保障、义务教育强校提质、普通高中内涵建设行动，让江苏学子共享出彩的逐梦机遇。实施高水平创新人才引进培育行动，建好用好产业人才地图，加快培养一批拔尖创新人才，大力培育聚集一批战略科技人才、科技领军人才、高技能人才和创新团队，让更多"千里马"在江苏竞相涌现、各尽其才。

2. 相关地方政策措施

"与时代同行、为国家育才，这是我们的责任与使命。"江苏省常州技师学院党委书记梅向东表示，守正创新、深化科教融汇、产教融合、职普融通，源源不断培养高素质技术技能人才、大国工匠、能工巧匠，推动工学一体化改革、技能大赛、毕业生高质量就业"三标融合"，以高质量、高技能、高素质人才供给推动新质生产力快速发展，为"强富美高"新江苏现代化建设提供有力支撑。

育"新质"人才，贯通"新工科"培养路径。如何以发展新质生产力实现高质量发展新突破，已成为重大时代命题。新质生产力的源头在科技创新，落脚点在产业升级，关键因素在人才支撑。加快形成新质生产力，不仅需要"高精尖缺"科技人才，还要有一大批高素质技术技能人才、大国工匠、能工巧匠。

国务院特殊津贴专家、国家级技能大师工作室领办人、省常技教师发展中心主任宋军民建议，按照"新工科"人才培养构想，以职普融通创新的方式，采用本科、技师"双证制"，以联合招生、办学、培养的方式开创高等教育和技工教育合作的新路径，有望实现"1+1＞2"的叠加效果；以人才评价的创新，把为企业解决生产中的实际问题作为人才评价的基本要素，培养创新型、创业型能工巧匠；采用跨校协同教学、创新创业实践、产教融合，使学生创新创造能力、工作能力胜任未来产业创新需要，关注学生的技能培养，为毕业生就业赋予强大的就业竞争力。让学生切实感受到技能"有学头"、就业"有奔头"、发展"有盼头"，站在教育、科技、人才的交汇点上，江苏省常州技师学院以更高质量的人才培养来回应党和国家的要求，助力中国职业技术教育绘就时代答卷。

（三）浙江省

1. 第十四届人民代表大会第二次会议

加大人才招引培育力度。创新人才评价机制，2023年，新遴选顶尖人才40名以上，省引才计划专家500名以上，省培养计划专家600名以上，力争新入选国家级人才计划500名以上，培养卓越工程师500名以上，新增省领军型创新创业团队25个以上，新增技能人才40万名以上。

推进教育科技人才一体化。构建政策制定、预算编制、项目实施、资金使用、绩效评价、数据共享等协同机制，促进科创平台、高等院校、产业园区、高新技术企业紧密对接，进一步提高科技成果创造能力和转化效率。

2. 相关地方政策措施

随着春潮的涌动，中华大地成了各类人才施展才华、实现价值的热土。人才是推动生产力发展的中流砥柱，也是塑造国家竞争新优势的决定性力量。浙江省政府工作报告多次提及"人才"，从不同角度强调了全方位培养、充分利用人才的重要性。

发展新质生产力是我国实现现代化的战略选择，这需要大量高素质的创新人才。针对这一挑战，我们需要进一步扩大研究生教育规模，特别是博士生教育。各地不断涌现的新型研发机构和科研院校为人才培养提供了新的机遇和平台。然而，当前我国的研究生数量尤其是博士生数量仍然无法满足发展需求，交叉学科博士生培养也存在短板。因此，我们需要国家层面出台指导性政策，重点加强高水平研究生教育，特别是在基础研究学科和紧缺学科方面。同时，还需要推动交叉学科专业设置，完善交叉学科培养机制，充分发挥科研机构和高校的作用，构建完备的高水平交叉人才培养体系。

在新时代，我们要实现教育、科技、人才的一体化发展，构建以科技创新为核心的全面创新生态，助力中国实现现代化建设的目标。

（四）安徽省

1. 第十四届人民代表大会第二次会议

提升教育服务发展能力。加强"双一流"培育，启动特色高校、特色学科专业建设，支持应用型大学发展双元制本科教育。深化高校学科专业结构改革，高水平建设新设置专业。加快建设安徽高等研究院，支持高校与科研机构、头部企业共建现代产业学院、国家卓越工程师创新研究院。加强特色高水平高职学校和专业建设，支持创办本科层次职业学校。加快建设省级行业产教融合共同体、市域产教联合体，启动建设首批县域产教融合体。

扎实推进人才兴皖工程。深入实施江淮英才培养计划和万名博士后聚江淮行动，推进江淮战略帅才引进项目，集聚培养更多一流科技领军人才、青年科技人才、卓越工程师，常态化开展"人才安徽行"系列活动。加强产业工人队伍建设，培育高技能人才。持续开展"招才引智高校行"，吸引更多毕业生留皖就业、创业。健全以企业为主体的人才"引育留用"机制，畅通企业人才引进绿色通道。完善高层次人才精准服务体系，健全"一站式"人才服务平台。深化职务科技成果赋权改革，扩大科研项目经费"包干制"试点范围，开展科技人才评价、科研单位综合授权等改革，让各类人才汇聚安徽、迸发活力。

2. 相关地方政策措施

畅通教育、科技、人才良性循环，是打通束缚新质生产力发展的堵点、卡点的重要方面。"国家层面可以成立教育、科技、人才一体化工作小组，建立统筹协调机制，促进三者有效贯通、深度融合、同向发力。"全国政协委员李和平建议，应加快布局一批新兴学科、交叉学科，把科学精神、创新能力、批判性思维等贯穿教育全过程。同时，探索拔尖创业人才"选育用评"机制，引导和推动高校主动承接新兴产业龙头企业技术攻关项目，构建科产城一体融合创新生态，聚力建设一批面向世界、引领未来、服务全国的都市型科技创新集聚区。

（五）福建省

1. 第十四届人民代表大会第二次会议

深入实施新时代人才强省战略，促进人才链与创新链、产业链深度融合。精细育才，整合设立省青年科学基金，推动校企联合培养工程硕博士。实施高层次人才培养和"托举"计划，建设一批卓越工程师学院和实践基地，壮大青年科技人才队伍，培育更多能工巧匠。精准引才，开展引进首席科学家和领军人才团队科研经费稳定支持机制试点，做热、做旺"院士专家八闽行""人才福建周"等活动。推进福州、厦门等地高水平引才聚才平台建设，服务保障好人才的工作和生活，进一步集聚海内外高端智力资源。精心用才，不断深化人才发展体制机制改革，持续完善人才使用、评价、激励等机制，向用人主体充分授权，为人才"松绑"，让人才能够脱颖而出，竞相施展才华。广聚人才，切忌叶公好龙，必须徙木立信，以千金买马骨而引来金凤凰。

2. 相关地方政策措施

全国轻工教育工作会议暨全国轻工职业教育教学指导委员会年会于2024年3月12日在福建晋江举行，探讨新时代轻工教育发展新思路、新举措和新模式，为新质生产力提供人才支撑。

"轻工行业的发展，离不开高素质的人才，离不开高质量的轻工教育。"中国轻工业联合会会长张崇和指出，2023年至2024年，联合会充分发挥行动指挥委员会专家组织优势，牵头开展项目调研，推动实施教学标准，推荐用好教育专家，组织参与专项活动；充分发挥教育工作分会平台作用，累计评审轻工优秀教材111种、规划教材立项625种、结项225种；数字化项目立项60种、结项24种；课题立项557项、结题506项；充分发挥轻工专业认证委潜能。指导专业认证委，健全秘书处，充实工作人员。目前，轻工类专业认证委有高校专家11人，企业专家4人。组织审核申请92个，审核自评报告20个，进校考评11个，已有11个轻工专业通过认证，为推进轻工教育高质量发展打下了良好基础。

（六）江西省

1. 第十四届人民代表大会第二次会议

健全终身职业技能培训制度，畅通非公有制经济组织、社会组织、新就业形态技术人才职称申报渠道。

2. 相关地方政策措施

江西各地正充分认识到人才是新质生产力的核心资源，因此积极采取措施，促进科技创新与社会需求的有效对接，使创新人才的价值最大化，加速新质生产力的形成。

一个生动的例子是江西台鑫钢铁有限公司，该公司通过与上海大学、北京科技大学等高校（院所）的校企合作，引进博士科研团队，成功改进了冶炼工艺和生产线，为企业节省了巨额成本。而上饶市广丰区则通过"人才飞地"引才模式，从深圳、上海、北京等地吸引了大量人才，构建了"项目在飞地孵化、成果向广丰转化"的模式，取得了显著成效。

为了进一步吸引和培养创新人才，南丰县和德兴市分别出台了一系列政策，完善人才发展体系，推动人才体制机制改革。他们的努力旨在打造更加优越的人才发展环境，为企业和产业的发展提供强有力的支撑。

江西省委主题教育领导小组办公室相关负责人表示，江西省正在积极引领广大党员深刻理解新质生产力的内涵，各地结合产业优势，推动高质量发展，为未来竞争优势的构建做出积极贡献。

（七）山东省

1. 第十四届人民代表大会第二次会议

充分发挥战略人才引领作用，优化"2+N"人才集聚雁阵格局，高水平创建济青吸引和集聚人才平台，提升重大创新平台人才效能。优化泰山人才工程，健全青年科学家长期滚动支持机制。推进工程硕博士培养改革试点，加强卓越工程师队伍建设，落实部省共建"技能山东"，让更多人才在齐鲁大地尽展其才、创新创业。

2. 相关地方政策措施

深化人才制度和体制机制改革，尤其是针对前沿技术领域的稀缺人才，探索建立差异化、长周期、多元化的专业人才评价体系。深化高校、职业院校和企业之间的合作，打通科研创新、科技成果转化、产业创新的"接口"。利用技术对传统人才培养体系进行数据化、信息化、智能化、数字化的转型升级。

强化科技人才梯次培育。深入实施领军人才"筑峰计划"，加强战略科学家和顶尖人才培育。实施战略科学家跃升计划，支持战略科学家承担国家和省重大科研任务，牵头组建重大科技创新平台。实施山东省科技菁英计划，在省重大科技项目中设立技术副总师，大力培养45岁以下青年科技领军人才。持续实施高校毕业生集聚、卓越工程师培育等专项行动。

山东充分发挥人才大省优势，聚焦国家重大战略发展要求和加快形成新质生产力所需要素，统筹分析人才发展趋势及缺口状况，动态调整优化高等教育学科设置，有的放矢培养国家战略人才和急需紧缺人才，提升教育对高质量发展的支撑力、贡献力。主动提高人才自主培养质量，大力培养创新性强的青年科技人才，鼓励跨学科、跨领域交叉合作，培养更多国际一流的战略科技人才和创新团队。依托高层次人才计划、国家重大科技创新项目、重大基础设施平台、产业共性技术平台培养战略科技人才、关键技术人才、产业领军人才和创新团队，让人才在科技攻关实践和发展新质生产力中成长成才。

四、华中地区

（一）河南省

1. 第十四届人民代表大会第二次会议

深化科技奖励改革及职务科技成果赋权改革。加快引育高端创新人才，深入实施中原英才计划，加强特聘研究员海内外选聘，大力引进培养一批高层次人才担任高校校长、学术副校长、科研院所负责人。2023年，河南省新建一批院士工作站和30家中原学者工作站，培育中原学者、中原领军人才180人以上。构建"产学研用孵"有机贯通、开放协同的人才引育机制，形成良好的人才引育大生态和用人单位小气候，让广大人才安心创业、潜心创新、放心发展。

2. 相关地方政策措施

涵养生态，良方聚才。要强化人才服务意识，提升人才服务水平，涵养构建一流人才的社会环境、成长环境和生活环境"生态圈"，营造"渊深鱼聚、林茂鸟栖"的留才生态，让河南成为四海英才的向往之地。营造"尊重人才"的社会环境。在全社会弘扬科学家精神、全民创新精神，大兴敬才、爱才、重才之风，大力宣传人才优惠政策、人才先进典型、人才工作成果，营造尊重知识、尊重人才、尊重创造的社会环境。

构筑"奋发有为"的成长环境。持续推进政府、企业和高等院校、科研院所等的技术联盟，形成资源共享、优势互补、产学研用贯通的创新格局，为人才搭建专家汇聚、技术推广、交流合作的平台，提供惠企政策，强化成果转化，赋能人才成长。进一步整合、升级各类创新创业平台，加强与国家级大型院所的合作交流，拓展深化院校、院企、院地合作，以开放聚创新之势，以合作增创新之效，推动人才优势转化为发展优势，引领人才实现自身价值。

厚植"保障有力"的生活环境。要聚焦人才对高品质生活的实际需求，围绕高端人才子女入学、就医、购房、配偶就业等"关键小事"，完善点对点专员服务机制，为人才提供全生命周期的优质高效服务，营造人才良好生活空间，解除人才后顾之忧。

（二）湖北省

1. 第十四届人民代表大会第二次会议

深入实施"才聚荆楚"工程、"百县进百校"行动，做好高校毕业生、退役军人、农民工等重点群体就业工作，新增高校毕业生就业创业40万人以上（截至2023年年底）。落实企业职工养老保险全国统筹，加强农村留守儿童、留守妇女、留守老人和城乡低保户、特困人员、残疾人等群体关心帮扶，兜住兜牢民生底线。办好人民满意教育。推进义务教育优质均衡发展，加强农村薄弱学校改造提升，深化"双减"工作，以数字化赋能教联体扩面提质。加强普通高中建设，支持每个县办好一所优质高中。推进高校双一流建设和职业院校提质行动，鼓励高校发挥所长办好新文科、新工科、新农科、新医科，探索组建现代产业学院、未来技术学院，促进100个产教联合体加快发展，着力构建支撑高质量发展的高等教育新格局。

2. 相关地方政策措施

"2023年，我们推出了'博士100计划''工程硕博士培养计划'，计划用5年时间建立一支光电子行业最顶尖的人才队伍，打造国内光电子行业创新策源地。"华工科技产业股份有限公司董事长马新强代表介绍。近年来，该公司不断加大创新投入，赋能新型工业化，推进形成行业新质生产力。

"厚植人才成长的沃土，才能推动传统生产力更快地向新质生产力跃升，牢牢把握发展主动权。"马新强告诉记者，创新投入的重点是人才。他建议着重做好三类人才队伍建设：具有前瞻性视野、敢于争先的企业家队伍，胸怀"国之大者"的科学家和领军人才队伍，朝气蓬勃的青年创新人才队伍。

全国人大代表、中国科学院院士、中国地质大学（武汉）校长王焰新指出：高校，尤其是国家"双一流"建设高校，作为国家战略科技力量的重要组成部分，应当发挥自身科研优势，攻关"卡脖子"技术难题，引领行业高质量发展。一方面，要打造创新人才集聚高地，在"引、留、培"上下功夫，不仅要做好人才引进工作，还要留得住、培养好。另一方面，还要打造创新人才培育高地，学科特色型高校要充分发挥优势学科溢出效应及引领示范作用，以优势学科为中心打造优势学科群，形成以优势学科为主导、学科交叉融合的创新人才培养模式，培育一流拔尖创新人才。同时，还要探索产教融合、科教融汇等多元化协同育人模式，培育更多行业关键领域一流创新人才、解决关键核心技术问题的卓越工程师和大国工匠、掌握原创硬科技的创新企业家和具有国际视野的复合型人才，为发展新质生产力提供源源不断的新劳动者。

（三）湖南省

1. 第十四届人民代表大会第二次会议

建强高素质人才队伍。加快推动教育、科技、人才一体化布局。积极引育人才，持续实施"芙蓉计划"和"三尖"创新人才工程，培育更多战略科学家、领军人才、创新团队和高技能人才队伍。放手激励人才，落实"两个70%"激励政策，健全以创新价值、能力、贡献为导向的科技人才评价体系，完善以增加知识价值为导向的分配制度。诚心留住人才，积极为科技工作者排忧解难，让广大人才潜心科研、安心创业、顺心发展。

2. 相关地方政策措施

湖南高校集聚了全省80%以上的科技领军人才、50%以上的科研设施和仪器、近50%的省级以上科技创新平台，人才优势凸显。要大力加强服务"三高四新"美好蓝图的战略人才队伍建设，打造对接4×4现代产业体系的人才成长平台，营造良好的学术生态，鼓励人尽其才、才尽其用，激励各类人才百花齐放，各展所能，为湖南省培养造就一大批战略科技人才、领军人才、青年人才和创新团队，形成助力新质生产力加快发展的教育、科技、人才"三位一体"创新支撑体系。

强化人才培养，满足新质生产力发展需求。推动湖南实现高质量发展，强化人才培养是满足新质生产力发展需求的关键要素支撑。因此，要着力把培养造就更多大师、战略科学家、一流科技领军人才和创新团队，作为"芙蓉计划"和"三尖"创新人才工程的重中之重来抓，为加快建设具有核心竞争力的科技创新高地提供有力支撑；根据创新发展需要，优化调整学科结构，构筑学科动态调整机制，培养更多青年科技人才，在关键核心技术攻关和应急科技攻关中展示才华；拓展职普融通渠道，深化职业教育产教融合，培养造就更多高素质技术技能人才，助力湖南打造国家重要先进制造业高地。

强化人才引进，激发新质生产力发展潜力。结合国家所需、发展所急、湖南所能，立足于湖南战略性新兴产业和未来产业重点发展领域和行业，通过实行紧缺人才清单制度，靶向引进一批"高精尖缺"创新人才和团队；结合湖南新型工业化发展要求，有针对性地引进战略科学家、一流科技领军人才和创新团队，以及具备数字化能力、掌握绿色制造技术的青年科技人才；结合湖南科技创新高地五大标志性工程建设的要求，引进一批掌握国际领先技术、引领产业跨越发展的海内外优秀人才和团队。

强化人才合理流动，提升新质生产力发展效能。人才流动是调节人才资源的基本形式，是发挥人才潜能的重要环节。湖南人才流动目前仍然存在"难流动"和"乱流动"现象。要打破湖南省内人才流动的体制界限，健全市场化的人才流动机制，畅通人才流动渠道，促进人才在不同地区、不同行业、体制内外单位顺畅流动，推动人力资源在更大范围的优化配置；建立完善湖南省人才流动宏观调控机制，适时调整相关政策法规，引导鼓励人才向艰苦边远地区和基层一线流动，深化长江中游城市群人才交流开发合作，维护重点领域人才流动秩序；创新人才流动服务体系，发展高端人才猎头等专业化服务机构，为人才流动配置提供精准化、专业化服务，提高人才引进效率；提升人才服务水平，深入了解人才实际需要，帮助解决住房落户、医疗保健、子女教育、配偶安置等急难愁盼问题，让各类人才在湖南舒心生活、安心工作、专心发展。

五、华南地区

（一）广东省

1. 第十四届人民代表大会第二次会议

加快建设粤港澳大湾区高水平人才高地。深入推进高等教育"冲一流、补短板、强特色"提升计划，加强新工科、新医科、新农科、新文科建设，推动集成电路、工业软件人才培养扩容提质，造就拔尖创新人才。推进产教融合试点城市建设，加强高水平职业院校建设。优化实施省市重大人才工程，引进培育一批战略科技人才、科技领军人才、青年科技人才和高水平创新团队，壮大高水平工程师和高技能人才队伍。

2. 相关地方政策措施

聚焦高水平创新型人才，加强高校科研能力和科研院所建设。围绕战略性产业集群发展需求，加快推进高水平大学和科研院所建设，集聚更多行业领军人物、创新团队和青年科技人才。同时，深化职业教育体系改革，支持职业院校创新强校，产教融合，校企合作，培养更多卓越工程师、大国工匠、高技能人才，支撑广东战略性新兴产业发展。

加快建设创新人才高地，打造新质生产力的发展平台。推动粤港澳大湾区建设世界重要人才中心和创新高地，是党中央赋予广东的重大使命和任务，也是广东推动新质生产力发展的重要基础。广东要牢牢抓住这一历史机遇，推动全省积极融入、主动布局，推动汇聚更多全球人才资源、创新要素与人才国际竞争比较优势的创新人才高地建设，为新质生产力的发展提供人才基础。各地应根据自身产业结构的特点发展优势，推动创新要素向重点科创区域集中，产业集群向重点产业园区聚集，优化产业集聚布局；围绕"20+5"产业集群，因地制宜，前瞻性地开展战略性新兴产业培育和战略人才队伍建设的战略布局，进而推动战略性新兴产业的高端化、智能化、绿色化、集群化发展，为打造具有全球影响力的国际科创中心创造平台基础。

加快创新人才发展机制，锻造新质生产力的中坚力量。战略人才是站在国际科技前沿、引领科技自主创新的核心资源，更是发展新质生产力的中坚力量。广东要进一步创新人才发展机制，聚集"卡脖子"关键核心技术领域和重点产业领域的顶尖战略科学家、关键科技领军人才与创新团队，采取更加灵活的人才引进机制和协同培育模式，按照"一事一议"原则，在资源配置、团队建设、服务保障等方面给予大力支持；构建青年科技人才队伍的培育跟踪机制，在项目申报、梯队建设、成果评价、科研保障等方面给予持续支持，激励他们敢于挑大梁、当主角；构建卓越工程师联合培养机制，强化校企合作、研企合作，开展专业硕士研究生类型和专业博士研究生类型的工程师的联合培养试点，探索"工学交替"的育才模式；搭建高技能人才队伍的自主培育机制，积极引导产业龙头企业与高职院校、技工院校共同建设相关产业领域的高技能人才自主培育联盟。

（二）广西壮族自治区

1. 第十四届人民代表大会第二次会议

推动产教科融合发展。鼓励企业与高校、科研院所加强联合技术攻关和成果产业化，2023年，广西壮族自治区新增中试研究基地12家，转化运用专利2300件以上。加强同京津冀、长三角、粤港澳大湾区等地科教合作。建设面向东盟的产教集聚示范区，提高职业教育服务产业发展能力。

2. 相关地方政策措施

产教融合是培育新质生产力的关键。企业在这一进程中扮演着市场主导的角色，而人才则是创新的引领者。广西目前最大的挑战在于缺乏一流企业家和一流人才，尤其是在新兴产业和科技创新方面。为此，应该加强产教融合，实施创新型企业协同创新计划，鼓励企业与高校、科研院所建立合作关系，共同进行技术攻关和产业化合作。同时，还要鼓励企业从高校、科研院所、其他企业等机构选聘一批"科技副总"，培养懂产业、懂科技、懂资本、懂市场、懂金融的战略企业家队伍。此外，需要建立创新型企业家成长平台和科技成果转化服务平台，支持制造业和高新技术企业的发展，壮大市场主体力量。同时，要深化产业链、创新链和人才链的融合，推动教育、科技和人才的良性循环，打造高水平科技团队，培育新型劳动力队伍，为新质生产力的发展提供强大支持。

（三）海南省

1. 海南省第七届人民代表大会第三次会议

强化人才引育力度。2023 年，海南省统筹实施"四方之才"汇聚、"南海人才"开发、"技能自贸港"等计划方案，力争引进人才 17 万人，新增技能人才 3 万人次。实施全方位引进、培养、用好人才的政策措施，进一步深化国际人才服务管理改革，加快引育一批具有国际视野、通晓国际规则的经营管理、经贸服务和涉外法律的人才。争取创建国家级吸引集聚人才平台。组织人员赴外培训，提升国际化素养。支持青年发展型城市建设。

2. 相关地方政策措施

打造人才建设集聚新高地。习近平总书记指出，要按照发展新质生产力要求，畅通教育、科技、人才的良性循环，完善人才培养、引进、使用、合理流动的工作机制。海南将坚持引才、育才、用才并重，统筹推进科技教育人才一体化发展，不断完善人才政策，优化人才培养模式，努力让各类人才引得进、留得住、用得好。持续扩大人才对外开放，实行更加便利开放的外国人出入境和工作许可政策，构建国际化人才服务、培养和评价机制，加快引育具有国际视野、通晓国际规则的经营管理、经贸服务和涉外法律人才。统筹实施"四方之才"汇聚、"南海人才"开发、"技能自贸港"等计划，打造本土新型劳动者队伍，为加快发展新质生产力夯实人才基础。

（四）大湾区

要培育与新质生产力一起"长跑"的人才。培育新质生产力，人才是关键。作为全国制造业大省和用人大省，2024 年春节后，广东全省人力资源市场技能人才求人倍率仍在 1.4 以上，求贤若渴可见一斑。新质生产力与产业发展高度相关，因此，在关注产业发展之外，来自大湾区的代表们更着眼于培育紧跟产业潮流的技能人才。

广东要牢牢抓住建设粤港澳大湾区高水平人才高地的重大机遇，一体推进教育强省、科技强省和人才强省战略，加快培养造就符合新质生产力要求的规模庞大、结构优良的高素质人才队伍。要深入落实国家重大人才工程，优化实施"珠江人才计划""广东特支计划"等省市重大人才工程，要深化职业教育供给侧结构性改革，推进职普融通、产教融合、科教融汇，在学科设置、培养模式、教育评价等领域探索推进一批改革试点，加强高水平职业院校建设，实现职业教育与产业发展同频共振，打造高技能人才集聚高地。要实施更加积极、更加开放、更加有效的人才政策，深入实施外国人来华工作许可和外国人才签证制度，完善外国专家管理服务机制，用好大湾区个人所得税优惠政策，加快汇聚国际高端人才。要加快建立以创新价值、能力、贡献为导向的人才评价体系，赋予科研人员更大技术路线决定权、经费支配权、资源调度权，激发科研人员的创新创造活力。通过完善人才引育、管理和服务机制，聚天下英才而用之，不断夯实筑牢广东新质生产力发展人才"金字塔"的底座根基。

六、西南地区

（一）重庆市

1. 第六届人民代表大会第二次会议

建强战略科技创新人才队伍，深化"渝跃行动"和新重庆引才计划，建好"渝才荟"数字平台，加强科技人才和卓越工程师培育聚集，营造最优人才生态，让城市与人才双向奔赴。优化科技创新体系，集中力量加快建设西部（重庆）科学城、两江协同创新区、广阳湾智创生态城等科创核心承载区，争取国家实验室重庆基地建设，2023年，重庆市提质发展10个全国重点实验室，有序建设金凤、嘉陵江、明月湖、广阳湾4个重庆实验室，加快推进超瞬态实验装置、大规模分布孔径深空探测雷达、国家健康战略资源中心、碳基集成电路研究院等项目，提质发展重庆国际免疫研究院等新型研发机构，支持重点高校建设前沿技术交叉研究院。

2. 相关地方政策措施

2024 年 3 月 1 日，"百万人才兴重庆"系列引才活动正式启动，这是重庆连续第 7 年面向全球人才开行引才专列。据了解，2024 年将重点围绕"416"科技创新战略布局"33618"现代制造业集群体系，开展线上线下引才活动 300 场以上，引进各类急需紧缺人才 1.6 万名以上。引进人才的火力全开，"剑指"科创高地建设市人力社保局现场发布了 2024 年"百万人才兴重庆"全年引才活动计划、2024 年博士离岸创新创业项目洽谈活动第一批榜单、揭榜公告，并启动了全市博士后、卓越工程师岗位征集工作。

据介绍，2024 年，"百万人才兴重庆"系列引才活动将紧扣"416"科技创新战略布局和"33618"现代制造业集群体系以及卓越工程师、"满天星"计划等重点行业的引才需求，持续策划实施"重点高校巡回引才""行业专场"和"博士渝行周"等专场引才活动，保障全市的重点行业、重点领域快速发展。

（二）四川省

1. 第十四届人民代表大会第二次会议

打造一流创新生态。编制产业、科技、人才、教育一体发展规划。实施高层次人才"倍增计划"、青年科技人才培养和使用"萃青工程"，完善海外急需紧缺人才引进机制，培育领衔科学家和顶尖青年科技人才，壮大高技能人才队伍。推进国家科技成果、科技人才评价改革综合试点，深化职务科技成果权属改革。推进科研项目管理机制改革，优化重大科技项目组织方式。强化知识产权创造、保护、运用。弘扬科学家精神，开展科研减负行动，鼓励和保障科研人员心无旁骛地搞科研。

2. 相关地方政策措施

人才是第一资源，必须把人才队伍建设摆在优先位置，为发展新质生产力提供人才支撑。持续完善人才培养体系、优化人才培养模式，完善人才选拔机制，切实推动职业技术教育改革和创新，打造高素质多层次的人才队伍。畅通教育、科技、人才的良性循环，充分调动各类人才的积极性和创造性，激发人才创新潜能，让各类人才向发展新质生产力流动集聚。

加快集聚创新人才。科技厅等5部门联合印发《四川省"十四五"科技人才发展规划》，部署加快建设国家战略人才力量、培养引进用好战略科学家、打造一流科技领军人才和创新团队、造就青年科技人才队伍等重点任务。省科学技术奖设立"四川省杰出青年科学技术创新奖"，首批奖励5名取得重大成果的青年科技工作者。出台《四川省自然科学工程技术人员职称申报评审基本条件（试行）》，有真才实学、成绩显著、贡献突出的科技人才可不受学历、资历限制破格申报职称。2022年新增安排博士后专项资金9940万元，总量达到1.06亿元，是2021年资金总量的15倍；新增安排"天府英才"工程专项资金2.66亿元，支持创新团队和人才队伍建设，激发创新创造内生动力。

（三）贵州省

1. 第十四届人民代表大会第二次会议

聚焦产业发展需要加强人才培育引进。推进高等教育和职业教育办学思路、办学定位、办学模式、学科专业优化调整，聚焦重点领域深化产教融合、科教融汇、职普融通，推动"产业导师"更好地服务产业发展，培养更多创新型、应用型人才。大力推进"科技入黔"，积极争取院士来黔兼职。深入实施"百千万人才引进计划"，引进一批科研机构、创新平台、顶尖人才及团队。办好第十二届贵州人才博览会。全力推进青年友好型成长型省份建设。

2. 相关地方政策措施

贵州省将设计更具吸引力的人才引进政策，旨在将来新建约45个科学家工作站，引进更多国内外院士专家到贵州从事科研工作、组建团队。改革人才发现和培养机制，分层次、分类别培养一批科技创新人才和团队，并给予优秀青年科技人才长期稳定的支持。此外，探索"企业科特派"模式，组织高校院所科研人员到企业从事研发创新和技术咨询服务，促使科研人员在生产车间实践科研成果，促进产学研深度融合。

重点从"引育用留"四个方面加强人才工作。2023年，贵州省在"引"方面，整合各方优质资源，积极推动高校毕业生就地就业行动，设立异地引才工作站，采取多种方式吸引各类人才前来贵州工作，集聚各类人才4200人以上。在"育"方面，继续发挥清华大学、上海交通大学等研究生实践基地的优势，促进"三圈"企业与高校、职校的深度合作，探索建立产教融合共同体，提升人才综合竞争力和储备量。在"用"方面，积极申建一批国家级或省级创新创业平台，实行"揭榜挂帅"制度，激发人才的创新创造活力。在"留"方面，充分发挥人力资源服务产业园的品牌优势，为园区企业提供定制化服务，为重点企业配备人才服务专员，建立问题衔接机制，充分利用人才政策，加强服务保障。

（四）云南省

1. 第十四届人民代表大会第二次会议

积极打造高水平区域人才中心。推进优势产业人才聚集行动，推动科技副总、产业导师扩围增效。扩大领军企业自主认定高层次人才试点范围。制定高精尖人才认定标准和岗位目录，大力实施兴滇英才支持计划，统筹推进高层次人才招引行动。实施高技能领军人才培养计划，壮大产业工人队伍，推进中国昆明人力资源服务产业园建设。

2. 相关地方政策措施

才华是事业成功的关键，广泛吸纳人才是我们党一直以来坚持的优良传统和宝贵经验。作为人才队伍建设的主要责任部门，组织部门应牢牢抓住"人才第一资源"的核心要义，结合地方实际推动高质量的人才工作体系，为新质生产力的发展提供有力支持。

坚持精心培养人才，让他们的才能发挥出实际效果。国家的强盛取决于人才，人才的成就来自学识。注重培养"源头活水"，避免只重视引进人才而忽视本地人才的培养。重点推动建设"大型研究院、大型科研机构、大型高校、大型企业"等人才平台，通过"校企合作、工学结合"等模式开展卓越人才的联合培养。人才培养不仅要注重高端，也要贴近实际需求，通过创新的产学融合和科教融合等职业教育模式，着力培养高素质的技术型人才，优化人才结构，提高人才的自主供给能力和培养质量，全力培育适应中国式现代化建设需要的各类人才。

（五）西藏自治区

1. 第十二届人民代表大会第二次会议

大力实施基础教育扩优提质行动、职业教育提质培优行动和高等教育振兴计划。2023 年，推广高校毕业生区外"组团式"就业新模式，全面拓宽市场化就业新渠道，力争应届高校毕业生就业率 95% 以上、市场化就业率 70% 以上。大力培养新型产业工人，力争技能人才增加 1.5 万人以上。

2. 相关地方政策措施

突出需求引才，壮大人才队伍。引才是解决人才短缺问题、破解人才瓶颈最直接、最有效的手段。要把实际需求作为人才引进的首要原则，精准对接全区维护稳定、发展经济、保护生态、兴边富民等重点工作。

发挥高校人才培养主阵地作用，调整优化高校学科专业和人才培养布局，大力培养急需紧缺的理工农医类专业人才。加强技能人才培养，建设知识型、技能型、创新型劳动者大军。实施乡村振兴人才支持计划，有序引导各类人才下乡服务，培育农业生产经营人才、乡村产业发展人才、农村科技人才等急需紧缺人才，提升基层"造血"机能。

七、西北地区

（一）陕西省

1. 第十四届人民代表大会第二次会议

深化陕西健康建设。2023 年，持续深化"三医"协同发展和治理，扎实推进国家医学中心、区域医疗中心建设，支持铜川开展国家中医药传承创新发展示范试点，加强特色专科医院建设，推广智慧医疗，推动医疗机构检验检查结果互认。加快优质医疗资源扩容和区域均衡布局，壮大基层医疗卫生人才队伍，力争每万人拥有全科医生数达到4人。深入开展爱国卫生运动，扎实做好传染病防控和地方病防治。

2. 相关地方政策措施

创新的推动实际上是由人才所驱动的。袁京连提出，为了实现高质量发展，我们应该鼓励并支持企业培育、引进和聚集一批具有产业转型升级带动作用的科技创新人才和高技能人才。例如，我们可以鼓励国有企业根据战略布局和业务发展需要，深入挖掘岗位潜力，积极储备人才，努力实现企业发展与人才成长的良性互动，为科技创新提供更多支持。在国有企业中，我们可以尝试人才共享的模式，通过开展科研项目的"揭榜挂帅"，最大限度地发挥科技创新人才的作用。而高校则是创新人才培养的主要阵地。赵祥模表示，我们必须打破科技创新的壁垒，突破学科发展的瓶颈，集中精力在关键核心技术领域，不断优化学科专业结构和人才培养布局，着力培养基础研究人才、技术技能人才、经营管理人才等。周曙光建议，人才是创新的首要资源。我们建议从国家层面支持陕西率先在全国建设"教育科技人才一体化发展示范区"，通过出台政策、提供资金、支持项目等多方面措施，推动体制机制的创新，激发陕西科教资源的潜力。

（二）甘肃省

1. 第十四届人民代表大会第二次会议

落实就业优先战略。2023年，甘肃省落细减负稳岗扩就业政策，开展"援企稳岗·服务千企"系列专项行动。输转城乡富余劳动力500万人以上，其中脱贫劳动力190万人以上。抓好高校毕业生、农民工、退役军人等重点群体就业，深入开展青年就业服务攻坚行动，支持多渠道灵活就业。提升青年发展型城市建设水平。

2. 相关地方政策措施

新质生产力是代表新技术、创造新价值、适应新产业、重塑新动能的新型生产力，是科技创新在其中起主导作用的生产力，是符合高质量发展的生产力。在全市加快数字经济建设和产业结构升级的关键时期，教育系统要自觉顺应新质生产力、新型工业化的发展方向，创新人才培养模式，加强青少年创新能力培养，加快教育数字化建设步伐，增强职业教育服务经济发展能力，以教育之力赋能新质生产力，以教育现代化助力新型工业化。切实做好科学教育加法，培育学生创新素养。习近平总书记指出，好奇心是人的天性，对科学兴趣的引导和培养要从娃娃抓起，要在教育"双减"中做好科学教育加法，激发青少年好奇心、想象力、探究欲，培育具备科学家潜质、愿意献身科学研究事业的青少年群体。我们要加强对科学教育的统筹规划，健全大中小学及家校社协同育人机制。开齐开好科学课程，在学科教学中渗透科学和创新教育，开发科学类校本课程，发挥好课程的主渠道作用。加强通用技术和实验教学，探索利用人工智能、虚拟现实等技术手段，提高 STEM 教育（科学、技术、工程和数学教育）、创客编程、乐高机器人等创新教育的普及水平。开展"科学家（精神）进校园"、流动科技馆、科普大篷车、科技节、科学调查等场景式、体验式活动，推进优质科普资源进校园。加强学生科技社团、兴趣小组建设，积极组织学生参加科技创新大赛、机器人创客大赛等科学教育品牌活动，激发青少年科技创新和发明创造兴趣，培育更多科技创新后备军。

（三）青海省

1. 第十四届人民代表大会第二次会议

2023 年，青海省实施高等教育内涵提升、职业教育提质培优工程，开展博士、硕士学位点申报攻坚行动，加快实施 3 所高职院校改迁建项目，打造省级市域产教联合体、行业产教融合共同体，力争青海理工大学、青海职业技术大学获批招生。

2. 相关地方政策措施

新一轮科技革命和产业变革给青海带来了无限机遇，抢抓机遇、乘势而上，归根结底要靠人才。要增强工作的系统性，落实"一把手"抓"第一资源"责任，紧扣育才、引才、用才、留才全链条集中发力，完善人才、科技、教育等领域政策联动机制，为广大人才立足青海、融入青海、奉献青海提供更有温度、更有深度、更有力度的服务保障。

2024年3月20日，青海省委书记、省人大常委会主任陈刚前往青海大学调研，强调要深入学习贯彻习近平总书记在全国两会期间的重要讲话和全国两会精神，认真落实习近平总书记对青海工作的重大要求，强化特色学科建设，培养专业技术人才，攻克重大科研难题，为加快发展新质生产力提供人才技术支撑。要用好高校对口支援资源，依托青海高等研究院等平台，抓好育才留才用才引才工作，聚力建设现代化新青海。

（四）宁夏回族自治区

1. 第十三届人民代表大会第二次会议

实施高等教育办学能力提升计划，支持区内高等院校"双一流"建设，力争宁夏职业技术学院升格本科，加快建设宁夏闽江应用技术学院。实施教育数字化计划，启动教育大数据中心建设，积极创建全国教育数字化转型发展试验区。实施新时代强师计划，大力弘扬教育家精神，加强师德师风建设，培养高素质专业化创新型教师队伍。实施全民终身教育计划，发展继续教育，规范民办教育，抓好老年教育，促进特殊教育，全面提升全民受教育水平。

2. 相关地方政策措施

培养造就大批德才兼备的高素质技能人才，是国家、民族长远发展的大计。前瞻性把握"六新"产业的发展方向和应用前景，为高素质技能人才队伍持续扩大奠定坚实基础。宁夏应立足职业教育未来发展和经济社会预期需求，鼓励并吸引更多有志成为高素质技能人才的青年学生投身职业教育，以面向世界、放眼未来、着眼高新技术前沿的胸怀与眼光推动宁夏职业教育高水平发展，通过高素质技能人才海量集聚激发强劲澎湃的新质生产力。

（五）新疆维吾尔自治区

1. 第十四届人民代表大会第二次会议

深入实施人才强区战略。用好人才发展基金，强化科研人员激励和保障机制，全方位培养、引进、用好、留住人才。加快培养引进战略科学家和科技领军人才，支持科研人员兼职创新、离岗创业、在职创办企业，鼓励各类科技人才积极投身经济社会发展主战场，让更多优秀人才竞相涌现，让知识财富充分涌流，以人才赋能推动高质量发展！

2. 相关地方政策措施

在对高层次人才、急需紧缺人才实行"一事一议""一人一策"的基础上，制定实施更加积极、开放、高效的人事政策，构建以创新价值、能力、贡献为导向的人才分类评价体系和遴选机制，营造人人皆可成才、人人努力成才的良好氛围。基层要更好地引才、留才、用才，就要健全人才体制机制，结合本地实际"筑巢引凤"。要不断优化基层人才发展环境，用真金白银的政策待遇吸引人才。

"人才是第一资源，创新驱动实质是人才驱动。"新疆维吾尔自治区科学技术厅党组书记、副厅长王成说，发展新质生产力，归根结底要靠创新人才。近年来，新疆设立100亿元人才发展基金，加快形成全方位培养引进留住用好人才新态势。应继续用好新疆人才发展基金，围绕"八大产业集群"等重点领域，加快培育一批高水平创新团队，培养造就更多科技领军人才、青年拔尖人才等，吸引疆内外优秀科技人员投身新疆科技事业，助力新质生产力加快形成。

参考文献

[1] 人民网. 加快形成新质生产力（人民要论）[R/OL].(2023-11-09)[2024-04-01].https://baijiahao.baidu.com/s?id=1782073928378690908&wfr=spider&for=pc.

[2] 北京市人民代表大会常务委员会. 北京市第十六届人民代表大会第二次会议[EB/OL].(2024-01-21)[2024-04-01].http://www.bjrd.gov.cn/zyfb/zt/16j2crdh2024.

[3] 河北日报. 河北省第十四届人民代表大会第二次会议[EB/OL].(2024-01-21)[2024-04-01].http://rdzt2024.yzdb.cn.

[4] 新华社. 新华述评丨坚持科技创新引领发展——加快形成新质生产力系列述评之一[EB/OL].(2023-09-18)[2024-04-01].https://baijiahao.baidu.com/s?id=1777380854673056371&wfr=spider&for=pc.

[5] 内蒙古自治区科技厅办公室.2024年全区科技工作会议在呼召开，孙俊青作科技工作报告[R/OL].(2024-02-20)[2024-04-01].https://kjt.nmg.gov.cn/slb/kjdt/kjtgz/202402/t20240220_2469597.html.

[6] 大会宣传组. 吉林省第十四届人民代表大会第三次会议[R/OL].(2024-01-24)[2024-04-01].https://www.jlrd.gov.cn/ztzl/ljhy/14j3chy.

[7] 上海人大全媒体平台. 上海市第十六届人民代表大会第二次会议[EB/OL].(2024-01-23)[2024-04-01].https://www.shrd.gov.cn/n8347/n8513/n9653/index.html.

[8] 政研室. 上海：强化科技自立自强战略支撑 加快发展现代产业体系[EB/OL].(2020-12-30)[2024-04-01].https://m.thepaper.cn/baijiahao_1050641.

[9] 中国浙江人大. 浙江省第十四届人民代表大会第二次会议[EB/OL].(2024-01-23)[2024-04-01].https://www.zjrd.gov.cn/dbdh/rdh/echy.

[10] 安徽人大网. 安徽省第十四届人民代表大会第二次会议[EB/OL].(2024-01-23)[2024-04-01].http://www.ahrd.gov.cn/web/ztrmdbhy/index.jsp?strWebsiteId=0125685a39f3403f830823fbb591673f.

[11] 福建省人民政府门户网站. 福建省第十四届人民代表大会第二次会议

[EB/OL].(2024-01-23)[2024-04-01].https://www.fj.gov.cn/xwdt/fjyw/202401/t20240128_6387670.htm.

[12] 山东人大门户网站.山东省第十四届人民代表大会第二次会议[EB/OL].(2024-01-22)[2024-04-01].http://www.sdrd.gov.cn/channels/ch07498.

[13] 湖北网湖北频道.湖北省第十四届人民代表大会第二次会议[EB/OL].(2024-01-30)[2024-04-01].http://www.hb.news.cn/20240130/0684c9ea22094f9a8a26a365ba14aa4a/c.htm.

[14] 湖南人大网.湖南省第十四届人民代表大会第二次会议[EB/OL].(2024-01-24)[2024-04-01].https://www.hnrd.gov.cn/topic/74842/index.html.

[15] 新华网广西频道.广西壮族自治区第十四届人民代表大会第二次会议[EB/OL].(2024-01-22)[2024-04-01].http://gx.news.cn/20240122/0a3a3738619b4069b81def52cc4d2ced/c.html.

[16] 广西新闻网.广西发展新质生产力宜采取"123"战略[EB/OL].(2024-02-28)[2024-04-01].http://www.skc.gxnu.edu.cn/2024/0222/c11820a282690/page.htm.

[17] 海南人大网.海南省第七届人民代表大会第三次会议[EB/OL].(2024-01-23)[2024-04-01].https://www.hainanpc.gov.cn/hainanpc/ztzl/qjyc33/index.htm.

[18] 重庆市人民政府网.重庆市第六届人民代表大会第二次会议[EB/OL].(2024-01-21)[2024-04-01].https://www.cq.gov.cn/ywdt/jrcq/202401/t20240125_12861451.htm.

[19] 贵州省人民政府门户网站.贵州省第十四届人民代表大会第二次会议[EB/OL].(2024-01-24)[2024-04-01].https://www.gzrd.gov.cn/xwzx/gd/202401/t20240124_83619516.html.

[20] 中共西藏自治区委员会网站.西藏自治区第十二届人民代表大会第二次会议[EB/OL].(2024-01-07)[2024-04-01].https://www.xzdw.gov.cn.

[21] 陕西省人民政府门户网站.陕西省第十四届人民代表大会第二次会议[EB/OL].(2024-01-26)[2024-04-01].https://baijiahao.baidu.com/s?id=1789140179304575723&wfr=spider&for=pc.

[22] 青海省人民政府网.青海省第十四届人民代表大会第二次会议[EB/OL].(2024-01-24)[2024-04-01].https://www.qhrd.gov.cn/rdhhy/qhsdssjrmdbdhdechy.

[23] 新疆维吾尔自治区人民政府网. 新疆维吾尔自治区第十四届人民代表大会第二次会议 [EB/OL].(2024-01-30)[2024-04-01].https://www.xjpcsc.gov.cn/cover-n16jz158/zizhiqudishisijierenmindaibiaodahuidiercihuiyi.

[24] 樊宇,李洁. 聚焦于"效",启迪"政府与市场"相处之道的经济学 [EB/OL].(2022-03-05)[2024-04-01].https://baijiahao.baidu.com/s?id=1726416464366664778&wfr=spider&for=pc.

[25] 黑龙江日报. 全国人大代表、黑龙江省委书记许勤:打造发展新质生产力实践地 [EB/OL].(2024-03-04)[2024-04-01].https://www.hlj.gov.cn/hlj/c107856/202403/c00_31714272.shtml.

[26] 吴量亮,范孝东,李浩,等. 谋实"新""质",打造强劲增长极 [EB/OL].(2024-03-10)[2024-04-01].https://www.ah.gov.cn/zwyw/jryw/565309071.htm.

[27] 金台资讯. "赣湘云"数据中心项目在上栗落地实施 [EB/OL].(2022-04-29)[2024-04-01].https://www.sohu.com/a/545472741_121197109.

[28] 湖北日报. 大力推动供应链体系建设 加快建设现代化产业体系 [EB/OL].(2023-10-28)[2024-04-01].http://hb.people.com.cn/n2/2023/1028/c192237-40619980.html.

[29] 山东省人民政府关于加快推进新时代科技强省建设的实施意见 [EB/OL].(2023-01-29)[2024-04-01].http://m.sd.gov.cn/art/2023/1/29/art_100623_42062.html.

[30] 赵晨,林晨. 畅通教育、科技、人才良性循环 [EB/OL].(2024-04-22)[2024-04-01].https://baijiahao.baidu.com/s?id=1792923891173512211&wfr=spider&for=pc.

[31] 重庆晚报. 重庆启动2024年"百万人才兴重庆"引才计划 [EB/OL].(2024-03-04)[2024-04-01].https://baijiahao.baidu.com/s?id=1792319661618356981&wfr=spider&for=pc.

[32] 北京日报. 统筹兼顾四类人才、深耕高级别自动驾驶领域、携手津冀加快发展新质生产力——北京高质量发展迈出坚实步伐 [EB/OL].(2024-03-20)[2024-04-01].https://www.beijing.gov.cn/ywdt/yaowen/202403/t20240320_3594662.html.

[33] 湖南日报. 努力发掘人才积极性 培育发展新质生产力 [EB/OL].(2024-02-29)[2024-04-01].https://www.workercn.cn/c/2024-02-29/8166299.shtml.

第五章
技术篇
CHAPTER 5

新质生产力
中国高质量发展的新引擎

第一节
发展背景与概念内涵

一、发展背景

（一）新质生产力的发展背景

生产力是马克思主义政治经济学的核心概念和唯物史观的基石，是推动人类社会前进的根本动力。生产力的发展具有历史动态性，劳动生产力是随着科学和技术的不断进步而不断发展的，不同科技时代的生产力具有不同的形态。人类历史上每一次的生产力飞速发展都离不开新技术革命的发展，更离不开新技术革命开辟的经济空间。从农业化到工业化再到信息化，人类建立了与技术革命发展相匹配的生产力和物质生活。21世纪信息产业革命显示出了无比光明的发展前景，大数据、人工智能等领域的蓬勃发展不仅标志着人类生产力获得了全新发展和突破，而且这也意味着大国之间的竞争和全球格局将随之发生深刻变化，谁先抢占新技术发展先机谁将在全球竞争格局中获得优势。近年来，发达国家试图以先发优势维持其全球产业竞争优势，为此借助贸易政策等阻碍发展中国家的新兴产业升级发展，如对中国的贸易战。而中国同一时期则处在迈向经济高质量发展的转型时期，新兴产业革命与大国竞争、世界局势变化进入了历史同构期。换言之，新一轮产业革命的发展主导权成为决定国家综合竞争力的核心要素，同时，新产业发展与世界格局变化的历史交汇为社会主义现代化建设提供了双重境遇。

党的二十大报告提出"建设现代化产业体系"，建设现代化产业体系是实现现代化经济体系的基础，也是实现中国式现代化发展的重要标志，更是实现中华民族伟大复兴的重要抓手。如何在新一轮科技革命和产业变革时代，形成构建现代化产业体系的内在动力，无疑是亟须解决的重大难题。

随着中国特色社会主义进入新时代，东北全面振兴也进入新阶段。2023年是东北振兴战略实施二十周年。习近平总书记高度重视东北振兴，多次到东北视察和调研，并围绕东北振兴作出一系列重要论述。在此背景下，习近平总书记到黑龙江省视察工作并发表重要讲话，首次提出"新质生产力"的概念，习近平总书记指出："积极培育新能源、新材料、先进制造、电子信息等战略性新兴产业，积极培育未来产业，加快形成新质生产力，增强发展新动能。""整合科技创新资源，引领发展战略性新兴产业和未来产业，加快形成新质生产力。"习近平总书记连续提及"新质生产力"，充分表明这一概念的重要性，以及对东北地区全面振兴的重大意义。2023年12月，中央经济工作会议提出，要以科技创新推动产业创新，特别是以颠覆性技术和前沿技术催生新产业、新模式、新动能，发展新质生产力。从此，"新质生产力"作为一个全新的理论概念立即在学术界引发广泛讨论。

新质生产力的出现与科技进步、全球化以及数字化转型密切相关。信息技术的飞速发展和应用，使得各种新兴技术蓬勃兴起，如人工智能、大数据、物联网、区块链等，它们不仅改变了传统产业的生产方式，也孕育出了新的产业和商业模式。全球化的深入推进，促使不同国家间的合作与竞争不断加剧，为新质生产力的发展提供了更广阔的舞台。同时，在数字化转型的推动下，各个行业都在积极探索新的生产方式和商业模式，以适应日益变化的市场需求。新质生产力的发展背景涵盖了经济、科技和社会等多个维度，下面对其主要内容进行简要概述。

1. 科技进步与创新

新质生产力的发展背景之一是科技进步和创新的持续推动。随着信息技术、生物技术、材料技术等领域不断取得突破，新的生产工艺、产品设计和管理模式不断涌现，为生产力提升创造了条件。

2. 产业结构和价值链变革

全球化和工业互联网的发展使得产业结构和价值链发生了深刻变革，传统产业与新兴产业相互融合，跨界合作成为常态，这为新质生产力的培育提供了机遇。

3. 人力资本和知识密集型生产

随着经济向知识密集型转型，人力资本和人才素质成为决定性因素。新质生产力的发展需要高素质的人才队伍，以应对复杂多变的市场需求和技术挑战。

4. 智能制造和数字化转型

智能制造和数字化转型成为新质生产力发展的关键驱动力。通过引入先进的机器人、自动化设备、大数据分析等技术手段，生产过程更加智能化、灵活化和高效化。

5. 可持续发展和绿色生产

环境保护和可持续发展意识的提高，使得绿色生产和循环经济成为新质生产力发展的重要方向。高效利用资源、降低排放和回收利用将成为未来生产力发展的必然选择。

6. 全球挑战和机遇

全球性挑战如人口老龄化、气候变化、资源紧缺等也在推动新质生产力的发展。应对这些挑战需要创新的生产模式、产品和服务，从而催生了新的生产力形态。

（二）新质技术的发展背景

经济学家卡萝塔·佩蕾丝（Carlota Perez）曾系统阐述推动社会发展的"技术—经济范式"。在她看来，人类历史上经历了五次技术革命，每一次技术革命都会带来新的技术、新的关键生产要素、新型基础设施和新兴产业的发展。技术革命驱动经济发展的过程就是"技术—经济"范式，每一次历史发展的巨潮都可以被看作新范式替代旧范式。在这个过程中，新范式要突破原有社会制度体系的阻碍和束缚，在对原有社会体系的颠覆中吸收技术革命的新范式，人们也将逐渐摒弃前一个范式并接受新的组织原则，新范式与新形成的社会制度框架重新耦合。技术革命除了要在短时间内实现创新集群的突破外，还要具备两个条件：一是这些技术突破超越了它们最初发展的产业界限，传播到更广阔的范围；二是旧范式的潜力被耗尽，只有当信息革命的财富创造潜力接近极限时，新技术革命才更有可能发生。新质生产力产生的理论机制如图5-1所示。

在新质生产力这一概念的指引下，郭洪飞院士创新性提出"新质技术"这一概念。新质技术的快速发展得益于信息技术、全球化、市场需求和科学研究等多个因素。信息技术的进步（如云计算、大数据、人工智能等新型技术）为新质技术提供了强大的支持，全球化使得技术传播更加迅速和广泛，市场需求推动了新质技术的应用和创新，科学研究则为新质技术的理论基础提供了重要支撑。

新质技术的发展背景与新质生产力密不可分，相辅相成，相互推动，共同推动着各领域的发展。生产力是推动社会发展变迁的最活跃因素，是可能的潜在力量和新生的现实力量之合力。马克思曾通过对"蒸汽机""珍妮走锭精纺机""手推磨""蒸汽磨"的描述来分析技术进步对生产力发展的推动作用，并阐释了生产力革新引发社会关系变革的内在规律。也就是说，一方面，技术之所以能够引发生产力变革，在于它对生产要素与劳动过程的改造，并构建起新的生产方式，新的生产技术；另一方面，社会生产关系和社会制度也会反作用于生产力的发展，与生产力发展水平相适应的生产关系和社会制度，可以成为新质技术创新应用和社会生产力水平快速提升的"加速器"，反之，则可能成为新质技术应用和生产力发展的"桎梏"。技术创新与社会制度变革之间也会相互影响、相互作用，推动社会不断向前发展。习近平总书记在党的二十大报告中指出，要优化重大生产力布局，强化国家战略科技力量，不断开辟发展新领域新赛道，塑造发展新动能新优势。新质生产力的出现，不仅意味着生产力、社会经济层面的变迁，还意味着生产关系、社会制度层面的深刻变革。同时，对新质技术的推动也是不言而喻的。

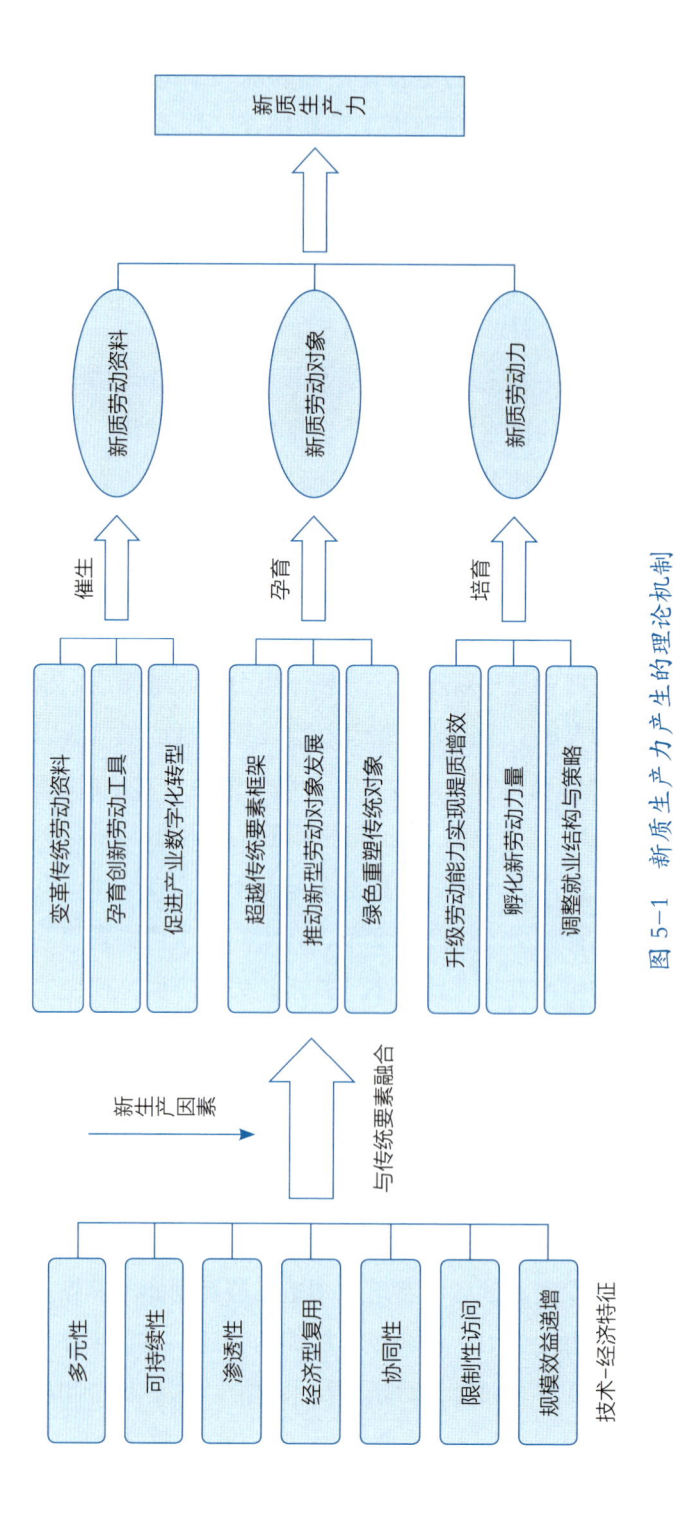

新质生产力
中国高质量发展的新引擎

图 5-1 新质生产力产生的理论机制

二、内涵定义

（一）新质生产力的定义

新质生产力是在数字化、智能化与技术化快速发展的条件下，由技术革命性突破、生产要素创新性配置、产业深度转型升级而催生呈现的新形式和新质态，它以劳动者、劳动资料、劳动对象及其优化组合的质变为基本内涵。其起点在"新"，关键在"质"，落脚点在"生产力"。"新"指的是新技术、新模式、新产业、新业态；关键在"质"，这个"质"可以指物质、本质，也可以指质量、品质，但归根结底是高质量的"质"；落脚点在"生产力"，这种生产力是推动社会进步的最活跃、最革命的生产力。

1. 新质生产力是以推动经济社会高效率、高质量可持续发展为目标的生产力

党的二十大报告强调，推进中国式现代化是"新时代新征程中国共产党的使命任务"。世界正处于百年未有之大变局，在中国经济发展的转型重要时期，为了维持国内经济的持续性发展，推进中国式现代化是中国促进经济持续性发展、实现和平崛起的重要选择，是发展新质生产力的现实需求。

2. 新质生产力是以科技创新为核心，以新兴和未来产业为载体，推动实现高质量发展和中国式现代化的优质生产力

习近平总书记提出的"新质生产力"是实现中国式现代化的重要物质基础，也是推动中国经济高质量发展的关键所在。它以劳动者、劳动资料、劳动对象及其优化组合的质变为基本内涵，以全要素生产率提升为核心标志。通过发展战略性新兴产业和未来产业，可以更好地应对新一轮科技革命和产业革命的挑战，可以更好地适应和引领全球经济发展的新趋势。

区别于传统生产力，新质生产力并不是局部优化与简单迭代，而是由技术革命性突破、生产要素创新性配置、产业深度转型升级而催生的当代先进生产力。相比传统生产力：

（1）新质生产力侧重于科技创新，通过引入新技术、新产品、新模式和新业态等创新元素，推动生产力实现革命性跃升。

（2）新质生产力被视为高效率、低能耗的生产力形式，通过鼓励创新技术的应用，推动绿色能源、清洁生产和环保产业的发展，减少温室气体排放，有助于促进双碳循环。

（3）新质生产力可以实现人民高品质生活，并且通过数字化技术的普及和互联网的发展，促使人们能够更加平等地获得各类公共服务。

（4）新质生产力是数字时代更加融合且体现新内涵的生产力，通过数字技术的应用与传统行业的跨界融合，新的生产力形态得以形成，进而推动各个领域的升级和转型。

（5）通过数字经济的兴起，政府可以利用大数据分析和人工智能技术，实现精准决策和科学治理，优化公共服务和资源配置。

（二）新质技术的定义

新质技术是指通过创新的方法和手段，实现技术突破和革新，以解决某些问题、实现预定目标的技术，是综合运用数字技术与实体融合的集成技术，其目标在于解决新兴领域中的生产力挑战。该技术范畴涵盖了数智技术、人工智能、智能物联、数字孪生以及基于数据、算力、算法的新一代信息技术等。在广义上，所有以新质技术为基础，以提升生产力水平为目标的专业领域，包括但不限于新一代信息技术、新能源、新材料、先进制造、生物技术等战略性新兴产业，以及人工智能、量子信息、工业互联网、卫星互联网、机器人等未来产业均可被归入新质技术的应用范畴。这些技术通常具有新颖性、创造性和实用性，能够拓展人类生存能力，提高生产力和效率，促进社会经济发展和进步。新质技术的引入和应用能够推动产业升级和转型，创造全新的商业模式，从而为经济发展注入新的动力。

新质技术区别于传统技术的关键在于其实现了技术突破和革新。这些技术通过新的方法、思路或手段实现了前所未有的创新，解决了以往难以解决的问题或实现了特定的目标。

新质技术可以应用于各个领域，如制造业、医疗保健、金融服务、零售业等。它们可以帮助企业提高生产效率、降低成本、改善质量，以及满足消费者的需求。例如，人工智能可以通过智能化的生产流程和预测性分析，提高制造业的生产效率和产品质量。在医疗保健领域，人工智能可以通过医学图像分析、诊断辅助等应用，提高医疗效率和诊断准确率。

新质技术还可以促进可持续发展和环境保护。例如：通过智能能源管理技术，可以有效地降低能源消耗和碳排放；通过循环经济技术，可以促进资源的高效利用和废物的再利用。

总之，新质技术是推动经济社会发展的重要力量，它的引入和应用将深刻影响人类社会的未来走向。它不仅展示了科技的创新能力，同时为全球范围内的社会和经济变革提供了有力的推动力。

三、概念特征

（一）现实作用

新质生产力作为当今经济社会发展的重要驱动力，其现实作用日益凸显。它不仅能够推动产业升级和转型，提升生产效率和质量，还能够促进资源的优化配置和高效利用，降低生产成本和交易成本。而新质技术以新一代信息技术、先进制造技术、新材料技术等融合应用为基础，孕育出一大批更智能、更高效、更低碳、更安全的新型方式，极大拓展了生产空间，为形成新质生产力提供了物质及技术条件。科技创新广度延伸、深度拓展、精度提高和速度加快，使劳动对象的种类和形态大大拓展，进而推动形成新质技术，来服务于新质生产力。比如，数据作为新型生产要素成为重要劳动对象，直接创造社会价值，又通过与其他生产要素的融合进一步放大了价值创造效应。新质生产力要求生产力要素之间更高水平的协同匹配。在一系列新质技术的驱动下，新质生产力引领带动生产主体、生产工具、生产对象和生产方式变革调整，推动各类要素便捷化流动、网络化共享、系统化整合、协作化开发和高效化利用，有效降低交易成本，提升资源配置效率和全要素生产率。

具体来说，新质技术通过优化生产流程、提高生产效率、降低能耗和排放等方式，推动了传统产业的转型升级。同时，它也催生了众多新兴产业和业态，为经济社会发展注入了新的活力。新质技术的推动力主要包括以下几个方面。

1. 提升效率

新质技术的应用，可以显著提升生产效率和工作效率，从而推动经济增长和社会发展。例如，自动化生产线、智能物流系统等技术的应用可以大幅提高生产效率。

2. 创造就业机会

新质技术的发展，通常伴随着新的产业和就业机会的出现，比如人工智能、生物技术等领域的快速发展为许多人创造了就业机会。

3. 优化资源配置

新质技术的应用，可以帮助优化资源配置，提高资源利用效率，减少资源浪费，从而推动可持续发展。

4. 促进创新

新质技术的不断涌现，激发了人们的创新激情，推动了科技创新和产业升级。这种创新精神有助于推动整个社会的发展。

5. 改善生活质量

新质技术的应用，改变了人们的生活方式，提升了生活质量，比如智能家居、医疗健康科技等领域的发展可以为人们带来更便捷、更健康的生活方式。

6. 促进全球合作

新质技术的发展，促进了各国之间的合作与交流，加强了全球科技创新的合作与共享，推动了全球化进程。

在这个过程中，新质技术不仅改变了生产方式，也改变了生活方式和社会结构，使人们能够更好地适应和应对日益复杂多变的外部环境。这些推动力使得新质技术成为推动社会发展和进步的重要引擎，对整个社会产生着深远的影响。

（二）重要特征

新质的要素既包括要素自身素质、品质、质量等的明显提升，还包括要素在"质"上的显著跃升即要素自身的质变。新质的要素加入技术，便会出现新质技术。因此，研究新质技术就是研究技术的构成要素在量的方面的大幅度提升，更为关键的是在质的方面的提升。

新质技术必须具有针对性和目标性，它们是为了解决特定的问题或实现特定的目标而产生的。因此，新质技术的开发和应用通常需要深入挖掘实际需求，提出有效、敏锐的问题，并探索相应的技术手段去解决这些问题。

新质技术也具有实用性和效益性，它们能够提高生产力和效率，改善生活质量，促进经济发展和社会进步。同时，新质技术也需要经过实践检验和评估，以确保其可行性和有效性。

1. 针对性和目标性

新质技术通常具有明确的问题导向和目标导向，它们是为了解决特定的问题或实现特定的目标而产生的。这些技术针对实际需求进行开发和应用，具有明确的目标和意图。

2. 创新性和变革性

新质技术的显著特点在于其高度创新性，且带有强烈的变革性质，其能够独创性地解决以往未能有效解决的问题，或者为先前存在的挑战提供全新的解决方案，这种创新可能根本性地改变个体生活方式、职业工作方式以及整个社会的运作模式，对经济和社会结构产生深远影响。

3. 实用性和效益性

新质技术的价值和意义在于其实用性和效益性，可在多个领域得以应用，如医疗、交通、能源等。其广泛应用不仅仅改善特定领域的状况，同时在整个社会体系中产生深远的影响，推动社会的整体进步。这些技术能够提高生产力和生产效率，改善生活质量，促进经济发展和社会进步。同时，新质技术也需要经过实践检验和评估，以确保其可行性和有效性。

4. 交叉性和融合性

新质技术往往不是单一的技术领域，而是不同技术领域的交叉和融合。这些技术涉及多个学科领域的知识和技术，如人工智能、生物技术、纳米技术等。因此，新质技术的开发和应用通常需要跨学科的合作和交流。

5. 数字化特性

新质技术的本质常常是数字化的，依赖于对数据的处理、分析和应用。数字技术的广泛运用使得新质技术在实现高度自动化、智能化的同时，也对数据隐私、安全性等方面提出了新的挑战。

（三）重要意义

新质技术的提出，不仅意味着以科技创新推动产业创新，更体现了以产业升级构筑新竞争优势、赢得发展的主动权。新质技术的重要性不仅在于其引领了产业变革的新潮流，更在于它作为经济增长的新引擎，为社会发展注入了源源不断的动力，对各地区发展具有深远的引领和启示意义，是推动全面高质量发展的关键所在。

1. 加快形成新质技术有助于促进我国科技水平实现质的飞跃，增强国际竞争力

当前世界正在发生百年未有之大变局，科技创新成为大国竞争的主要着力点。全球产业链加速重构，呈现出大国竞争政治化、逆全球化、全球经济治理体系碎片化等新特点。世界各国竞争，特别是大国之间的竞争，归根结底是科学技术的竞争。加快形成新质技术，本质上就是加快大数据、云计算、人工智能等新技术的理论研究和技术应用，促进新技术与新生产要素的有机融合。发展新质技术的过程，就是提升我国科学技术核心竞争力的过程，就是充分抓住新一轮科技革命机会的窗口期，及早布局和攻关新兴科学技术，在行业技术标准制定等方面掌握话语权，打赢关键核心技术攻坚战。

新一轮科技革命和产业变革与中国加快转变经济发展方式形成历史性交汇，面向前沿领域及早布局，提前谋划变革性技术，夯实未来发展的技术基础，是不容错过的重要战略机遇，是抢占发展制高点、培育竞争新优势的先手棋。

2. 加快形成新质生产力有助于推动我国产业转型升级，全面构建现代化产业体系

加快形成新质技术是我国推进产业转型升级的重要动力。新质技术不仅能够推动传统产业向智能化、绿色化转型，还能催生新兴产业形态，加快战略性新兴产业和未来产业的发展：一方面，通过引入智能制造、数字孪生、万物互联等先进理念和关键技术，促进工业化、数字化、智能化深度融合，传统产业得以不断开创新业态、新模式，提升产业效率，塑造新的竞争优势；另一方面，新质技术涉及高新技术、先进制造和数字化服务等领域的发展，这些领域颠覆性技术不断涌现，呈现多点开花的局面，这有助于我国开辟新领域和新赛道，重新塑造产业发展的新动能、新优势。

经济发展从来不靠一个产业"打天下"，而是百舸争流、千帆竞发，主导产业和支柱产业在持续迭代优化。光伏、新能源汽车、高端装备等促进当前经济增长的重要引擎，都是从曾经的"未来产业"、战略性新兴产业发展而来。

发挥科技创新的增量器作用，加大源头性技术储备，积极培育未来产业，加快形成新质技术，将为中国经济高质量发展构建新竞争力和持久动力。

（四）战略选择

一是要充分发挥市场在资源配置中的决定性作用，更好发挥政府作用。马克思主义认为生产力决定生产关系，当生产关系适应生产力发展的要求时就会促进生产力发展，反之，就会阻碍生产力发展。我国生产关系总体上是适应生产力发展要求的，但还需要进一步深化改革，在更大范围更深程度上释放活力。对于政府而言，一方面要提供公平竞争的良好营商环境，特别是法治环境。市场经济本质上是法治经济，平等竞争的环境要胜于任何优惠政策。另一方面，市场竞争既是战略性新兴产业和未来产业发展的压力，又是其发展的动力，要深化市场经济体制改革，完善生产要素市场，优化政府服务，简政放权，放管结合，优化服务改革，减少企业不必要的交易成本。

二是要不断完善战略性新兴产业和未来产业发展规划。发展规划是开放的而不是封闭的，要根据科技进步和产业发展状况及时优化、调整和完善，要完善支持战略性新兴产业特别是未来产业的政策措施。各地区要对产业发展状况特别是对龙头企业进行全面分析和摸底，主动对接国家战略需求，从中选出符合国家产业政策要求的战略性新兴产业和未来产业。在战略性新兴产业和未来产业的选择上，要力避盲目铺摊子，坚持少而精的原则。要从实际出发制定战略性新兴产业发展和未来产业规划，既要制定共性的支持政策，又要根据企业诉求，"一企一策"制定个性化政策，做大做强战略性新兴产业，特别是对于高成长性的未来产业要给予精准的政策支持，促使其尽快地把潜在生产力转化为现实的新质生产力，要打通制约企业经营发展的堵点和痛点。

三是要培育一大批懂科技、懂资本、懂市场、懂金融的战略企业家。人才是市场竞争的制胜之道。战略性新兴产业和未来产业发展的最大制约因素是人才，特别是需要千百万个"四懂"战略企业家。企业家不是在温室中培养出来的，而是在激烈竞争的商战中打拼出来的。当前我国不少企业家具有"单打冠军"的特点，存在懂科技的未必懂市场、懂市场的却不懂金融等问题，而战略性新兴产业和未来产业需要的是"四懂"人才，也就是复合型的战略企业家，政府在培养"四懂"人才方面大有可为，特别是可以为企业家成长提供实战型的学习交流平台。

第二节
新质技术基础

一、新质技术图谱

新质技术图谱如图 5-2 所示。

新质技术图谱展示了一个多维度、跨产业的科技发展蓝图，它像一张精密的网，将不同领域的技术创新和应用紧密地联系在一起。它不仅涵盖了传统的艺术、军事、医疗等领域，还深入新兴产业和技术领域，如新材料、新能源、智能制造等，形成了一个庞大的技术生态系统。

在这个生态系统中，各种技术之间并非孤立存在，而是相互交织、相互影响。技术创新和应用的深度发展，使得各个领域之间的界限逐渐模糊，交叉融合成为常态。例如：在医疗领域，新材料技术的应用为医疗器械和药物研发提供了更多的可能性；新能源技术的发展则为医疗设施的绿色化、低碳化提供了有力支持；而人工智能和大数据技术的引入，则使得医疗诊断和治疗更加精准、高效。

新质技术图谱揭示了不同领域之间的技术转移和转化趋势。随着科技的不断进步和创新，一些原本属于某个特定领域的技术，可能会在其他领域找到新的应用空间。这种跨领域的技术转移和转化，不仅促进了技术的普及和推广，也推动了不同领域之间的交流和合作。同时，新质技术图谱的动态更新与演进，也反映了科技创新的无限可能性和勃勃生机。随着科技前沿的突破，新的技术不断涌现并被纳入这个图谱，不断丰富和拓展着科技的边界。

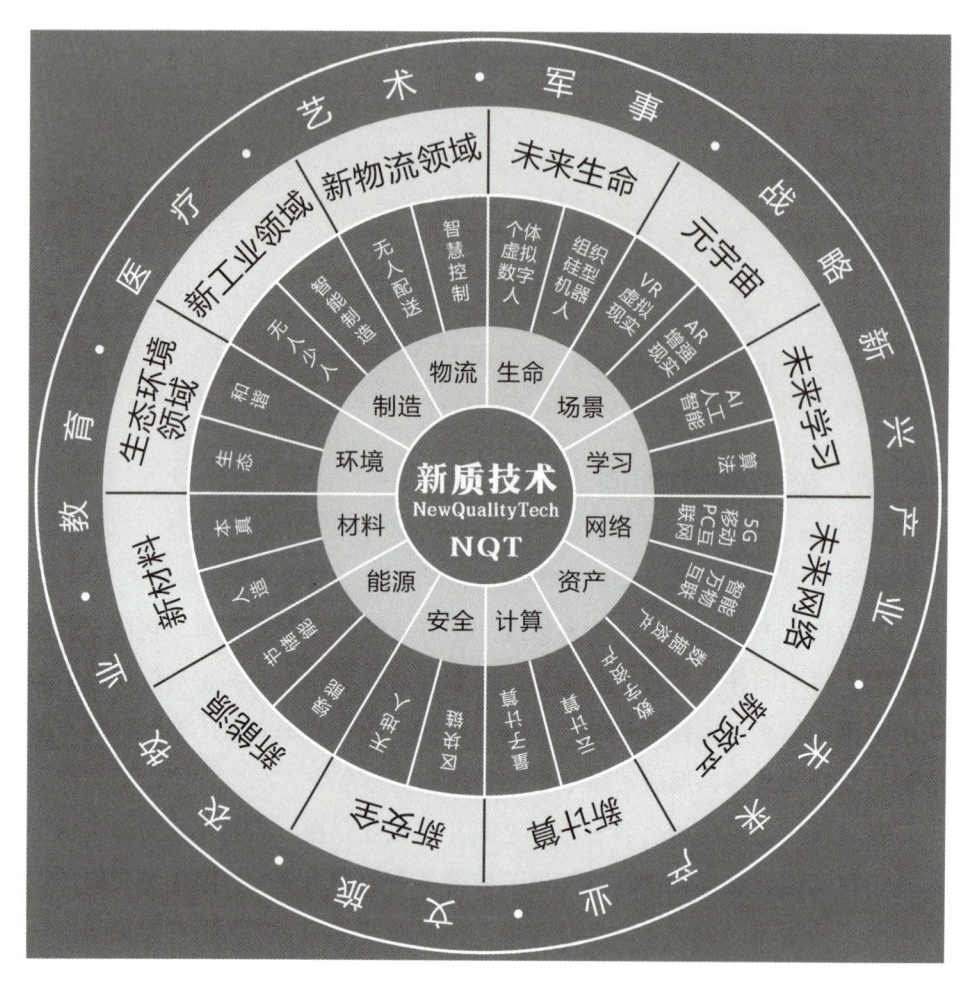

图 5-2 新质技术图谱

例如，量子计算、生物技术和基因编辑等前沿技术，正在逐渐成熟并走向应用，它们将在未来对新质技术图谱产生深远影响。

此外，新质技术图谱也为政策制定者和企业决策者提供了宝贵的参考依据。通过对图谱的深入分析，人们可以了解技术发展的趋势和规律，把握科技创新的热点和难点，从而制定出更加科学、合理的科技政策和产业发展战略。同时，企业也可以借助图谱，发现新的技术机遇和市场空间，推动自身的技术创新和产业升级。

二、新质技术引擎

以新质引擎为核心环节，通过深度整合与创新，集成了绿色技术、感知技术、数智技术与交互技术，构建了"新质生产力—新质技术—新质引擎—产业发展—行业赋能—场景应用"的链式结构。

新质生产力作为当代经济发展的核心动力，它代表着一种全新的生产和管理方式，这种方式以科技创新为基石，通过持续的技术进步和优化来提高生产效率和质量。在新质生产力的推动下，新质技术应运而生，成为推动产业革新的关键力量。

新质技术是一种综合运用数字技术和实体相互融合的集成技术。它的发展得益于数智技术、人工智能、智能物联、数字孪生等前沿科技的综合应用，以及数据、算力、算法的深度整合。这些技术的融合不仅推动了新质技术的发展，也构成了新质引擎的核心部分。

新质引擎作为核心环节，是指那些能够驱动产业发展、创新和升级的动力源泉，其总体应用思路如图5-3所示。它以传统产业的高端化升级和前沿技术的产业化落地为主线，以创新为动力，以企业为主体，以场景为牵引，以标志性产品为抓手。这些要素共同作用，形成了一个强大的动力系统，推动着产业的不断前进。

新质引擎作为一个复杂而高效的系统，其核心运作原理体现在多核运作机制和协同联动机制上。这两种机制共同确保了新质引擎能够在各个层面实现高效、稳定和持续地运行。以下是具体阐述。

1. 多核运作机制

（1）能源核

能源核是新质引擎的动力源泉，将水、煤、石油和电力演变为算力和新能源，新能源算力成为新基础设施，支撑智能经济高速增长，这一变化不仅有助于解决传统能源面临的问题，还为人类社会的可持续发展提供了更多选择和可能性。

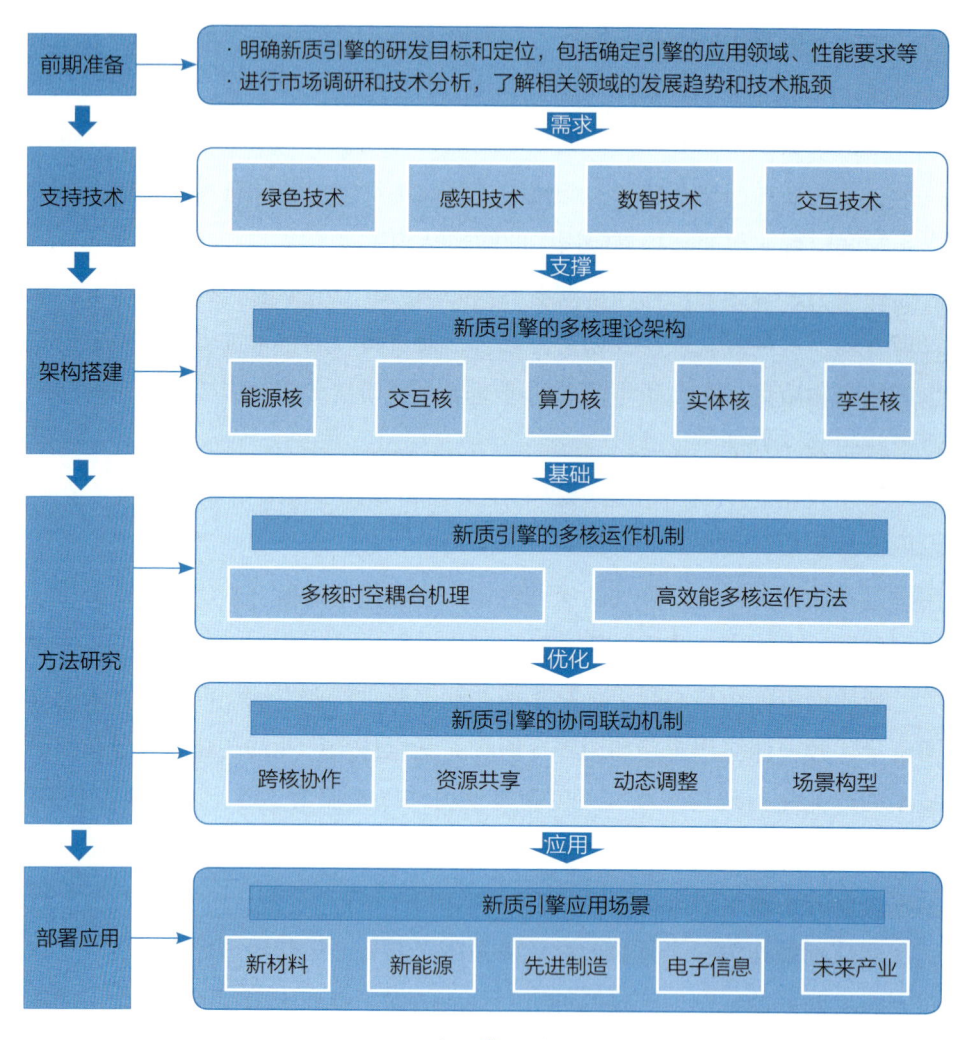

图 5-3　新质引擎总体应用思路

（2）交互核

交互核负责信息的交流和用户的互动，包括智能物联、人机交互界面的优化、脑机接口技术、数据分析和利用等，实现信息的有效交流和用户的良好互动，以提升更好的用户体验和服务质量。

（3）算力核

算力核是新质引擎的核心计算单元。它具备强大的数据处理和分析能力，能够支撑起引擎中复杂的计算任务，处理大量数据和复杂算法，包括高性能计算、云计算、边缘计算等，为处理大量数据提供支持。

（4）实体核

实体核关注的是物理世界与数字世界的连接。它指的是物理世界中的生产和制造过程，以及通过数字化改造提升实体产业的效率和质量。这涉及物联网技术、智能制造、3D打印等，将数字指令转化为实体产品或服务，深化数实融合。

（5）孪生核

孪生核是新质引擎中的虚拟映射单元。包括元宇宙、数字孪生等技术，通过创建物理实体的数字副本来实现模拟、分析和预测，进而优化产品设计和生产流程。

2. 协同联动机制

（1）跨核协作

不同核之间能够进行高效的数据交换和任务分配，例如，算力核可以快速处理由交互核收集到的数据，而实体核则可以将算力核的计算结果转化为实际的物理输出。

（2）资源共享

各核在资源上实现共享，比如能源核提供的能源可以供其他核使用，算力核的计算资源也可以服务于其他核的需要。

（3）动态调整

根据任务需求和环境变化，多核之间能够动态调整资源的分配和任务的执行，以适应不断变化的需求。

（4）场景构型

构建一种多场景下的构型理论，在所提出的模型中实现新质引擎多核之间的协同运作，旨在构建多核的全局特征多任务学习模型，实现新质引擎资源的全局优化。

产业发展，是新质技术发挥作用的直接受益者。在战略性新兴产业中，新质技术的应用促进了新能源、新材料、先进制造、电子信息等领域的快速发展。同时，未来产业如人工智能、量子信息、工业互联网、卫星互联网、机器人等也得到了新质技术的强力支持，这些领域的发展潜力巨大，预计将对经济社会产生深远影响。

行业赋能，是新质技术实现价值转化的关键过程。通过将新质技术应用于具体行业，可以极大地提升行业的生产能力、产品质量和服务水平。例如：在医疗行业，新质技术可以通过智能化的设备和系统提高诊断的准确性和治疗的效果；在教育行业，新质技术则能够提供个性化的学习方案和互动式的教学环境。

场景应用，是新质技术落地的最终形态。在不同的应用场景中，新质技术能够根据具体的需求和条件，展现出不同的功能和效果。这些场景包括但不限于智能制造车间、智慧物流系统、城市交通管理、智能家居环境等。在这些场景中，新质技术不仅提高了操作的效率和便捷性，还为用户带来了全新的体验。

新质生产力的崛起带动了新质技术的发展，新质技术又构成了新质引擎的核心，推动了产业的发展，进而为各行业提供了强大的赋能，最终在不同场景中得到广泛应用，实现了技术的价值最大化。而新质引擎的多核运作机制和协同联动机制是推动新质技术发展和应用的关键，它们通过整合不同领域的资源和力量，促进了产业的升级和经济的高质量发展。这一链条式的发展和转化过程，展现了新质技术在现代经济社会中的重要角色和广阔前景。

三、新质技术体系架构

依据新质技术图谱和新质引擎，提出新质技术体系框架（见图 5-4）。新质技术的体系架构通常包括以下几个方面。

1. 技术体系

新质技术需要建立在一个完整的技术体系之上，这个技术体系通常包括基础技术、核心技术、支撑技术和扩展技术等。其中：基础技术是整个技术体系的基础，包括数学、物理、化学等基础学科知识；核心技术是实现新质

图 5-4　新质技术体系框架

技术突破和革新的关键技术，如人工智能、生物技术、纳米技术等；支撑技术为新质技术的实现和应用提供必要的支持和保障，如云计算、大数据、物联网等；扩展技术则是将新质技术应用到更广泛的领域和场景中，以实现其更大的价值和效益。

2. 研发体系

新质技术的研发需要建立一个高效的研发体系，这个研发体系通常包括研发团队、研发流程、研发工具等。其中：研发团队是新质技术研发的核心力量，包括科研人员、技术人员、管理人员等；研发流程是新质技术研发的重要环节，包括需求分析、设计、开发、测试、发布等环节；研发工具则是新质技术研发的重要支持，包括建模工具、仿真工具、代码编辑器等。

3. 应用体系

新质技术的应用需要建立一个完善的应用体系，这个应用体系通常包括应用场景、应用流程、应用效果等。其中：应用场景是新质技术应用的背景和前提，包括工业、医疗、交通、能源等领域；应用流程是新质技术应用的重要环节，包括需求分析、方案设计、实施部署、运行维护等环节；应用效果则是新质技术应用的重要评估指标，包括性能指标、安全指标、经济指标等。

4. 产业体系

新质技术的产业体系通常包括产业链上下游的企业和机构，这个产业体系通常包括原材料供应商、设备制造商、技术开发商、应用服务商等。其中：原材料供应商为新质技术的实现提供必要的原材料和零部件；设备制造商则为新质技术的实现和应用提供必要的设备和装置；技术开发商则负责新质技术的研发和技术支持；应用服务商则将新质技术应用到各个领域和场景中，以实现其更大的价值和效益。

总之，新质技术的体系架构是一个完整的系统，包括技术体系、研发体系、应用体系和产业体系等多个方面。这些方面相互支持，相互促进，共同推动新质技术的发展和应用。

（一）新质技术参考框架

新质技术参考架构是一种指导性的架构模型，用于描述新质技术在应用和推广过程中所涉及的关键要素和环节。这种参考架构可以提供一种通用的框架和思路，帮助人们更好地理解和应用新质技术，同时也为新质技术的研发、应用和推广提供了一种指导和借鉴。其参考架构如图 5-5 所示。

具体来说，新质技术参考架构包括以下几个方面。

1. 技术架构

技术架构是指新质技术在应用过程中所涉及的技术体系和技术架构。这种技术体系和架构是新质技术的基础和核心，也是该技术在应用过程中所必须考虑的关键因素之一。

图 5-5　新质技术参考架构

2. 应用架构

应用架构是指新质技术在具体应用场景中所涉及的应用系统和应用模式。这种应用系统和应用模式是新质技术在具体应用场景中的表现形式，也是该技术在推广和应用中所必须考虑的关键因素之一。

3. 产业架构

产业架构是指新质技术在产业生态中所涉及的产业链和产业生态系统的构建。这种产业链和产业生态系统展现了新质技术在产业生态中的位置和作用，也是该技术在推广和应用中所必须考虑的关键因素之一。

4. 组织架构

组织架构是指新质技术在组织机构中所涉及的组织形式和组织结构。这种组织形式和组织结构是新质技术在组织机构中的管理和运作方式，也是该技术在推广和应用中所必须考虑的关键因素之一。

总之，新质技术参考架构是一种指导性的架构模型，用于描述新质技术在应用和推广过程中所涉及的关键要素和环节。通过建立这种参考架构，可以更好地理解和应用新质技术，为新质技术的研发、应用和推广提供了一种指导和借鉴。同时，这种参考架构也可以为组织机构在引入和应用新质技术时提供一种通用的框架和思路，帮助组织机构更好地适应新技术带来的变革和挑战。

（二）新质技术体系参考模型

新质技术体系可以参考以下模型（见图 5-6）。

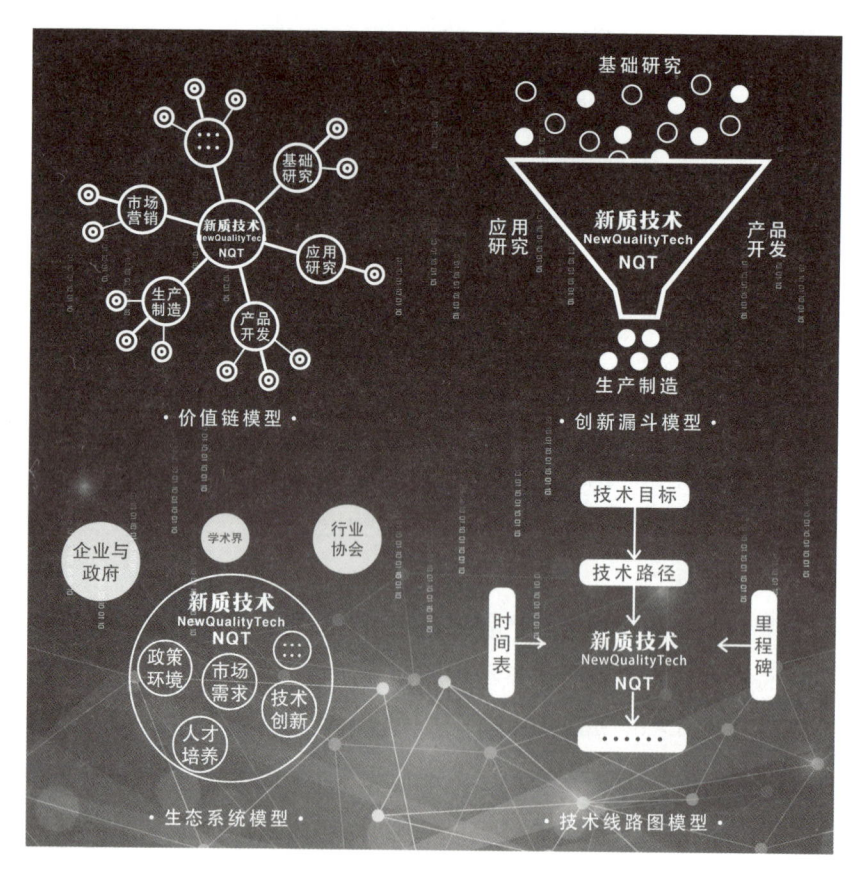

图 5-6 新质体系参考模型

1. 价值链模型

该模型将新质技术的产业体系划分为不同的环节，包括基础研究、应用研究、产品开发、生产制造、市场营销等。每个环节都涉及一个或多个学科领域，并需要不同的技能和资源。该模型有助于企业了解其在整个产业价值链中的位置和作用，以及与上下游企业的关系。

2. 创新漏斗模型

该模型将新质技术的研发和应用过程比喻为漏斗，从基础研究到应用研究，再到产品开发和生产制造，最终实现商业化应用。该模型强调在研发和应用过程中不断筛选和优化技术方案，以降低技术风险和提高技术效益。

3. 生态系统模型

该模型将新质技术的研发和应用视为一个生态系统，包括政策环境、市场需求、技术创新、人才培养等多个方面。该模型强调企业与政府、学术界、行业协会等各方面的合作和协调，共同推动新质技术的发展和应用。

4. 技术路线图模型

该模型为新质技术的研发和应用过程制定一个技术路线图，包括技术目标、技术路径、时间表、里程碑等要素。该模型有助于企业明确技术发展方向和路径，以及制订合理的研发计划和资源分配方案。

总之，新质技术体系的参考模型有很多种，企业可以根据自身实际情况选择适合自己的模型，以指导新质技术的研发和应用。

（三）新质技术交互操纵性

新质技术的系统交互操作性是指其各个组成部分和子系统之间能够相互协调，相互配合，共同实现技术目标的能力。这种操作性通常涉及技术体系、研发体系、应用体系和产业体系等多个方面，需要各个方面的支持和配合。

具体来说，新质技术的系统交互操作性包括以下四个方面。

1. 技术体系的交互操作性

新质技术的技术体系需要具备相互支持、相互配合的技术基础和核心技术，这些技术之间能够形成互补和协同效应，以实现技术的高效转化和应用。

2. 研发体系的交互操作性

新质技术的研发体系需要各个团队和环节之间的密切配合和协调，包括基础研究、应用研究、产品开发等环节之间的交互和配合，以及与外部合作伙伴和机构的合作和交流。

3. 应用体系的交互操作性

新质技术的应用体系需要考虑到实际应用场景中的各种因素和需求，包括用户需求、市场需求、环境需求等，以及各种应用系统和平台之间的数据交互和信息共享。

4. 产业体系的交互操作性

新质技术的产业体系需要各个企业之间的合作和配合，包括原材料供应商、设备制造商、技术开发商、应用服务商等企业之间的协同和配合，以及与政府、行业协会等各方面的合作和交流。

总之，新质技术的系统交互操作性是其发展的重要保障之一，需要各个方面的支持和配合，以实现技术的高效转化和应用。同时，这种交互操作性也需要不断改进和创新，以适应不断变化的市场需求和技术发展趋势。

（四）新质技术应用的行为逻辑

新质技术应用的行为逻辑，是指新质技术在应用过程中所遵循的规律和规则（见图 5-7）。这种行为逻辑主要体现在以下几个方面。

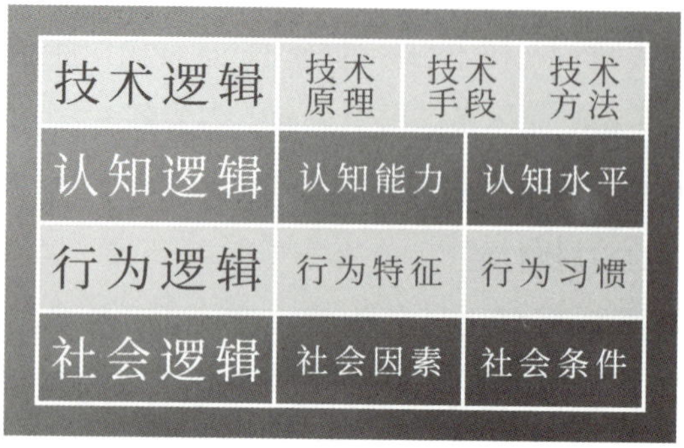

技术逻辑	技术原理	技术手段	技术方法
认知逻辑	认知能力	认知水平	
行为逻辑	行为特征	行为习惯	
社会逻辑	社会因素	社会条件	

图 5-7　新质技术应用的行为逻辑

1. 技术逻辑

技术逻辑是指新质技术在应用过程中所涉及的技术原理、技术手段和技术方法等。这些技术原理、手段和方法是该技术所特有的，也是该技术在应用过程中所必须遵循的技术规律。

2. 认知逻辑

认知逻辑是指人们在接触和使用新质技术时所需要具备的认知能力和知识水平。这种认知能力和知识水平是人们在使用该技术时所必须具备的，也是该技术在应用过程中所必须考虑的。

3. 行为逻辑

行为逻辑是指人们在应用新质技术时所表现出的行为特征和行为习惯。这种行为特征和习惯是人们在使用该技术时所表现出的，也是该技术在应用过程中所必须考虑的。

4. 社会逻辑

社会逻辑是指新质技术在社会中的应用和推广所涉及的社会因素和社会条件。这些社会因素和社会条件是该技术在应用过程中所必须考虑的，也是该技术在推广和应用中所必须遵循的社会规律。

总之，新质技术应用的行为逻辑，是新质技术在应用过程中所必须遵循的规律和规则。这种行为逻辑不仅涉及技术本身的规律和规则，还涉及人们的认知能力、行为特征和社会因素等方面。只有充分理解和掌握这种行为逻辑，才能更好地推广和应用新质技术，实现其最大的价值和效益。

（五）新质技术的分层核心技术

新质技术的分层核心技术，是指在新质技术体系中，不同层次所涉及的核心技术。这些核心技术是新质技术的重要组成部分，也是新质技术在不同层次中所必须掌握的关键技术。其分层核心技术如图 5-8 所示。

具体来说，新质技术的分层核心技术包括以下五个方面。

1. 基础层核心技术

基础层核心技术是指在新质技术体系中，基础层次所涉及的核心技术。

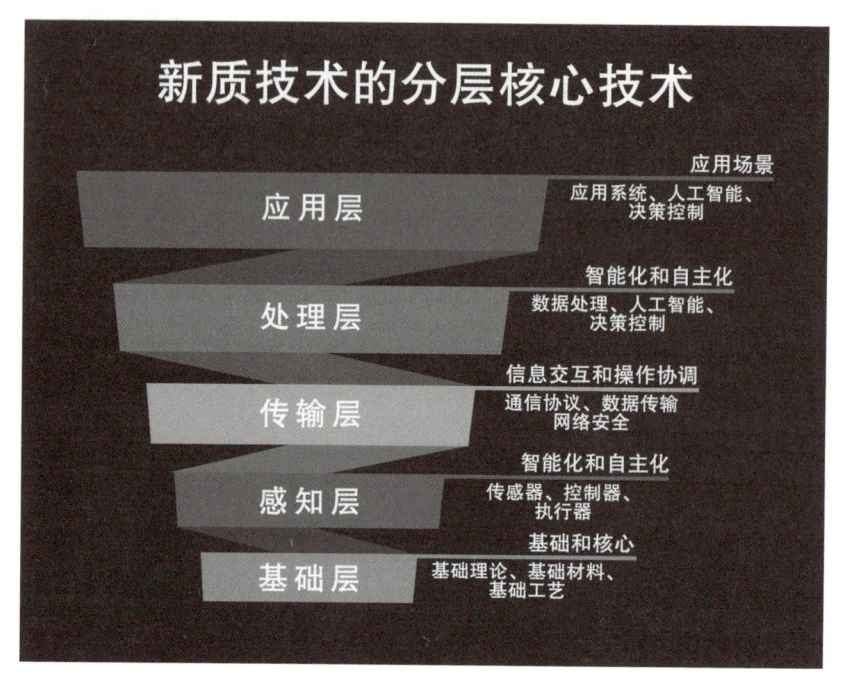

图 5-8　新质技术的分层核心技术

这些技术包括基础理论、基础材料、基础工艺等方面，是新质技术体系的基础和核心，也是新质技术在应用和推广中所必须考虑的关键因素之一。

2. 感知层核心技术

感知层核心技术是指在新质技术体系中，感知层次所涉及的核心技术。这些技术包括传感器、控制器、执行器等方面，是实现新质技术智能化和自主化的重要基础。

3. 传输层核心技术

传输层核心技术是指在新质技术体系中，传输层次所涉及的核心技术。这些技术包括通信协议、数据传输、网络安全等方面，是实现新质技术信息交互和操作协调的重要基础。

4. 处理层核心技术

处理层核心技术是指在新质技术体系中，处理层次所涉及的核心技术。这些技术包括数据处理、人工智能、决策控制等方面，是实现新质技术智能化和自主化的重要基础。

5. 应用层核心技术

应用层核心技术是指在新质技术体系中，应用层次所涉及的核心技术。这些技术包括应用系统、人工智能、决策控制等方面，是实现新质技术在具体应用场景中发挥最大价值和效益的重要基础。

总之，新质技术的分层核心技术是新质技术体系的重要组成部分，也是新质技术在不同层次中必须掌握的关键技术。通过掌握这些核心技术，可以更好地研发和应用新质技术，为新质技术在各个领域的应用和推广提供强有力的技术支持和保障。

四、新质技术数学模型与算法

（一）从新质技术兴起到应用

新质技术是指一种新兴的、具有独特性质和优势的技术，其兴起和应用过程通常包括以下几个阶段。

1. 探索阶段

新质技术的探索阶段，通常是其最初的发展阶段，这个阶段的主要任务是研究和发现新的技术原理和机制，并验证其可行性和优势。在这个阶段，新质技术通常还没有完全成熟，还需要进一步的研究和开发。

2. 实验室阶段

新质技术的实验室阶段，通常是在实验室环境中进行的研究和开发阶段。这个阶段的主要任务是进一步验证新质技术的可行性和优势，并对其进行精细调整和优化。在这个阶段，新质技术通常还没有走出实验室，还需要进行大量的实验和研究。

3. 初步应用阶段

新质技术的初步应用阶段，通常是在实际应用场景中初步尝试使用新质技术。这个阶段的主要任务是验证新质技术在实际场景中的可行性和优势，并对其应用效果进行初步评估。在这个阶段，新质技术的应用范围通常比较有限，还需要进一步的研究和开发。

4. 推广应用阶段

新质技术的推广应用阶段，通常是在更广泛的应用场景中推广和应用新质技术。这个阶段的主要任务是推广新质技术的优势和应用范围，并促进其在各个领域的应用和普及。在这个阶段，新质技术的应用范围逐渐扩大，其优势和应用效果也得到了更广泛的认可。

5. 成熟应用阶段

新质技术的成熟应用阶段，通常是在更广泛的应用场景中成熟地应用新质技术。这个阶段的主要任务是优化新质技术的性能和应用效果，并促进其在各个领域的深度融合和创新发展。在这个阶段，新质技术的应用效果得到了更广泛的认可，其优势也得到了充分发挥，成为推动经济社会发展的重要力量。

（二）新质引擎的多核理论

1. 多核耦合技术

多核耦合技术运用多模态数据深度语义关联分析机制，通过模态数据间多层非线性的相关性，在多核环境下构建出模态间的共享特征子空间、设计不变图规则化因子以及新的目标函数，给出多模态数据的共享机制、局部相似特性、语义匹配模型的实现原则、策略与方法，分析网络输入数据的多模态表示方式，评估融合多传感器信息的价值以及多模态表示在跨任务传递的能力，从而建立多模态数据关联分析的多核时空耦合机理模型。

2. 协同运作方法

协同运作方法是针对多场景下的构型理论，在所提出的模型中实现新质引擎多核之间的协同运作，旨在构建多核的全局特征多任务学习模型。为了消除不同客户端的分布差异，可引入联邦个性化"元学习"思想与机制，为不同数据持有核构建不同的个性化模型来解决多核感知、交互、计算、联动跨域数据不平衡的问题，把联邦个性化学习技术从理论研究推进至新质引擎应用上，实现新质引擎资源的全局优化。

（三）新质技术平台的推荐算法

新质技术平台的推荐算法通常基于协同过滤和深度学习等技术，可以归为以下几类（见图5-9）。

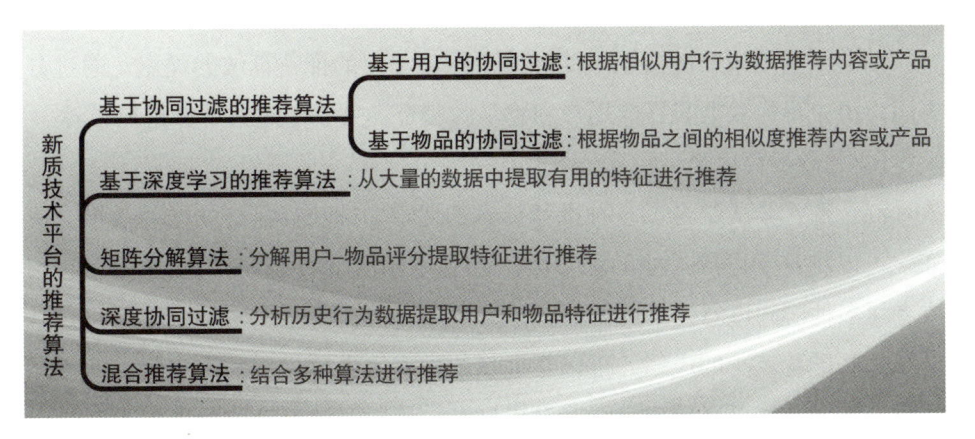

```
新质技术平台的推荐算法
├─ 基于协同过滤的推荐算法
│   ├─ 基于用户的协同过滤：根据相似用户行为数据推荐内容或产品
│   └─ 基于物品的协同过滤：根据物品之间的相似度推荐内容或产品
├─ 基于深度学习的推荐算法：从大量的数据中提取有用的特征进行推荐
├─ 矩阵分解算法：分解用户—物品评分提取特征进行推荐
├─ 深度协同过滤：分析历史行为数据提取用户和物品特征进行推荐
└─ 混合推荐算法：结合多种算法进行推荐
```

图5-9 新质技术平台的推荐算法

1. 基于协同过滤的推荐算法

协同过滤是一种基于用户行为数据的推荐算法，它通过分析用户历史行为数据，找出与当前用户兴趣相似的其他用户或物品，来为用户推荐个性化的内容或产品。该算法主要分为基于用户的协同过滤和基于物品的协同过滤。

（1）基于用户的协同过滤

找出与当前用户兴趣相似的其他用户，根据这些相似用户的行为数据，为当前用户推荐内容或产品。

（2）基于物品的协同过滤

根据物品之间的相似度来推荐内容或产品。如果用户喜欢物品A，那么很有可能他也会喜欢与物品A相似的物品B。

2. 基于深度学习的推荐算法

深度学习是一种基于人工神经网络的机器学习方法，可以处理大量的数据并从中提取出有用的特征。在推荐算法中，深度学习可以用来提取用户和物品的特征，并基于这些特征进行推荐。

3. 矩阵分解算法

通过分解用户—物品评分矩阵，提取出用户和物品的特征，并基于这些特征进行推荐。

4. 深度协同过滤

结合了基于用户的协同过滤和基于深度学习的推荐算法的优点，通过分析用户历史行为数据来提取用户和物品的特征，并基于这些特征进行推荐。

5. 混合推荐算法

混合推荐算法结合了多种推荐技术的优点，以获得更好的推荐效果。例如，可以将基于协同过滤的推荐算法和基于深度学习的推荐算法进行组合，或者将多种协同过滤技术进行组合。

这些推荐算法的应用，可以帮助新质技术平台更好地为用户提供个性化的服务和产品，提高用户满意度和忠诚度。同时，这些算法也需要不断地优化和改进，以适应不断变化的市场需求和技术环境。

（四）新质技术平台的推荐模型

新质技术能够用到的模型种类繁多，它们各自在不同领域和场景中发挥着关键作用。以下为一些主要模型。

1. 深度学习模型

卷积神经网络（CNN）：常用于图像处理任务，如图像分类、目标检测等。通过卷积层提取图像特征，并通过全连接层进行分类或回归。

循环神经网络（RNN）及其变体（如 LSTM、GRU）：适用于处理序列数据，如文本、时间序列等。它们能够捕捉序列中的依赖关系，特别适用于自然语言处理、语音识别等任务。

2. 机器学习模型

支持向量机（SVM）：一种分类算法，通过找到一个超平面来分隔不同类别的数据。它对于高维数据和非线性问题具有良好的性能。

决策树与随机森林：决策树通过一系列问题对数据进行分类或回归，而随机森林则是通过构建多个决策树并集成它们的输出来提高准确性和稳定性。

3. 仿真模型

系统动力学模型：用于模拟复杂系统的行为，包括经济系统、生态系统等。它可以帮助预测系统在不同条件下的演化趋势。

多代理模型：通过模拟多个智能代理的交互行为来模拟复杂系统的运行，特别适用于研究社会系统、交通流等。

4. 预测模型

时间序列分析模型：用于分析时间序列数据的趋势、季节性和随机波动，以预测未来的值，如 ARIMA 模型。

回归分析模型：通过建立自变量和因变量之间的关系来预测因变量的值。它可以是线性回归、多项式回归或逻辑回归等。

5. 图模型

图神经网络（GNN）：用于处理图结构数据，如社交网络、蛋白质相互作用网络等。它们能够捕捉节点之间的复杂关系，并在节点分类、链接预测等任务中表现出色。

PageRank 算法：一种用于评估网页重要性的算法，通过计算网页之间的链接关系来确定其排名。

6. 生成模型

生成对抗网络（GAN）：由生成器和判别器两个神经网络组成，通过博弈过程生成逼真的图像、文本等数据。

变分自编码器（VAE）：一种生成模型，通过编码器和解码器学习数据的潜在表示，并能够生成新的数据样本。

这些模型只是新质技术中用到的一部分，实际上还有很多其他模型，如强化学习模型、概率图模型、混合模型等，它们各自在不同领域和场景中发挥着重要作用。随着技术的不断进步和应用的不断扩展，未来还将涌现出更多新的模型和技术。

（五）图像算法赋能新质技术远程服务

图像算法在赋能新质技术远程服务方面有着广泛的应用。图像算法赋能新质技术远程服务如图 5-10 所示，以下是一些具体的例子。

在智能制造领域，机器视觉系统的应用越来越广泛。这些系统需要使用图像算法来识别、测量和分类零件或产品，以确保生产过程的准确性和质量。同时，通过使用图像算法，可以实现自动化生产线上的缺陷检测和识别，提高生产效率和产品质量。

在医疗领域，图像算法也发挥了重要作用。例如，通过分析医学影像数据，可以辅助医生进行疾病诊断和治疗。此外，图像算法还可以用于医学图像的配准、融合和分割等任务，提高医学研究的准确性和效率。

在安全监控领域，图像算法可以用于人脸识别、行为分析、异常检测等任务。通过使用图像算法，可以实现智能化的安全监控系统，提高安全防范能力和响应速度。

在智慧城市领域，图像算法可以用于交通监控、环境监测、公共安全等方面。通过使用图像算法，可以实现智能化交通管理和环境监测系统，提高城市管理和服务水平。

在农业领域，图像算法可以用于作物病虫害检测、生长状态监测等方面。通过使用图像算法，可以提高农业生产的精准度和效率，促进农业现代化发展。

总之，图像算法在赋能新质技术远程服务方面具有广泛的应用前景，可以大大提高服务质量和效率，同时降低成本和风险。随着人工智能技术的不断发展，图像算法将会在更多领域得到应用和发展。

（六）AI 大模型助推新质技术平台学习与应用

AI 大模型是指具有大规模参数和复杂结构的深度学习模型，能够处理海量数据、进行高级语义理解和生成文本、图像等。AI 大模型的发展为新质技术平台的学习与应用提供了强有力的支持。其助推新质技术平台学习与应

第五章 技术篇

图 5-10 图像算法赋能新质技术远程服务

用如图 5-11 所示。

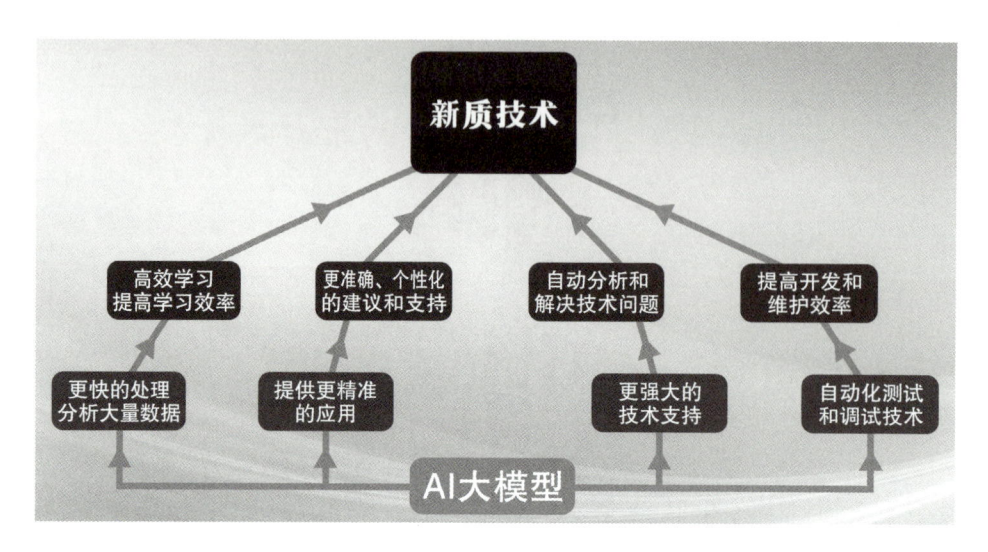

图 5-11　AI 大模型助推新质技术平台学习与应用

　　AI 大模型可以帮助新质技术平台实现更高效地学习。在 AI 大模型的帮助下，新质技术平台可以更快地处理和分析大量数据，从而缩短学习周期，提高学习效率。此外，AI 大模型还可以通过自然语言处理等技术，自动提取和整理学习材料，减少人工干预和错误，提高学习质量。

　　AI 大模型可以为新质技术平台提供更精准的应用。AI 大模型具有强大的语义理解和生成能力，可以快速地分析用户需求和反馈，为新质技术平台提供更准确的、个性化的建议和支持。同时，AI 大模型还可以通过智能化的推荐系统等技术，将相关的学习和应用材料推荐给用户，提高用户的学习和应用效果。

　　AI 大模型还可以为新质技术平台提供更强大的技术支持。AI 大模型可以自动分析和解决各种技术问题，包括代码错误、性能瓶颈等，从而为新质技术平台提供更稳定、可靠的技术支持。此外，AI 大模型还可以通过自动化测试和调试等技术，提高新质技术平台的开发和维护效率。

　　总之，AI 大模型的发展为新质技术平台的学习与应用提供了强有力的支持。在未来，随着 AI 大模型的不断发展，其应用前景将会更加广阔和深入，为新质技术平台的进步和发展提供更多的帮助和支持。

五、新质技术基础设施

（一）超级网络通信技术

新质技术的超级网络通信技术是一种基于新型通信协议和网络架构的通信技术，它具有高速、低延迟、大容量和高度可扩展性等优点，可以满足不同领域和场景的通信需求（见图 5-12）。

在超级网络通信技术中，5G 技术是最为热门的技术之一。5G 技术采用了新型的通信协议和网络架构，可以实现高速、低延迟、大容量的数据传输和处理，为各种不同的应用场景提供了更高效、更智能的通信服务。

物联网技术也是新质技术中的重要组成部分。通过物联网技术，可以将各种不同的物品、设备、汽车、家居等联网起来，形成一个庞大的网络。这个网络可以实现各种设备之间的信息交互和数据共享，推动智能家居、健康监测、智慧城市等新兴领域的发展。

智能家居技术也是新质技术中的重要组成部分。智能家居技术可以通过各种智能设备实现家庭环境的智能化和自动化控制，例如智能门锁、智能灯光、智能电视，等等。这些设备可以通过互联网进行连接和数据交互，实现远程控制和管理，提高家庭的安全性和便利性。

车联网技术也是新质技术中的重要组成部分。车联网技术是一种基于车辆、道路建设、交通管理和互联网技术的集成化技术，通过车辆之间的互联网技术和交通管理部门进行信息交互，实现车辆之间的实时通信、数据互换、信息共享和智能驾驶控制。这种技术可以提高道路安全性和交通效率，是未来交通科技发展的重点。

总之，新质技术的超级网络通信技术是一种基于新型通信协议和网络架构的通信技术，它具有高速、低延迟、大容量和高度可扩展性等优点，可以

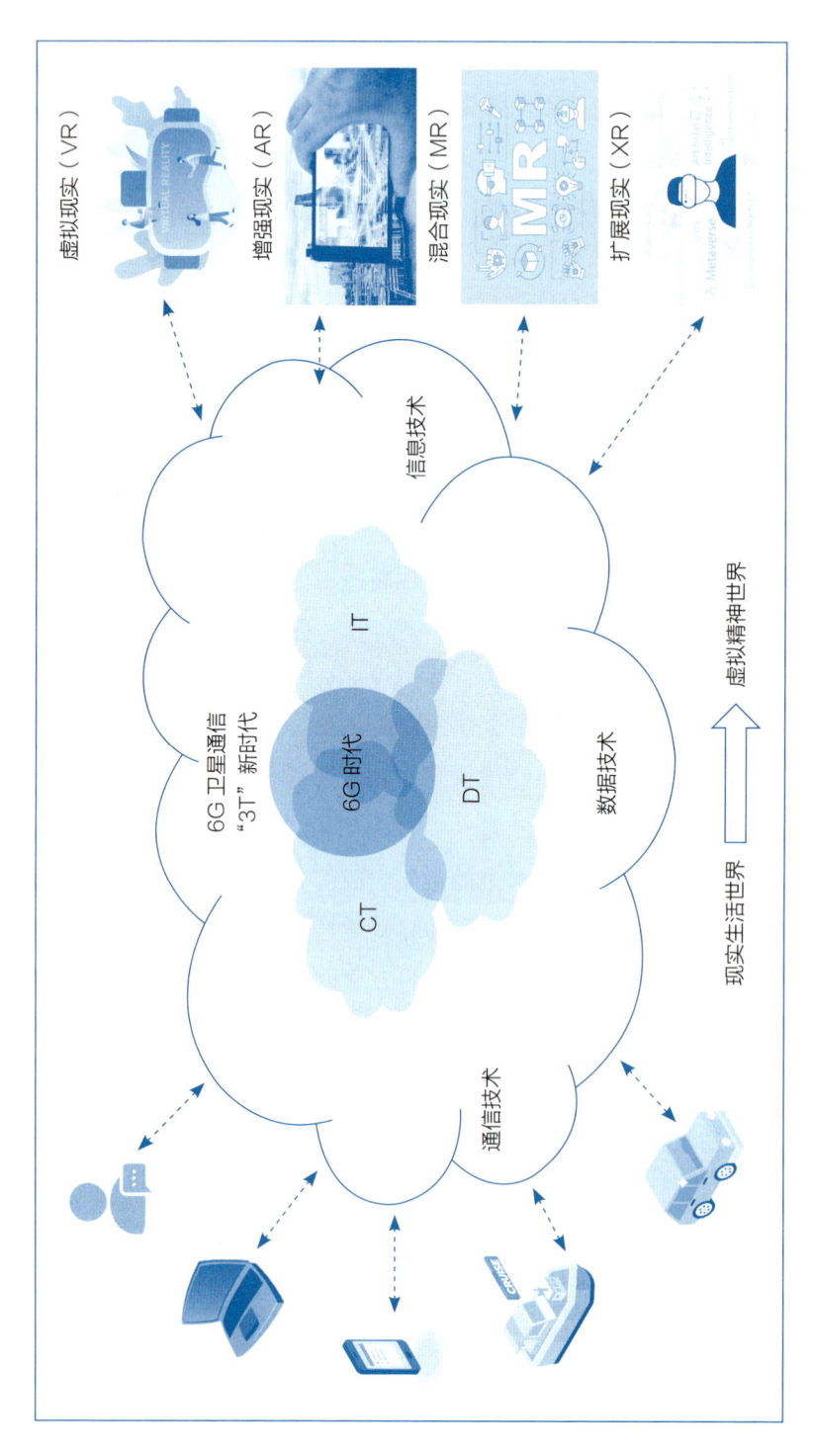

图 5-12 超级网络通信技术

满足不同领域和场景的通信需求。通过应用这种技术，可以实现各种设备之间的智能化连接和数据交互，推动各个领域的发展和创新。

（二）算力

算力作为新一代技术的核心引擎，已然成为新质技术的支柱和驱动力，不仅正在成为塑造未来社会经济发展格局的关键力量，还将进一步重塑人类社会的生产关系和治理结构，开启人机协同、跨界融合、万物智联的崭新文明。

算力，即计算力。本质上是信息处理的效率，衡量以计算机为载体的信息系统完成计算任务的能力。但随着以深度学习为代表的人工智能发展的日新月异，算力内涵正发生深刻变化。从狭义上看，算力指代支撑人工智能的模型训练、推理的芯片算力，如 GPU（Central Processing Unit，中央处理器）、FPGA（Field Programmable Gate Array，现场可编程阵列逻辑）、TPU（tensor processing unit，张量处理器）等专用集成电路的浮点计算能力；但从广义看，算力还应涵盖算法创新、并行计算架构、大数据处理平台乃至产业生态等诸多维度。算力推动新质生产力形成和发展的作用机理如图 5-13 所示。

随着人工智能、大数据、区块链等新兴技术的发展，对算力提出了更高的要求。算力能力的持续提升，尤其是在算法效率、并行计算、异构计算等方面的突破，可以不断推动人工智能模型的优化迭代，促进数字技术的创新发展，从而赋予新质生产力和新质技术更强大的社会变革力量：一方面，算力正加速向政务、工业、交通、医疗等各行业各领域渗透，成为传统产业智能化改造和数字化转型的重要支点；另一方面，围绕"大算力+大数据+大模型"，智能算力成为全球数字化转型升级的重要竞争力。

借助海量算力，机器智能正从感知智能走向认知智能，开始在复杂认知领域部分取代人力，带来生产效率的爆发式增长。可以预见，未来随着算力与量子计算、类脑计算等变革性技术的交叉融合，将不断拓展人类认知边界，极大提升人机协同、人机共生水平，最终带来人类社会形态的深刻变革。

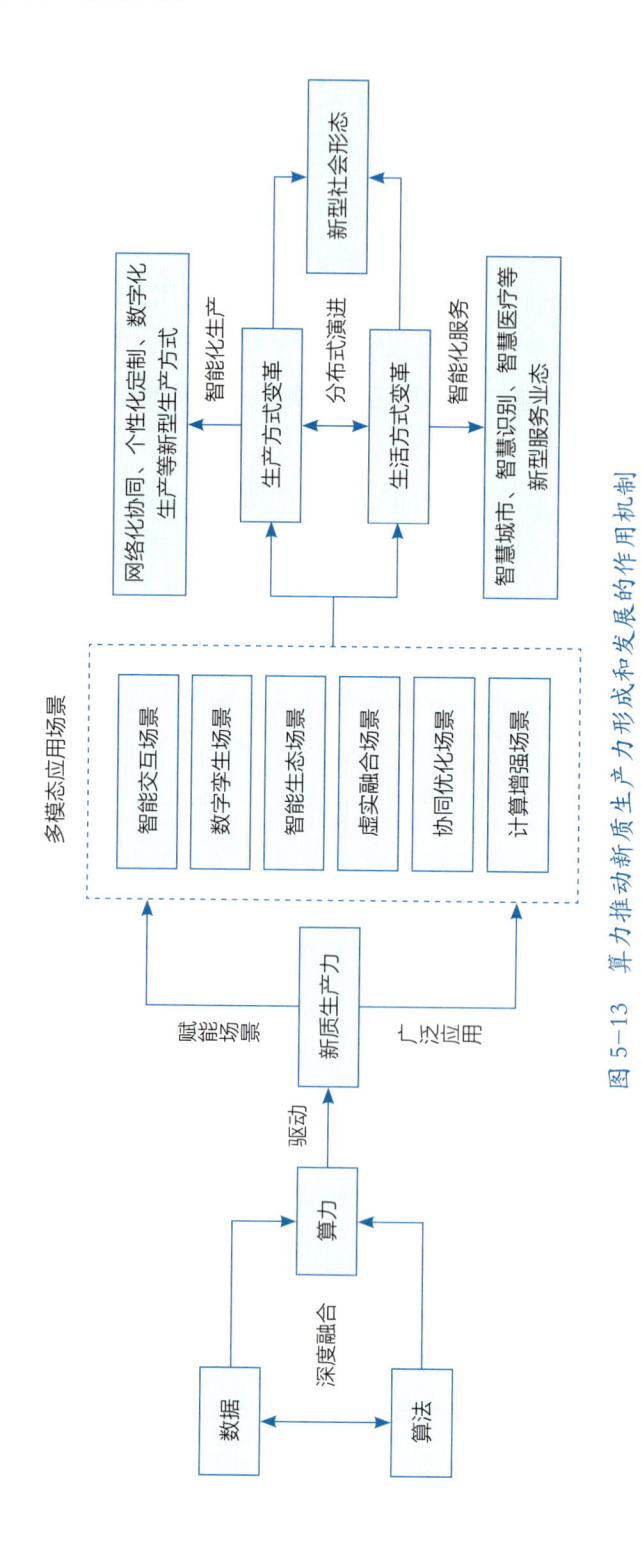

新质生产力
中国高质量发展的新引擎

图 5-13 算力推动新质生产力形成和发展的作用机制

（三）超级编译器与编程语言

新质技术的超级编译器和编程语言是两个非常重要的工具，它们可以大大提高开发人员的工作效率和程序质量。

超级编译器通常具有优化功能，可以将程序员编写的源代码转换成高效的机器码。这种优化包括对程序的语法、语义和执行效率进行优化，以提高程序的性能和效率。超级编译器还可以提供实时反馈和修复建议，帮助开发人员快速发现和解决潜在的问题。

新质技术的编程语言通常具有更高的灵活性和可扩展性，可以适应各种不同的应用场景和需求。例如：Go 语言[①]是一种静态强类型、编译型语言，它支持并发计算和垃圾回收等功能，适用于各种系统级编程和网络编程等场景；Rust 语言则是一种专注于安全和并发安全的系统级编程语言，它提供了强大的内存安全保护和并发执行等功能，适用于开发高性能、高可靠性的系统软件和嵌入式系统等。

在新质技术的开发中，超级编译器和编程语言是相互关联的。开发人员可以使用特定的编程语言编写程序，然后通过超级编译器将源代码转换成高效的机器码。同时，超级编译器还可以对程序进行优化，以提高程序的性能和效率。

总之，新质技术的超级编译器和编程语言是两个非常重要的工具，它们可以大大提高开发人员的工作效率和程序质量。通过使用这些工具，开发人员可以更快速地构建高质量、高性能的应用程序，以满足不断变化的市场需求。

（四）新质技术的普遍语言

新质技术的普遍语言是指一种适用于各种不同领域和场景的通用编程语言。这种语言应该具有简单易学、可读性强、易于维护和扩展等优点，同时应该支持多种不同的操作系统、硬件平台和网络通信协议，以便能够适应各

---

① Go 语言是安卓应用的一种 BASIC 语言。——编者注

种不同的应用需求。

目前，一些流行的通用编程语言包括 Java、Python、C++ 等。这些语言都具有广泛的应用领域和庞大的开发者社区，提供了丰富的库、框架和工具，以支持各种不同的应用开发。

然而，随着技术的不断发展和应用场景的不断扩展，对新质技术的普遍语言的需求也在不断增加。未来的普遍语言应该具备更加灵活和可扩展的特性，以便能够适应各种不同领域和场景的需求。同时，这种语言还应该支持人工智能、机器学习、物联网、区块链等新兴技术的开发和实现，以推动这些技术的发展和应用。

总之，新质技术的普遍语言是一种适用于各种不同领域和场景的通用编程语言，它应该具有简单易学、可读性强、易于维护和扩展等优点，同时应该支持多种不同的操作系统、硬件平台和网络通信协议，以便能够适应各种不同的应用需求。未来的普遍语言应该具备更加灵活和可扩展的特性，以适应新兴技术的发展和应用需求。

第三节
新质技术面临的机遇和挑战

一、新质技术的发展机遇

（一）科技创新对战略性新兴产业和未来产业的引领

在新一轮科技革命和产业变革的大背景下，科技创新已经成为推动社会进步和经济发展的重要引擎。对于新质技术而言，科技创新不仅为其提供了无限的发展空间，更对战略性新兴产业和未来产业的发展起到了至关重要的引领作用。

首先，科技创新是新质技术发展的根本动力。新质技术作为前沿科技的代表，其本身就蕴含着极高的创新性和探索性。通过科技创新，新质技术能够不断突破传统技术的局限，实现技术的跨越式发展。例如，在人工智能、量子信息、生物技术等领域，科技创新不断推动着新质技术的突破和应用，为战略性新兴产业和未来产业的发展提供了强大的技术支撑。

其次，科技创新引领战略性新兴产业的兴起。战略性新兴产业是指以重大技术突破和重大发展需求为基础，对经济社会全局和长远发展具有重大引领带动作用的先导产业。科技创新在推动新质技术发展的同时，也催生了大量战略性新兴产业的诞生。这些新兴产业以其独特的优势和创新潜力，成为推动经济增长的重要力量。例如，新能源、新材料、智能制造等领域的发展，都离不开科技创新的引领和推动。

再次，科技创新还对未来产业的发展方向产生了深远影响。未来产业是指基于当前科技发展趋势和市场需求，具有广阔发展前景和巨大潜力的产业。科技创新通过不断推动新质技术的突破和应用，为未来产业的发展指明了方向。在未来产业的发展过程中，科技创新将起到更加关键的作用，推动未来产业实现更快、更好地发展。

最后，科技创新还有助于新质技术的成果转化和应用推广。新质技术的发展离不开科技成果的转化和应用，而科技创新正是实现这一目标的重要途径。通过加强产学研合作、建立科技成果转化机制等方式，科技创新能够推动新质技术成果更好地转化为现实生产力，促进新质技术在战略性新兴产业和未来产业中的广泛应用。

综上所述，科技创新对战略性新兴产业和未来产业的引领作用是显而易见的。在新质技术的发展过程中，应该紧紧抓住科技创新这一核心动力，加强科技创新与新质技术的深度融合，推动战略性新兴产业和未来产业的快速发展。同时，还需要加强政策引导和支持，为新质技术的发展创造良好的环境和条件，以更好地发挥科技创新在推动经济社会发展中的重要作用。发展新质技术的过程，就是推进传统产业与新兴产业协调发展的过程，也是加快实体经济与虚拟经济交叉融合的过程，为全面构建现代化产业体系奠定了坚实的基础。

（二）全球化背景下的国际合作与竞争

在全球化的大背景下，新质技术的发展面临着国际合作与竞争的双重机遇。全球化不仅推动了资源的全球配置和技术的国际交流，更为新质技术的研发和应用提供了广阔的舞台。

首先，国际合作是新质技术发展的重要推动力。新质技术的研发往往需要大量的资金、人才和技术支持，而这些资源的获取往往超出了单一国家或地区的能力范围。因此，国际合作成为新质技术发展的重要途径。通过国际合作，各国可以共享资源、交流技术、培养人才，共同推动新质技术的发展。这种合作不仅有助于加快新质技术的研发速度，提高技术水平，还可以促进各国之间的经济交流和合作，在发展中实现共赢。

其次，国际竞争为新质技术的发展提供了强大的动力。在全球化的背景下，各国都在积极寻求新质技术的突破和应用，以抢占科技制高点，提升国际竞争力。这种竞争态势激励着各国不断加大对新质技术的投入和研发力度，推动新质技术不断创新和进步。同时，国际竞争也促进了新质技术的国际交流和传播，使得更多的国家和地区能够分享到新质技术带来的成果和效益。

最后，全球化还为新质技术的应用和推广提供了广阔的市场空间。随着全球化的深入发展，各国之间的经济联系日益紧密，市场需求也日益多元化。新质技术作为一种具有创新性和前瞻性的技术，其应用领域和市场前景十分广阔。通过全球化的市场推广和应用，新质技术可以更好地满足各国市场的需求，实现技术的商业价值和社会价值。

总之，当今世界正经历一场百年未有之大变局，全球产业链加快重组，出现了大国竞争政治化、逆全球化和全球经济治理结构碎片化等新特征。全球化背景下的国际合作与竞争为新质技术的发展提供了重要的机遇和挑战，应该以开放、包容、合作的态度来应对这些机遇和挑战，推动新质技术不断创新和进步，为经济社会发展和人类进步做出更大的贡献。

二、新质技术面临的挑战

（一）聚焦新质技术创新与融合

以新质技术创新为第一动力，形成高科技的生产力。科技创新深刻重塑生产力基本要素，催生新产业新业态，推动生产力向更高级、更先进的质态演进。新质生产力是新质技术创新在其中发挥主导作用的生产力，要以科技创新为导向，推动产业链、创新链、资金链、人才链深度整合，加快科技创新成果向现实生产力转化。然而，新质技术在技术创新与融合方面所面临的挑战是复杂且多方面的。这些挑战不仅涉及技术本身的发展，也关联到创新环境的构建、资源的优化配置以及跨领域的合作等多个层面。

首先，技术创新本身的难度是一个不容忽视的挑战。新质技术往往涉及前沿科技领域，如人工智能、量子计算、生物技术等，这些领域的技术创新需要深厚的理论基础和强大的研发实力。然而，由于技术发展的快速性和不确定性，创新过程中可能面临诸多未知的技术难题和风险，这使得技术创新变得极具挑战性。

其次，在推进关键核心技术的融合创新攻关过程中，可能会遭遇创新链与产业链结构功能不匹配问题，这无疑会影响产学研合作的效率。为了化解这一难题，需要紧密围绕产业链部署创新链，同时根据创新链的布局优化产业链，以实现科技知识投资者、生产者、传播者、使用者之间的高效分工与协作。此外，由于不同技术之间在标准、协议、接口等方面存在显著差异，这些技术障碍也是实现有效融合必须克服的难题。同时，不同技术领域之间的文化差异和思维方式差异也可能成为融合过程中的绊脚石。因此，在推动新质技术融合的过程中，需要充分考虑并妥善应对这些挑战。

最后，新质技术的研发离不开资金、人才、设备等资源的鼎力支持。然而，鉴于资源的稀缺性，如何在不同技术领域之间实现资源的合理分配与优化配置已然成为一道难题。更为复杂的是，创新资源的分布呈现出不均衡态势，一些地区或机构资源丰沛，而另一些地区或机构的资源则捉襟见肘，这无疑增加了新质技术创新与融合的难度。新质技术的发展，实质上是一个技术、市场、资本、人才等多方面深度融合的过程。跨领域的融合不仅要求技术层面的突破，还需跨越行业壁垒与领域限制，达成资源共享与协同创新的宏大目标。这需要以全局的视角审视资源配置，以创新的思维解决融合难题，共同推动新质技术的蓬勃发展。

（二）构建新质技术生态系统

构建新质技术生态系统是指在科技创新的基础上，通过多学科交叉、多领域融合、多元化参与和多层次协作，形成一个能够持续推动技术进步和产业升级的生态环境。这样的生态系统能够促进知识的流动、技术的迭代、人才的培养和资本的投入，从而为经济社会发展提供强大的动力。一个健康、活跃的新质技术生态系统能够促进不同技术间的融合，加速新技术的应用和产业化过程。

然而，在构建新质技术生态系统的过程中，也面临来自多方面的挑战。首先，技术整合与协同的难题是新质技术生态系统构建的首要挑战。新质技术生态系统要求将各种新技术、新引擎、新应用等进行有机融合，形成一个协同工作的整体。但由于不同技术之间的差异性、兼容性等问题，实现技术的无缝对接和高效协同并非易事。这需要解决技术标准统一、数据互通、接口兼容等关键问题，以确保生态系统的稳定运行。

其次，生态系统的开放性与安全性之间的平衡也是需要面对的挑战。一个健康的生态系统需要保持开放的态度，吸引更多的创新者和企业加入，共同推动技术的进步和应用的发展。但开放性也带来了安全风险，如数据泄露、恶意攻击等。因此，在构建新质技术生态系统时，需要在开放与安全之间找到平衡点，采取有效的安全措施保护生态系统的安全稳定。

最后，新质技术的快速迭代和更新也对生态系统的构建提出了挑战。随着科技的不断发展，新质技术也在不断演进和升级。这就要求生态系统能够灵活应对技术的变化，及时吸纳新技术、淘汰旧技术，保持生态系统的活力和竞争力。然而，实现这一点需要投入大量的资源和精力，对生态系统的维护和管理提出了更高的要求。新质技术在构建新质技术生态系统方面都面临多方面的挑战。只有克服这些挑战，才能构建一个稳定、高效、安全的生态系统，推动新质技术的广泛应用和产业的快速发展。

（三）创建新质技术运行机制

创建新质技术运行机制是指建立一套促进新技术发展和应用的体系和规则，以支持新产业、新业态和新模式的产生和发展。新质技术的运行机制需要基于技术的颠覆性和前沿性，这意味着要关注那些能够催生新产业、新模式、新动能的技术。新质生产力的发展需要对传统的生产要素进行创新性的配置，这可能包括数据作为新的生产要素的引入，以及劳动者和劳动资料的现代化转型。新质技术的发展往往伴随着产业的深度转型和升级，这要求现

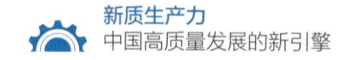

代化的产业体系，以适应新的生产力要求。

然而，新质技术的颠覆性和前沿性使得其运行机制的设计充满了不确定性。新质技术往往代表着科技的最新进展和未来的发展方向，其影响力和潜力难以准确预测。因此，在创建新质技术运行机制时，需要充分考虑到技术的快速发展和变化，以及可能带来的产业变革和社会影响。这需要决策者具备前瞻性的思维和敢于创新的勇气，能够灵活应对各种未知的挑战。

传统的生产要素如劳动力、资本和土地等在新质技术的发展下可能不再适用，而数据作为新的生产要素逐渐崭露头角。如何有效地利用和管理数据资源，将其转化为生产力，是创建新质技术运行机制时需要解决的关键问题。此外，劳动者和劳动资料的现代化转型也是必不可少的。劳动者需要不断提升自身的技能和素质，以适应新质技术的需求；劳动资料则需要不断升级和完善，以支持新质技术的研发和应用。

新质技术的运行机制应以新技术的深化应用为驱动力，推动新产业、新业态和新模式的快速涌现。总的来说，创建新质技术运行机制是一个复杂的过程，它不仅需要科技创新，还需要政策支持、产业协同、人才培养等多方面的努力。这一过程的目标是构建一个能够持续推动技术创新和应用、促进经济社会发展的系统。

（四）培养新质技术创新人才

科学技术依靠高素质的人才去掌握和发展，科学技术只有从知识形态转化为生产工具，劳动资料才能成为现实的物质生产力，这一转化过程就要通过提高劳动者素质来实现。教育和人才是推动科技创新、促进生产力跃迁的基础支撑。针对未来产业和战略性新兴产业发展趋势，探索多元化的人才培养模式，激发各类人才创新活力和潜力，培养造就一大批与现代科技和社会生产力发展相适应、符合新型工业化和新质技术发展要求的高素质人才队伍，为新质技术提供强有力的"新质人才"保障。

然而，当前的人才培养和教育体系尚不能完全适应新质技术发展的需求。传统的教育模式往往注重知识的灌输，而忽视了对创新能力和实践能力的培养。同时，对新兴产业的认知和理解也相对滞后，导致人才培养与产业发展之间的脱节。当前，不仅需要具备深厚专业知识的科研人才，还需要具备跨界融合思维、能够协调各方资源的复合型人才。因此，人才培养应当注重跨学科、跨领域的综合教育，打破专业壁垒，促进知识的交叉融合。

为了更好地满足新质技术的发展需求，需要从多个方面入手，深化教育改革，加强产学研合作，加大投入力度，注重人才队伍的多样性培养，建立健全的人才激励机制，并加强国际交流与合作，为新质技术的发展提供足够的人才支撑。

（五）推进完善新质技术法律法规

推进完善新质技术法律法规是指制定和更新相关法律，以适应和支持新质技术的发展。在科技快速发展的今天，新质技术的出现对现有的法律法规体系提出了新的挑战。

新质技术往往跨越多个行业和领域，涉及多个监管部门的职责范围，因此需要跨部门、跨领域的合作和协调。然而，不同部门之间的利益诉求和监管标准存在差异，导致在法律法规制定过程中出现矛盾和冲突，难以形成统一的法律规制。此外，由于新质技术的发展是全球性的，不同国家和地区的法律法规存在差异。如何在国际层面形成统一的法律规制，促进新质技术的跨国应用和发展，也是目前面临的挑战之一。

因此，需要对现行的法律进行修订和完善，以确保能够促进科学技术进步，发挥科技创新在经济社会发展中的支撑和引领作用。法律法规的完善旨在全面促进科学技术进步，确保科技成果能够有效地转化为现实生产力。通过法律保障，激发科技创新作为第一动力的潜能，推动产业创新和经济结构升级。在全球化背景下，加强国际科学技术合作，参与国际规则的制定，保护我国在新质技术领域的利益。

第四节
新质技术的未来发展趋势和发展建议

一、新质技术的未来发展趋势

（一）发展路线

新质技术的发展路线将紧密围绕科技革命和产业变革的趋势，以满足国家重大需求和战略必争领域为目标，进行系统的谋划和超前布局。具体来看，未来的发展可能会遵循以下几个方向。

1. 前瞻部署与梯次培育

通过对未来产业发展规律的把握，分阶段进行技术培育，并根据发展情况动态调整策略。前瞻部署是确保在科技创新上始终走在前列的关键。要密切关注全球科技发展趋势，提前预判和布局前沿技术领域，确保技术储备能够跟上甚至引领全球发展潮流。

梯次培育则是根据技术发展的不同阶段，有针对性地制定培育策略。对于处于研发阶段的技术，要加大投入，支持科研机构和企业进行技术攻关，加速技术成熟和落地。对于已经成熟并具备产业化条件的技术，要积极推动其商业化应用，培育壮大相关产业。同时，还要关注技术的更新换代，及时淘汰落后技术，为新技术的发展腾出空间。

2. 创新驱动与应用牵引

在推动新质技术发展的进程中，要以创新驱动和应用牵引为核心战略。一方面，以前沿技术的突破为引领，刺激原创性技术和颠覆性技术的创新，是提升国家综合竞争力和实现科技自立自强的关键所在。通过深度挖掘科技创新的源头活水，加大对基础研究和应用基础研究的投入，可以不断催生新技术、新产品和新业态，为产业发展提供源源不断的创新动力。

另一方面，以应用场景为牵引，促进研发与应用的贯通，是加快产业化步伐、实现技术价值转化的重要途径。通过深入了解市场需求和产业趋势，精准把握应用场景的痛点和难点，可以引导科研机构和企业进行有针对性的技术研发和产品创新，推动科技成果的转化和产业化。同时，加强产学研用的深度融合，构建开放协同的创新生态，形成从技术研发到产业应用的完整闭环，实现技术创新与产业发展的良性互动。

3. 生态协同与系统推进

汇聚政府、产业、学术界、研究机构和用户等多方资源，整合资本、人才、技术和数据等要素，构建一个创新链、产业链、资金链和人才链深度融合的产业生态系统。通过加强创新链、产业链、资金链和人才链的协同与互动，可以汇聚多方资源，整合各类要素，推动新质技术的快速发展和广泛应用，为经济社会的发展注入新的活力和动力。

4. 开放合作与安全有序

积极参与全球未来产业的分工与合作，深度融入全球创新网络，同时统筹技术创新与伦理治理，确保发展环境的包容性、审慎性、安全性和可持续性。秉承开放包容的态度，加强与国际先进科技企业和研究机构的合作与交流，共同推动新质技术的研发与应用。在推动技术创新的同时，注重伦理治理和安全监管。

综上所述，新质技术的发展路线强调了创新的重要性，以及与应用场景的紧密结合，同时也注重生态系统的构建和全球合作的深化。在这一过程中，安全和伦理问题也是不可忽视的重要方面。随着技术的不断进步和应用的不断拓展，建立健全技术创新的风险评估和防控机制，确保新技术的研发和应用符合法律法规和伦理规范。新质技术有望在未来的产业发展中发挥更加重要的作用。

（二）发展趋势

新质技术是一个不断发展和演进的领域，未来发展趋势包括以下几个方面。

1. 多元化发展

新质技术将进一步向多元化方向发展，不仅包括能源、环境、医疗、制造等领域，还将拓展到更多领域，例如，信息、生物、新材料等。同时，不同领域的新质技术也将相互融合，产生更多的创新应用。

2. 技术突破与创新

新质技术将继续推动技术突破与创新，例如，在太阳能利用、光热转换效率、新材料研发等方面取得突破。同时，新质技术也将促进与其他领域的交叉融合，例如，人工智能、大数据分析等，推动技术的不断创新和发展。

3. 绿色可持续发展

新质技术将更加注重绿色可持续发展，致力于减少对环境的影响和资源消耗。例如，太阳能、风能等可再生能源的利用将得到进一步推广和应用，以降低碳排放和能源消耗。同时，新质技术也将促进循环经济的发展，实现资源的可持续利用。

4. 产业化和商业化

新质技术将逐渐走向产业化和商业化，形成完整的产业链和商业模式。例如，光热发电、智能医疗等领域的商业化进程将进一步加快，为新质技术的发展提供更多的动力和市场机会。

5. 政策支持与人才培养

政府将继续加大对新质技术研发和应用的政策支持力度，推动技术创新和产业升级。同时，人才培养也将成为新质技术发展的重要方面，培养更多的高素质人才将有助于推动新质技术的创新和发展。

总之，新质技术在未来将继续保持快速发展的势头，为人类社会的发展和进步做出更大的贡献。

二、新质技术的发展建议

（一）产业推进

产业发展是技术进步的基石，现代化产业体系是新质技术形成和提升的坚实支撑。因此，必须对代表着科技创新和产业发展方向的战略性新兴产业、未来产业等前沿产业进行前瞻布局，为新质生产力的形成提供强有力的产业支持。战略性新兴产业已成为我国经济发展中的中坚力量，是开拓新天地、抢占新战场的关键突破点；而未来产业则是引领世界科技创新与产业发展的新趋势，也是重构世界创新空间与经济结构的重要节点，并在不断地开拓新的方向和新的领域，为驱动经济高质量发展的产业培育路径提供新思路。

经济发展并非依赖单一产业，而是众多产业并驾齐驱、共同发展的结果。巩固优势产业领先地位，增强移动通信、新能源汽车、电力装备等领域全产业链优势，打造更多具有中国特色的产业。要牢牢把握新一轮科技革命和产业变革的契机，以科技创新为先导，加速传统产业的转型升级，提高传统产业的技术密集程度，积极推动人工智能技术与传统行业的融合与应用，利用互联网来感知与收集传统行业生产经营活动中所产生的数据，使其在生产控制等方面实现智能化转型，并推动企业的设备更新与技术改造，向着价值链的高端与产业链的核心迈进。建立绿色低碳产业链和供应链，以绿色技术驱动绿色产业发展，对现行的产业构造进行全面深化的优化与升级。制造业的绿色转型及服务业的低碳化发展策略的实施，也需要与信息化、产业化深度融合相关战略同步推进，构建一个基于智能技术支撑的绿色产业链体系。要加快实现绿色低碳技术重大突破，提升产业绿色化发展水平，培育产业生态，推动产业发展，提升当前生产力的技术水平，为新质技术的形成提供有力支撑，推动我国经济向更高质量发展。

（二）创新应用

坚持以科技创新为引领，为加快形成新质技术提供持续不断的强大动力。党的二十大报告指出："完善党中央对科技工作统一领导的体制，健全新型举国体制，强化国家战略科技力量，优化配置创新资源，优化国家科研机构、高水平研究型大学、科技领军企业定位和布局，形成国家实验室体系，统筹推进国际科技创新中心、区域科技创新中心建设，加强科技基础能力建设，强化科技战略咨询，提升国家创新体系整体效能。"大力推进科技创新特别是关键核心技术的创新及其应用。在新一轮科技革命与产业变革背景下，我国经济社会发展新质生产力，主要依赖新质技术的发展，尤其是核心技术的创新突破能力。

首先，要加强对核心技术的自主研发。以人工智能、区块链、云计算、5G技术、基因编辑技术等战略前瞻性领域为重点，实现自主创新，促进数字技术在各个领域的应用，应用推广场景主要面向未来技术产业化落地和应用迭代。其次，利用国家巨大的市场优势，推动数字技术和各个行业的深度结合，构建由科技创新企业牵头，形成产业链、创新链、资金链和人才链相结合的数字化技术创新团体，促进行业企业、平台企业和数字技术服务企业的跨界融合，进一步完善创新成果的快速转化机制，促进创新技术的工程化、产业化和市场化。最后，要大力发展新型研究组织，建立大学——企业创新联盟等新的创新主体，建立多元化主体参与、网络化协同研发和市场化运作管理的新型创新应用系统。

（三）标准体系

技术创新体系和机制的不断健全，为新质技术的生成提供了强有力的制度保证。当前，在机制等方面仍存在着不少堵点，成为经济高质量发展的瓶颈。要突破这些瓶颈，就必须加快机制的变革与创新，以更加强有力的方式推动新质技术的生成与发展，使新质技术在高质量发展中的作用得以充分发挥。一是要充分调动各方面的活力，推进国企改革，完善中国特色的现代企业制度，改善民营企业的发展环境，推动民营企业高质量发展。二是要加快建设高效、规范、公平的国家统一大市场，健全诚信守法、开放有序的标准市场体系，全面完善产权制度，推进要素市场化配置改革，强化竞争政策基础地位。三是要推动要素价格机制和技术创新收入分配机制等关键环节的改革，构建有利于企业家进行技术创新的制度体系，充分调动市场主体的积极性和创造力，为促进新质生产力的形成，推动经济高质量发展提供有力的制度保证。

（四）监管治理

建立专门的监管机构，负责新质技术的监管工作。这些机构应具备足够的专业知识和技术能力，以便有效地监管新质技术的发展和应用。鼓励行业协会和企业建立自律机制，制定行业标准和规范，推动行业健康发展。同时，加强社会监督，鼓励公众和媒体参与新质技术的监管，形成全社会共同参与的监管格局。对新质技术进行全面的技术评估和风险管理，确保技术的安全性和可控性。对于存在潜在风险的技术，应采取相应的管理措施，降低风险发生的可能性。新质技术的应用往往涉及大量的个人数据和隐私信息。因此，在监管治理过程中，应特别注重隐私保护和数据安全，确保合法使用和安全存储个人信息。新质技术的监管治理需要国际合作与交流。通过与国际先进企业和研究机构的合作与交流，共同研究制定监管标准和措施，提升我国在全球新质技术监管领域的影响力。

在社会层面进一步加强监管，深化制度改革、优化营商环境，为新质技术的形成提供制度保障。良好的制度环境才能促使企业和居民个体具有充分的活力，并且保障生产要素在企业间、行业间、地区间实现高效率配置。通过完善产权保护、市场准入、公平竞争、社会信用等市场经济基础制度，能够更好地形成与新质生产力相适应的生产关系，为新质技术的形成和发展提供适宜的营商环境和制度保障，加快形成新质技术。

（五）人才培养

习近平总书记指出："要培养造就世界水平的科学家、网络科技领军人才、卓越工程师、高水平创新团队。"人才是推动形成新质生产力的智力来源，创新型人才是发展新质生产力过程中最活跃的主体性力量，因此，培育创新型人才是加快新质技术形成的重要举措。

培养新质技术创新人才是实现科技创新和产业升级的关键。培养新质技术创新人才是指通过教育和发展机制，培育能够引领和支持新质生产力发展的创新型人才。新质技术的形成需要拥有大量较高科技文化素质和智能水平、具备综合运用各类前沿技术的能力、熟练掌握各种新型生产工具的新型人才。为此，要推动教育链、人才链、创新链、产业链深度融合，加快形成与新质技术发展需求相适应的人才结构，促进人口红利向人才红利的转变。

创新是新质技术发展的核心要素，因此培养具有创新能力的人才是基础和先导。新质技术的发展往往需要跨学科的知识结合，因此培养能够在多个学科领域内进行创新的人才是必要的。基础研究是科技创新的重要基石，加大对基础研究的投入，可以培养出更多能够进行源头创新的人才。青年科技人才是推动科技创新和科研攻关的重要力量，建立有效的培养和激励机制，可以激发他们的创新活力。加快青年科技人才的一体化培养，意味着从教育到职业发展各个环节都要形成协同，共同促进人才的成长。培养新质技术创新人才还应关注未来社会和经济的需求，确保人才培养与市场需求相匹配。总的来说，培养新质技术创新人才是一个系统工程，需要政府、教育机构、企业和社会各界的共同努力，以适应新质技术革命带来的挑战和机遇。

（六）国际合作

坚持开放合作。一是依托"一带一路"倡议、《区域全面经济伙伴关系协定》（*Regional Comprehensive Economic Partnership*，RCEP）等国际合作平台，为产业发展要素的自由流动创造条件，组织开展未来产业领域的规则制度对接、产业平台共建、核心技术互补、应用市场互通等工作。二是支持国内企业在国外设立研发机构，开展海外并购重组，推动未来领军企业开拓国际市场，深度融入全球产业链、价值链、供应链和创新链。三是支持跨国公司在我国设立地区总部和研发中心。支持国内高端智库、领军企业和科研院所与世界知名跨国企业、高水平研究机构、重大科技创新平台对接合作，组建未来产业国际创新联盟。四是坚持高水平对外开放，利用好国内外两个市场、两种资源，强化国内外未来产业链供应链的关联和互动，在未来产业关键环节确立优势，形成以国内为主、内外兼顾的产业发展新格局。加强与国际先进企业和研究机构的合作与交流，共同推动新质技术的创新和发展。通过参与国际技术标准制定、组织国际合作项目等方式，提升我国在全球新质技术生态系统中的影响力和竞争力。

参考文献

[1] 胡莹，方太坤. 再论新质生产力的内涵特征与形成路径——以马克思生产力理论为视角 [J]. 浙江工商大学学报，2024，1–13.

[2] 胡博成，朱千叶. 向未来要空间：论新质生产力的经济空间逻辑及实践旨向 [J]. 重庆大学学报，2024，1–13.

[3] 王飞，韩晓媛，陈瑞华. 新质生产力赋能现代化产业体系：内在逻辑与实现路径 [J]. 当代经济管理，2024，1–9.

[4] 李政，崔慧永. 基于历史唯物主义视域的新质生产力：内涵、形成条件与有效路径 [J]. 重庆大学学报，2024，30(1)：129–144.

[5] 钟茂初. "新质生产力"发展演进及其增长路径的理论阐释 [J]. 河北学刊，2024，44(2)：151–157.

[6] 于凤霞. 加快形成新质生产力构筑国家竞争新优势 [J]. 新经济导刊，2023，(Z1)：20–28.

[7] 纪玉山，代栓平，杨秉瑜，等. 发展新质生产力推动我国经济高质量发展 [J]. 工业技术经济，2024，43(2)：3–28.

[8] 中国新闻网. 通讯："外籍院士"郭洪飞助力内蒙古国际化的 300 余天 [R/OL]. (2023–12–04)[2024–04–01].https://baijiahao.baidu.com/s?id=1784361504023942605&wfr=spider&for=pc.

[9] 石建勋，徐玲. 加快形成新质生产力的重大战略意义及实现路径研究 [J]. 财经问题研究，2024，(1)：3–12.

[10] 新华网. 第一观察丨习近平总书记首次提到"新质生产力"[EB/OL].(2023–09–13)[2024–04–01].https://baijiahao.baidu.com/s?id=1776789772639441205&wfr=spider&for=pc.

[11] 求是网. 提出"新质生产力"的重要意义 [R/OL].(2023–04–01)[2024–04–01].http://

www.qstheory.cn/2024-04/01/c_1130100850.htm.

[12] 米加宁，李大宇，董昌其.算力驱动的新质生产力：本质特征、基础逻辑与国家治理现代化[J].公共管理学报，2024，1-14.

[13] 梁圣蓉，罗良文.新时代加快形成新质生产力的焦点难点与关键路径[J].当代经济管理，2024，1-10.

[14] 胡莹.新质生产力的内涵、特点及路径探析[J].新疆师范大学学报，2024，1-10.

[15] 何海生.新质技术[M].华侨出版社，2023.12.